立足监管实践　探索治理前沿

法经笔记丛书 / *Law & Economics*

立足监管实践　探索治理前沿

资本治理的逻辑

The Logic of
Capital Governance

曾斌　林蔚然等——著

中国法制出版社
CHINA LEGAL PUBLISHING HOUSE

加强公司治理前沿研究　助力资本市场健康发展

中国上市公司治理和资本市场的监管是我们关注中国公司治理、从事相关研究工作绕不开的核心话题。我所带领的团队是国内较早从事公司治理研究的学术团队，成立的南开大学中国公司治理研究院是国内首家从事公司治理研究的专门研究机构。几十年来在理论研究的基础上，在国内率先提出并组织制定了《中国公司治理原则》，构建了中国公司治理评价体系，连续十七年对中国上市公司质量进行全面量化评价，发布公司治理评价指数报告，并且将发现问题的相关研究成果运用于企业和地区公司治理实践，取得了很好的成效。

近年来，围绕着“宝万之争”等经典案例以及股票发行注册制的推进，将我国公司治理的研究和发展又推向了一个新的阶段，摆在我们面前的这本《资本治理的逻辑》，就是围绕新时期出现的公司治理问题进行理论和实践分析的一部佳作。该书立足于当前公司治理理论和实践的热点话题，对董事会多元化、董事责任、独立董事制度、机构投资者参与公司治理、家族企业治理等传统治理问题从更新颖的角度进行了细致的分析，同时对双重股权结构、企业社会责任、积极股东、敌意收购中的公司治理问题等近年来备受市场关注的话题从法律、金融和经济学角度进行了跨学科的分析和研究，可以说既有理论深度，又非常“接地气”。该书最难能可贵的是围绕欧美各国上市公司治理的制度、规则和案例等最新研究情况进行了引介，相关文章介绍了欧美上市公司的董事会结构、专门委员会制度、库存股制度、反收购条款设计、英国和德国公司治理准则修订等前沿动态，成为我们了解境外公司治理前沿的重要窗口。结合《资本治理的逻辑》一书，笔者再着重谈谈关于中国公司治理未来发展的三点看法。

把独立性作为公司治理有效性的基础

当前我们已经认识到提升我国公司治理能力的关键是治理的有效性，而这就要求首先要解决作为其基础的独立性问题。

第一，独立性需要多元性作支撑，要不断改善股权结构，引入更多元的股东，同时避免“代表”思维。治理的要义在于让多元利益主体在公开、平等的环境中，在充分表达各自利益诉求的前提下进行相互博弈，以达到共同的目标。一方面，在决策过程中，各利益主体要敢于维护自身利益、真正参与治理；另一方面，要有更多元的股东参与进来，比如发展机构投资者并提高其持股比上限，形成制衡强势方的合力，才能防止“一股独大”“一家独大”，保障参与各方的独立性。

第二，独立性的提升还需要强化各行为主体参与治理的机制设计的独立性，并培育其职业道德与契约精神。比如，董事选聘必须尊重治理流程，严格经由独立董事占多数的董事会提名委员会提名，经董事会通过，再经股东大会投票选任；监事在行使监督权时也要设计相应制度，保证其履职不受大股东和经理层的干预。公司是“一系列契约联结体”，契约精神贯穿于参与治理的各方。

第三，为实现科学决策，各主体要拥有基于各自独立性的妥协精神。公司治理目标不是“为了制衡而制衡”，而在于实现科学决策。各主体具备独立性，为充分表达利益诉求而参加治理博弈，在相互制衡中实现各自利益最大化。但如果各方过于执着自身利益而置共同利益于不顾，在相互“扯皮”“推诿”中浪费转瞬即逝的商业机会或使公司陷于内部争斗的泥潭，则最终受到损失的还是各方自身。

深化国企改革：全面进入公司治理阶段

中国企业改革的核心在于建立现代企业制度，必然要求由政府计划管控下的行政型治理向以市场机制为主的经济型治理转型。2017 年国务院办公厅印发的《中央企业公司制改制工作实施方案》的出台，体现的就是经济型治理的改革思路。只有在这个基础上，才能在集团层面完成深化企业改革的任务，清除计划经济体制的残留、使市场在资源配置中起决定性作用。随着当年年底央企和地方国企按照企业法登记的“企业”全部改制为按照公司法注册的“公司”。从“企业”到“公司”的历史转变，再次完证了深化国企改革的根本目标在于实现从企业治理模式向公司治理模式的转型，以加快形成有效的治理机制和灵活的市场化经营机制。公司治理是现代企业制度的核心，因此深化国企改革就是要全面进入公司治理新阶段。

积极发展混合所有制经济是党的十八届三中全会在国资改革领域的一大亮点。发展混合所有制在治理改革中的作用在于以国资吸收民资的经济型治理活力，实现行政型治理向经济型治理转变。当前国企分类改革已经基本确定，商业类国企应该首先探索推进混合所有制。在混合所有制企业的股权配置方面，商业类国企可以参股或相对控股，公益类国企可以先绝对控股。在明确国资与民资的持股比后，就要在经济型治理的框架下进行市场化运作，而不仅仅是行政型治理的“一家独大”。

在理顺国企股权配置后，下一步改革的关键便是董事会治理。在中国上市公司董事会治理水平方面，从 2011 年至 2018 年的治理评价结果看，民营控股上市公司的董事会治理质量已连续八年超过国有控股上市公司。其中，国企董事会治理在董事会运作效率、组织结构等方面一直好于民企，反映出国企在整体合规性方面更好；而民企在董事权利与义务、董事薪酬等方面一直好于国企，反映出民企在激发董事参与董事会运作方面更好。由此可以看出，进一步完善国企董事会治理主要在于行政放权与授权，以实现董事会的决策与监督职能；理顺治理流程，让治理机制流畅运转；提升董事的履职能力，合理化董事的薪酬激励，建立完善董事绩效的考评问责制度，并通过外部的市场声誉机制加以补充。

从中国治理改革的时间序列看，公司治理改革是先行者。中国改革的路径，是依次建立现代企业制度、现代政府制度、现代社会制度、现代国家制度，相应的则是先公司治理，再政府治理、社会治理和国家治理；从改革的结构看，公司治理、政府治理、社会组织治理作为国家治理体系的重要内容，是相互影响和相互依存的。当前国家治理体系中存在的重要问题便是各类组织治理模式的套用及治理改革的不匹配，因此为保障深化公司治理改革、进而完善国家治理体系，导入分类治理并配套治理改革显得极为重要。

不同类型组织的功能、定位和职责有所不同，有着自身的特点和规律，这就要求所采取的治理方式、搭建的治理结构、构建的治理机制等应符合组织自身的治理逻辑和规律。分类治理改革就是要用公司治理的办法、政府治理的办法和社会组织治理的办法分别治理公司、政府和社会组织。

顺应绿色发展需要，制定绿色治理准则

绿色发展理念已逐渐为世界所普遍认同。当前绿色发展面临的主要问题是，既欠缺在治理层面统领协调各主体绿色发展行为的顶层设计，也缺少将绿色发展理念与实践进行衔接的指引性标准。因此，有必要在尽快普及绿色治理的背景下，制定相应的治理准则。

中国公司治理研究院的研究团队经过多年研究积累，于 2017 年率先制定并发布了全球首份《绿色治理准则》（Global Green Governance Principle）。在深入分析梳理国内外绿色治理相关文献、法律法规和实践案例的基础上，运用治理思维识别治理主体，从顶层设计的角度提出绿色治理基本框架，为绿色治理的主体识别、责任界定、绿色治理行为塑造和协同模式等提供指引，并分别从政府、企业、社会组织及公众等治理主体的角度进行阐述。

由我国来制定并推广绿色治理准则的重要性和紧迫性在于：其一，指引国内的绿色发展和绿色转型的需要。传统高耗能、高污染的发展方式造成了环境的严重污染和资源

的过度消耗，也导致中国经济进一步发展的内在动力不足，需要通过绿色转型来实现发展方式的转变和“新动能”的培育。其二，实施“一带一路”战略的需要。执行绿色治理准则、践行绿色治理全球观的中国企业，可以打造一条“绿色之路”，推动公平性、生态型和可持续的全球经济发展。其三，率先争得国际绿色发展话语权的需要。中国需要在各类国际标准的制定上发出更多自己的声音，赢得主动权，从而为广大发展中国家争取更多话语权。其四，进一步推动构建人类命运共同体的需要。绿色治理理念是全球共享、超越国别的价值观，制定并推广绿色治理准则的意义之于全球治理理念普及的作用，将远超 OECD 公司治理原则等之于各国公司治理发展的推动作用。

最后，再次祝贺曾斌博士带领的“法经笔记”团队写作的《资本治理的逻辑》一书出版，愿共同为中国公司治理的发展和进步做出努力。

李维安

南开大学讲席教授

中国公司治理研究院院长

代序言

一个法经济学老兵的独白

近日读到《财经》杂志中上海法律与金融研究院院长傅蔚冈老师的《废除社会抚养费》一文，读罢让人拍案叫绝：这才是真正的法经济学分析！当即想写一篇读后感，后来想想对关于人口经济学以及计划生育政策等问题知之甚少，就不敢多作感慨。但想到法经济学又觉得不吐不快，特别是"法经笔记"得到了众多读者的支持，笔者作为一名学习法经济学近十年的"老兵"，想谈谈自己眼中的法经，最后介绍一些书籍以飨读者。

当然，本文所有的观点均为自己学习经历的感想，如有不妥，敬请指正，必虚心接受。

笔者眼中的几个"流派"

法经济学，英文叫"Law and Economics"，在美国被视为社会科学中的一个重要交叉研究领域，在所有顶尖大学的法学院或经济系均设有法经济学研究中心，科斯、诺斯、波斯纳等法经济学学者在中国早已声名远播。法经济学的别名有很多，"法律经济学""法律的经济分析""法和经济学"等，在某种意义上都是指向同一个领域或者学科的，在中国一般用法经济学或法律经济学命名的专业最多。

谈论法经济学的"流派"，笔者之所以打上引号，就是不想纯粹从理论上去对法经济学进行分类，而是想结合法经济学在中国的发展以及其基本的理论来进行界定。因为直到现在，对于什么是"法经济学"，这些不同的"流派"可能都各执一词，当然也可能有根本不在乎它是什么的。具体来说，笔者将法经济学分为四个"流派"：法律的经济分析派、法律视角规范经济行为派、部门法经济学派、"标签"法经济学派。

法律的经济分析派

这是法经武林的正宗，是到目前为止有最坚实理论基础的一个流派。该流派最具有方法论意味，他们认为法经济学就是指运用经济学的一般均衡、成本收益、供求分析、博弈论等方法去分析合同法、侵权法、婚姻法等法律领域，用相对冷冰冰的效率视角去衡量法律背后的社会成本等问题，可以说给强调公平正义的法学带来了一股科学的力量。

该流派的代表人物是美国的波斯纳（另一位代表性学者应当是科斯，但科斯只有两篇论文值得关注，就不在此赘述），他的《法律的经济分析》一书最为有名。北大朱苏力老师因为早年引进翻译波斯纳法官的一套著作，并不断推崇法经济学的分析方法，使得大家误认为他是中国法经济学的代表性人物；另一本代表性的著作是库特教授和尤伦教授的《法和经济学》（作者全名为罗伯特·库特和托马斯·尤伦，很长一段时间甚至有人认为“库特·尤伦”是一个人），这本教材性质的著作在中国影响了一代研究法经济学的学者，该教材用经济学方法分析法律问题严谨且规范（笔者的好友清澄君即为库特教授的高徒，是华人法经青年学者中的翘楚）。

经典的法律经济分析学派大多为经济学出身，比如已经举办了14届的“中国法经济学论坛”，其东道主为山东大学经济研究院和浙江大学经济学院（山大黄少安教授、浙大史晋川教授两人为盟主，近几年加入我国台湾地区熊秉元教授的支持），是国内最知名的法经济学会议，可以说十多年坚持为传播法经、交流法经搭建了非常难得的平台，笔者也有幸参加了最近几年的会议，得以更近距离地观察法经学科的发展。法经济学年会最大的特点就是以经济学为主场，大多数论文都以严格的经济学模型分析为基础，但近年也有越来越多的法学学者参与其中。

法律的经济分析学派由于分析工具和分析对象的局限，也出现了以下几个问题：第一，研究对象和研究方法的局限，传统的法律经济分析大多数理论和范式都是基于英美普通法，研究对象大多是以判例制为基础的个案分析，而大陆法系则并没有确切的判例法（尽管可以进行大量的个案分析），所以一般只能就极少数的个案对法条进行研究，而法条相对更静态，修订一次需要若干年，可研究的对象就被大大局限；第二，我把它称为法经济学的“万金油”属性，说得专业一点其实就是“经济学帝国主义”，用经济学中的成本、效率等“朴素”的观点几乎可以分析所有的社会问题和社会现象，这样的分析可能更应当归类为法理学分析或法社会学分析，只是用“经济学”做了增信而已，通常会把你绕得云里雾里；第三，冠上了法经名义的纯粹实证经济学研究，正统法经济学的研究大多采用一般均衡模型、博弈论模型或者是计量分析，但并不是所有用了模型的研究都是法经济学，因为大量的实证经济学研究对象也是社会制度或者某个法律现象，但法律有其内在逻辑，最重要的是其说理部分，纯粹的实证经济学很多时候只是经济学和法律制度的拼凑，也就是我们常说的“两张皮”，或许是极好的经济学论文，但未必属于法经。经济学帝国主义是其他社会科学最为抵制的。

话说回来，虽然有上述的隐忧，但我还是认为法律的经济分析派是武林正宗，因为良好的经济学分析框架可以为经济社会政策提供一面镜子。以我开头提到的傅蔚冈老师关于《废除社会抚养费》一文的分析为例，文章鲜明地反对征收社会抚养费，因为社会抚养费的征收逻辑是“超生”的人口给国家的社会、环境和经济带来了负担，因此需要征收社会抚养费，但傅老师从经济学角度提出了三个观点：第一，中国过去 30 年的经济发展依靠的是人口红利，从某种程度上说超生的人口对国家而言是利而不是弊；第二，在未来的 30 年里，中国将面临老龄化问题，而这一批超生的人口恰恰是延缓中国老龄化的中坚力量；第三，如今国家全面开放“二孩”政策，在一定程度上是对计划生育政策的修正，而过去缴纳了社会抚养费的超生人口如今也成为劳动力人群，应当考虑如何对他们进行补偿。简单的三点分析，从经济学视角提出对政策的质疑，带有更多的科学和客观，这才是传统法经济学的方法。

法律视角规范经济行为派

这一门派听着很拗口，但是笔者认为它非常近似于另一个人们熟悉的学科：经济法学。

笔者就先来说说经济法学，大家一听这个名字直觉就是经济法专业好啊，工作一定好找，但其实法学院还有一个真正的高门大户：民商法学。民商法学又是什么？民商法学涉及的领域是调整平等主体之间关系的，比如合同、侵权、物权、亲属继承属于民法，而商法则包括了公司、票据、破产、合伙、信托等涉及商事领域的法律，合称为民商法；那经济法呢？从学科的划分来看，笔者认为目前对经济法的定义是涉及政府在经济领域的监管法，既是约束政府监管行为的边界，也是单方面规范市场参与主体行为的法律，现在在法学院里归属于经济法的课程包括房地产法、税法、劳动合同法，以及一个可能最受欢迎的证券法（其实证券法是非常枯燥的一门学问）。

说到这，很多朋友疑惑，民商法也好，经济法也好，到底跟你想说的第二个门派是什么关系呢？在笔者划分的第二个门派中，他们会认为法经济学的研究，就是用法律去界定和规范所有的经济活动，其实也就是民商经济法所涉及的所有领域，颇有一点实用主义的感觉。这一门派一般没有沿袭法律经济分析的范式，他们通常具有管理学、会计学或者金融学的背景，在实践中或是研究中发现经济活动需要法律的规范，上述提到的法律实际上都是先有市场实践而后逐步通过立法来进行规范的，也就是具有转型时期的法律特征（李曙光教授曾著《转型法律学》一书，该书是当时最全面介绍与市场经济有关的各种法律问题的著作，虽然冠上了法律经济学分析的副标题，但并没有使用非常严格的经济学分析工具，全书介绍了大量转型时期公司及资本市场发生的案例，对法学院的学生有非常好的启蒙意义）。

这一门派另一个重要的特点是分析方法走的是“中间道路”，既是法学的问题又涉及经济活动的案例，既没有严格的实证经济学成分也没有法学的概念逻辑推演，但是它最大的生命力在于其有丰富的案例和实践意义，特别是依托转型时期市场经济改革的不断深化，公司制度、资本市场、信托制度、私募基金、房地产行业、税法的完善等制度几乎都经历了先发展后规范的历程，在实践过程中逐渐发现很多具体的经济活动是存在法律真空或者是走在法律边缘的，比如公司证券法领域，20 世纪 80 年代就已经出现了股份公司，但是《公司法》却在 1993 年才出台，而我国的证券交易所成立于 1990 年，证监会成立于 1992 年，但第一部《证券法》一直到 1999 年才推出，那么在这些法律尚未出现的时候，相关的公司、证券交易活动都在进行，很多学者在实践中遇到问题了才会意识到法律框架的重要性，才会考虑运用法律去解决或者规范经济活动，久而久之，越来越多实务界人士参与到了相关的立法工作中（实际上这些部门的法律大多数具有很强的技术性，基本都是由实务界专家主导），他们将实践中的思考转化为理论研究，于是也就有了这第二个流派的出现，但笔者认为这一流派并不能称作真正的法经济学。或许，中国学界早就不知道法经济学是什么了。

部门法经济学派

“部门法经济学派”，必须打上引号，因为这又是笔者的分类，指的是运用包括金融学、统计学、经济学等方法对某个具体法律领域进行的研究，比如民法的经济分析、公司法的经济分析、法律与金融的经济分析、涉及政府规制监管的一系列的经济分析、立法成本收益分析等，在这里笔者介绍几个对自己启发最大的领域。

公司证券法的经济分析。公司法的经济结构最早是出于美国的伊斯特布鲁克和费希尔的一部著作，随后大量的文献运用经济学、金融学的方法分析了公司法、股东股权结构、公司治理、证券监管等领域，形成了一个蓬勃发展的研究领域。耶鲁大学罗曼诺教授的《公司法基础》① 一书是这一方面的集大成者，该书几乎囊括了相关领域的所有经典，非常值得一读。此外，谈到此书的翻译，必须提及华东政法大学罗培新教授以及他的同人做出的贡献，他们在近年推出的“公司、金融、法律译丛”中引进了许多佳作，包括《公司法剖析》以及公司治理的相关著作均令笔者爱不释手。

法律与金融领域。这是在 20 世纪 90 年代末由哈佛大学的金融学 Andrei Shleifer 教授领衔的四人研究团队 LLSV 所开创的研究领域，他们将世界各国法律划分为大陆法系、英美法系和斯堪的纳维亚法系等，通过他们的研究发现：英美法系国家由于其更好的投资者保护制度，比大陆法系国家更利于金融市场（证券市场）的发展，他们从法律的起源出发对公司的股权结构、证券监管制度、债权人保护、法院执行等一系列的制度进行了比较，提出了一个非常新颖的研究视角，也用大量的数据进行了论证，尽管从其研究出现开始就受到了很多的质疑和批判（包括著名法学家小约翰·科菲等），甚至还有专门为

① ［美］罗伯塔·罗曼诺编著：《公司法基础（影印本）》，法律出版社 2005 年版，后有中文译本。

了批判这一研究召开的研讨会。但笔者恰恰是这一理论的忠实拥趸，研习多年，也曾尝试用相关方法探讨中国问题，《比较》杂志多次翻译并推介他们的文章。

政府的规制研究。关注这一领域的包括李洪雷、宋华琳、苏苗旱等一批最早系统地引介规制理论、政府监管以及行政法的经济分析学者，他们从经济学的角度分析了政府进行监管（或者叫规制）的原因、方式以及监管的边界，引进了布雷耶、安东尼奥格斯（参见他的著作《规制》，或者参见张卿教授的著作《行政法的经济分析》）以及桑斯坦等著名学者的著作，对于政府运行的边界、政府如何规制风险、政府与私人部门的合作、公共利益的界定等众多领域都有详尽的介绍，可以说为我国建设法治政府、社会公共治理提供了非常好的理论借鉴。

立法的成本收益分析。立法的成本收益分析主要的推动者是法大的席涛教授，实际上立法的成本收益分析在某种程度上与政府的规制研究是非常接近的，但这一领域更侧重于立法前评估以及立法后实施评价的界定。随着我国法律体系的完善，我们开始了“从全到精”的过渡，但其实美国、欧盟、OECD（经合组织）早在20世纪80年代（最早开端于里根时期）就逐步开始了运用科学的指标体系，对某一项法律出台对社会、环境和经济进行影响评价，可以是成本收益分析，也可以是成本有效性分析，席涛教授对劳动合同法、个人所得税法、证券法等法律进行了相关分析①，非常深入地分析了我国立法过程中面临的上位法过于空洞，需要大量依靠行政配套法规支撑的现象，同时也分析了在市场与政府的边界划定过程中，法律经济学以及成本收益分析方法的科学意义。这一研究对笔者的启发也很大，这是科学看待立法和法律实施很好的方法和视角。

“标签”法经济学派及笔者所学习的法经

其实第四个流派——“标签”法经济学派，就是“法律不法律、经济不经济”的法经济学研究者，比如笔者本人，虽然拿着法经济学专业的文凭，却实实在在是个“标签”法经济学者，不管是不是用了法经济学的方法，只要写论文，无论是一般论文还是硕士学位论文、博士学位论文，都要在最后加上一个法律经济分析，唯恐别人不知道我是学这个专业的，但是只要一问到底用了什么法经济学的方法，就支支吾吾说不清楚了。笔者2006年入法经门，原来学的是经济，后弃经从法，曾痴迷于民法和法理学，而后又重新在法经门内学习金融、计量等若干专业，应该说学习法经，“从经入法易，从法入经难”，特别是对于很多文科背景的同学来说，计量模型、数学推导、博弈论等都可能构成一定的畏难情绪，笔者也就是这样跌跌撞撞地关注了近10年的法经，对前面提到的若干个领域都曾感兴趣，但却至今一无所成，最多算是部门法经济学流派中的一个小虾米。

自2016年5月和同门师弟林蔚然（JG君）创办微信公众号“法经笔记”以来，公

---

① 参见席涛：《我们所知道的和不知道的法律——法律经济学的一个分析框架》，载《政法论坛》2010年第1期；《法律、监管与市场》，载《政法论坛》2011年第3期。

众号至今已经发表了原创文章189篇，基本形成了涵盖证券监管（法经监管）、公司治理前沿（法经治理）、金融法商法研究（法经闻道）以及经典著作引介（法经读书）四个栏目，获得了来自监管部门、市场机构、中介机构和学界的广泛关注。本书着重围绕“证券监管和公司治理”主题，精选了此前发表的57篇文章予以结集出版，结合最新证券法修订出台以及监管规则修改的情况进行了相应的更新。

除了法经笔记两位主笔之外，法经笔记主创团队的程威、张文秀、李依依和聂晓茜从法经笔记的“小编”开始逐步成长，参与大量文章的编译、整理和撰写工作，本书的研究成果和最新前沿译介离不开主创团队的共同协作和努力。

此外，我们还收录了深交所林雨晨博士、中国结算张橙逸老师在法经笔记投稿发表的三篇文章，在此一并说明。

愿法经江湖从此“流传”着我们的传说！

曾斌（Panda君）

2020年1月于深圳

目 录

一 股权之争——多数的傲慢

二 董事职责——公司治理的基石

三 公司治理焦点——过去和未来

一

股权之争

—— 多数的傲慢

01 引进 AB 股制度？ 难免橘生淮北为枳

导 言： 双重股权制度理论上既非完美无缺，实践中也非国际通例。虽然能在一定范围内抑制股东与管理层之间的代理成本，却无心插柳制造了股东间的代理成本。在缺乏良好司法环境和成熟监管体系的制度背景下，引进 AB 股制度，恐怕并非通向罗马的正途，而恰恰可能是陷入僵局的歧路。

AB 股制度：何为真身？

双重股权制度，又名 AB 股制度，是一种特殊的股权架构。不同于传统公司法坚持的“一股一权”（One Share One Vote，OSOV）原则，该架构下，公司可以发行 A、B 两种股份，前者遵循一股一权的原则，后者则是一股多权，且 B 股的持有者多数是公司的创始人或管理层。该制度的产生源于创始人对家族企业上市后控制权的需求，由于 B 股制度既使得上市公司获得资金，又避免了所有权与控制权的分离，事实上属于一种控制权加强机制（Control Enhanced Mechanism，CEM）。根据彭博资讯的数据，1998 年至 2014 年 5 月 31 日，中国赴美国上市企业中，31% 的企业采用了该种架构，而这 1/3 的企业所占中概股的市值竟高达 70%。更值得注意的是，这 1/3 的企业中，有 90% 的企业是在 2010 年至 2014 年上市的。

由于双重股权制度在国外出现得较早，国外对于该类架构的研究也较为充分，主要是经济学家从激励的视角对其进行了充分的研究，由于其违反了传统的一股一权制度，Shleifer 等人（1999）在一份报告中，将双重股权制度与交叉持股、金字塔结构等使得股东手中控制权不合理放大的制度等同起来，认为其本质造成了投票权与现金流权的分离，进而扭曲了激励机制，容易加剧控股股东与小股东之间的代理问题。而针对其本身的利弊分析，则支持者有之，反对者亦有之。

AB 股制度：卿本佳人？

在已有的研究中，对于公司需要双重股权制度合理性的论证往往基于该制度可以提高公司绩效进行，而对于提高绩效的原因则有以下三点：

其一，特殊行业论，即基于某些行业的特殊性，譬如高科技行业企业的发展依赖于创始人的才华，给予创始人更多的控制权，可以提高公司经营绩效，常举的例子是乔布斯对苹果公司的例子，在谷歌等上市公司的招股说明书中常常援引该说法以论证发行 B 股的合理性。可问题在于，虽然很多中国的高科技公司在美国资本市场使用了该项制度，但这极可能是内生于高科技企业在国内融资渠道不畅而造成近年来高科技企业大量出走的客观事实。就实证结果而言，港交所的一份报告则指出在美国采用双重股权制度的上市公司中 80% 不是高科技企业，而根据一项研究，1983 年到 1998 年之间在加拿大公开上市的公司中，双重股权制度极少出现在新技术公司，而倾向于集中在传统工业领域如耐用消费品生产、批发和零售。此外，在自然资源、通信、航空、金融服务、基础设施等领域，双重股权公司的比例也很高。就历史上看，较早采用 AB 股制度的公司主要是福特公司等制造业公司，和高科技行业毫无关系。更重要的是，以上论点中对于高科技行业的特殊性仅仅局限于、依赖于创始人的特殊技能，如此金融行业可以援引此条说明其投资风格依赖于创始人，而媒体行业也可以援引此条辩护自己的评论与价值取向依赖于创始人，进而为自己发行 AB 股正名。该观点中定义的模糊性，使得该项立论说服力大大降低。

其二，长远利益论，即作为一种反并购的手段，可以让管理层远离那些不怀好意的并购者，进而为公司的长远发展做打算，而这一论点无法在现实中找到例证，研究证明双重股权架构企业的生命周期更长，可这仅能够说明双重股权架构在应对并购的时候效果卓著，且并购可能性的减小也意味着管理层摆脱了外部控制市场的约束，在其效率低下抑或损害公司利益时也无法得到替换，进而影响公司的效率。在利弊共存的情况下，如果想要证明该论点的正确性，双重股权架构的企业必须在现实中表现得优于一般企业才能够使该命题成立。

其三，克服搭便车论，即传统的经济学理论认为，小股东由于持有股权较少，比较关心的是分红等经济利益，对于公司的治理往往“事不关己高高挂起”，在这种理性的懒惰驱动下，就会出现搭其他股东“便车”的情况，可如果不存在控股股东，大家都具有搭便车的心态的话，就会使得管理层脱离股东的管束，进而使得道德风险问题变得严重，也即此时的双重股权制度缓解了管理层与股东之间的道德风险问题。虽然双重股权制度赋予大股东较多权力，增强了其监督管理层的力度，进而缓解了公司治理中固有的第一类道德风险问题，即管理者与股东的道德风险，可却因为造成大股东与小股东权责严重不对等的情况，扩大了第二类道德风险，即大股东与小股东之间的道德风险。更何况，在双重股权制度下，持有大量 B 股的往往是管理层，事实上又变相地加剧了管理层与小股东之间的道德风险问题。此类分离投票权与现金流量权的制度安排一方面会引发管理层的“壕堑效应”；另一方面也会产生“隧道效应”，即大股东的利益输送行为。对于该问题的实证研究也均各执一词，并不能达成一致。

值得注意的是，尽管对双重股权架构的效果有种种异议，但是其本身对并购产生的阻遏效果得到了理论与实证两方面的证实。事实上其被大量使用的原因也是家族公司在上市后仍然想要保持企业控制权的现实需要。

AB 股制度：国际惯例？

国内研究普遍存在将双重股权制度视为国际惯例的倾向，但是欧盟在 2012 年的研究以及港交所在 2014 年的研究均指出，一股一权原则才是国际上认可的基本原则，而在对上市公司的监管方面，发达国家的资本市场除美国完全认同该架构的存在外，根据欧盟 IIS 针对 16 个司法区域的研究显示，明确允许双重股权制度的国家有 8 个，但是值得注意的是，英国仅允许公司在进行标准上市时发行 AB 股，而法国则规定任何持股期在两年以上的股东均可以申请将其股份转为一股两权，前者将 AB 股制度发生的情况严格限定，而后者则并未在发行时赋予某类股东非同一般的权限，仅仅是为了鼓励股东着眼于价值投资而非短期炒作。所以从严格意义上讲，在 IIS 的样本中只有 6 个国家是允许发行 AB 股制度的，比例仅为 37% 。

而港交所的咨询函则显示，亚太地区的 5 个主要资本市场，即澳大利亚、中国、韩国、日本、新加坡均明令禁止上市公司发行多重股权制度，其中除了日本是在东京交易所的上市规则中禁止上市公司使用该架构之外，其他国家均是在公司法层面即禁止了双重股权架构。可以看出，这一制度事实上并非国际惯例，而是一些国家在一些历史因素的作用下做出的特例选择。

AB 股制度：源自何来？

那么下一个问题就来了，这项制度是如何产生的呢？

目前几个著名的国际资本市场中对其接受程度最高的国家是美国，尽管美国接受了双重股权制度，但该过程极其坎坷。双重股权制度最早在美国出现了一段时间后由于公众的反感，被纽交所取缔。而 20 世纪 80 年代跻身交易所之列的纳斯达克则明确表示欢迎双重股权架构的公司，迫于纳斯达克的竞争压力，纽交所才于 1985 年再度对双重股权制度开了绿灯，AMEX（全美交易所）跟随而上，也放开了对双重股权制度的禁令。但是，美国证监会认为这一制度是对投资者权利的极大侵犯，随即于 1988 年出台 R19c－4 禁止了上市公司发行双重股权。但纳斯达克随即向哥伦比亚特区联邦巡回法院申请了上诉，鉴于在美国资本市场上，上市标准的决定权在交易所这一自律机构手中，证监会并无权限干涉，所以 1990 年于法院宣布 SEC 该决策无效。SEC 只能无奈地表示，是否采纳 R19c－4 的决定权在各交易所手中。双重股权制度遂成为美国三大交易所当时所共同接受的一项制度。即便如此，全美三大交易所也对该架构施加了诸多限制，譬如纳斯达克和纽交所均表示上市公司只能在上市 IPO 时发行 AB 股，并且不得对已经登记在册的股东权利进行限制，而 AMEX 则规定采取该架构的公司的董事会中必须有 1/3 的独立董事。可以看出，美国交易所之所以将双重股权制度合法化，其根本原因是交易所出于自身利益对该制度产生的需求，纽交所在接受该制度后的公开表态也从侧面证实了我们的这一判断。

另一个重要的国际交易所——伦敦交易所则对这一制度进行了更为严格的限制。不同于美国的“出现—禁止—放开”的监管历程，英国监管方一开始对双重股权制度采取的是放任自流、不予管制的态度，但是随着机构投资者力量的壮大以及社会对双重股权制度的日益反感，2014 年英国金融服务局规定以高级上市方式上市的公司不得采取双重股权制度。类似的是德国，德国在放开双重股权制度后，一度使得已经较为严重的一股独大问题恶化，股权架构形同虚设，也发生了不少大股东利用该制度侵犯小股东权利的案件，鉴于此，德国先后于 1987 年和 1998 年通过法律彻底废除了该项制度。

比较以上各国的发展可以看出，之所以产生英德与美国之间的差异，主要是因为监管竞争的现象：交易所出于吸引上市公司来己处上市的考虑，放松同股同权的监管原则，而 Fischel（1987）则直接称美国三大交易所接受这一制度属于“监管竞次”（race to the bottom）。

前述我国香港地区的事情同样证明了这一点。事实上，港交所曾在 1972 年至 1987 年间批准过 10 余家公司发行 B 股，后因为引起市场混乱而被禁止。值得注意的是，不同于典型的 AB 股制度，香港发行的 B 股其面值与分红收益权均较低，投票权则与普通股票并无二致，这类股票在经济权利上严守“一股一权”，但在控制权方面则有所区别——不同的价格却可以获得同样的权利。1987 年怡和控股、长江控股和和记黄埔三家上市公司发布该类股票的发行公告后，恒指应声下跌 2.7%，遂被禁止。而阿里巴巴事件后，港交所在其对外发出的咨询函中也直言，之所以会重新考虑该项制度，也是因为“面对国际竞争，尤其是来自美国的对于内地企业上市资源的争夺”。而竞争压力下交易所的选择，并不意味着这一制度对市场是绝对的利好，也可能会是一种监管竞次。

AB 股制度：橘生淮北？

诚如前文所述，之所以会有引入该制度的呼吁，是想要通过解决创始人控制权与公司上市融资之间的矛盾，以帮助公司在国内融资获得更大的自由度。确实，从这个角度考虑，AB 股制度的确可以使中国企业的融资获得更大的自由度。

但中国公司法已经规定股份公司可以用表决权代理、一致行动人、金字塔结构等手段来解决创始人的控制权问题，想要缓解二者的矛盾并非没有替代手段。更重要的是，中国上市公司控制权的集中问题有目共睹，尤其是创业板公司。仅以 2014 年 5 月至 2015 年 10 月，创业板上市公司上市前后的第一大股东持股比例为例，发行前后的平均持股比例仅差 15%，而上市后第一大股东持股比例在 35% 以上的占比高达 73%，而占股比例超过 40% 的也有 58%。所以，上市公司融资的同时似乎并未影响大股东的控制权，前述提及的缓解“融资权与控制权”矛盾的说法似乎也有些无法成立。更进一步地，在大股东一股独大问题严重的背景下，中国上市公司治理面临的更多是大股东与小股东之间的道德风险，而非管理层与股东之间的道德风险。可以得到印证的是德国与我国香港，此两类市场同样是股权相对集中，所以在发行了 AB 股制度后就引起了市场的不适。而我们在前文也有所阐述，AB 股制度的提出就是为了解决第一类道德风险问题，从这个角度看，似乎中国上市公司引入该制度有些无的放矢。

国际经合组织（OECD）在 2007 年的一份报告中指出，双重股权制度的植入是有其前提条件的。由于双重股权制度是一种高度市场化的股权架构，OECD 认为，必须满足以下条件：

1. 有效的资本市场，包括市场流动性高与消息灵通，能对控制加强机制或对外界股东构成的不利因素提供正确定价；

2. 法律及法规可以有效防范控制人借此谋取私利；

3. 适当的惩罚实施机制，包括所有股东均有及时和可负担的途径诉诸法律以求救济。

事实上，OECD 的以上三个条件主要是从市场成熟度与监管成熟度两个角度进行区分。在市场成熟度不够的情况下，AB 股制度的引入会带来诸多市场问题，监管成熟度则关系着投资者在无法凭借市场力量来维护自身利益的时候，能否通过信赖政府的事前监管与事后惩处实现权利救济。考虑到市场成熟度条件不满足的情况下，第二类道德风险的约束减弱，所以本部分先就这一问题进行分析。

市场成熟度高意味着市场有足够强的能力对公司及股东行为作出正确的反应，即当有损害股东利益的行为出现时，市场会通过价格机制惩罚“作恶者”，如调低估值。AB 股制度作为一种高度市场化的制度，赋予了公司极大权力去确定自己的股权结构，将其置于公司自治的范畴之内，监管者一般无法介入。如前所言，由于 AB 股制度可能会放大第二类代理成本，所以如果无法满足前者的条件，市场则无法对持有 B 股的实际控制人侵害小股东权利的行为作出反应，那么，投资者只能徒然承担这一代理成本。

而仅就资本市场的定价能力而言，中国资本市场长期存在定价不合理的问题。造成以上问题的原因有两个方面：一方面，由于在既有的核准制下，主板市场的 IPO 常年处于供小于求的状态，从而造成 A 股 IPO 抑价现象严重，使得投资者盲目地打新炒新，2015 年上市的暴风科技仅仅因为与互联网有关联，就在上市后连续出现了 26 个涨停板，从发行价的不足 10 元，一路飙升至 252 元的高点。同时，在上市公司的基本面没有本质变化的情况下，截止到 2015 年 5 月 15 日，创业板的平均静态市盈率高达 116，更是有多家企业股价破百。另一方面，由于 A 股市场的退市制度并不完善，大量上市企业在业绩不良后并不退市而是滞留在市场上。根据国泰君安数据库提供的数据，直到 2013 年，A 股退市企业仅 86 家，而从近 10 年退市企业与新上市企业的数量之比这一指标看，沪深两市合计仅为 0.05，而纳斯达克为 1.6，纽交所与伦敦交易所均为 1.1。再从年退市率来看，2011 年欧美主要交易所的年退市率平均为 5%，而我国仅为 0.1%。这些死而不退市的企业滞留在 A 股市场成为壳资源，而炒壳、买壳的风气严重影响了资金的合理配置，扭曲了 A 股市场的价格机制。

如前所述，OECD 提出的第二个条件与第三个条件事实上为中国引入双重股权制度的外部监管环境提出了要求。那我们就从事前和事后两个角度谈谈我国的外部监管环境。

事前监管有效意味着政府必须有足够的执法能力，能够避免证券欺诈事件的发生，但是中国证监会的监管能力一向为人所诟病，许多上市公司的问题都是通过新闻媒体的爆料而被发现的（如银广夏事件与万福生科事件）。在既有保荐制度下，保荐人的责任仅仅在企业上市后两年内有效，所以有很多企业呈现出前两年业绩良好，第三年就开始原形毕露，欺诈事件屡见不鲜的现象。

而强大的事后监管能力则意味着投资人在权利经受侵害后，能够方便地诉诸法律并获得公正的裁决。可仅中国的证券诉讼必须有证监会的处罚作为前置条件这一条就为投资者诉诸法律手段进而获得司法救济平添了诸多负担。根据世行的 2014 年《全球营商环境报告——中国》，在获得司法救济的难易程度方面，中国内地获得的分值仅为 4 分（满分为 10 分），相较之下，美国在此方面的得分是 9 分，而以投资者获得司法救济途径不畅为由对双重股权结构采取谨慎态度的我国香港获得的分数也是 9 分。事实上，中国在这方面的得分尚且不如印度（得分为 5 分）与俄罗斯（得分为 7 分）。综合来看，事前监管与事后监管的水平决定了一国在中小投资者权利方面的表现，同样是根据世行的这一报告，中国在世界各国的排名仅为 125，而亚太地区国家获得的平均排名是45，以上数据鲜明地体现了中国在投资者保护方面与世界各国的差距，而在这种情况下，我们又有什么理由不对双重股权结构的采用慎之又慎呢？

法经述评

我们是经济学的功底出身，半路出家入了法经济学的门。在经受了四年将将及格的经济学训练后，初读法学论文的时候往往有一个困惑：国外如此，国内也可以如此吗？

研一上课的时候，席涛老师曾经反复强调经济学中的一个基本原理：任何时候都是有其预算约束和限制领域的。启发甚大，对于法律移植而言更是如此。

根据诺斯的理论，一个制度的形成往往根植于一国的基本情况，其试图将意识形态这类因素纳入制度分析中，却始终未果。足见在制度分析的时候，其背后的因素是有多复杂，如果将一项制度产生的缘由摒去不看，简简单单地用一句“国际惯例”当作小无相功，难免会出现“外来和尚念歪经”的情况，如远至晚清年间的民商事立法，近至前两年的奥赛康事件。

更何况，这一次，国际惯例似乎是一个“狼来了”的故事。

02 类别股与表决权转移：概览和比较

导 言：港交所与新加坡交易所先后放开双重股权制度的政策倾向，使得学界与监管层再次对我国公司法“同股同权”的原则进行了反思，有论者以“股东异质性理论”为由，主张在《公司法》层面放开对“同股同权原则”的坚守。那么，到底哪些行为属于突破“同股同权”？这些违背“同股同权”的实践在境外究竟是如何运作的？中国的实践又是如何运作的？本文旨在对以上问题有个基本描摹，以飨诸位。本文将实践中突破同股同权原则的做法称为表决权分离，而根据是否在股权层面的规定有所区别，将表决权分离分为类别股架构与表决权转移。

类别股架构

作为传统的大陆法系国家，我国《公司法》层面仍然坚持“同股同权”原则，但同时，《公司法》第131条规定：“国务院可以对公司发行本法规定以外的其他种类的股份，另行作出规定。”这就为我国建立类别股制度留下了制度空间。

2013年以来，因为阿里巴巴整体上市引发的讨论、国务院对于“特殊管理股制度”的提出以及优先股的推出，使得类别股制度的建立成为社会各界讨论的话题。2017年年中港交所设立创新板的新闻，更让关于我国类别股制度建立的讨论再次兴起。

1. 优先股

目前，我国的优先股制度是通过《关于开展优先股试点的指导意见》以及《优先股试点管理办法》等文件建立的相应的制度体系。

从国际惯例看，优先股的主要特点是没有表决权，有类似债的特性，发行人在分红与表决等方面的安排有着比较大的自由，但我国的优先股制度在表决权方面的规定予以优先股股东极大的保护，表现出鲜明的中国特色。具体而言，根据《优先股试点管理办法》，我国上市公司发行的优先股不仅必须是固定股息率，而且在重大事项上必须采取分类表决、在特定条件下恢复表决权（具体规定见下表1）。

表1　优先股股东所享有的表决权

	法定事项	表决权比例
分类表决权	· 修改公司章程中与优先股相关的内容 · 一次或累计减少公司注册资本超过10% · 公司合并、分立、解散或变更公司形式 · 发行优先股 · 公司章程规定的其他情形	一股一权
恢复表决权	· 公司累计三个会计年度或连续两个会计年度未按约定支付优先股股息的 · 公司章程规定的其他情形	公司章程规定

现实操作中，优先股作为不同于普通股的类别股，采用的是“独立代码、单独表决”的模式，即投资者通过A股账户购买优先股，每只优先股的代码与上市公司的普通股代码不同，在对重大事项进行分类表决时，优先股股东进行单独表决。如果出现恢复表决权的情形，由上市公司进行申请，我司为其开放投票入口，恢复表决权的股东据此参加股东大会，但实践中尚未出现恢复表决权的情形。

2. 双重股权制度

国务院在《关于深化国有企业改革的指导意见》和《关于国有企业发展混合所有制经济的意见》中提出要建立特殊管理股制度，尽管文件中并未明确指出特殊管理股制度具体包含哪些股权制度，但目前普遍认为特殊管理股制度包括双重股权制度和金股制度。

考虑接纳双重股权制度主要出于便利境外上市互联网企业回归的原因，沪深交易所也在不同场合表态要研究建立双重股权制度为科技型企业回国融资创造条件，而对于金股的需求更多地存在于国企改革，尤其是文化企事业单位改制中，因为此类企业的导向性较强，党和政府有影响其宣传口径的现实需要，金股制度的“一票否决”特性正好满足了这一需求。但无论是双重股权制度，抑或是金股制度，均是对于“同股同权原则”的突破，而由于前述《公司法》中的相关规定，我国目前在上市公司中推行特殊管理股仍然存在上位法的障碍。

表决权转移

不同于类别股制度通过法律规定将表决权与收益权进行分离，现实中股东还有可能通过表决权代理、表决权协议以及表决权信托等方式实现表决权与收益权的分离。尽管这三者有一定的相似性，但本质上有较大差异，具体见表2：

表2 三类表决权转移方式的对比

	表决权代理	表决权协议	表决权信托
法律关系	·代理关系，委托人可以随时撤销委托	·合同关系，一方不可随意撤销	·信托关系，委托人不可随意撤销
实现方式	·直接进行表决权转移	·直接进行表决权转移	·通过信托结构，实现"受让人行使表决权、受益人享受分红"的目的
是否在股东名册标示	·否	·是	·是，且需将信托受益人名单放置于公司备查
主体资格限制	·无	·有，多数国家仅限于股东之间签订	·无
协议内容	·通常会具体至表决事项	·比较宽泛，一般不需明确至具体事项	·十分宽泛，股东仅保留重大事项的表决权
时间期限	·较短，美国司法实践中，代理协议一般不得长于10个月	·较长	·较长，美国《标准商事公司法》规定，表决权信托设立期限不得长于10年，如果信托合同未能明确列明期限，则视为设立期限为10年
我国是否存在	·存在	·并不存在严格意义上的表决权协议，但《一致行动人协议》类似于表决权拘束	·不存在

1. *表决权代理*

从法律规定看，表决权代理在我国是被允许的，但是表决权代理有两种体现方式，一种是主动委托，即股东主动将手中的表决权委托给代理人，由其代表自己出席股东大会并进行投票；另一种是被动委托，即由代理人向股东出具空白的授权委托书以征集其手中的表决权，这更多地出现在公司控制权争夺中中小股东或者敌意并购者想要通过征集投票权替换现有管理层的情况下。

由于前者属于股东自主行为，故此我国的相关规定未做过多限制，仅对于后者，我国法律将征集者资格仅限于董事会、独立董事以及符合相关规定的股东，且明文禁止有偿的投票权征集。事实上，由于股东名册的不易得性、相关操作细则的不明确以及投票权征集的费用承担等问题造成的高成本，我国的表决权征集并不常见，仅有的几例操作方式也各异。

2. 表决权协议

表决权协议，又称表决权拘束协议，是指股东为自己的股权行使表决权设定一定的条件，此类协议可以与其他同为公司股东者订立，亦可与非公司股东的其他人订立，前者为狭义上的表决权协议，后者为广义上的表决权协议。

我国目前尚无关于表决权拘束的明文规定，同时一些学者基于“表决权属于共益权与人身权”的传统观点，依旧主张表决权拘束协议无效，这也为各界形成理论共识造成了困难。实践中的《一致行动人协议》《关于表决权的安排》类似于表决权拘束协议，但对其规制也仅限于强制披露以及一些窗口指导（如《上市公司收购管理办法》中要求收购者在收购完成后12个月内不得转让股份，所以一般通过签订协议安排完成收购的，会要求在12个月内不得解除协议），且相关规定仅见于有关并购重组的监管文件中。

3. 表决权信托

表决权信托是指股东将自己的股份所有权完整转移给受托人，受托人将在约定的期限内以股权所有人的身份行使相应的表决权。

目前，在我国推行表决权信托的障碍主要是上位法相关规定的缺失。我国《信托法》明文规定“设立信托，必须有确定的信托财产，并且该信托财产必须是委托人合法所有的财产。本法所称财产包括合法的财产权利”，该条文中要求信托必须是基于财产设立的，但是对于表决权信托中的客体究竟是股权还是表决权以及表决权是否属于财产权利这两个问题，我国理论界尚存在争议，所以寄希望于扩大解释“本法所称财产包括合法的财产权利”的路径将表决权纳入《信托法》调整的范围依然存在一定的不确定性。在“青啤股权变更案”中，境外投资方与青岛市国资委通过委托第三方的方式解决并实现了表决权与收益权的分离，但该安排是否为表决权信托，争议依旧较大。从媒体披露的信息看，该案例中境外投资方将手中股权转让于第三方公司“LAW DEBENTURE TRUST（ASIA）LIMITED”，自己保留收益权，同时第三方对于表决权的行使完全依赖于青岛市国资委的纸面指令，该模式中第三方公司完全没有任何管理的自主权，有违背我国《信托法》对于受托人亲自管理义务要求之嫌。同时，信托关系的认定更多地依据法律规定，在法律规定不明的情况下，该模式即便有信托的外貌，但能不能被认定为信托，不确定性也极大。

表决权与收益权的分离本身会带来较多问题，我国公司法层面事实上对于此类安排并未完全禁止，“国务院另行规定除外”的制度安排事实上也提供了制度空间。但正如表决权委托协议在实践中有着诸多问题一样，对于此类安排即便放开也要考虑对其弊病的防控，否则仅仅因为“股东异质性”的需求而打开“潘多拉之盒”，只怕会得不偿失。

03 双重股权结构：SEC 的质疑与律所的回应[①]

导 言： 伴随着 2017 年新加坡交易所和港交所相继允许采用双层股权的公司 IPO，同股不同权的问题一直是热点。2018 年 2 月 15 日，美国 SEC 委员 Robert J. Jackson 发表题为《永久性双重股票：反对公司王权的案例》（*Perpetual Dual - Class Stock: The Case Against Corporate Royalty*）的演讲，随后 2 月 22 日 Wilson Sonsini Goodrich & Rosati 的合伙人 David Berger 发文对其进行回应，本文即为对两篇文章的编译总结稿，管窥 SEC 和美国律师对于双重股权的不同认识。

永久性双重股票：反对公司王权的案例

在这篇演讲稿中，Jackson 委员关注的并非双层股权结构的好坏、优劣问题，而是：如果一个公司一旦采用了双层股权结构，是否应该永远持续下去？

演讲伊始，Jackson 委员以"牢固的婚姻关系需要以双方永远的信任为基础"这一比喻为出发点，提出：对于采用永续双层股权结构的公司，赋予公司管理层对于该公司名义上永远的控制权是合理的吗？

对此，Jackson 的回答是否定的。

1. 公司王权（corporate royalty）和美国价值

永续的双层股权结构不仅要求投资者信任一个具有远见的企业创立者，更是要求他们去相信这个人的孩子甚至他的子孙后代，而这些人也许并不具有创立者的远

---

① 原文链接：https：//www. sec. gov/news/speech/perpetual - dual - class - stock - case - against - corporate - royalty？ from = groupmessage https：//corpgov. law. harvard. edu/2018/02/22/why - dual - class - stock - a - brief - response - to - commissioners - jackson - and - stein/#more - 105170。

见。因此，对于美国的普通投资者而言，将导致这样的后果：公众公司甚至最终连普通大众的退休存款，都将持续由公司内部一小部分的精英集团永远控制。

但从美国的历史来看，对于美国人而言，他们没有承继权力的传统，更没有一个机构或个人能够永远地保有某项权力。从美国建国开始，他们的宪法就仅赋予立法者促进公共利益的广泛权力，却没有赋予国会授予尊贵头衔（grant titles of nobility）的权力。

美国经济的发展深受这种“大众的可靠性精神”（the spirit of democratic accountability）的影响。这就是为什么亚当·斯密在其早年的作品中担忧，经济模型将怎样解释这种可能性，即权力可能会被来自坟墓中的王权所行使。这也是为什么今天我们要求公众公司必须向普通投资者披露他们的活动。

因此，永续的双层股权结构的问题在于它使得经理们（以及他们的后代们）的行为永远不受市场纪律的约束。也就是说，让投资者对公司王权予以永远信任的做法与美国人的价值观是背道而驰的。

2. 双层股权结构公司的股票与公司表现

Jackson 委员接着提出，采用永续双层股权结构的公司在实践中其表现也不尽如人意。最近的一项研究表明，一个公司采用双层股权结构的成本和收益在该公司的生命周期中是不断变化的：在 IPO 之后的短暂时间内，采用双层股权结构的公司在交易中会产生溢价，但随着该公司不断成熟，这种溢价最终会消失。也就是说，在一个公司的早期发展阶段，将控制权给予有远见的创立者是明智的选择，但是在某个时间点［这一个时间点被称作“落日”（sunset）］之后双层股权结构将不再产生收益。

基于这个理由，有的学者提出应该对公司采用双层股权结构的时间进行限制，在某个固定期限或者在创立者逝世后。

接着，Jackson 和他的同事收集了过去 15 年间采用双层股权结构进行 IPO 的公司，共计 157 个，其中 71 个公司有“落日条款”（sunset provision），其余的 86 个则采用永续的双层股权结构。回归结果显示在 IPO 之后的 2 年，两类公司的预期价值有相同的发展趋势，但在 2 年之后，两类公司的预期价值则产生了不一样的发展趋势。IPO 7 年之后，永续双层股权结构的公司和对双层股权结构有“落日条款”的公司相比预期价值有显著的差距。具体如下图 1：

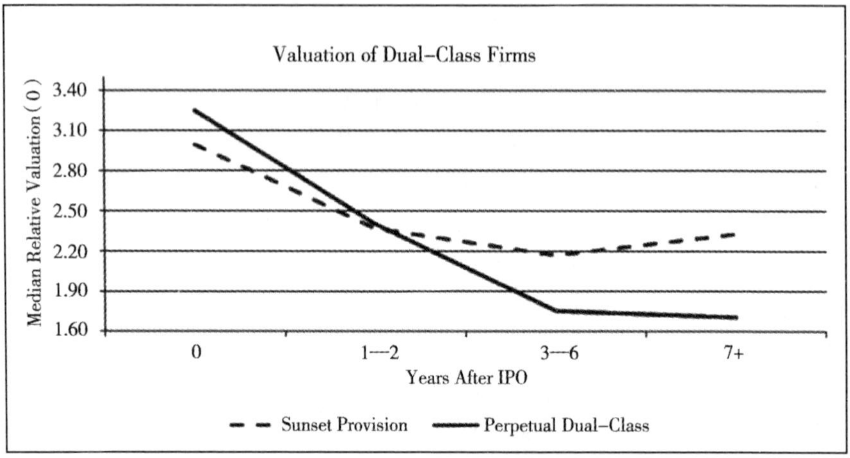

图 1　双层股权公司的预期价值

并且，他们还发现，对于少部分的公司而言，放弃采用双层股权结构的决定和他们预期价值的显著增加有相关关系。

Jackson 还提到，美国目前三大主要的股票市场指数都把双层股权结构的公司排除在外。FTSE Russell 将排除所有自由流通股（free - float）少于总投票权 5% 的公司；标普道琼斯指数将排除所有的双层股权结构公司；MSCI 将降低双层股权结构公司所占的权重。这些都向市场释放出巨大的信号。但是，Jackson 认为将所有双层股权结构的公司排除在美国主要的股票指数之外是一个不明智的决定。

理由是：美国市场的发展和美国普通大众投资者之间存在鸿沟。中产阶级看着市场不断地发展壮大却无法参与其中，也无法享受其中的收益。并且美国的中产阶级通常是通过某个股票指数来持有某个公众公司的股票。因此，如果将所有双层股权结构的公司排除在主要的股票指数之外，那么也就意味着普通投资者将丧失参与到最具创新的企业发展中并成为其中一部分的机会。

因此，Jackson 提出，希望美国的证券交易所能够考虑出台永续双层股权结构适用的标准，即对其进行一定限制。公司依旧可以采用双层股权的投票安排进行 IPO，但前提是管理层愿意在将来某一天把投票权“还给”股东。

但是，对于采用双层股权结构的“落日（sunset）”时间或者期限，Jackson 最后也没有给出肯定的回答，但是作为 SEC 的委员，对于这种“因人而异”的问题，想必在给出回答之前需要慎重考量。

为何选择双重股权：对 Jackson 和 Stein 委员的简短回应

作为对 Jackson 委员演讲的回应，该文开篇就表明目的：第一，明确导致许多创新型公众公司采用双层股权结构的原因；第二，为 SEC 解决双层股权结构所产生的问题提出一些解决办法。

David Berger 认为，美国公司治理面临的挑战，远比双层股权结构所带来的更大。

美国公司治理的第一个问题起源于 1980 年兴起的公司治理结构的不断“金融化（financialization）”，以及把股权资本作为决定什么是好的公司治理的唯一标准。然后，随着散户投资者大规模地被机构投资者所替代，股权资本自身的性质也发生了变化。因此，他认为双层股权结构的问题不应单独看，而应将其放置在美国整个企业团体（corporate republic）发展的背景之下。

作者指出导致创新型、科技型公司采用双层股权结构的主要原因是美国公司治理市场的“金融化”，这一变化使得公众公司无法集中于除股东价值外的其他发展目标。斯坦福大学 Admati 教授最近的文章“*A Skeptical View of Financialized Corporate Governance*”也谈论了“金融化”给美国市场带来的负面影响：公司的管理者仅关注股东价值，即短期股票价值的上涨，而不是公司长期的发展。

美国公司治理面临的第二个核心问题是：只有股权资本能在公司治理中发声。这一问题重要的原因在于：

1. 将近一半的美国人在市场上没有任何投资，也不直接或间接拥有任何公司的股票。尽管公众公司和这些人有着千丝万缕的联系，从雇员到消费者，从工作到退休，但他们在“什么是好的公司治理”的辩论中却没有发言权，因为他们不是股东，因此没有发出批评声音的权利。

2. 这个问题改变了股权资本本身的性质。长期以来都认为股权资本的持有者对公司进行的是长期投资，因此他们关注的是公司的长期发展。但是，由于今天控制股权市场的是众多的机构投资者，他们垄断了“什么是好的公司治理”的发言权，而这些机构投资者更多关注的还是股东价值，导致对于积极股东和投资者而言，更注重股东的回报而不是企业长期的健康发展。并且，这些机构投资者背后做决策的资金管理者们通常也是为了实现短期的发展目标，因为对他们而言更重要的是管理中的资产（Assets Under Management，AUM），当某个基金短期价格上涨时，AUM 也随之增长。

总而言之，作者认为现在美国的企业团体（corporate republic）存在以下问题：（1）把不持有任何股权的多半数美国人排除在外；（2）大部分具有投票权的团体（voting republic）是由管理他人资金的资金管理者组成的，这些人则依据相对短期的投资结果获得报酬；（3）在团体中最具投票权的是积极股东，但他们却把三年看作一个长期投资。

今天人们倾向于将“什么是好的公司治理”限定在能够提高短期的股东价值，但是对于年轻的创业者来说，他们的长远目标是建立企业，除了股东价值之外他们还有其他关注的问题。解决这一问题的第一个方法是企业不上市，第二个方法便是双层股权结构。因此，双层股权结构成了这些公司应对“金融化”和公众市场仅关注短期利益等问题的出路。作者在文中节选 2004 Google 的招股说明书作为例子。

文章最后，作者提出了解决的方法。首先，SEC 可以出台便利发行人采用“任期投票权”（tenure voting）的法规，这样就能够给予那些注重公司长期发展的股东相对于仅注重短期发展的股东更多的投票权。其次，SEC 可以采取其他的手段保证长期储户和有长期投资动机的机构投资者相匹配。例如，SEC 可以为机构投资者设立披露规则，要求他们必须披露：相关的报酬和激励政策、在代理投票权中的交易规则等。最后，SEC 可以要求交易所限制公司披露短期指引，鼓励他们多披露公司长期的战略和投资。据说这种做法已经被 Eric Reis 的长期股票交易所考虑实践。

法经述评

随着新加坡交易所和港交所接受双重股权架构的政策发布，对于双重股权架构的讨论又开始增多了。国内各界人士，纷纷对于国内优秀企业即将被“逼上梁山”表示担忧，进而呼吁国内张开怀抱接受这种满足了股东多元化、能够实现公司长期目标的管理制度。

可无疑 SEC 委员 Jackson 的文章对以上言论进行了有力的反击。在其提出的几个论点中，较为重要的是，永续双重股权架构公司在长生命周期里面的股价表现并不如非永续双重股权架构的公司。基于此，他提议为了留下对双重投票制度有需求的公司，建议对双重投票权进行限制，施加落日条款。

随后的这篇反驳文章中，事实上并未对这个问题作出很好的回应，虽然称之为“response”。但作者依旧执着于机构股东短视化的论点，并有针对性地提出美国公民事实上参与到公众公司的很少，并不能实现所谓的“美国民主理念”。

可是，什么是长期目标？就像经济学中对于短、中、长三个阶段讨论的无限争议一样，如何界定长期目标和短期目标？如果从实证的表现看，似乎长期目标论根本就是个伪命题。更有意思的是，除了股东追求股价表现而日益短视化这一论点还可以相对地站住脚，就我看到的研究而言，并没有理论很好地解释为什么创始人可以更好地实现公司的长期目标。

而后者在其 response 中声称的所谓任职投票权本身面临着一个悖论：多倍投票权的保留时间随着其持有股票的时间增长而延长，旨在将双重投票权赋予那些有长久持有股票意愿的人，可是历史持股时间和未来持股时间可以等同吗？退一步讲，二者不应该是反向关系吗？

从港交所公布的政策来看，其对于双重股权架构的适用有行业限制，但是为什么是这个行业而不是那个行业适用双重股权？事实上美国的几大科技上市巨头均未采用双重股权架构。而且为什么多倍的投票权上限要设置在 10 倍而不是 20 倍？合理性究竟何在？

更重要的是，港交所的文件中也承认了双重股权架构会出现大股东侵害小股东的情况，于是声称自己会力促大股东履行对小股东的信义义务。可是问题在于，对于股东间信义义务的标准，即便是美国法院也没有建立起系统性、可执行的标准，港交所对于自己法院的信心又从何而来？

事实上，如果我们承认，双重股权架构不过是对于控制人的一种迎合，那么以上问题就都好理解了。因为在公司上市地的决定上控制人话语权极大，尤其是对于中国的公司来讲，那么为了将这些公司留住，我们必须讨好这些实际控制人。于是，我们在明知双重投票权有诸多弊端的情况下，还是迫于创始人的"淫威"将其采纳，只不过为了良心不那么痛而对其进行限制，只是我们也不知道这些限制的合理性。承认吧，我们可能是在和魔鬼进行交易。

04 双重股权结构真的有损股东利益吗？[①]

导 言：科创板新规千呼万唤始出来，值得关注的是，《科创板上市公司持续监管办法（试行）》第 8 条首次规定了中国版的“同股不同权”。对于双重股权结构的讨论和争论依旧在进行中，机构投资者、控股家族、科技公司创始人、散户投资者、理论研究者都有各自的立场和证据，本文编译自 David Berger 与 Laurie Simon Hodrick 对双重股权结构公司在美国运行情况进行的实证分析，同时总结了各界的反应。对于 A 股市场即将迎来可能采取双重股权结构的“独角兽”，我们可能采取的也是先观察的态度，真正的市场表现在中国这个以散户为主的市场可能又会有所不同。

号召对双重股权进行规制的做法已经非常普遍。例如，美国机构投资者协会（the Council of Institutional Investors，CII）请求纽交所和纳斯达克要求：所有即将采用双重股权结构上市的公司都必须在公司章程中规定“落日条款”（sunset provision），以保证公司在一个约定的时间转化为一股一权。CII 同样建议编制指数的公司将采用双重股权结构的公司排除在外，标普道琼斯指数（S&P Dow Jones）和富时罗素指数（FTSE Russell Indices）都已经采纳了这个建议。许多 CII 的个人会员也和一些世界上最大的对冲基金及其他投资者一起，加入了旨在反对双重股权结构的“美国管理及治理框架”（Framework for U. S. Stewardship and Governance）。

代理咨询服务机构（Proxy Advisory Services）也宣布了它们对双重股权结构公司

① 原文链接：https：//corpgov. law. harvard. edu/2018/04/15/are – dual – class – companies – harmful – to – stockholders – a – preliminary – review – of – the – evidence/。

的反对立场。例如，美国机构投资者服务协会（Institutional Shareholder Services，ISS）建议，如果采用“有区别投票权”的公司没有规定恰当的落日条款，那么它们建议对这些公司的董事投反对票。并且，即使是SEC的投资者建议委员会（Investor Advisory Committee）也表示了对双重股权结构公司的担忧，因此它们建议SEC应当投入更多的资源以识别双重股权结构公司在治理纠纷中可能产生的风险。

然而，支持上述这些要求对双重股权结构公司进行规制的经验证据在哪儿呢？从1925年IPO的道奇兄弟和1956年IPO的福特公司起，双重股权结构公司已经存续了将近一个世纪之久。历史上，科技型公司并没有采用双重股权结构，相反直到2004年谷歌IPO之前，大多数采用双重股权结构的公司都是家族公司，或是为了保证新闻出版独立性的媒体公司，或是由强劲的内部人控制公司。这些公司通常采用双重股权结构来免受那种来自仅关注短期股价变动的压力。

2010年一个重要研究将关注的重点放在了这些采用双重股权结构的老公司上，该研究发现双重股权公司会增加内部人的现金流权利和投票权利，并且这些公司的杠杆率通常较高，业绩表现也不如采用一股一权的公司。

但自2010年起，已有许多科技型公司采用双重（或多层）股权结构并且陆续上市。关于双重股权公司业绩表现的传闻证据有好有坏，但早期关于这方面的经验证据却相当有趣，特别是：尽管这些公司并未上市很久，有限的数据却表明这些新的双重股权公司的业绩表现甚至优于采用同股同权的公司。

例如，MSCI（全球最大的指数编制公司）最近发布的一项研究表明，2007年11月至2017年8月，投票权不平等的公司股票表现总体上要好于市场的平均水平。这项研究进一步总结道：如果将这些公司从指数成分股中排除出去，那么每年在指数编制期内将减少指数的总回报约30个基点。这个结论在北美的证据中更加明显，在那里投票权不平等的公司年均业绩比传统的一股一权公司高出4.5%。

最近的学术研究更是巩固了上述的观点。例如，一项研究认为：双重股权结构公司能够免受来自市场的短期压力，因此相较于一股一权的公司，它们有更大的成长机会和更高的市场价值。

研究还表明，即使是那些采用永续双重股权的公司，当它们被创始家族控制时，公司的业绩表现也会显著地高于非家族企业。另一项研究则认为将更多的投票权赋予消息灵通的股东可能会更有效率，而对于消息比较不灵通的股东（如被动的指数基金等）则赋予他们更少的投票权，因为被动的投资者愿意支付一定的折价来换取对投票权的放弃。

我们已经开始了关于公司控制权、偿债能力（liquidity）、资金分配等问题的基础研究，还包括“下一代”（next generation issues）以及将股票作为支付对价进行并购和奖励员工等问题。但这些研究都刚刚开始，我们的分析同样涉及一些基本性的问题，如在这些新上市的科技型公司中，在持有有投票权股票的过程中，股东会获得多少溢价。例如，假设 Alphabet 公司（谷歌的母公司）四年前通过股份分红的方式增发了 A 和 C 两种类型的股票，两种股票的区别在于 A 种股票是一股一权，C 种股票则没有投票权。但奇怪的是，Alphabet 公司 C 类型股票（GOOG）的收盘价在 2 月的连续三个交易日中均高于 A 类型的股票（GOOGL）。并且更奇怪的是，在 2014 年 4 月 3 日 GOOG 被发行之后，这两种类型股票价格的相关关系高达 99.9%，并且它们有着相似的股价标准差、betas、交易量和卖空比例（short interest）。

所以，我们认为现在就从经济学的角度下一个决定性的判断——采用双重股权结构的公司对于投资者更好还是更坏——为时过早，尤其是对于年轻的公司而言。因此，我们的观点是：任何试图限制双重股权公司股票的想法（包括采用强制的落日条款等）都必须基于严格的分析而不是猜测或者经验。并且，政策制定者们必须认识到市场在不断变化的本质：

第一，股东至上主义占主导的思想给同股同权公司的董事会带来了需要关注短期效益的压力。正如特拉华州首席大法官 Strine 常指出的那样，董事会仅会对那些在选举中支持他们的人作出回应。今天，美国大多数的公众公司实质上是控制在几个机构投资者手中的，因为据统计，截至 2016 年机构投资者持有的公众公司股份高达 70%，尽管只有 3 家基金经理持有标普 500 公司的仓位达到 88% 以上。尽管许多机构投资者都强调他们将长期持有股票，但这些被机构投资者持有较多股份的公司董事们，仍旧能够持续感受到追求短期股价上涨的压力。例如，麦肯锡和加拿大养老金计划投资董事会（the Canadian Pension Plan Investment Board，CPPIB）最近针对 1000 多位董事和 C 层级的执行官（C - level executives）进行的一份研究发现，这些执行官中将近 80% 的人表示，对于在两年或更少的时间内取得较好的业绩（financial results）特别有压力。

第二，公开市场和私募市场不断变化的本质。在进入公开市场时采用双重股权结构的科技型公司比例在不断增加，这可以看作公开市场和私募市场为了"迎接"科技型公司都在做出改变。根据华尔街日报的报道，2017 年私募市场募集到的资金要高于公开市场募集到的资金，这是因为公众公司的数量在持续下降，自 1996 年至今公众公司的数量已经减少了近一半。SEC 的委员 Clayton 不断重复：公众公司数量减少必然会引发问题。因此，限制公众公司采用不同的资本结构，必然会影响这些公司作出关于是否上市的决定。

第三，双层股权结构和世界上其他的资本结构情况。监管者在考虑要如何回应采用双重股权结构的公司不断增长这一事实时，应该考虑到全球市场也在不断接受这些公司的这个事实。例如，最近几个月，中国香港和新加坡都已经将其市场向双重股权结构公司开放；许多欧洲市场已经采纳了这样的规则，即允许公司采用双重股权或其他能够使公司关注长远的发展及非股东支持者利益的结构。即使是在美国的新兴市场，如长期股票交易所（the Long－Term Stock Exchange）也致力于帮助采用不同资本结构的公司上市，从而使得这些公司能够专注于商业发展，这清楚地表明了当前占据主导的股东至上主义对于所有的公司而言可能并非最优的治理结构。

因此，出于这些理由，我们认为现在出台强制规定——要求美国所有的公众公司都采用一股一权的形式——为时尚早。并且，针对新兴科技型公司的有限实证证据并不足以成为采用这些规定的充足理由。因为当前可得的证据表明，双重股权结构公司的业绩不能说比一股一权的公司更好，但至少可以说两者是一样的。

05 Snapchat IPO 中的“零投票权股”：窃钩者诛，窃国者侯?

导 言：关于公司发行双层投票权股份的问题在阿里巴巴上市问题上引起了市场的极大关注，阿里抛弃港交所最终选择纽交所，不仅让港交所扼腕叹息，也让境内的 A 股市场掀起了一阵关于双层投票权制度的研究和探讨热潮。有论者以“迎回”大量远渡重洋的高科技互联网“游子”为由，称双重股权制度属于境外的成熟制度，应该引进。尽管这一热潮最近稍有冷却，但是大量似是而非的论点依旧甚嚣尘上。有意思的是，不久前美国市场在这一制度上来了个“极速漂移”：2017 年 3 月，新兴的社交媒体 Snapchat（阅后即焚）在其 IPO 中将其发行的全部公众股份设计为零投票权股，将双重股票玩到了极限，这在美国上市公司中尚属首例。面对没有投票权的公众股，或许我们真的应该思考一下：这种明目张胆地告诉投资人“我要的只是你的钱”的金融产品设计，真的是投资者保护的幸事吗？这一趋势究竟是不是朝底竞争（race to the bottom）？

Snap 的 IPO 及发行条款设计

这又是一个来自斯坦福大学的创业故事，Snapchat 的两位创始人 Spiegel（斯皮格尔）和 Murphy（墨菲）创造了这家估值超百亿美元的公司，但他们一位只有 26 岁，另一位也才只有 28 岁。Snapchat 的 IPO 定价为每股 17 美元，总市值达到 240 亿美元，这也成为自阿里巴巴上市两年多以来美国科技行业规模最大的 IPO。不过，相较于其天价估值，更有意思的是此次 IPO 发行中的三种类别股：

A 类股票：通过 IPO 向公众发售，这些股份现在没有投票权，以后也没有；

B 类股票：每股一票投票权，可转换为 A 类股票，由上市前的投资者和员工持有；

C 类股票：每股 10 票投票权，可以转换成 B 类股票，由二位联合创始人持有。

这样一来，上市发行新股不会稀释创始人上市前控制的投票权，二位联合创始人通过持有超级投票权的 C 类股票实现了对公司的完全控制：在上市之后继续控制着公司约 74% 的投票权，实现着对公司股票的绝对控股。

“零投票权股”近乎空中楼阁

实际上，Snapchat 这种“零投票权股”的设计，在某种程度上已经脱离了股份发行的本质内涵，因为这种股份已经缺少了传统上认为的普通股的基本特征，零投票权让这类股份表面上看上去更像是优先股或者是一种衍生产品甚至可能也就是有限合伙的一部分份额而已。但事实上，不同于一般类别股的是，AB 股制度在剥夺或者限制了其中一类股东的投票权后，并未给予其相应的补偿。例如，优先股股东尽管没有投票权，但是固定红利、累积分红、重大事项的投票制度以及优先求偿等制度保障对其进行了一定程度的补偿，所以有论者认为优先股并未突破同股同权制度原则：因为它依旧是收益风险对等的。

在一般论者口中，保护创始人的创造力从而确保这些创新型公司的发展方向不被干扰，是设置多重投票权股的重要逻辑，甚至被视为其出现的缘由，比如 Facebook 的扎克伯格以及阿里巴巴的马云团队等，都被赋予了类似的超级投票权，从而确保公司能够避免公众投资人的“短视”。但事实上，这种论调根本经不起推敲，且不论当初第一家采用 AB 股架构的公司根本就是一家传统行业公司，大量的研究也证明 AB 股企业中存在着大量的传统型企业，更进一步的是，“创新型企业”的界定究竟由谁来做？互联网行业就天然地比其他行业企业有着更多的创新基因？或者说，创始人控制权的绝对把控就能够保证企业的基业长青创新不断？似乎很难这样认为，人们在看到乔布斯、马云的同时，似乎忽略了诸如马化腾这些企业家也并未因为没有采用 AB 股而使得企业丧失活力，从腾讯这一中国几乎最具创新基因的企业看，创新的保障并不是创始人灵活的头脑，而是一个合理的管理模式与积极的企业文化。

而 Snapchat 的案例更是说明了，所谓“创新型企业保护神”的论调更像是一块创始人控制欲的遮羞布。Snapchat 的 CEO 斯皮格尔向市场保证他所做的事“五年后见分晓”，因此也成了这次“零投票权股”产生的逻辑起点。通常来说，多重投票权的设计会伴随着“落日条款”（Sunset Provision），也就是说会设置一定的条件或者时限，让原来约定的超级投票权失效，使得大家回归到一股一权的平等基础上。但是从 Snapchat 的落日条款设计来看，显得十分没有诚意，它并没有来一个“五年后见分晓”的约定，其设置的触发条件是当两位创始人都离世（或者全部卖出各自股份)，也就意味着公众股东只能寄希望于两名“90 后”创始人发生点什么事情，才可以实现投票权，这样的落日条款不给也罢，使得“零投票权股”的权利主张几乎成为空中楼阁。

又一轮监管的“朝底竞争”？

对于双重股权制度，同股不同权制度的争论已经有多年的历史，当年纽交所受迫于纳斯达克的竞争压力，才为双重股权制度开了绿灯，随后全美交易所跟随而上，尽管中间 SEC 对此提出过异议，并且出台了法令禁止这一做法，但是在 1990 年美国法院最终判决 SEC 无权干预交易所的上市标准决定权，双重股权制度成了美国各交易所的通行做法。

近年来，新加坡和中国香港市场尝试放松这一制度的重要背景也是受市场竞争的压力，阿里“临门一脚”的出走给香港市场带来巨大的压力，港交所随后向市场进行了规则咨询，只不过最后结果依然是同股同权是香港资本市场繁荣发展的基石。

可不得不面对的现实是，尽管相关人士不断阐明一股一权制度对于维护市场公平和公司健康发展的重要意义，OECD 也曾经在一份研究中指出类别股制度对于监管能力与市场成熟度有着较高的要求，但在实用主义和市场压力面前，学者这种“冷眼旁观”式的冷静多少显得有点苍白。

从美国的公司治理准则规范来看，所有权和控制权的分离将会导致受托责任的缺失，无论是私募股权基金还是公众投资人，都是通过各自的投票权选举代表董事从而监督公司的运营或者改善公司的运营，而 Snapchat 公司的“零投票权股”甚至会让这些股东连公开信息的获取都难于其他公司的股东，而没有投票权的他们参加股东大会的原因又是什么呢？

这难道还不是一种朝底竞争？

机构投资者们不愿情况恶化

在很多机构投资者看来，一股一权制度是市场基石性的原则，是不容动摇的，他们认为这种形式的所有权和投票权的分离，会对市场的公平性、对投资者保护以及市场的有效性都产生潜在风险，他们觉得 SEC 是时候该对这种多重投票权制度进行重新修订了。

他们提出了几点具体的建议：第一，禁止“零投票权股”的再次出现；第二，要求合理和真实针对多重投票权落日条款的设计，不能让其成为控股股东自己的游戏；第三，考虑提高对多重投票权公司董事会的要求，使其不至于沦为控股股东的工具。

在这些反对声音中，最具代表性的是美国投资者管理集团（Investor Stewardship

Group，ISG），几家美国最突出的积极股东（Activism Shareholder），包括贝莱德集团（BlackRock）等机构是这一集团的活跃成员，他们和机构投资者委员会（Council of Institutional investor）在近年来强烈反对多重投票权设计，认为这一设计在过去十年衍生出了大量问题，并且已经损害到了养老金投资者等基础受益人群，他们正在推动相关的指数投资基金将这些采取多重投票权的公司排除他们的投资组合，他们认为没有任何的研究证明保证创始人的超级投票权一定可以为公司带来更大的收益，反而由于同股不同权所引发的对市场不公平的长期损害是显而易见的。ISG 开始在美国上市公司中倡导和推行他们同意批准的《美国上市公司的公司治理原则》，共 6 项原则，其中第（2）项内容为：股东应按其经济利益的比例享有投票权，坚持采取一股一权的原则。

事实上，考察其他国家 AB 股制度的发展，机构投资者永远是其中反对声音最大的一个群体。有研究者从政治经济学入手，指出机构投资者强大的时期，一国监管当局倾向于废除 AB 股制度或者对其进行限制，也正是基于此，相较于 AB 股制度的诸多正当性，我们更愿意相信这一制度的产生，更多的是上市公司创始人与机构投资者之间博弈的结果。

窃钩者诛，窃国者侯

可以预见的是，假如没有监管的介入，“零投票权股”也许会继续在美国 IPO 市场中发生，而这种为了市场融资或市场发展而不顾投资者公平的做法也就越来越“司空见惯”了，也许受益的是规则的设计方或者中介机构，还有就是面临市场压力的交易所，但是对公司而言真的能承受“零投票权股”之重？

有意思的是，监管一直对大股东剥削小股东的行为保持着警惕，甚至发展出了股东之间的忠实义务，独立董事的提出更是为了防止内部人剥夺外部人。可是在 AB 股制度上，各界的态度却耐人寻味：如果担忧大股东以利益输送等方式剥削小股东的话，那么 AB 股制度难道不是能够让大股东更好地去剥削投资者吗？为何此时企业融资的需求却成了压倒一切的天然正义呢？这难道还不是一种赤裸裸的双标吗？什么时候公司治理与证券监管成了一种“窃钩者诛，窃国者侯”的政治游戏？

更让我们不寒而栗的是，这种独裁式的管理方式，为什么成了资本市场乃至于学界“箪食壶浆”相待的王师？近期世界范围内民主的衰落，难道也已经影响到了公司治理这一和政治领域极其相关的经济领域吗？

二

董事职责

—— 公司治理的基石

01 董事会性别多元化研究：女性董事在公司治理中的角色[①]

导 言： 关于“董事会性别多元化”的话题是近年来国内外公司治理研究的新宠。随着上市公司中女性董事的数量越来越多，关于该问题的研究也越来越多。本部分整理评议两篇关于“女性在董事会中的角色”的研究，第一篇以美国的上市公司作为研究样本，第二篇以中国的上市公司作为研究对象。

董事会性别多元化的实际情况

上市公司董事会性别多元化的“运动”已经进行了一段时间，在提倡董事会性别多元化的组织、机构投资者、监管机关以及上市公司的共同努力下取得了一定的成绩。但是，本文的作者提出，性别平权在大多数上市公司的董事会中还是不足的，并且还有一定比例的上市公司在董事会中没有女性席位。并且，他认为现在公众和学术的关注点都放在了上市公司中女性董事相对于男性董事的数量或比例问题上，却忽略了这些女性董事在董事会中的实际角色或影响力——而这也是衡量董事会性别多样化程度的重要标准。

文章的一个重要前提是，董事会多样化对于提升公司治理水平有着重要的影响，因为它能够直接影响到董事会监督作用的发挥。接着，作者提出：在上市公司的董事会中，表面上满足数量多样性和实际上达到真正的多样性，两者之间有着本质的区别。作者认为大多数满足“数量要求”的公司实质上并不能满足“质量要求”，相较而言，实际上的平等可能是一个更重要的标准。因此，机构投资者和董事会性别多样化的倡导者在关注这个问题的时候，不应该只看女性董事的比例，更应该关注女性董事在董

① 原文链接：https：//papers. ssrn. com/sol3/papers. cfm？ abstract_ id = 3117131。

事会中的角色和发挥的作用，即应该关注“实质性的平等”（substantative equality）。

因此，为了检验这个观点，作者收集了2007年至2015年，标普500上市公司中女性董事的数量、女性董事在董事会中的角色——即她们能否被归类为“忙碌董事”（busy directors）、女性董事的任期、女性董事参与到关键委员会（key board committee）的概率等数据。然后，作者将这些数据与男性董事同样指标下的数据进行对比，基于实证的结果作者得出以下发现：

第一，董事会中性别的差异不仅体现在不同性别在董事会中所占的席位上，更体现在不同性别的董事在董事会中的角色和发挥的作用。第二，数据表明性别之间的差异在不同的产业和不同市值的公司中也有差异。这就说明，如果想要得到一个更真实和完全的、关于董事会中性别多样化的情况，应该单独考察每家公司的情况，而不是以整体的比例来衡量。第三，数据在衡量“实质多样性”时有细微的差别，这就取决于怎样进行解释。比如一些结果表明我们应该担忧董事会中性别平权的问题，而另一些结果却支持更乐观的看法。第四，所能获得的“董事会中董事参与率”（director participation in the boardroom）的数据是有限的。

这篇文章的贡献主要体现在以下二个方面：

第一，现有关于“董事会多样化”的研究多关注的是女性董事在董事会中占比较低的问题，这篇文章的研究强调了在“数量”和“实质”上的区别。因为实质上的性别多样化对于董事会多样化才是有意义的。

第二，通过实证研究，首次为董事会中性别平权的问题提供了详细的经验证据。例如，作者发现，女性董事的任期普遍比男性董事的任期短，男性董事的平均任期是1.99（22%）—2.64（27%）年，这个数据比女性董事的要高。

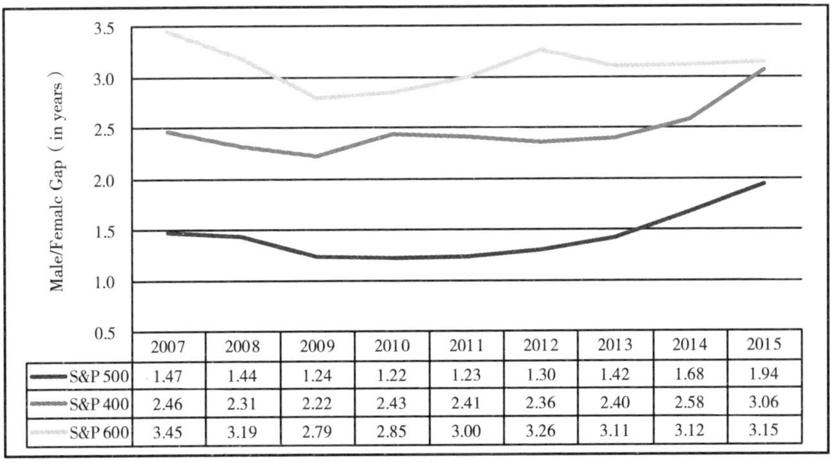

	2007	2008	2009	2010	2011	2012	2013	2014	2015
S&P 500	1.47	1.44	1.24	1.22	1.23	1.30	1.42	1.68	1.94
S&P 400	2.46	2.31	2.22	2.43	2.41	2.36	2.40	2.58	3.06
S&P 600	3.45	3.19	2.79	2.85	3.00	3.26	3.11	3.12	3.15

图1　男性董事和女性董事平均任期的差值

并且，在整个女性董事的样本中，女性担任董事长的比例仅为1%；而在整个男性董事样本中，男性担任董事长的比例为6.5%，后者的比例是前者的6倍。独立董事的数据中存在着同样的趋势，在不同性别的样本中，女性和男性担任独立董事的数据分别为3.6%和7.4%。但是，也有一些积极的结果，比如女性董事的比例在不断提高；女性董事似乎能够参与所有重要的董事会，尽管在关键的审计委员会中女性董事的数量非常少。

第三，这篇文章基于实证的结果提出了一些政策建议。首先，相较于单纯地增加女性董事的数量，投资者应该更多地关注女性董事在上市公司中的角色和作用，如女性董事的人气等数据。其次，上市公司应该采取一些措施保障女性董事“正常”行使其权利，如董事长（leadership roles）的任期限制，为女性董事提供更多的机会。最后，公众关注的焦点和监管的重点也应放在董事会多样性的实质衡量标准上。

女性董事局主席、公司绩效与公司治理：来自中国的经验①

这篇文章主要研究的是女性担任董事局主席（board chairpersons，董事长）对公司业绩和公司治理的影响，以及女性担任董事局主席和男性担任董事局主席会有哪些显著的区别（the channels）。作者提出，现有关于性别对公司业绩影响的研究多集中在CEO、CFO以及董事的作用之上，对于董事局主席的作用少有涉及，因此，关于女性担任董事局主席对公司业绩和公司治理的影响的研究更是少之又少。

因此，作者把沪深两市2000年至2014年2489家上市公司的20741份企业年度数据作为样本进行研究。作者将该研究局限于中国的上市公司是因为，大部分中国的企业股权比较集中。首先，对比以市场为中心的美国，它们的企业通常股权比较分散，因此导致CEO们有较多的自由裁量权，这就使得董事局主席很难有效地监督他们。其次，中国女性担任董事局主席的概率要大于美国。最后，不同于其他发达国家喜欢采用民主的方式进行决策，中国尊崇“权力距离的文化”（power distance culture），也就是说人们普遍接受这样一个事实——一个组织中的权力是被不平等地分配的，董事局主席通常是在公司中手握大权的那个人。

之后，经过实证分析，作者得出如下结论：女性担任董事局主席的公司在业绩和治理上的表现都要优于男性担任董事局主席的公司。女董事局主席通常在监督方面更有效，并且能够影响经理去投资风险更大但是能够增进价值的项目，这表明她们既不属于风险厌恶型，也并非缺乏自信型，相反她们更致力于股东财富最大化。

具体而言，女性担任董事局主席和男性担任董事局主席会有以下四个方面的主

① 原文链接：https://papers.ssrn.com/sol3/papers.cfm?abstract_id=3132431。

要区别：

第一，监督激励方面的不同，女性董事长比男性董事长有更强的激励去积极监督总经理的行为。相较于男性担任董事局主席的公司，女性担任董事局主席的公司，其业绩表现对 CEO 的更换率较为敏感（higher forced CEO turnover - performance sensitivity），并且对于 CEO 的薪酬也有较高的敏感度（higher CEO pay - performance sensitivity）。

第二，对经理进行高风险项目投资的影响。作者的研究发现，女性担任董事局主席的公司，在涉及创新项目的投资时，收益更不稳定（volatile earnings），并且相较于男性担任董事局主席的公司有更高的长期杠杆。这表明，女董事局主席会影响经理去投资高风险项目。

第三，对投资效率的影响。作者的数据还表明，在女性担任董事局主席的公司中，资本支出（capital expenditure）和兼并分别会带来未来更好的业绩表现（operating performance）和更高的持股收益（announcement returns）。这表明，女董事局主席对公司投资的影响是正向的，能够促进股东价值最大化。

第四，在进行附加检验中作者们还发现，先前得出的结论在家族企业、国有企业中同样适用，并且同样没有证据表明不同性别的董事局主席先前的经验对于企业业绩会有不同的影响。

美国学界之前的研究关注的是女性高管和女性董事，以及性别多样化对于公司业绩的重要性，但这篇文章的研究结论不同于先前的研究，它更强调企业中的女性领导者打破了“玻璃天花板”（the glass ceiling），她们用自身可以与男性相媲美的管理技巧在逐渐适应由男性主宰的世界。

法经述评

女性平权运动开始延伸到公司法和公司治理的研究之中。这是因为，女性的身影在上市公司的高管职位上出现得越来越频繁，据东方财富网的报道，“截止到2017年2月底，A 股公司的高管职位中，有 17.44% 是女性。由女性出任董事长的 A 股公司达到 162 家，占比 5.18%，这 162 家公司总市值高达 2.5 万亿元，平均每位女性董事长掌控 151.6 亿元市值。此外，由女性出任总经理的 A 股公司为 203 家，占比达 6.50%”。

第二篇研究中的数据显示，由于中美两国资本市场的差异，美国上市公司的股权较为分散，中国上市公司的股权则相对更为集中。因此，目前我国上市公司中女性担任高管数据就全球范围内来说应该是比较高的。

但是，对于这种数据或比例上的变化，第一篇文章中 Yaron Nili 教授提出的问题似乎更值得我们关注。这些女性高管是否真的能够行使她们作为高管的权利，是否真的能发挥出这些女性对于公司业绩和公司治理的改善作用？前一篇对于美国上市公司的研究得出的结论是否定的，而后一篇对于中国上市公司的研究得出的结论是肯定的。

根据《经济学人》杂志的最新文章，挪威通过强制配额制来提高女性董事的数量，“它要求上市公司的董事会把至少40%的席位留给女性，否则会被解散”，“在比利时、德国、法国，大型上市公司董事会内女性的比例为30%到40%”。尽管强制配额制受到了诸多批评，但已风靡全球。

各国都把女性董事的数量作为评价董事会质量的关键指标之一。美国虽然没有实行配额制，但美国的机构投资者在这方面走在了前列，他们希望董事会的组成能够更多元化，并且投资者倾向于投票反对那些没有或仅有一名女性董事的提名委员会。然后是日本，由于其女性董事的比例偏低，因此全球的机构投资者将开始推动日本上市公司董事会的性别多样化，投资者甚至计划与上市公司分享相关指引。印度也要求董事会中至少有一名女性，其中Kotak委员会建议至少有一名独立董事是女性。

可见，董事会性别多样化已被或将被写入多个国家的强制规范层面，而我国在官方层面似乎很少提到这个问题。但是随着我国资本市场的不断开放，我国上市公司的治理将接受国外投资者和机构投资者的监督，因此将来要考虑如何在规范侧面强调并引入董事会性别多样化。但是具体应该怎么引入，是学习挪威等国采用强制配额制还是依靠市场的自我规制和调整，值得深入地研究。

总的来说，尽管今天性别歧视（明面或暗面的）依旧存在，但相较于那些女性不能出去工作或受到极大歧视的年代来说，今天的社会在女性平权上至少是进步的。

02 如何有效地评估董事会？[①]

导 言：在2018年9月底最新公布的《上市公司治理准则》中，再次提到了有关董事会治理的评估机制，但是究竟该怎么做、从哪些角度来做，才不会流于形式呢？本文编译安永董事会事务中心Steve Klemash、Rani Doyle、Jamie C. Smith的文章，将对董事会评估的细节问题进行介绍，期望能为国内的实践提供一定借鉴。

投资者、监管者和利益相关者一直都在寻求提高董事会效率的方法，并且将关注的重点逐渐转移到了董事会评估的流程和结果上来。与此同时，董事会也在不断提高自己的效率，并通过完善评估的流程和信息披露来加强对利益相关者的保护。

以上的这些变化都反映了一个事实：近年来诸多因素在慢慢地影响着公众公司的公司治理，这些因素包括：

（1）近期备受关注的董事会监督失败的案例；

（2）全球商业环境的日益复杂所带来的机会、风险和不确定性的共存；

（3）利益相关者希望公司能够更清楚明了地解释公司目前及长期的计划，这无形中给公司带来了压力；

（4）美国之外（尤其是英国）产生了对董事会进行评估的迫切需求；

（5）机构投资者对于董事会组成结构的日益关注；

（6）积极股东（activist investors）的发展。

鉴于上述的这些变化，我们研究了2018年财富100强公司所提交的最新委托投票说明书（proxy statements），并从中发现了一些与董事会评估相关且值得关注的做

① 原文链接：https：//corpgov. law. harvard. edu/2018/10/26/effective - board - evaluation/。

法和趋势。我们的第一个发现是：财富 100 强中至少 93% 的公司就其董事会评估的流程进行了披露。因此，本报告一方面囊括了那些在设计委托股票说明书中有效的评估流程及因素，同时也分享了我们在对委托投票说明书进行研究时获得的发现。

设计一个有效的评估流程

在正式开始评估工作之前，董事会首先应该确定他们通过这个评估所希望实现哪些目标。因为评估程序不应当仅被用于评估董事会、董事会下属的专门委员会和董事会成员是否已经如实地履行了他们的职责，相反，它应该被用于测试董事会的组成、结构和运行等这些要素对于公司自身和公司所处的商业环境而言（无论是短期还是长期）是否是有效的。因此，评估所希望达成的目标包括以下几个方面：

第一，比较实际运行中董事会、专门委员会和董事的表现是否大致达成当初聘任协议中所设定的目标、要求等；

第二，从每一个董事会成员处获取其关于董事会运行、组成、结构、业绩等方面真实、有效的反馈，如果允许的话这部分评估可以采用匿名的方式；

第三，以董事会决议的方式就如何解决评估过程中所发现的问题达成合意，并设置相应的时间表；

第四，让董事会定期检查与评估相关项目的执行情况，并根据目标与已达成的结果适时予以调整。

在设计最为有效的评估流程时，董事会还应该关注以下事项：由谁进行此种评估？谁是被评估的对象？评估的内容包括哪些？如何进行评估？什么时候进行评估？

由谁主导评估流程？

评估的执行者是设计和实施有效评估的一个关键因素。

绝大多数财富 100 强公司（69%）披露其公司的评估流程通常要么是由其公司治理和提名委员会实施，要么是由该委员会和独立董事或董事长一起实施。这些公司同时还表示，在对领导进行评估的过程中，还可能会涉及其他人如第三方、内部顾问、外部法律顾问等。因此，有 22% 的公司表示为了便于评估流程，他们已经聘请或正打算聘请独立的第三方。

谁是被评估的对象？

纽交所一直以来都要求公众公司必须对其董事会和专门委员会进行评估，这种做法也被延续至今成为公众公司的最佳公司治理实践之一。大约有 24% 的公司表示除对董事会和专门委员会进行评估外，还包括个人董事的自我评估，大约 10% 的公司还进行了同行互评（peer evaluations）。

如何确定评估内容（evaluation topics）的优先性？

针对董事会、专门委员会和个人董事进行评估的内容应该根据董事会的组成、结构、运营、表现等来进行调整并分出先后次序。评估的内容和项目可以从以下这些材料中提取：

（1）分析董事会、专门委员会的会议纪要和会议材料；

（2）董事会治理的相关文件，如公司治理指南、专门委员会章程、董事任命标准、公司的行为和道德准则等；

（3）对于董事会组成、结构、运行及表现的观察；

（4）公司的结构、业绩、商业环境、战略等；

（5）投资者和利益相关者对董事会的组成、表现和监管的介入程度。

从40%的财富100强公司披露它们的评估内容中，可以发现评估的重点在于董事会的核心职责和监督作用，如战略、风险和金融业绩；董事会的组成和结构；公司的诚信、声誉和文化；管理绩效和继任计划。

通过提出的问题来获得有价值的反馈

大约40%的企业在评估的过程中使用了调查问卷，但仅有15%的企业通过调查问卷进行评估，有25%的企业既使用了调查问卷又使用了访谈。调查问卷是评估中的重要一环，但是只有精心设计的问卷才能达到想要的效果。填写调查问卷可以是匿名的，这样有利于得到更多细节上的反馈。

调查问卷之所以有效是因为每一个董事回答的是同样的问题，这样就使得董事之间的比较成为可能，并且有助于发现那些现实的或潜在的问题，以及不同董事之间观点和感知上的差异性。

用于评估的问卷通常以陈述的形式提出问题，如“董事会的规模”一般要求在某个数字区间内进行回答。数字的区间越大，获得的差异也越大，从而也能发现相对更细微的反馈。当然，如果让董事们用开放式的评论来解释其选择的原因，可以获得更多细节上的反馈。

针对董事会、专门委员会和个人董事应当分别准备不同的问题以获得有针对性、有价值的信息，高质量的反馈反过来也能够让董事会和董事们知道怎么改进他们的工作方法，进而也能够促进公司的业绩。

模板型的问卷通常不如精心设计的问卷，许多模板通常太长，并且涵盖了一些不必要的或不清楚的问题，例如，“请问董事会是通过管理来确保有效地执行吗？”这种类型的问题一般不会获得有价值的反馈。一些复杂的或者不清楚的问题应该被修改甚至删除，太长的问题也应该被简化。模板型的问卷有时还会对那些可以被清楚观察到的或知晓的问题进行提问，因此，常见的可能问题包括：

（1）我经常性地参加董事会会议；

（2）会议的材料已经清晰明了地提供了充足的信息，并且就关键问题进行了强调；

（3）开会之前我已经仔细研读了相关材料并进行了充分准备；

（4）董事会已经清晰明了地解释了公司的战略和规划；

（5）董事会讨论了董事连任（director succession）的问题，并且根据个人的能力和全体董事会的组成情况制订了一个计划。

事实上，当评估的调查问卷包含太多那些可以通过观察获得的信息时，这种评估就会变成一种检查“清单”（checklists）从而失去了它原本所应当达到的效果。并且，过长、用词模糊、检查清单式的问卷还可能导致董事对该评估不上心，进而也降低了评估的质量。

有效的问卷应该是经过有目的的精心设计，并且能够将董事的注意力放在董事会的核心问题和董事的表现上，因此我们认为应当简明扼要地将董事会的目标和要求、董事的任职资格等与公司的业绩、长短期目标等放在一起考虑。

例如，一份问卷不应该询问“董事会和董事是否已经就董事的连任问题进行了讨论并制订了计划”，因为董事们已经知道答案是什么。一个更优的策略是假设他们没有讨论这个问题，然后在单个访问的过程中询问每一个董事：“是什么原因使得董事会没有就董事连任的问题进行讨论，也没有制订相应的计划？”此时的回答应该能够反映出哪些做法是需要改进的。

通过一对一（保密）访谈获取更多真实的信息

有计划且有技巧的访谈也是评估流程的一个重要部分，好的访谈相较于调查问卷可以从股东那里获得更多有价值的、细节的、真实的甚至敏感的信息。因此，将调查问卷和访谈结合起来使用可能会更有效，如上文提到的有 25% 的公司采用的是这种混合的方法，但是还有 15% 的公司仅使用访谈。

确实，当涉及某些切实的或潜在的敏感问题时，访谈是一种极其有效的方式，因为有的董事不愿意将这些敏感的话题写下来。但是另一方面，如果董事会也认为访谈是有效果的，那么就应该仔细想想应该由谁来进行这种访谈，此时，访谈人所需具备的关键特质就应该包括：

（1）非常了解该公司及其商业环境，以及该公司董事会的活动；

（2）能够得到被访谈者的高度信任；

（3）能够熟练地提出问题和进行对话。

因此，当涉及敏感信息的时候，聘请一个有经验的、独立的第三方来进行访谈是有必要的。并且，就算访谈不能匿名，一个值得信赖的且有经验的第三方访谈人仍可以秘密地获得一些有价值的反馈。当然，最终获得的反馈和观察仍然可以以匿名的形式呈给董事会。

个人董事的自我评估和同行评估

个人评估和同行评估不论以哪种形式进行，都能够改进评估的流程。自我评估要求董事需要对其自身以及其表现、资质等进行反省，但有意思的是，如果在自我评估中仅仅是询问与业绩相关的问题可能会引起董事们的抵触。自我评估的目的是让董事们通过评估的过程能够发现自己的问题并主动地做一些改进。已有将近 1/4 公司的董事会将自我评估纳入了其评估的流程中。

同行评估也正在慢慢地成为一个发掘董事技能和绩效的有效方法，同时也能促进董事会内部更真诚地合作。尽管有人表示就算是匿名的同行评估也不太容易操作，但是一个有效率的董事会的关键就在于其文化：是否能够鼓励并让所有成员有效地参与到其中？在做集体决策时是否经过了充分的讨论？因此，我们必须能够认识到同行评估的重要性和有效性，财富 100 强中已经有 10% 的公司将同行评估纳入了其评估流程。

聘请第三方

越来越多的公司通过聘请第三方的专家如公司治理的顾问公司或外部律师等来参与评估流程，财富 100 强中有 22% 的公司会定期聘请第三方来进行评估，通常是每两年或每三年一次。第三方可以提供很多的评估服务，从开始执行评估流程到进行访谈，到设计评估问题再到审核问卷上的反馈等，第三方还可以帮忙监督评估的执行。当第三方独立于某个公司及其董事会时，它能够极其有效地加强评估流程和评估结果的客观性和准确度。同时，第三方还可以提供一个不一样的视角。

聘请第三方在下列情况下特别有效：

（1）董事会想要检测并改善现有的评估流程的；

（2）董事们面对公司内部的评估员无法透露真话的；

（3）董事会相信独立的第三方能够客观地带来新的观点和视角的；

（4）董事会刚成立或刚经历一个大的调整，现有的董事无法承担一个有效率的评估的；

（5）董事会已经长时间没有调整，并且希望能够在组成上和表现上提出新的视角的；

（6）公司和其董事会正在面临危机的。

年内评估（intra－year evaluations）和反馈

董事会的评估通常是以年为单位进行的，但是，一些和董事会、董事的表现相关的评估项目通常现时就可以被观察到，或是在3—6个月内通过董事会的会议记录即可被观察到。因此在涉及这些项目时，我们鼓励及时地反馈，这样能够将存在的问题及时解决。现时评估或年内评估的做法并不新颖，但是也并没有被广泛采用，仅有少数的公司（低于10%）表示它们采用了这种方法。

披露评估的过程和结果

绝大多数的公司（93%）针对其评估流程都进行了某种程度上的披露，但就披露的范围和内容，我们观察到还是有较大的差异。为了提高董事会的效率，我们期望公司能够扩大其披露的范围。大约有20%的公司就其董事会评估的结果进行了"高标准"的披露，其中披露的部分内容包括：

（1）提高董事导向性计划；

（2）改变董事会的结构和组成；

（3）改变董事的任期和退休年龄限制；

（4）扩大董事的招聘范围；

（5）改善董事会相关材料的格式；

（6）将更多的时间用于回顾关键性的问题，如战略和网络安全等；

（7）改变公司和董事会的治理文件；

（8）改善公司评估流程。

结语

一方面，投资者、监管者、公司的利益相关者、公司治理的专家们都在试图寻找一种方法来检验和解释董事会的表现和组成；另一方面，董事会也应当重视这种变化和挑战，最主要的方法是设计一个有效的评估流程。通过评估流程，董事会能够发现哪些地方需要改进并进而（从长期来看）提高公司的治理水平和业绩。同时，董事会还可以将评估的过程和结果及时向投资者和利益相关者披露以获取他们的理解和信任。

董事会需要考虑的问题：

（1）最近的评估是否使得董事会和个人董事能够确定怎样去优化董事会、董事会的绩效和董事会的组成？

（2）公司是否考虑将评估流程进行披露？是否将评估的本质定性为加强股东对董事会工作和价值的理解？

（3）董事会是否是一个整体？每一个董事是否都清楚明了地理解“有效性”的含义？

（4）董事会对于评估是否有清晰的目标和标准？如果董事会设置了董事的任职资格，是否需要详细地解释为什么设置这些标准和要求？

（5）评估流程中是否包含了一些可以半年或季度或现时反馈的考量因素？如果没有，为什么？

（6）评估流程是否与董事会的年度治理回顾、定位与教育计划、董事提名流程、董事连任计划、利益相关者参与计划等相适应？

评估过程是否能让每位董事清晰地认识到其是在合适时间及合适的公司担任董事？

03 公司践行社会目标：董事会能做些什么？[①]

导 言：关于公司治理的目标，其中一个很重要的流派认为公司治理应当对利益相关者负责，近年来随着企业社会责任理论和实践的不断深入，对于股东利益至上的说法已经逐渐被大家辩证地看待，从单纯的关注企业的经济商业属性到关注企业的社会属性，可以说是经济和社会发展到一定阶段的必然产物，环境、社会、治理（ESG）已经成为公司治理的核心话题。本文编译了 Amy Silverstein、Debbie McCormack、Bob Lamm（Deloitte LLP）撰写的关于公司践行社会目标的具体考量和董事会从治理层面的经验，对于我们进一步理解企业为什么要践行社会目标、如何践行社会目标有很好的借鉴意义。

企业为什么要践行社会目标？

1970 年，米尔顿·弗里德曼（Milton Friedman）在纽约时报上声称“赚钱是企业的本职（the business of business was business），因此公司应主要关注于提升股东价值”。自那时起，社会对企业的定位就有了重大变化，虽然一直以来人们都在争论企业践行社会目标（Corporate Social Purpose）是否会影响它们的盈利和发展。大型的机构投资者在 2017 年和 2018 年发表的一系列声明和政策都在不断地佐证弗里德曼的观点：赚钱是企业的本职；同时也驳斥了这样的观点：即企业践行社会目标必须以牺牲企业正常的盈利活动为代价。

---

① 原文链接：https：//corpgov. law. harvard. edu/2018/07/20/the – boards – role – in – corporate – social – purpose/。

本文主要讨论的是以下两个问题：社会战略、项目、投资等如何成为一个企业重要的资产？董事会该如何加强对公司践行社会目标的监督？

什么是企业社会目标？

企业社会目标（Corporate Social Purpose，CSP）的概念和范围广于传统的企业社会责任（Corporate Social Responsibility，CSR）这一概念，它还涵括了企业的核心业务如何从经济、社会和环境等角度对社会产生积极的影响。历史上，企业通过开展慈善活动来践行 CSR，包括赞助、员工配对（employee matching）、志愿服务、企业基金会拨款等。但最近，越来越多的公司开始通过其生产经营活动的全过程来践行其社会责任并实现其社会目标，例如：

（1）开始关注供应链和供应商对人权和环境的影响；

（2）在员工的雇用、培训、工资支付等方面开始尊重和支持多样性；

（3）妥善地对待员工，包括为其提供一个安全、无干扰的工作场所；

（4）公司与其所在的社区共同努力，通过有力的承诺和良好的实践来保护环境；

（5）通过教育、娱乐和文化活动等来支持企业所在社区的发展，倡导人权和平等的劳工实践；

（6）支持那种通过核心业务来解决社会问题的价值导向，追求包容性的解决措施；

（7）强调董事会在公司的政治支出和政府事务中的监督作用。

企业社会目标的概念扩大了公司利害关系人的范畴，不仅包括投资者，还包括现有的或者未来可能牵涉的雇员、顾客、供应商、企业所在的社区、环境等，因此，这就要求在战略决策时进行短期和长期的考量。但是对于美国的企业来说，追求企业社会目标可能会比较复杂，因为各州公司法规定：公司应主要对股东负责。因此，公司必须向股东说明追求这些目标对于股东和企业的利益相关者而言都是有利的。

企业社会目标的激增

企业社会目标影响力的激增始于 2016 年的代理季（proxy season），当时股东关于社会责任问题的提案有大幅的增加，使得这一类型的提案成为那一年第二受关注的提案。这些提案涉及的主题多种多样，包括：多样性、气候变化、工资（包括性别平等支付）、平等就业等共 415 项，但大多数的提案都只得到了少量的支持，最终仅有 6 个提案通过了。2017 年这种趋势继续发展，当年共有 453 项与社会、环境相关的提案被提交，其中影响劳工权益的提案受到最多的关注，如性别平等支付（2016 年有 13 个与之相关的提案，2017 年增长为 29 个）、就业歧视（2016 年有 18 个与之相关的提案，2017 年增长为 43 个）等。

某些大型的“主流”投资者将社会目标作为企业进行可持续盈利经营的手段，并且近期它们发起了一些备受瞩目的呼吁：CEO 需要交出强劲的财务业绩答卷，并对社会产生积极的影响，才能长期有优异的业绩表现。

这些投资者代表的并非孤立的观点，2017 年关于机构投资者信任的一项研究给我们展示了一些令人吃惊的数据：76% 的投资者期望公司在社会问题上能采取公开的立场；69% 的投资者关心公司怎样对待其员工；82% 的投资者表示信任是他们考虑是否投资一个公司的重要因素。

为了回应投资者的这些期待，公司也开始慢慢地向投资者证明它们在以对社会负责任的方式行事，并且最终将这种社会影响扩张到了企业的责任办公室、基金会以及整个业务体系中，并且这种业务整合的过程将许多公司的范式从责任转移到了机会，即为这些企业带来了新的发展机会（社会目的使得新的股东价值来源成为可能）。

关于企业社会目标价值的建议

公司开始渐渐意识到企业社会目标虽然可以促进价值创造并带来竞争优势，但是要达到这些目的却又需要付出极大的成本和努力，可一旦成功，这些努力可以使公司处于战略上极优的位置并创造价值，同时也使得与该企业的一系列利益相关者都能享受该种优势。事实上，企业的社会目标能够从六个方面为企业创造可量化的商业价值，包括：

（1）加强品牌识别：企业对社会的影响可以帮助企业提高其品牌的知名度并开拓新市场，一个承诺致力于可持续性发展的品牌的平均销量比那些没有做出这些承诺的企业高出四倍。

（2）吸引人才：具有强大社会策略的公司，其员工的敬业度也更高，同时这种类型的企业也更能够吸引和留住人才。员工的敬业度水平最终会反映在一个企业每股净收入和净利润的增长上。

（3）降低风险：企业积极参与社会活动能够降低其监管风险和社会风险，88% 的消费者认为他们会因为企业不负责任的商业行为而抵制某个品牌。

（4）促进创新：企业能够及时感知到社会需求的不足是其创新的重要动力，借此公司可以开发出新的模式和技术并抓住新的市场机遇，而一个企业中有可持续发展理念的领导者更容易被认为是具有创新精神的领导者。

（5）提高运营效率：企业进行更具可持续性的操作能够为其节省 45% 的成本，这就是运营效率，越来越多的大公司每年从中可以节省数亿美元。

（6）便于进入资本市场：有强大社会目标的公司更容易获得融资。MSCI 公司和 KLD 研究分析公司的 400 社会指数是以 400 家满足了特定的社会、环境标准的公开交易公司的市值进行加权后计算出来的股票指数，加入该指数的公司其股价平均涨幅为2%，而被该股指剔除的公司的股价平均跌幅为3%。

董事会的角色

随着企业利益的爆炸式扩张，公司会更新其社会目标战略并相应地加大其承诺，所以董事会需要集中精力监督公司所做出的承诺，以及此类“亲社会活动”（pro - social activities）可能产生的风险。因此，在接下来的几年内，董事会在企业实现社会目标中的角色将有所发展和变化。

首先，董事会的监督角色。作为一个监督者，董事会可能想要知道管理层有没有制定社会目标战略？在多大程度上制定了社会目标战略？以及该战略的内容、范围、面临的挑战、管理层执行战略的方式等。但是如果一个公司并没有制定社会目标战略，董事会又可能会希望了解管理层这么做的理由。

其次，基于企业社会目标的性质和范围，董事会也可能会想要设立一个独立的、由董事会直接领导的委员会来对管理层实现社会目标的行为进行监督。设立这样一个委员会能够产生诸多益处：第一，能表明该企业作出了最高水平的“亲社会”承诺，从而为企业带来声誉上的收益；第二，能够帮助投资者监督企业的社会目标战略、活动及相关的收益和风险。尽管有这些益处，董事会同时还得考量设立这样一个新的委员会会不会给董事及公司的员工带来不必要的负担。总而言之，无论公司是否设立了独立的专门委员会，董事会都应将其在监督企业践行社会目标战略及风险中的作用予以披露。

最后，不管是以专门委员会的形式还是由董事会直接监督，董事会都应当帮助管理层确定哪些问题能够得到公司的支持。就像董事会监督着公司资本的分配，董事会也应该监督公司将有限的“亲社会资源”（pro - social resources）进行合理分配，从而实现股东财富的最大化。

以下是董事会可以考虑的相关问题：

公司战略方面：

（1）公司是否明确将社会目标作为公司战略的一部分？如果不是，现在是否有其他的社会目标战略，如企业基金等？如果是，怎样把社会目标战略和公司本身的战略相融合？

（2）公司实施社会目标战略的成本是什么？是否有能力承担这些成本？

（3）公司实施社会目标战略的收益是什么？是否应该多宣传这些活动以获得更多的声誉收益？通过加强社会关注和加大投资可以完成哪些既定的商业目标？

竞争地位方面：

（4）公司的竞争对手关注哪些方面的“亲社会”战略和投资？

(5) 公司如何与同行业的其他公司进行比较？是通过活动水平与参与度，还是通过洞察力？公司在同行业中所处的位置是什么？

(6) 怎样向主要的利益相关人解释公司的社会目标战略？

项目组合方面：

(7) 公司目前在实施哪些“亲社会”的计划和投资？其中哪些与公司的业务及运营相符合？

(8) 如果以上的“亲社会”活动带来的收益足够大，公司是否应加大这方面的投入？

(9) 公司内部分配资源的程序/流程是什么？

(10) 公司是否与机构投资者讨论过企业将承担的社会责任？它们对此的建议如何？

考量与趋势

尽管企业在履行社会目标承诺的过程中面临着较大的挑战，但随着企业开始践行社会目标战略，公司董事会的监督角色也会随之发生变化：

第一，公司开始从孤立的企业社会责任视角转向范围更广泛的企业社会目标视角。恰当地执行一个企业的社会目标所涉及的并非仅仅是传统的公司慈善事业，更关涉其对该公司业务运营的影响。例如，支持多样性不仅限于为社区提供财务支持，还包括其他的各种支持如雇用不同的员工、组建多元化的董事会、强制采用不同的服务供应商（包括会计师、律师等专业人士）等。此外，公司还应该逐渐将“亲社会”作为其核心战略的一部分，并将这些活动所产生的社会、财务结果通过公司的财务报告等有效地传达到外界。

第二，注重不同公司的差异性。不同公司的社会目标战略及其所关注的领域会因受许多不同因素的影响（如品牌识别、产业、公司规模、地理位置、资源、历史等）而不同，因此不同公司所强调的社会承诺也会大有不同。

第三，企业承担社会责任的行为可能会改变其核心的（或其他的）业务模式。例如，企业如果想要购买对社会友好的原材料可能会改变该公司的采购流程；同样，如果想从事负责任的投资活动需要其重新选择投资对象；支持多样性也需要一个企业重新评估其现有的员工招聘、解聘、培训流程。

第四，尽管可能“离间”特定的选民与政府官员，但企业还是开始越来越多地对社会问题发表看法，尤其是那些会影响员工和其业务的话题。由鼓励企业慈善事业委员会（the Committee Encouraging Corporate Philanthropy）进行的一项最新调研显示，6/7 的公司就如何针对社会问题发表意见有自己的策略。因此，最近几个月随着企业、企业联盟及 CEO 们不断地在公众场合发表观点，有关难民和移民、种族和多样性、枪支暴力等问题也成为热点。

基于上述相关因素，每个公司的董事会都应该在公司的核心业务发展战略下细细评估其公司的社会目标，进而判断哪些措施是最真实、最有效且影响力最大的。

结语

企业的社会目标已成为企业、投资者以及与企业相关人士所关心的重要问题。某个企业在一个社会中的角色定位对于该企业既可以带来积极的影响（如从声誉收益到建立可持续的业务发展再到创造战略性市场优势），也可能带来风险。因此，董事会在战略和风险方面的监督职责还应该包括：监督公司的社会目标战略，对于那些还没有确立社会目标战略的公司而言，应鼓励其管理层将社会目标作为公司战略的一部分。

法经述评

本文所讨论的主题是企业社会目标（Corporate Social Purpose，CSP），文章提出“CSP 的概念范围广于传统的企业社会责任 CSR 这一概念，它还涵括了企业的核心业务包括如何从经济、社会和环境等角度对社会产生积极的影响”，但关于 CSR 和 CSP 的区别，此文并未进行深入的探讨。乍一看，两个概念很相似，至少两者有着诸多的联系，两者都在某种程度上探讨企业与社会的关系；两者背后深层的推动力都是企业应该如何促进长期发展以实现股东利益、价值的最大化；两者都追求企业的长期发展。

在查阅相关资料后，关于两者的区别主要是：CSR 是一个法律层面的概念，CSP 则是一个从商业角度出发的概念。不同于 CSR，CSP 更多的是从企业的价值观、商业导向甚至文化等角度引导企业的发展，简单来说即企业的核心价值观。相反，CSR 强调的是在公司治理理论中，企业因其发展给利益相关者带来了“外部性”（包括经济、社会及环境等方面的正向或负向的影响），因此需要承担相应的责任。

企业想要设立怎样的社会目标、如何践行该目标等这些问题原则上都属于企业自由决策的范畴，而董事会作为公司的咨询和监督机关，为实现股东利益的最大化因此需要对公司践行社会目标的行为予以一定的监督。公司治理的目标是“为公司制定规则和控制机制以确保其被有效地管理，从而带来社会经济福利的最大化”。但是，企业设立、践行的社会目标也能够促进一个企业公司治理的优化，如提倡性别的多元化能够优化董事会的结构等，因此，董事会对企业践行社会目标进行恰当的监督，事实上也是在促进公司治理的优化。

不论是 CSR 抑或是 CSP 都不能改变企业是一个以营利为首要目的的社会法人这

一根本性质。本质上来说，企业设立“亲社会”型的发展目标或是积极履行社会责任，目的都是提升、树立企业良好的社会形象，最终以实现经济上的回报。当然，关于企业承担社会责任是否会影响企业将股东价值最大化作为导向这一问题，该问题的本质还是企业为什么要承担社会责任？不少学者对此进行了诸多深入的讨论，可以从以下两点来进行理解：第一，从经济学的角度来看，企业承担社会责任实际上可以理解为为其生产经营活动所产生的“外部性”“埋单”；第二，企业承担社会责任除了为其带来声誉价值、良好的企业形象等以外，同时也是一种价值创造活动，也就是通过市场化的解决方案来尝试解决一系列的全球经济、社会和环境等压力问题。借用德鲁克的话，“一个合适的公司社会责任就像驯服一条猛龙，即将一个社会问题转化为经济机会和经济效益，转化为生产力和人的能力，进而变成丰厚的报酬，最终带来财富”。

04 我国上市公司职工董事制度的现状及反思

导 言： 在我国《公司法》及上市公司治理规范中，并没有对上市公司中设置职工董事进行明确的要求，但在最近发生的公司控制权争夺案例中，上市公司通过设置职工董事的方式实现了收购防御的目的，那么职工董事作为一项治理机制，上市公司可否自行设立？它的选任程序、罢免程序是什么？是否存在针对职工董事的“日落条款”？本文通过两例利用职工董事进行收购防御的典型案例，分析职工董事在我国设置的现状，进一步对相关的制度规范提出建议。

我国职工董事制度的法律规范现状

我国《公司法》对职工董事进行了明确规定，主要以国有独资公司、有限责任公司、股份有限公司分类设置了不同的要求（详见表1）。对于国有独资公司，该法第67条第1款规定：“国有独资公司设董事会……董事会成员中应当有公司职工代表。”第2款规定：“董事会成员由国有资产监督管理机构委派；但是，董事会成员中的职工代表由公司职工代表大会选举产生。”对于有限责任公司，该法第44条第2款规定：“两个以上的国有企业或者两个以上的其他国有投资主体投资设立的有限责任公司，其董事会成员中应当有公司职工代表；其他有限责任公司董事会成员中可以有公司职工代表。董事会中的职工代表由公司职工通过职工代表大会、职工大会或者其他形式民主选举产生。”股份有限公司相较于有限责任公司更具社会影响力，《公司法》第108条第2款规定：“董事会成员中可以有公司职工代表。董事会中的职工代表由公司职工通过职工代表大会、职工大会或者其他形式民主选举产生。”

可以说，目前我国法律及相关法规对于职工董事的规定相对原则，某种程度上赋予了上市公司设置职工董事较大的自由裁量权。

表 1 不同类型公司职工董事设置要求

<table>
<tr><th colspan="2">公司类型</th><th>要求</th><th>产生形式</th></tr>
<tr><td colspan="2">· 国有独资公司</td><td>应当</td><td>职工代表大会选举</td></tr>
<tr><td rowspan="2">· 有限责任公司</td><td>两个以上的国有企业；
两个以上的其他国有投资主体投资设立</td><td>应当</td><td rowspan="2">职工代表大会、职工大会或者其他形式民主选举</td></tr>
<tr><td>其他</td><td>可以</td></tr>
<tr><td colspan="2">· 股份有限公司</td><td>可以</td><td>职工代表大会、职工大会或者其他形式民主选举</td></tr>
</table>

上市公司设置职工董事的现状分析

1. 上市公司设置职工董事的基本特征

根据 2017 年 A 股市场上市公司所发布的年度报告，以“职工董事”“职工代表董事”为关键词进行检索，共得包含职工（代表）董事内容的上市公告计 31 份，分别对应 31 家 A 股上市公司，其中深市 10 家、沪市 21 家。其具体名称见表 2：

表 2 设置职工（代表）董事的公司名单

	上市公司（简称）
深市	仁和药业、远光软件、海默科技、道式技术、西山煤电、深天地 A、金科股份、山推股份、深圳机场、吉电股份
沪市	青松建化、长园集团、上港集团、梅艳吉祥、宝钢包装、新华医疗、华城汽车、福田汽车、大秦铁路、ST 安泰、华能水电、上海凤凰、强生控股、中国船舶、上汽集团、中国中冶、大连圣亚、湖南海利、方大特钢、氯碱化工、锦州港

样本数据反映出职工（代表）董事制度设置特点的多样性。具体表现为：其一，沪市公司数量多于深市公司数量。其二，国企数量多于民企数量。通过对公司实际控制人与股权信息分析，31 家公司中国有企业数量共 20 家，其中深市 4 家、沪市 16 家。其三，央企数量少于其他类型国企。20 家国有企业中央企仅为吉电股份、华能水电、中国中冶 3 家，其余国企或是由地方国资委实际控制，或是由央企或地方国企实际控制。其四，职工（代表）董事的人数设置一般为 1 人。以上公司中仅长园

集团与金科股份设置两名职工（代表）董事。

2. 上市公司设置职工董事的基本特征

从各公司章程对职工（代表）董事的表述内容来看，主要有以下四种情况：

第一，在章程中明确“应该设置职工董事”。其中又分为三种情形，一是规定公司董事会应该设特定的职工董事人数，如青松建化章程规定的“董事会设 1 名职工代表董事，由公司职工代表大会民主选举产生后，直接进入董事会”，这一类公司有 18 家；二是规定应该设置职工董事的比例不少于一定比例，只有金科股份的章程规定“董事会成员中应有不少于 1/5 的职工代表担任董事”；三是规定职工董事的人数不少于特定人数，只有大连圣亚章程规定“董事会由 9 名董事组成，其中由职工代表担任的董事不少于 1 名”。

第二，在章程中明确“可以设置职工董事”。典型的表述如西山煤电章程规定“董事会成员中可以有公司职工代表。董事会的公司职工代表担任董事的名额为一名”。也有如 ST 安泰章程规定的“董事会成员中可以有公司职工代表，由职工代表担任的董事不少于 1 名”。

第三，在章程中无相关规定但实践中设置职工董事的。只有中国中冶、中国船舶、新华医疗三家公司在实践中存在职工（代表）董事，但却未在章程中明示。

第四，对职工董事及执行董事占比进行规定。大多数的公司还规定了“兼任总经理或者其他高级管理人员职务的董事（即执行董事）以及由职工代表担任的董事，总计不得超过公司董事总数的 1/2”。

3. 对于职工董事的身份、资格、产生方式、任期等的规定

关于职工董事的身份和资格，在章程中大部分公司并未作明确限定，只有金科股份章程规定“担任董事的职工代表须由在本公司连续工作满五年以上的职工”。

职工董事的产生过程，各公司章程通常表述为“职工代表董事由公司职工通过职工代表大会、职工大会或者其他形式民主选举产生后，直接进入董事会”。可以明确，职工董事产生后是不需要通过股东大会表决这一程序的。

至于职工董事任期，通常没有规定，可以理解为与其他董事的任期相同。也有明确了职工董事可连选连任的，如远光软件章程规定“职工代表董事任期三年，届满可连选连任”。

通过设置职工董事进行收购防御的典型案例

上市公司在进行控制权争夺以及敌意收购防御时，往往会形成在股权上相对接近的情况，此时董事会席位的争夺和设置将成为敌意收购能否实现真正接管的关键因素。其中最典型的案例为“长园集团管理层与沃尔核材”的控制权争夺，以及正在进行的“金科股份管理层与融创中国”控制权争夺，正如前文提到这两家公司作

为非国企却设置了两名职工董事，利用职工董事进行防御，使其成为一项重要的“武器”。

1. 长园集团控制权争夺案例①

2014 年，随着李嘉诚旗下长和投资的清仓式减持，长园集团的控股股东逐渐缺位，使长园集团成为一家股权相对分散的企业。与此同时，同行业竞争对手沃尔核材则在二级市场逐步增持，形成“敌意收购”的局面。长园集团董事会感到压力，高管团队通过设立员工持股平台，与“白衣骑士”复星高科分别从长和投资受让股份。2014 年 10 月，长和投资全身而退之后，长园集团董事会随即推动召开临时股东大会，修改公司章程。

此份章程修订案最引人注目的是，规定“董事会由 9 名董事组成，其中独立董事 3 名，职工代表董事 2 名”“董事会中的职工代表董事、监事会中的职工代表监事由公司职工通过职工代表大会民主选举产生后，直接进入董事会、监事会”“上市公司股东大会仅可以选举和更换非由职工代表担任的董事、非由职工代表担任的监事”。其言下之意，职工董事一方面占据非独立董事中的 1/3，另一方面职工董事不由股东大会选举产生，即便今后长园集团控股股东持股比例再高，也只能谋求董事会 9 个席位中的一半不到。由于当时沃尔核材仅持股 6.72%，低于长园集团管理层及复星高科合计持股 8.21%，加上沃尔核材方面在参加股东大会时，现场带错材料，阴差阳错没能进入会场，丧失表决权，这直接促成章程修订案的高票通过（赞成的票数为 4.84 亿票，占比 89.15%）。后来，即便沃尔核材在 2014 年年底持股升至 16.72%，成为第一大股东，在 2015 年董事会换届时，也仅获得了一名非独董和一名独董席位，董事会表决权占比为 22%。所以在此情况之下，沃尔核材并未能实现对长园集团控制权的夺取，仅能对长园集团产生重大影响，后续经过了多轮较量后，最终经过调解结束了长达三年多的控制权争夺。可以说，职工董事席位及其选举规则的修改是长园集团管理层抵御敌意收购的关键一步。

2. 金科股份控制权争夺案例②

2016 年 9 月，金科股份的实控人黄某云与融创中国商讨后者认购金科股份的方

---

① 本案例主要数据和信息为作者从上市公司披露的公告、决议和章程中总结得出，另参考：刘钊：《长园集团与沃尔核材和解 四年控股权之争落幕》，载《证券时报》2018 年 1 月 11 日，引自 http://finance.sina.com.cn/roll/2018-01-11/doc-ifyqptqv7287696.shtml，最后访问时间：2020 年 2 月 19 日。

② 本案例主要数据和信息为作者从上市公司披露的公告、决议和章程中总结得出，另参考：王营等：《孙宏斌争夺金科股份控制权始末：1.24% 的较量》，载《21 世纪经济报道》2017 年 05 月 10 日，引自 http://www.21jingji.com/2017/5-10/zMMDEzNzhfMTQwODczMg_2.html，最后访问时间：2020 年 2 月 19 日。

案，在黄某云因徐某案失去人身自由的前夕，融创中国披露以总价 40 亿元认购金科 16.96% 股权，同年 10 月黄某云立即着手对金科公司章程进行修改，其中章程修正案规定：“董事会成员中应由不少于 1/5 的职工代表担任董事，担任董事的职工代表须由在本公司连续工作满五年以上的职工通过职工代表大会民主选举产生后，直接进入董事会。”金科董事会共 9 名董事，不少于 1/5 即至少 2 名董事为金科老职工，除了这 2 名职工代表之外，还包含 3 名独立董事以及 4 名非独立董事。这意味着，黄某云通过增加职工董事人数并增加职工董事选举资格限制，为自己维持董事会控制权打下了坚实的法理基础。

2017 年第一季度，按照金科股份的公告，黄某云与融创中国分别持股 26.14% 与 25%，尽管最初融创中国在回复相关问询函时表示“不主动谋求金科控制权”，但后续增持行动说明了其真实意图。在第十届董事会改选结果中，由于职工董事席位的存在，融创中国方面仅占据 2 个董事会席位，其地位与沃尔核材十分相似。截至 2018 年 11 月，控制权争夺双方持股均接近 30%，仍处于僵持状态，可以继续观察职工董事的设置在金科股份控制权争夺中的作用。

问题分析

从本文对现行法律及相关案例的分析来看，目前上市公司职工董事制度存在以下五个问题：

第一，对于非国有公司的职工董事设置人数规定不详，赋予公司自由裁量权过大。职工董事的强制规范主要针对国有独资公司，在股份公司中并不是“必设选项”，但如要设置，需通过职工代表大会等方式选举产生，从来源上不由股东提名，对人数、比例等均未作规定，使得上市公司在设置职工董事时自由裁量权过大。

第二，对职工董事身份、资格缺乏规定。职工董事制度设计之初衷在于通过职工参与治理，反映员工诉求，体现公司民主治理，其合理方式是由经选举的一线员工通过相应培训获得专业经营能力后进入董事会。然而，从实行职工董事制度的企业来看，一线职工担任董事的情况屈指可数，多数由工会主席或党委副书记、纪委书记兼职。这不仅与《职工董事管理办法（试行）》的有关规定相悖，且在实践中一致表决、缺乏意见的现实情况反映出，职工董事可能沦为“花瓶”。

第三，职工董事产生程序细则缺失。《公司法》对职工董事产生的程序性规定较为简单，仅要求董事会中的职工代表由公司职工民主选举结果产生。实践操作中，由于缺乏具体细致的选举程序和实施细则，结果导致职工董事的产生或者由董事长、股东大会任命，或者是由上级领导安排，“民主选举”的原则性规定形同虚设。

第四，职工董事缺乏薪酬保障。《职工董事管理办法（试行）》规定，公司应为职工董事履职提供必要条件，对其因公出差等待遇进行补助等，但明确规定职工董事不得额外领取董事薪酬或津贴。薪酬保障是董事积极履职的前提基础，在不能对职工董事薪酬有较为完善的规定背景下，职工董事制度很难发挥其应有的制度效能。

第五，利用职工董事席位进行收购防御损害股东的平等权利。职工董事规范不足，给予管理层及股东会较大的自由裁量，特别是在原始股东与管理层“捆绑”的公司治理环境中，可以通过增加职工董事席位的方式，排除或限制外来股东对公司事务的积极参与，在某种程度上它将成为阻击“野蛮人”的工具，损害了股东的平等权利，相关问题值得关注。

结语

通过前述分析，本文认为在涉及职工董事的法律规范相对原则的背景下，监管机构可以对职工董事的任职程序、任职资格、人数限额或者比例限制方面提供一定的指引，在公司自治与股东平等、原股东（管理层）与新进股东之间形成一个相对动态的平衡，特别是结合国际上有关职工参与公司治理的具体模式，充实我国的职工董事制度内容。

05 有关董事会的七个谜团

导 言：各种研究机构和国际组织开发了一整套关于公司治理的最佳实践模板，但是实证研究却往往发现这些制度设计要么影响甚微要么对公司绩效和治理水平有负面的作用，本文即对以下七个影响深远的制度或理念提出质疑。

许多公司治理专家十分关注有关董事会的问题。原因在于董事作为股东的代表，他们负责监督公司这个组织的方方面面（如公司的策略、资本结构、风险、绩效等），他们负责选任高管，是为了股东及利害相关人的利益而做出的管理决策和行动。正是因为其职位所担负的角色范围之广、涉及责任之大，公司通常希望能够通过设置董事会的结构、组成、选任程序等的一般最佳实践（common best practices）来规范。其中的一些规则是监管规则或交易所的上市要求等强制性规定，另一些规则则是被那些对董事会的治理结果没有实质影响的专家、从业者和观察者所倡导的。这些最佳实践有的对于董事会的有效性有积极的影响，而有的则对董事会治理质量的改进影响甚微甚至是有负面影响。本文中，我们回顾了观念上被广泛接受却无法被实证所支持的关于董事会的七个谜团。

董事会主席应该总是独立的

公司治理领域一个被广泛接受的观念是，一个公司的 CEO 不应该兼任董事会主席。在过去的 10 多年间，标普 500 指数的公司已经收到了超过 300 份股东代理提案，要求将 CEO 和董事会主席的任职独立开来。知名的大公司包括迪士尼、JP 摩根和美国银行都成为目标，股东们要求他们的 CEO 不再兼任董事会主席。2005 年标普 500 公司中有 71% 的公司董事会主席和 CEO 是同一人，2016 年这一比例下降到 52%。

类似地，这一期间完全独立的董事会主席的比例从 9% 上升到 28% 。

但是关于“独立的董事会主席能够更审慎地监督公司的组织结构和管理”的这一观念，并不能够得到研究证据的支持。Boyd（1995）发现在董事会主席的独立性状态和公司的业绩表现之间并没有统计上的相关关系。Baliga、Moyer 和 Rao（1996）发现并没有证据支持独立性状态的改变（董事会主席和 CEO 分开或合并）会影响公司未来的业绩表现。Dey、Engel 和 Liu（2011）发现强制将董事会主席和 CEO 的任职人员分离会给公司的业绩带来致命的影响。

分级董事会对股东而言总是不利的

另一个被广泛接受的观念是，分级董事会可能会损害股东的利益。在分级董事会结构中，董事的任期是三年一届而非一年一届，每年只会更换 1/3 的董事。由于每一年大多数的董事不能被替换，因此分级董事会是一种令人生畏的反收购措施（尤其是结合“毒丸”计划时），也是出于这个原因，许多公司治理的专家都批评分级董事会制度。在过去的 10 年中，美国采用分级董事会的公司比例从 2005 年的 57% 下降到 2016 年的 30% 左右，最大的降幅发生在大盘股公司中（large capitalization stocks）。

在一些特定的条件下，如当他们阻止了有利的并购机会并保护了糟糕的管理层时，分级董事会对股东而言是不利的。而另一些特定的条件下，分级董事会被表明是可以提高公司业绩的，例如，分级董事会能够保持长期的经营承诺不受敌意收购者的扰乱，或者他们能够让公司的经营管理活动免受短期压力的影响，从而使一个公司能够去从事那些未能被市场充分理解的创新、冒险活动，或者是促进专有技术的发展。Johnson、Karpoff 和 Yi（2015）发现分级董事会在新兴的公众公司中比较盛行，如果这些公司有一个或多个大的顾客，或依赖于一个或多个主要的供应商，或正在实施一个重要的战略联盟。他们还发现这些公司的长期业绩表现和分级董事会的使用呈正相关关系。其他的研究也表明分级董事会制度能够使公司倾向于长期投资从而有利于公司的发展。因此，研究的证据并不支持这样一个结论：分级董事会结构总是不利于股东。

满足纽交所独立性要求的董事都是独立的

第三个谜团是，满足纽交所独立性标准的董事在履行建议、监督职责时都能保持其独立性行事。然而一些证据表明外部董事能改善公司治理的质量，但是纽交所关于外部董事的独立性标准中，哪些是比较可靠的尚不明确。

例如，Hwang 和 Kim（2009）研究了纽交所指引之外的环境或心理因素是否会影响董事的决策，作者区分了这样两类董事，一类是满足纽交所独立性标准的董事，即法规上的独立性（conventionally independent），另一类是在教育、经验和成长环境等社会关系层面独立于 CEO 的董事，即社会上的独立性（socially independent），结果表明后者有心理依赖，这可能导致他们没有足够的客观性，会过分地相信或依赖其他人而导致偏见。作者还以 1996 年到 2005 年“财富 100 公司”的董事为样本进行研究，结果表明有 87% 的董事满足法规上的独立性，但仅有 62% 的董事既满足法规上的独立性也满足社会上的独立性。作者的结论是，即使董事满足纽交所的独立性标准，但社会关系也会削弱他们在谈判时和管理层保持适当距离的能力。

其他的研究也得出了相似的结论。Coles、Daniel 和 Naveen（2014）也发现被现任 CEO 任命的董事会更支持 CEO 的决策，因此这些董事缺少独立性（coopted）。通过测量支付水平、支付和公司业绩之间的敏感性，以及 CEO 被替换率和公司业绩之间的敏感性，发现现任 CEO 在任期内任命的董事比例越大，董事的监督作用就越差。他们由此得出两个结论，其一，并非所有的独立董事都是有效的监督者；其二，这些董事还是会被任命为独立董事，尽管他们已经不再能够保持独立。相反，Fogel、Ma 和 Morck（2014）的研究则发现有强大社交关系网的董事相较于那些没有的董事更能够促进公司的业绩。这也就是说，尽管独立性是外部董事的一个重要特质，但是纽交所的标准并不必然能够衡量外部董事是否具备独立性。

连锁董事降低公司治理质量

关于董事的第四个谜团是，连锁董事会降低公司治理的质量。连锁董事是指 A 公司的某个高管同时担任 B 公司的董事，B 公司的某个高管同时担任 A 公司的董事。公司治理的专家通常批评连锁董事现象，因为它会产生心理上的相互依赖性，从而削弱董事的独立性和监督作用。一些证据表明虽然连锁董事会导致如上后果，但同时也有研究表明它有利于股东。

连锁董事能够在董事之间搭建一个可以促进信息流动的网络，从而使得在策略、运营及监督等方面的最佳实践能够在不同公司之间更有效率地流通。连锁董事带来的网络效应还能够作为一种重要的渠道，便利企业发展商业关系，获得顾客和供应商、人才资源、资本和政治资源。Fracassi 和 Tate（2012）发现在高管及董事层面上共享网络关系公司，在投资策略上有更高的相似度和更高的回报率，而当网络关系终止时这些结果也随之消失。Cai 和 Sevilir（2012）发现不同公司的董事会之间的联系能够在并购市场中创造更高的价值。Larcker、So 和 Wang（2013）发现当一个公司的董事会有良好的关系网时，该公司的预期业绩更好，未来股价回报也更高。这些结果在那些新成立且有较大发展潜力的公司或者是急需调整经营方向的公司中最为明显。因此，股东在评价他们所投资的公司的业绩表现时应当将这种影响考虑进去。

CEO 是最佳的董事人选

许多专家都相信 CEO 是最佳的董事人选，因为他们的管理知识使得他们能够从多方面更好地履行监督职责（如战略、风险管理、继任者计划、业绩评估、股东及利益相关者关系等），股东通常也相信这一点，因此，每当有 CEO 被任命为董事时，他们的反应都较为积极。

但是，经验的证据并不支持这种观点，Fahlenbrach、Low 和 Stulz（2010）发现并无证据支持如下结论：当 CEO 被任命为董事时能够促进该公司未来的业绩表现或决策。Faleye（2011）发现 CEO 担任董事时通常伴随较高的高管薪酬。海德思哲公司和斯坦福大学岩石公司治理研究中心联合进行的一项研究表明，大多数的董事都认为在职的 CEO 因为忙于其公司的事务而无法成为一名有效的董事会成员。回应者同时批评道，现职 CEO 无法为各种耗时的委员会服务、无法参加临时/紧急会议。

过去的 15 年间，在新招募独立董事的公司中现职 CEO 担任这一职位的比例有所下降，许多公司都招募 CEO 以下级别的高管，或退休的 CEO 来担任新的董事。

董事面临承担个人责任的风险

第六个谜团是，公司董事因职务关系面临着重大的个人法律风险及财务风险。2009 年的一项研究发现 2/3 的董事认为，近年来董事面临的责任风险在不断上升，15% 的董事曾经因为担心个人责任而认真地考虑过辞职。

然而，由董事个人承担责任的风险实际是比较低的，因为董事能够通过补偿协议（indemnification agleements）及购买董事责任险（D&O insurance）来规避。补偿协议通常规定如果董事依诚信行事，那么当他们面临证券集体诉讼或与信义义务相关的案件时，公司将补偿董事的损失；董事高管责任险则为其提供了一层额外的保护，保险的赔付范围包括诉讼费用、调解费用以及某些案件中一定限额内的损失。实践证明这些措施能够有效地保护董事免予个人责任，Black、Cheffens 和 Klauner（2006）发现 1980—2005 年的 25 年间，由外部董事个人承担责任的案例仅有 12 例。

后续的一项 2006 年至 2010 年间发生的诉讼研究并未发现任何由外部董事承担个人责任的案例，尽管其中一些诉讼尚未结案。作者的结论是：得益于最先进的保险政策，董事几乎不面临承担个人责任的风险。外部董事表现糟糕的主要风险是由于诉讼带来的时间成本、烦恼以及对声誉的潜在影响，并非直接的经济损失。

公司的失败总是董事会的错

最后一个谜团是，公司经营失败必然是董事会的错。若要获得一定的回报率，公司必须冒险，周期性出现的风险最终会导致经营失败。因此在将失败归咎于董事会之前应当先弄清失败的根源。当经营失败是由一个已知的糟糕策略，或过度的冒险行为或缺乏监督或公开欺诈导致的，那么此时董事会理应承担监督不力的责任。但如果经营失败是由竞争压力、市场中无法预测的改变，或者不好的结果是在预期之中的，那么责任可能在于管理纯粹是由于运气较差，那么董事会也可以说是尽职尽责的。

并且，即便就董事会的监督职责而言，让其发现所有的渎职行为也是不现实的。董事会所能获得的关于公司运营的信息是有限的，它们主要依赖公司管理层提供的信息来决策。除了一些特例，董事会通常不会主动搜索信息：其一，董事会获得公司不当活动的可靠信息；其二，当其他公司因某个特殊事件陷入危机时，董事会发布一份关于该事件的外部报道，并要求管理层按程序汇报应如何避免发生相似的问题；其三，若董事会认为管理层的言辞或行为不当时，它们可能会和管理层沟通这种担忧并加强监督。如果没有特殊事件（red flags）触发更严格的监督，董事会不太可能发现所有的渎职行为。

然而，还是有董事会因亏损而受惩罚的案例。Srinivasan（2005）发现董事会成员被更换的概率随着公司财务报表的重述而增加，并且虚报营收的董事会或成员可能会丢失他们的职位。同样地，在金融危机期间担任大金融机构董事会成员的董事，也成为“反对票”运动（vote no campaign）中的目标，该运动的目的是将这些董事免职。董事是否要承担责任依赖于公正地评估其对于经营失败的责任，以及是否有合理的理由相信董事能够阻止这种失败。

结语

1. 董事会因其结构特性（如独立性或其成员的构成）经常被批判。但是经验的证据表明这些特性对公司治理质量的影响是不确定的，或者是可忽略不计的。为什么我们不将关注的重点放在董事会履行义务的过程之上，而是其结构之上？

2. 法律、监管机构及交易所的上市规则对董事会提出了诸多的要求。在缺乏经验证据支持的情况下，关于治理的最佳实践是让公司及其股东以自由裁量权来自愿选择和采用，而不是通过僵硬的监管要求来实现。宽松的标准带来的是更好的、以市场为基准的解决方法，还是更多的经营失败？

3. 董事会因公司的经营失败而被指责。但何时应该被指责？经营失败是由于管理层的失误，或市场波动或坏运气？股东作为外部人怎样才能更有效地评估董事会及其成员的表现？

这些问题都值得我们深思，都表明董事会的很多制度与各自的公司、法律环境密不可分，需要认真地分析和评估才能适用。

06 关于独董制度的现状与思考

导 言： 中国上市公司的独立董事制度确立于21世纪初的2001年：每家上市公司的独立董事最少2名且不低于董事会人数的1/3，就这样，这一制度实施了17年，基本上可以说是进入了一个稳定的轨道。无论是被诟病为“花瓶”也好，还是近日忙着抢头条的“万科独董”也好，独董时不时都会成为资本市场的热门话题，但在制度变革上却始终处在一个相对停滞的阶段，在严重的路径依赖和困境下踯躅前行。刘纪鹏教授在十多年前就曾经撰文提出独董制度的改革就是要让独董成为“有钱、有权、有闲、有家”的四有新人，一针见血地提出了最理想的独董履职制度环境和基础，我们沿着刘教授提出的这四个基本问题来谈一下我们的现状，并提出一些建议。

“有钱”——独董薪酬不平衡的现实

风险与利益匹配这是颠扑不破的真理，上市公司董事会的确不是一个讲奉献的地方。大多数人认为，独立董事在自己本职工作之余还能兼职好几家公司，开开会就能收入百万了，但现实真的如此吗？有两个方面的基本判断：第一是薪酬在行业之间的不平均，这一点和现实中的行业薪酬差距很相似，在独董薪酬排行里面，金融业尤其是银行上市公司的独董薪酬是最高的，平均薪酬达到23.8万元，其中民生银行的独董收入是最高的，几乎都接近百万。而其他行业最高的也就20万元左右，比如深市创业板800多家上市公司最高薪酬的独董只有20万元，这是一个不平衡。

第二是独董薪酬的总体低迷，平均薪酬长期处于较低的状态，根据我们对深市上市公司独董薪酬的统计，过去的四年时间，平安银行的独董薪酬是深市最高的，约为40万元，而三个板块的平均薪酬都稳定在6万—7万元之间。按照现在每家上市公司一年平均开10次董事会来计算，每一次开会的津贴为6000—7000元，如果按照每人平均兼职2—3家上市公司计算，每年约新增收入12万—15万元。回顾一下2008年，深市主板共有1663位独立董事，独董平均薪酬为4.7万元，10年时间基本上跑输了通胀的上涨不说，与各行业的薪酬上涨幅度明显不匹配。从这一点上来看，独董的吸引力明显不足。

综上，如果只看公告发放的薪酬，对绝大部分独董而言实在称不上是一个“有钱”的职位，当然这必须跟担任独董的主要人群和收入水平来进行匹配，此外还必须和他们付出的时间、精力以及可能承担的声誉成本进行匹配，这就留给各位自己去判断了。

“有权”——论“花瓶”的自我修养

我们一开始设立独董制度，就希望发挥独董的监督功能，赋予他们一定的权利，从而维护更广大中小股东和其他主体的利益。我们先来看一下现在赋予独董的权利都有哪些，按照相关的规章和规范性文件，现在独董的权利包括了：

（1）对重大关联交易的事先认可权；

（2）对重大事项发表独立意见权（合计13项大事）；

（3）提议权（临时股东大会、董事会、会计师事务所的聘任）；

（4）知情权；

（5）征集投票权；

（6）独立聘请外部审计机构和咨询机构权。

如果从上述规定的角度看，独董应该说非常“有权”，但是事实执行情况呢？我认为在实际执行中，可能还是有很多问题。直观来看就是独董提出不同意见的次数太少，以深交所近几年独董履职情况的统计为例，2012—2015年4年时间，独董总共提出了合计32次的弃权和反对票，如果按照一年平均开10次董事会的次数作为基数计算，粗略估算大约每召开1000次董事会会出现一次不同的声音，到了2016年由于大量的公司控制权争夺事件，单单2016年弃权反对的票就达到了62次。

从某种程度上说，赋权予独董已经解决了能不能用的问题了，但还是面临着敢不敢用、会不会用的问题：一方面是敢不敢用，我在之前的文章中曾经提过，由于中国公司治理的“底线思维”，独董的作用时常不被重视，而更为关键的原因我觉得还是独董的来源和选聘机制上，绝大多数的独董来自大股东和董事会的提名，来源当然也就是实控人或者管理层的好友了，提出不同的意见往往意味着站到大股东的对立面，自然就可能丧失继续任职的机会，这就是敢不敢用的现实；而另一方面是会不会用，某种程度上跟独董的专业资质相关，尽管独董大多是专业人士，但仍然有大量的独董可能对资本市场、公司财务等问题相对陌生，往往无法发表专业意见。当然，我也一直认为，或许大量的反对意见是在会议召开前就已经事先进行沟通，避免了会上公开对抗的尴尬，上海某化工类国企的一位独董在不到一年时间提出了41次的反对，也是够“耿直”了。

当然，我们也会发现很多独董发挥自己的能量不是通过在董事会当中使用职权，而是采取各种各样的方式去发声，按照我前述提及的法定独董权利来看，独董在董事会之外发声，如果构成对公司股价的影响或者说公司声誉的影响，很可能构成对公司忠实勤勉义务的违反。

“有闲”——独董兼职多少算合理？

独董应当“有闲”这一想法实际上对应着两个问题，独董该兼职多少家？独董该为所任职企业做多少事？再说一下独立董事的来源和背景，独董在中国（日本的情况是一样的）主要来源是高校学者和中介机构人员（约占60%），此外其他公司的高管占20%，应当说都是非常忙碌的群体。

目前，按照规定独董最多可以兼职5家上市公司的独立董事（包括境外），但是对其他的公司高管职务的兼任则没有明确限制，就直观上的性价比而言当然是兼职越多越好了。而我们对比一下美国，美国市场并没有法定的独董兼职限制的要求，但是约85%的公司会在章程上限制独董的最多兼职家数，通常是限制兼职4—6家公司，当然也有15%的公司是没有限制的。如果从个人收入的角度而言，当然希望多兼职几家，但是从兼顾精力的角度来看，独董未必“有闲”顾及。我做了一个非常简单的计算，作为独董是不在公司管理层任职的，所以肯定是兼职，按照现行规定，每个独董每年需要在任职的上市公司现场工作10天，假如一位独董兼职满5家公司，那么意味着尽责地履职需要有50天为这5家公司服务，按照一年约220多个工作日来计算，有1/4的时间都是在做兼职，试问在这样的节奏下是选择减少兼职还是选择减少履职的勤勉呢？显然，我们可能需要刘老师提到的培养一批“职业独董”的倡议，可是职业如果仅是靠做独董，面对相对较高的履职风险和不太匹配的收入，又有多少人敢做呢？

“有家”——独董工会能发挥多少功能？

刘教授很早就提出来，独董们应该有个“家”，应该成立一个独董工会，进行自律管理维护自身的权益。实际上目前中国上市公司协会已经设立的独立董事委员会多多少少就是独董们现在的“家”，抛开这一官方机构不说，我认为即使成立一个“独董工会”在目前环境下也是难以实现预想的自律管理、为独董群体发声的作用的。第一，在集体行动的困境下，尽管个别独董可能有很强的社会影响力，但大多数独董来自不同阶层且任职的不同公司也处于不同的环境，独董难以形成合力；第二，由于各为其主，大家的利益取向难以一致，尽管人格上是独立的，但是在行事之时更多考虑的是提名人（大股东）的利益，很难做到统一行动；第三，作为独董群体，话语权还是太弱了，对于立法或者规则改变的能力太弱。我觉得这个机构最好能担负起独董的培训、评估和推荐的作用，以专业性逐步取得话语权。

几点建议

根据我的观察，当前的独董制度面临着几对典型的矛盾：较低的综合收益和较高的职责之间的矛盾；较低的话语权和较高的社会期望之间的矛盾；较低的参与性和较高的专业素养要求之间的矛盾。这些矛盾的解决是一个综合的、系统的工程，当然我也坚信存在就是合理的，而且长时间的路径依赖，相对稳定的生态已经形成，只能依靠修正而不是“休克”去改变。我在此提出四个方面的建议，也算是对“四有”独董的一个补充：

第一是推行强制的董事责任保险，为低薪酬的独立董事履职提供一个相对宽厚的安全垫，不至于畏首畏尾甚至“血本无归”，让积极履职、敢于履职成为常态。

第二是进一步研究违反独董忠实勤勉义务的法律责任认定，在对公司进行违规处罚时，细化独董责任的认定和减免责事由。尽管独董某种程度上挨罚确与部分独董的尸位素餐密不可分，但很多时候涉及关联交易、大股东侵占抑或是隐蔽的财务操纵很可能对独董来说存在发现和判断的困难，可以考虑在独立审计、定期报告出具、关联交易过程等方面设定特有程序，给独董以程序合法来弥补实体上条件的不足，以缓解他们履职的风险。

第三是进一步提升独董的专业性，尤其是对公司治理和资本市场监管方面的专业知识，美国具有独董的特有文化，标普 500 的上市公司董事会中 85% 席位都是独立董事，但是我们时常是为了占据一个董事席位给某人贴上独董的标签，我认为在这一方面我们可以设定更多的底线，逐步培育起独董群体的专业性。

第四是建立独董专家库，这与第三点紧密相连，我认为应该利用现有的上市公司独董履职和背景的数据构建专家库，既包括现任的或者已经卸任的独董，也包括已经参加了培训拿到资格的独董，按照地区、专业、行业等不同的背景进行划分，给予一定的履职评价和任职评估，让上市公司可以进行一定的选择和匹配，让独董群体的形成和选择更具有科学性和专业性。

实现“四有”独董之路，任重且道远。

07 如何成为一个好的董事会主席？①

> **导 言：** 由于公司治理机制和股权结构特点，在 A 股上市公司中，董事长或称董事会主席的往往是公司的实际控制人或者大股东，以深市为例，实控人兼任董事长的比例超过 35%，这使得董事会的运作往往是与大股东的意志紧密相连的。反观欧美市场，董事会中大多数的成员是独立董事，而董事长也往往是兼职的，因而有区别于 A 股市场的行为模式。本文编译自从欧美国家视角来考察董事会主席决策指引原则的研究，其可作为一个相对科学、专业的董事会运作模式的参考。

一个好的董事会主席通常都是什么样的呢？为了回答这一问题，欧洲工商管理学院（Institut Européen d'Administration des Affaires，INSEAD）公司治理研究中心开展了一项研究，他们针对来自 31 个国家的 200 位董事会成员进行了一项调查，其中对董事会主席进行了 80 次访谈，并对董事会成员、股东和 CEO 进行了 60 次访谈。

被访者绝大多数都认为，一个高效的董事会主席的工作并非领导公司，而是领导董事会以充分发挥董事会作为组织最高决策机构的角色。正如部分研究所回应的那样："董事会主席代表董事会并为董事会负责，CEO 则代表公司的公众形象并为公司负责。"这一根本的不同使得董事会主席的工作区别于 CEO，且董事会主席的工作要求任职者需要具备一些特别的技能。以下是我们归纳的作为一个好的董事会主席应该具备的素质：

在旁边做一个"引路人"

尽管大多数的董事会主席过去都曾是 CEO，但一个高效的董事会主席可能并不

① 原文链接：https：//corpgov. law. harvard. edu/2018/04/24/how - to - be - a - good - board - chair/。

需要像 CEO 那样总是冲到前台，他们需要学会的是不要试图去回答问题或试图做主。好的董事会主席需要具备的三个特点包括：

第一，就像有评论所说的那样，“如果你想要占据舞台中央，那么你应该选择其他的工作，优秀的董事会主席应为他人创造发光的条件”。因此，好的董事会主席应当少发表观点，把重点放在过程和人本身上，而不是那些鼓舞人心的内容上。

第二，优秀的董事会主席对于他们的工作充满了激情，但这种激情受到其克制和反思能力的锤炼。他们关注的重点不是完成工作的速度，而是完成工作的质量，他们鼓励自我反省和深思。

第三，在被访的董事会主席中，大多数与其公司签订的都是兼职合同，但无论他们达成了什么样的协议，这些董事会主席都会全力以赴并投入必要的时间。

懂得怎样组织团队合作

一个好的董事会主席能够认识到董事会不同于传统的一般团队。董事会成员因各自同时隶属于多个不同的机构，因此他们能够在一起工作的时间很少。因此，在这样的前提下，所谓合作就是哈佛大学商学院教授 Amy Edmondson 所称的“团队合作”（teaming），即为了解决某个具有挑战性的问题而组建一个临时性的专家小组。为了达至这一目标，领导者必须快速确定问题的范围、构建并厘清小组的工作，而非定义团队的规则和建立信任。有效率的董事会主席能够通过私人的关注和吸引将董事会成员聚在一起，并通过提供高质量的材料，在陈述、问答会议和讨论之间平衡并公平地分配时间，包容健谈的董事并鼓励沉默的董事等方法来实现有效率的小组合作。并且，他们还会为评价董事会、集体反思和表扬董事的工作留足时间。

关注过程

尽管许多新派的董事会主席都极度希望能够充分发挥自己的知识和经验，但残酷的现实是：当董事会主席对于某个特殊问题有较强的个人观点时，集体的生产力反而会因此而受到影响。因此，对于高效的董事会主席而言，最好的提问不是“解决这个问题的最优方法是什么”，而是“如何就该问题组织一个最优的讨论”。所以，在准备董事会会议的过程中，他们关注的重点是如何组织讨论和对话，如何在陈述委员会的报告和讨论之间分配时间，以及应该由哪个董事致开场词和结束语。就像某个董事会主席描述的，“如果想要看到小组工作的全貌并推进其工作，那么我不应该参与讨论，我应该做一个在游戏中无任何利害关系的旁观者”。

能够恰当地衡量投入

判断一个董事会所做出决策的效果是很难的，判断这些产出（outputs）对于公司的影响会持续多久同样十分困难，但我们却不得不做出决策。因此，好的董事会主席应该要能够认识到董事会决策的质量是无法在现时被精确衡量的。所以，他们将“投入”（inputs）作为一个衡量的标准（如果投入是好的，那么通常来说会得到想要的结果）。有五种投入对于董事会的有效决策至关重要：人员、董事会议程、董事会材料、董事会程序和董事会会议纪要。高效的董事会主席要确保他们的五种投入都是一流的。

不试图去指挥 CEO

由于处在一个组织中最高决策机构的领导者的位置，一些董事会主席会将自己看作 CEO 的领导者。但是，好的董事会主席是不会犯这种错误的，他们始终铭记的是：他们所代表的是董事会和 CEO 之间的联系，他们需要做的是使其他的董事能够了解到公司所有新的发展和战略。他们充分明白，董事会是 CEO 的集体“老板”，因此董事会主席的任务就是确保董事会能够提供 CEO 所需要的目标、资源、规则和说明。

08 职工代表进入董事会的理论与实证分析[①]

导 言： 在我国公司法中，没有强制规定职工董事的规定，但是仍然有部分公司（两市合计约30家公司）设置了职工董事，其中主要是国有控股的上市公司。职工代表进入董事会参与治理，在德国和日本等国家受到了较高的重视，他们将利益相关者特别是职工的利益排在了公司治理机制的核心地位，本文编译自伦敦国王学院 Ewan McGaughey 教授的文章，重点分析了职工代表进入董事会在美国的历史和相关证据。

当哈佛法学院院长罗伯特·克拉克于1986年撰写关于公司法的经典著作时，他提到，“如果你只想掌握基础知识，至少，你必须获得劳动法的工作知识”。那个曾经被忽视的关于劳工的问题很快就会变得重要，因为越来越多的立法者正在为公司董事会的职工代表提出联邦权利。《负责任的资本主义法案》（*Accountable Capitalism Act*）受到了很多关注，它要求年收入10亿美元以上的公司中40%的董事会成员需要由员工选举产生，这些公司将可以获得联邦特许状。另一份不受关注的《奖励工作法案》（*Reward Work Act*）则将要求所有上市公司中有1/3董事为职工选举产生。

在相关研究中，有部分学者对结束股东对公司治理垄断的优点是持怀疑态度的。我在一篇名为《美国工作中的民主：劳工在公司治理中的投票历史》的文章提出了积极的观点：（1）证据表明职工的声音嵌入了美国的传统中，将会推动经济繁荣；（2）职工的声音现在代表了大多数经合组织国家的最佳公司治理实践；（3）“股东

① 原文链接：https：//corpgov. law. harvard. edu/2018/09/17/corporate - law - should - embrace - putting - workers - on - boards - the - evidence - is - behind - them/。

至上”没有可靠的辩护理由，因为资产管理者拿着“其他人的钱”进行投票，而这些人通常是为退休进行储蓄的职工。

职工声音对公司治理的嵌入是美国的传统，也是具有经济有效性的

在职工参与公司治理方面，美国拥有世界上最丰富的传统，如果劳动权利没有得到持续的压制，它将会更加普遍。经济学者詹森和麦克林在1979年提出了相反的理论。众所周知，他们认为在德国将更多的职工选进董事会，使其国家的经济更像是马克霍尔·铁托的南斯拉夫。他们认为，共同决策（Codetermination）“比在竞争环境中成长和生存的替代品效率低”，因为它是由法定“许可”强加的。事实上，正如作者在其他地方写过的那样，德国的共同决策制度是在第一次世界大战之后和第二次世界大战后（在纳粹废除职工参与之后）工会共同讨论的。如果英国占领政府没有反对，这一制度会进行得更快。当劳动力的议价能力不那么不平等时，共同决策来自集体谈判、自由和自愿。立法者随之将这一社会实践纳入了法典中。

在美国，20世纪初出现了第一个董事会职工代表的例子：例如，波士顿的Filene零售店和1919年的20家公司采用了众议院—参议院—内阁治理模式，称为Leitch计划。这导致州长卡尔文·柯立芝签署了今天仍然在法规书上的世界上最古老的共同决策法（除大学外）。根据马萨诸塞州法律，制造业公司可以自愿让员工选举董事会成员。但在洛克纳时代，几乎所有的职工表态试验都被压制了。

在20世纪70年代，随着关于职工参与能提高治理效率的证据越来越多，越来越多的制度例子在世界范围内蔓延，美国工会开始为董事会席位协商——他们利用养老基金中的钱来进行股东提案。1971年2月，职工代表就通用汽车、福特、伊利诺伊州零售商Jewel、联合航空公司和AT&T提出表决权建议，他们说职工代表将“向管理层提供持续的信息流”和“避免定期劳工中断给职工造成经济困难，给公司和股东带来损失”。尽管普罗维登斯和伍斯特铁路公司的一个工会在1973年成功获得了董事会代表协议，但所有提案都遭到了大规模反对，华尔街日报更是称其为“先例破碎的劳工协议”。

看到职工的热情，尼克松政府决定压制这种试验。1974年，美国证券交易委员会裁定管理层可以排除股东对职工董事的提议，表面上是因为它会影响州法上股东选举董事的权利。但工会一直在紧追：Teamsters试图在酿酒公司Anheuser－Busch获得董事会席位，工程师工会则继续推动AT&T的试验，最后，United Auto Workers（UAW）在克莱斯勒取得了成功。1979年，道格拉斯·弗雷泽（Douglas Fraser）达成了一项集体协议，该协议一直持续到1991年（这显示出州法实际上没有障碍），以便工会代表参加董事会。随着克莱斯勒重组，这一点变得更加重要，因为“在作

出重组决定之后，只靠工会去讨论关闭或裁员显然是不够的”。但是里根政府认为需要停止对职工代表的准许——美国司法部否认了 UAW 在 1981 年美国汽车公司的董事会中有一名代表的协议。它们认为这可能违反了起初禁止联合董事会的反垄断规则。联邦贸易委员会则认为这其中没有法律问题。

尽管存在各种障碍，职工们还是成为航空公司和钢铁公司的董事会成员——这是一项在国外并不常见的卓越成就。它令人印象深刻，因为美国的劳工权利几乎是发达国家中最差的。很明显，随着劳动力被压制，不平等现象飙升（详见图 1）。

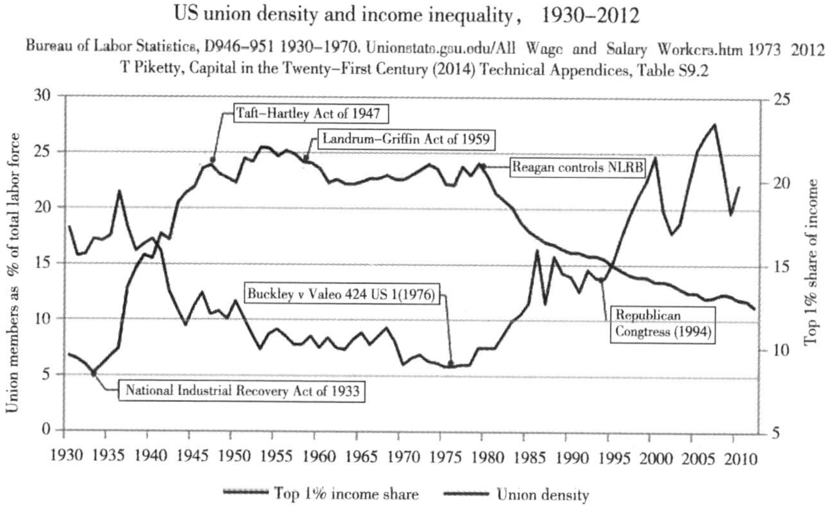

图 1 美国工会密度和收入不平等情况

而且，最前沿的经验证据表明，职工表态参与治理有利于就业和繁荣，包括在董事会上投票的权利。职工权利不会伤害劳动力，它们赋予我们所有人力量。剑桥大学商业研究中心最全面的数据库正在对此进行测试。结果仍处于初步阶段，但越来越清楚的是，如果你是在“经营生意”，你应该想要一个受过良好教育、有能力的劳动力队伍。

换句话说，《奖励工作法案》和《负责任的资本主义法案》关于职工声音的条款肯定会提高美国的经济表现，并可能抑制不平等加剧。职工对繁荣的“狭隘和短期观点”的无证据断言，或者他们在某种程度上造成“公司内部人员不对任何人负责”并不是对这场辩论的最好贡献。

职工参与治理已经代表了经合组织的最佳公司治理实践

美国并不是唯一在公司法中关注职工投票权的国家。英国保守党政府刚刚通过了一项“遵守或解释”(compline or explain)规则，要求上市公司将职工纳入其治理架构中，或采用其他职工参与计划。根据英国的《劳动法宣言》(*Manifesto for Labour Law*)，英国工党似乎走得更远，他们认为：董事会至少有两名职工代表，再加上每家公司创立大会上工人的1/5的票数。公司可以选择退出，直到他们拥有超过250名员工。它还建议确保每个养老金机构都有半职工代表，资产管理人只能根据代表受托人的指示或既定的政策进行投票。我们认为，职工的声音可以促进长期愿景和可持续发展。一个很好的例子来自牛津大学这家老“公司”，自1854年以来一直要求职工代表治理。

今天，欧联国家和（与挪威）经济合作与发展组织中的大多数国家都有为董事会中设立职工代表制定的法律。这种做法尽管缓慢，但还是在稳定地增长：

共同决策的持续成功可能与曾经被称为“逻辑力量”(force of logic)、榜样和竞争的东西有很大关系，很多的研究都表明负责任的公司表现更好。

股东至上没有合法性，因为资产管理者也是在拿“其他人的钱”投票

在今天的经济环境下，股东在控制投票权方面没有合法性，因为他们主要是资产管理者和银行投资者等管理“其他人的钱”的人。这些钱主要来自养老金、人寿保险和共同基金。与拥有民主代表权的公共养老金或工会基金不同（大约1/3的公共养老金受托人是选举的），控制大多数股东投票的大型共同基金没有合法性。Vanguard、State Street、Black Rock及其他公司可能正在破坏竞争、提高消费者的价格，因为他们是美国500家最大公司中438家的大股东。

更糟糕的是，共同基金的一个商业模式依赖于利用他们手中的投票来让公司购买自己运营的养老金产品。自20世纪70年代以来，他们开发了一个令人生畏的自我交易行业，利用他们的力量“粉碎和分散”人们的养老金，将每个人从安全的固定福利计划转移到个人的401（k）计划。整个股权结构在20世纪80年代设定了不同的路线，因为集体养老金被个人账户强行取代，由共同公司主导（详见图2）：

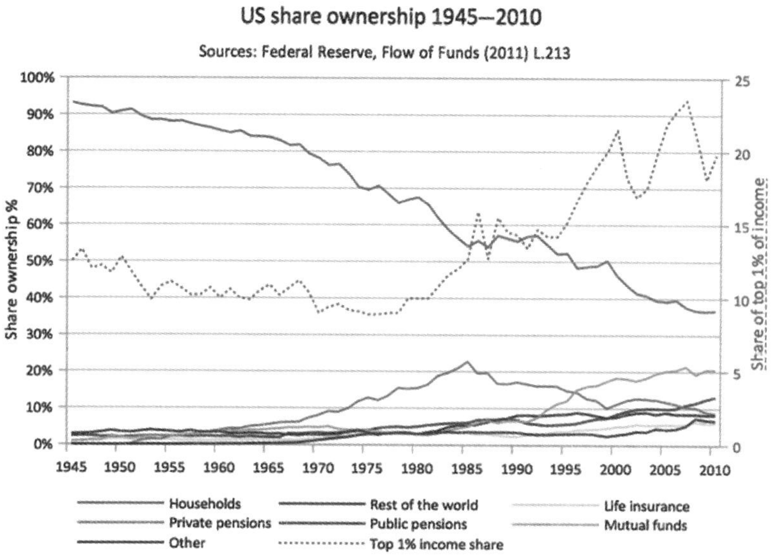

图 2　美国大型机构的持股比例

共同基金希望粉碎和分散养老金，因为他们可以对个人账户收取更多费用，而不是具有讨价还价能力的集体养老基金。负责任的投资者——职工或工会选择养老金委员会——一直在推动，并在极大的可能性下推动公司治理（包括社会权利、环境保护）的所有最佳实践。

这些基本事实在过去公司法学者的理论中并没有得到足够的正视。举两个例子，1983 年 Easterbrook 和 Fischel 认为股东垄断投票权是因为存在“公司中持有剩余利益的投票权的流动”，如果法律进行规制，“将会有不必要的管理上的代理成本产生”。但事实并非如此：资产管理公司对任何公司都没有剩余权益，因为他们行使投票并控制的公司是用其他人的资金购买的股票。1984 年，奥利弗·威廉姆森（Oliver Williamson）建议股东在进行“资产专用性投资”时（资产专用性是指用于特定用途后被锁定很难再用作其他用途性质的资产，若改作他用则价值会降低，甚至可能变成毫无价值的资产），应当重点考虑那些董事会没有被控制的公司。尽管职工的利益可以很明确地通过劳工保障得到保护，但是整个资本投资却处于“危险”状态。股东——主要是资产管理人——根本没有进行任何特定于公司的投资：他们持有其他人的资金。在作者看来，股东至上的理论是无证据的，甚至忽视了关于机构投资在首次写入章程中时如何运作的基本事实。

股票市场中的大部分资金都来自为退休进行储蓄的职工。美国民众和世界各地的民众一样，都希望得到公平的报酬和社会保障，这样他们才能实现自己的梦想。

这些普遍权利的最佳保障是发言权和投票权（voice and vote）。但人们不仅希望像投资者那样拥有资本——尽管他们当然应该这样做，人们也希望能有更多的职工代表，因为职工对企业投入了劳动力。最近对3330名可能的选民进行的一项调查发现，53%的人支持在大公司的董事会中为职工代表设定投票权，而只有22%的人反对，25%的人不置可否。

09 你所知道和不知道的董事会专门委员会①

导 言：“哈佛公司治理论坛”有关董事会专门委员会的话题中，EY董事会事务中心通过审查委员会的主要职能，分析了2013年至2016年标准普尔500家公司的董事会结构，并发现了标准普尔500个委员会如何组建各专门委员会以应对监督挑战的五个趋向，该研究指出公司董事会所负责的职责范围和复杂性日益增加，主要是由于监管要求的不断提高和投资者的期望转变所带来的。本文即是对以上研究进行的整理编译，它将有助于我们更进一步认识董事会中“专门委员会”制度。

为了更好地应对不断变化的责任和环境，董事会越来越多地创建了新类型的专门委员会，除了审计、薪酬和提名这三个传统的主要委员会之外，新增设的专门委员会反映出董事会面临的优先事项和最新压力以及公司情况的变化。例如，战略或风险管理职责可能会从一个委员会转移到另一个委员会，或者分配到多个委员会或由全体委员会处理。

董事会越来越倾向于增设专门委员会

2013年至2016年，超过75%的标普500公司设立了至少一个董事会专门委员会。

① 原文链接：http：//corpgov. law. harvard. edu/2017/02/01/board - committees - evolve - to - address - new - challenges/。

表1　2013—2016年设立董事会专门委员会的增长情况

	2013年	2016年
未设立董事会专门委员会的公司	39%	24%
设立董事会专门委员会的公司	61%	76%
设立一个董事会专门委员会的公司	28%	34%
设立二个董事会专门委员会的公司	20%	25%
设立三个或更多董事会专门委员会的公司	12%	16%
平均新增董事会数量	1.1	1.4

董事会专门委员会的设立需求体现了正在变化的董事会优先事项、董事会需求和公司的发展环境。

执行委员会是最普遍设立的专门委员会

董事会不在会议时，往往由执行委员会处理一定的董事会职责。财务、合规和风险委员会也越来越普遍，因此董事会在监督领域设立专门委员会的可以带来好处。

表2　设立专门委员会类型和占比

委员会	百分比
执行委员会	37%
财务委员会	31%
合规委员会	12%
风险委员会	11%
企业社会责任委员会	7%
技术委员会	6%
公共政策和监管事务委员会	5%
策略计划委员会	5%
研发委员会	3%
并购委员会	2%

网络安全大数据和信息技术等为关注热点

15%的公司披露了涉及网络安全、大数据和信息技术这些话题的委员会：超过半数的公司把这些职责交给审计委员会，同时越来越多的公司设立相关的专门委员会，单单看2016年，这种委员会就多了1/3。

表3　处理网络安全和信息技术的委员会占比

委员会	百分比
审计委员会	53%
技术委员会	19%
财务委员会	9%
风险委员会	7%
合规委员会	3%
其他	9%

合规、风险和技术委员会增长最多

虽然执行委员会是最常设立的专门委员会，在过去三年里其他委员会也在争夺。这种趋势表明，一些董事会可能通过专门委员会在广度和深度上更加专注于这些复杂的业务领域。

表4　2013—2016年专门委员会的净增加

委员会	变化百分点
合规委员会	+3
风险委员会	+2
技术委员会	+2
合并委员会	+1
企业社会责任委员会	0
研发委员会	0
策略计划委员会	0
执行委员会	-1
财务委员会	-1
公共政策和监管事务委员会	-1

各行业的专门委员会

在10个行业中有6个行业，超过75%的公司至少有一个专门委员会，可能部分原因在于这些行业在合规性、风险和运营方面面临独特的挑战。

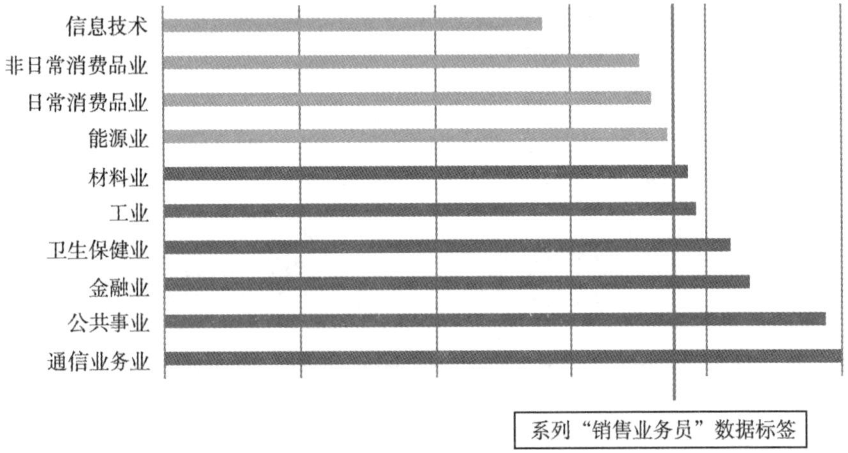

图1　各行业设立专门委员会公司的百分比

小公司董事会结构如何？

标普小型股600董事会委员会结构的情况如下：

（1）今天，46%的小公司至少有一个董事会专门委员会。

（2）小公司的前五名专门委员会是执行委员会（18%）、风险委员会（7%）、财务委员会（7%）、战略委员会（6%）和合规委员会（5%）。

（3）以技术为重点的委员会相对不常见（2%）。

（4）风险委员会同比增长最多（3个百分点）；其他委员会保持稳定。

表5　标普500公司的专门委员会职能

设立该委员会的公司	委员会职能和一般责任	倾向设立该委员会的行业
37%	执行委员会 · 董事会不在董事会时行使权力，公司章程、法律规定必须由整个董事会采取行动的除外	金融业（26%） 工业（16%） 非日常消费品业（15%）

续　表

设立该委员会的公司	委员会职能和一般责任	倾向设立该委员会的行业
31%	财务委员会 · 监督财务政策、战略、资本结构、年度经营和资本预算 · 监督投资、股利政策、信贷等市场风险、股份回购以及兼并收购 · 职能上可能与风险委员会、策略委员会、并购委员会以及专注于特定财务相关内容的其他委员会重叠	非日常消费品业（22%） 工业（16%） 公共事业（14%）
12%	合规委员会 · 监督与法律法规风险相关的项目和绩效，以及执行和维护公司行为准则和相关事宜 · 关注环境、健康、安全和技术等各个领域的合规性 · 职能上可能与风险委员会、公共政策和可持续发展委员会重叠	卫生保健业（25%） 能源业（23%） 财务（13%）
11%	风险委员会 · 对公司整体承担风险能力和风险偏好提出建议 · 监督企业风险管理，以确定、评估和解决公司面临的主要风险，其中可能包括信贷、运营，合规/监管、利益、流动性、投资、资金、市场、战略、声誉、新兴和其他风险 · 回顾和讨论管理层对公司企业风险状况的评估 · 职能上可能与财务和合规委员会重叠	金融业（73%） 工业（6%） 公共事业（4%） 非日常消费品业（4%） 信息技术（4%） 日常消费品业（4%）
7%	企业社会责任委员会 · 审查与股东、公司、员工、服务社区和公众关心的特定公共问题相关的政策和做法，监督企业责任、环境可持续性、多样性和包容性或品牌管理工作 · 职能上可能与公共政策和合规委员会重叠	金融业（26%） 非日常消费品业（26%） 材料业（14%）

续 表

设立该委员会的公司	委员会职能和一般责任	倾向设立该委员会的行业
6%	技术委员会 · 监督和评估公司与技术相关的发展和创新战略，就范围、方向、质量和投资水平提出建议，监督管理层制定的技术战略的执行情况 · 回顾和讨论管理层对公司技术概况的评估 · 解决相关风险和机遇 · 功能上可能与风险委员会和研发委员会重叠	金融业（25%） 工业（25%） 材料业（14%）

我国的基本情况问答

有关董事会专门委员会在我国的基本情况，请看我们的 Q&A：

Q1：专门委员会存在的原因？

A：专门委员会是为了提高决策效率和体现董事会专业性的机构，将相关的专业人士聚焦到相应的领域有助于提高效率，与此同时，规定由独立董事占多数体现其独立性，尤其是对内控和薪酬、提名的独立性意见。

Q2：专门委员会在我国上市公司必须设立吗？

A：目前，规范专门委员会的规定包括了《上市公司治理准则》（2002）和深市三个板块的《规范运作指引》；在治理准则中，专门委员会属于公司自治事项，可以设立也可不设；但是按照深市规范运作指引，主板公司必须设审计委员会，深市中小板和创业板则必须设立三个完整的专门委员会（审计、薪酬与考核、提名）。

Q3：专门委员会在我国上市公司中实际设立的情况是怎样的？

A：以深圳市场为例，包括 89.87% 的主板公司、99.35% 的中小板公司和 95.27% 的创业板公司都设立了完整的三个专门委员会。可以说几乎全部覆盖。深市上市公司中，包括平安银行等五家公司则设立了六个专门委员会，平安银行董事会设立了审计、关联交易控制、薪酬与考核、提名、风险管理、战略发展六个委员会，也有 9 家公司只设立了一个专门委员会的。

Q4：在我国哪些专门委员会发挥的作用最大？

A：在我国审计委员会无疑是最重要的，它肩负起了提请聘请或者是更换审计机构的职责，同时负责审核公司内部审计制度、财务信息和披露的职责。

Q5：专门委员会有人员设置和职责划分吗？

A：首先专门委员会的成员必须是董事，其次专门委员会人员设置强调独董的作用，除了战略委员会之外，其他的委员会必须由独董过半数担任且由独董出任召集人即专门委员会主席。

Q6：专门委员会的工作流程是怎样的？

A：专门委员会一般来说是董事会会议的前置程序，公司一般要先提请专门委员会审议，再召集董事会。以深市为例，通常一家公司的专门委员会开会的次数在3—6次。

Q7：小公司有必要设立专门委员会吗？

A：没有必要，既无办法实现独立性也缺乏效率。

Q8：股权集中度高的公司有必要设立那么多专门委员会吗？

A：在我国，国有企业和家族企业占上市公司的绝大多数，家族企业股权集中度高，大股东和管理层实际上是合一的，没有必要再通过专门委员会来监督；而国有企业的决策链条很长，尽管股权集中度高，但是仍然有必要加强董事会的专业性和独立性。

10 家族成员在董事会中该扮演什么角色？

导 言： 关于家族成员在董事会中担任非执行董事给公司治理带来的积极作用。家族企业的治理问题虽不是公司治理的新话题，但作为我国上市公司的主要企业控制类型，家族企业的公司治理必是我国公司治理的重要问题之一。家族企业的融资及融资渠道问题、控制权问题、内部的合作与沟通机制、人力资本与雇佣机制、家族文化与身份，以及企业的传承等都是研究家族企业与资本市场的视角。本文即对家族成员在董事会中扮演角色的相关研究进行的整理。

家族成员在董事会中的角色研究——基于家族非执行董事的视角

家族企业作为中国A股市场的主要控制类型，以深市为例，中小板、创业板超过75%的公司为自然人或家族控制，治理问题于控制家族和中小投资者均影响重大。家族企业作为公司控股股东，除了面临因控制权和经营权分离所引发的代理问题，还需要面临股权逐步稀释背景下的代际接班问题。因此，关于如何保持家族对企业的控制，提高治理效率，保持对管理层的监督和制约，本文的思考来自赵宜一与吕长江老师发表于《管理世界》2017年第9期的论文，从董事会的角度出发，研究家族成员在董事会中担任非执行董事可能带来的监督和促进效果。

1. 文章研究设想

论文作者首先指出，董事会成员通常分为执行董事和非执行董事，前者主要是指董事同时兼任了公司总经理、财务总监等高管职务，后者则是不在管理层任职的董事，而过往的文献对于家族成员在董事会中担任执行董事和非执行董事所产生的影响并没有太多关注。

而本文则鲜明地提出安排更多家族成员担任非执行董事是具有积极作用的，积极影响是多方面的：首要解决的是家族内部的代理冲突，只做非执行董事而没有在管理层任职意味着更多的是监督作用，与大股东的利益是一致的，反之如果多名家族成员均担任执行董事，家族权力则贯穿于董事会和管理层，可能因潜在的利益动机对经营项目产生不同意见，影响经营效率。

此外，家族企业追求长期的可持续性发展，必然需要引入外部投资者和职业经理人，此时在董事会中为外部投资者预留席位，同时通过家族非执行董事保证家族对企业的控制，可能是解决家族企业长期稳定控制的有效方法，是兼具家族控制、科学管理与中小投资者利益的一项治理安排。

2. 研究假设

根据前面的设想，文章提出了四个假说：

H1：家族企业中，家族非执行董事具有治理效果，体现在较高的投资效率和较好的会计业绩。

投资者活动是董事会决策的重点内容，因此作者提出通过投资效率和会计业绩来体现董事会决策的效果。

H2：家族持股比例较低时，家族非执行董事的治理效果更强。这是出于股权稀释的背景引发的一个假设。

H3：非家族成员担任家族企业 CEO 时，家族非执行董事的治理效果更强。一方面，如果是家族成员任 CEO，则某种程度上会降低监督成本；另一方面，如果 CEO 是由非家族成员担任的话，则会凸显董事会的监督效果。

H4：机构持股比例低时，家族非执行董事的治理效果更强。主要是从研究文献中出发，认为机构持股比例高时，家族非执行董事发挥作用的空间可能会受到影响。

3. 主要研究结论

文章对家族非执行董事和执行董事进行区分，分别检验了他们的治理角色，实证结果说明，家族非执行董事具备监督职能，能够监督管理层实现更高的投资效率与会计业绩，但是家族执行董事没有表现出上述监督作用。进一步分析表明，当家族持股比例较低，在家族外聘请职业经理人或者机构持股水平较低时，家族非执行董事的治理效果更强。文章进一步回答了传统代理问题，说明配置家族非执行董事可以缓解家族大股东内部潜在的矛盾，避免家族成员在经营权上可能的冲突，实现家族监督与经营的分离，这对于大量面临传承接班的中国家族企业提供了十分实际的建议。

关于家族企业治理我们有话说

1. 前文是关于家族企业治理的一个非常细致的分析，逻辑非常清晰，角度很直接，在大股东话语权极重的公司治理环境中，关注到了董事会层面，给出的结论和建议也十分具有可操作性，实属难得。

2. 家族企业治理的话题从来都不是公司治理的新话题，按照 LLSV 当年的研究（经典文献 Ownership around the world），全球市场大多数国家都是家族企业占主体的，尽管美国是一个典型的高度分散的股权结构，其仍然有大量的家族企业存在，而亚洲国家则是家族上市公司最活跃的地区。

3. 回到中国的语境，家族企业可以说占据了上市公司的大半壁江山，以深圳市场为例，中小板、创业板是家族企业的天下（总计超 1400 家上市公司），超过 75% 的公司为家族企业（实际控制人为自然人或家族），这些公司第一大股东的持股比例超过 30%，股权集中度高、家族控制明显①。可以说，家族企业治理是中国公司治理的一大核心问题，是无法绕开的话题。

4. 研究家族企业与资本市场，都有哪些视角呢？从最新的国际文献和研究趋势来看，主要有以下几个大的方面值得关注：

第一，融资渠道以及融资问题。家族企业的融资渠道是否更依赖营业产出的利润？是否不愿意使用公开的股权融资？是否更愿意使用公开发行债券进行融资？小型企业是否更容易遇到融资问题？

第二，控制权问题（包括所有权、公司治理和管理）。例如，家族成员控股比例高的企业是否更不倾向于上市？在家族控股色彩较强以及家族成员对于企业拥有较高控制权的家族企业，是否存在控制人/管理层不愿意上市的倾向？是否已经上市的家族企业均具有家族成员控制权减弱、外部管理层成员增加的特征？这一话题与我们今天推荐的文章不谋而合。

第三，家族企业内部的合作和沟通机制。有研究认为家族企业的生产过程和经营方式，与家族企业的身份存在内在联系，很多家族企业自身的机制是难以复制和推广的，这对于它作为公众公司是否披上了更多复杂和隐秘的外衣呢？

第四，家族企业内部的人力资本和雇佣机制。家族企业是否雇用职业经理人（外部管理层成员）？家族成员参与公司经营程度如何，家族成员加入管理层是否需要经过培训？未上市的家族企业若由职业经理人（外部或者内部管理层成员）经营管理的话是否更倾向于上市？已上市的家族企业，是否相比于未上市的拥有更多的职业经理人？

第五，家族文化和家族身份。在何种程度上家族与企业的生存相互交融？从中国式公司治理的角度来看，大量的家族文化和家族身份问题会交织于正式的公司治

---

① 曾斌等：《深市上市公司治理状况 2016 年报告》，2017 年 11 月，深圳证券交易所综合研究所研究报告。

理机制当中成为关注的角度。

第六，企业传承。有些观点认为，家族企业重视其家族成员的下一代（下几代）是否能够参与公司的经营管理，那么家族企业是否能够永续存在？如果变成公众公司以后会不会影响这一初衷的实现呢？家族企业是否在继承时（公司的所有权和管理经营权处于代际交替的时候）更倾向于进行上市操作？因为有观点认为，企业上市能够为帮助家族企业中很多对经营管理不感兴趣的成员，提供退出方式或者提供重新的资产分配方案。

第七，是什么理由让家族企业作出上市的决定？通常来说，融资并不是公司谋求上市的唯一目的，这一观点是否适用于家族企业？家族企业在考虑上市的时候又有哪些顾虑呢？这与其日后的经营绩效又有多大的关联呢？

5. 关于家族企业治理与一般股权分散的公司治理面临的问题有很多不同，它所面对的成本收益函数也有很多不同，因而很有必要对其进行独特的分析和阐释，而不仅仅是用一把相同的尺子去规范和度量。

三

公司治理焦点

——过去和未来

THE LOGIC OF CAPITAL GOVERNANCE

01 中国公司治理的底线思维：已被合规化的公司治理机制能走多远？

导 言： 公司治理和公司一样，在中国是彻彻底底的舶来品，而且远比现代公司进入中国的时间要晚，尽管不断地出现无数的研究、呼吁、公司治理评价等，但我们始终认为，大多数的企业家和公司对于公司治理一直抱有的是一种底线思维：公司治理就等于做好合规，但是只做好合规，或者说表面上的合规真的就做好公司治理了吗？公司治理的内核应该是什么？我们都是怎么在做的？这种被合规化的公司治理到底能走多远？本文对此进行尝试性的解答。

公司治理的内核应该是什么？

公司治理，英文叫 Corporate Governance，在如今资本市场深入老百姓生活的时代，大家都不陌生，说它是一门显学都不为过，但是除了大家都知道的三会（股东会、董事会、监事会）之外，公司治理应当还承担很多的功能。归根结底，它可以被视为一整套与公司利益相关的制衡机制，具体而言可以简化为三对关系：股东与管理层、大股东与小股东、公司与它的利益相关者，公司治理的目标就是尽可能地降低这些关系之间的代理成本、监督成本，平衡各方利益，形成更公平、更高效的公司经营绩效。

如果单讲这三对关系有些抽象，我们以“宝万之争”作为背景，让这几对关系找到对应的位置，从而进一步地了解各自不同的利益诉求和均衡机制。“宝万之争”是近几年来公司治理领域的一个教科书式的案例，它是一堂全民学习公司治理的公开课，在这里我们着重阐明几对关系：万科是一家股权相对分散的公司，在“宝万之争”发生之前，公司大股东是华润集团，后来宝能通过二级市场不断“举牌”增持，也算是大股东，后来的安邦、恒大也在大股东之列；小股东则主要是散户股东，这两大类合起来是股东群体；管理层则是本次处于风口浪尖的以王石为代表的管理团队，多年来经营业绩非凡，万科也是目前少有的以管理层为主要控制人的上市公司，因此最受瞩目；利益相关者就包括了供应商、消费者，甚至是项目公司等。

了解清楚了这几个主体各自的关系，我们再来看看，“宝万之争”之所以引起大家关注，是因为有一个所谓的“野蛮人”宝能系，通过二级市场大量收购万科股份，成为公司第一大股东，并且提出了撤换公司管理层的议案，那么在这样一个收购事件中，这若干对主体之间的利益博弈情况是怎样的呢？以王石为代表的管理层表示不欢迎宝能系，同时提出“野蛮人”的观点，建议大家一起来防御野蛮人。但是如果按照前面提到的观点，宝能系和华润集团还有广大的中小股民在某种意义上是一条船上的人，都属于股东群体，而管理层则是属于另一个阵营的团体，至少从股价的不断上涨就可以看出，“野蛮人”并没有降低普通股民的福祉，从华润最终大幅盈利退出的结局来看则更可以看出谁受损、谁得益。管理层的舆论策略是希望将股东与管理层的利益博弈转嫁到新进的股东与其他股东身上，他们的真正目的是避免新进股东进入后对他们撤换的威胁，这种视线的转移，就使得本该是股东与管理层的利益博弈，被转移到了股东与股东、公司与利益相关者之间，从而引发更多的连锁反应，这也就是为什么这场以公司治理机制开始的事件最终没有以公司治理机制结束的原因之一吧。

回过头来说，公司治理机制的核心就是解决这些不同主体之间的利益均衡，我们看到的股东会、董事会等机制只是一系列的工具和载体而已，公司治理的内核首先是尊重这些利益博弈，各自找到自己的位置，绝不能违背这些利益主体的本意，混淆这些主体利益，比如大股东替公司做主，侵占公司利益，实际控制人操纵公司董事会、董秘，发布1001个议案之类的。没有对公司治理机制核心解决问题的理解，就无法对公司治理机制真正的尊重和落实，这是我们思考“底线思维”的根源之一。

公司治理等于公司合规吗？

我们对该问题的思考主要源于参与过国内很多公司的治理评价指标或者说是公司质量排行榜的指标设计，当要设计公司治理指标时，大家就会发现我们设计出来的指标完全没有区分度，我们的指标无非就是是否涉及了公司法或者公司治理准则所规定的一些基本要求，而在进行公司管理的时候，出发点就是满足这些规定。当然，并不是说满足这些规定不好，尊重规则这是一切制度的起点，公司合规是好的公司治理的前提和基础，但是我们已经无法再用公司已经设立了的董事会、监事会，以及符合人数规定的独立董事，符合规定的董事会专门委员会来对好的公司治理进行衡量了，因为你不这样做，连资本市场的门你都无法踏入，大家当然会选择遵守。

所以我们就会发现，约70%的上市公司设置3名独立董事，因为上市公司董事会人数多为9人（平均董事会人数10人），法律要求不低于1/3的独董人数，于是就出现了独董的三人现象；而上市公司大多设立了四种专门委员会，审计、战略、提名薪酬、风险委员会，为什么没有设置更多的专门委员会？因为达到合规要求就可以了。

但是遵守了这些合规规定就能做好公司治理吗？答案显然是否定的。我们认为公司治理至少应该比公司合规要多三个方面的维度：

第一是专业判断。真正的公司治理是基于行业以及管理学的视角进行的决策行为，在股东大会上，董事是接受股东质询的，这是单向的；而在董事会上，产生决议之前进行的是辩论讨论，是对具体的公司经营决策进行基于公司最佳利益的商业判断。单纯的公司合规，更多的是机构层面的，但是在运转的时候，缺乏专业判断，也就难以实现公司治理想要达到的效果。

第二是受托义务。公司合规往往是用明线规则去划定一些最低限度，满足了这些规定，就满足了公司法、证券法的一些基本规定，尽管公司合规在本质上暗含着股东、董事会以及管理层对公司的受托义务，但是这些受托义务是无法单纯通过合规体现的，一方面它是运行中的机制，另一方面合规更多是事前，而受托责任的追究往往是事后。

第三是制衡性。前面我已经谈到了公司治理机制本身就是一个多方制衡机制，但是满足公司合规的一系列机制，本身的履行部门是不会去考虑制衡问题的，尽管各种合规流程和制度之间可能暗含着相互制衡的关系，比如监事会本意是希望制衡董事会，又比如独立董事本意是制衡执行董事，但是真正到了落实的时候，可能就难以体现制衡性了。

“底线思维”会带领中国公司治理走向何方？

有人可能要质疑，我们所提的要求过高，能做到合规就已经很不错了，要知道过去是自由放任的。的确，公司合规是一个基本前提，但是如果人人都把合规作为最高标准，那危害性也许会比没有这些规定还大，这种已经被合规背书的治理形态，最终必然会产生“合法外衣掩盖非法行为”的情形。我们举三个典型的例子，来说明“底线思维”的表现：

第一个例子是大股东侵占。大股东侵占上市公司利益是中国资本市场早期最典型的违规问题，早期几乎所有的公司治理违规都与大股东侵占有关，这也是资本市场初期过度重视融资功能的后遗症。在底线思维的驱动之下，大股东会在既有的治理框架下，尽可能地“突破”关联交易的限制，最终通过各种方式侵占上市公司的利益，把上市公司视为自己的“提款机”和“输血站”，肆无忌惮地在合规外衣下对中小投资者的利益进行剥夺。

第二个例子是董事会秘书工作难以开展。实际上这一问题也是“底线思维”下大股东“一言堂”的表现，但是更多的是体现在微观层面上。我们时常与董秘交流，发现董秘工作很难做，一方面要满足高压的监管要求，另一方面如果遇到“不安分”的实际控制人则要想尽办法说服他们如何满足合规要求，如果遇到了问题公司（如连年保壳的公司），则时常要周旋于监管部门和实际控制人之间，甚至可能面临“要不被处罚，要不被炒鱿鱼”的两难境地。不安分的实控人时常喜欢说：“已经按照×××规定执行了呀，这就已经合法了吧？怎么还有那么多的规定啊？”

第三个例子是独立董事“被花瓶”。“底线思维”可以说是独董成为“花瓶”的根源之一，但很多时候独董是被花瓶的，而不是主动希望成为花瓶的。上市公司对于独立董事制度和其他的公司治理机制一样，都是被动输入式的，当然这在任何一个国家都难以避免，这与我们的股权结构有着明显的关系，在相对集中的股权结构之下，股东大会成为公司权力的中枢，加上我们法律本身的设定，独立董事从提名产生到履职都始终在大股东的“阴影”下，尤其是在履职的时候，独董缺乏对公司治理的参与感，只是成为满足合规要求的其中一项内容而已。

上述三个例子实际上讨论的是同一个话题，就是在“底线思维”下公司治理机制极有可能逐步远离其本意，导致公司关注的不是公司治理水平的提高，而是尽可能在形式上满足相关要求，在这一行为模式下，可能很难真正评出“公司治理最佳实践”，或许只会让更多的问题累积并最终使得路径依赖更加严重，难以将良好的治理模式推行到各公司中。

02 智能时代的公司治理
——如何通过机器学习来选择董事[①]

导 言： 人工智能或者说大数据在我们的工作生活中扮演着越来越重要的角色，已经有很多学者在探讨人工智能可能给法律、监管带来的影响或者说挑战，而在证券监管和公司治理领域也已经出现了监管沙盒、企业画像等与金融科技相关联的新兴领域。本文主要介绍俄亥俄州立大学 Isil Erel 教授等人的“运用机器学习选择董事”（Selecting Directors Using Machine Learning）一文，一起来看一下人工智能机器学习是怎么在公司治理领域发挥作用的。

通过机器学习方式选择公司董事

可以设计出一种算法来帮助公司决定它所雇用的董事吗？这篇文章提出了一种基于机器学习的董事选聘方法。文章指出开发这个算法的目标是希望帮助某个特定公司的股东，选择到他们更偏好的董事。文章以股东在后续选举中对个别董事的支持率和公司的盈利能力作为绩效衡量指标，构建了对这些指标进行预测的特定算法。然后，文章对这些预测的质量进行测试，结果显示，与现实潜在候选人相比，根据本文算法预测出来可能表现不佳的董事，在业绩上确实比文章预测可能表现好的董事低得多。文章的算法模型还指出，公司最终实际挑选的董事更有可能是男性，这些人可能兼任更多的董事职位，拥有更少的专业资质，但是拥有更广的关系网。机器学习为我们理解现行的治理结构以及运行过程带来了希望，并且有可能帮助现实

① 原文见：Isil Erel，Léa H. Stern，Chenhao Tan，Michel S. Weisbach，“Selecting Directors UsingMachine Learning”，Dice Center WP，Fisher College of Business WP，March 2018。

世界中的企业改进其治理。

传统上董事会的董事由股东选举产生，并且作为公司的大脑，负责公司的重大经营决策，因此董事会向股东报告并且为公司利益最大化而服务。但是在实践中，董事本身的素质以及它对股东尽责的履职表现却千差万别，作者认为这其中一个主要原因是发生在选择（选举）董事的过程本身。因此，这篇文章希望设计一种新的选择董事的方式，依靠公司、潜在董事以及他们的相关特征，为公司匹配出最符合他们的董事人选。该文用某个董事获得股东支持的能力作为董事的质量和绩效的参考值，能够获得最多股东支持的董事就是本文算法中定义的最佳董事。

研究方法上，这篇文章采用的是机器学习的方法。作者认为机器学习的预测方法比起传统的计量经济学的方法有着更大的优势，特别是没有对数据本身进行过多的修饰。文章以2000 年至2014 年美国上市公司的董事提名和选举的数据作为样本进行研究，运用了多个机器学习的算法，对于被提名董事的后续表现以及当选董事的实际表现进行了对比。其中最重要的算法设计是如何评估董事的绩效。因为董事是以集体开会的方式出现在董事会中的，很多决策最终是以董事会的方式做出的，对于某个特定董事的绩效很难进行估算。本文选择用董事获得的股东支持作为衡量的标准，这一指标也得到了其他相近文献的实证验证，由于董事本身就肩负着对股东的忠实勤勉义务，因此用股东支持率来衡量董事的表现也符合逻辑。

运用一个董事在后续选举中获得的总支持票数作为其绩效的衡量标准，文章建立了一套最有可能在未来获得股东支持的当选董事的算法。这些算法是目前计算机科学文献中最常用的，包括了 lasso 回归、ridge 回归、随机森林（random forest）、神经网络（neural networks）和 XGBoost 算法等。文章以 2000—2014 年，合计 41051 位候选独立董事在 4887 个（次）董事会的选举情况作为分析样本，这些公司平均市值为 66 亿美元。文章将 2000 年至 2011 年被提名的董事作为一个进行机器学习的“训练”子集，将 2012 年至 2014 年被提名的董事作为“预测”子集，通过“预测”子集数据来检验“训练”子集所产生的结果。作者发现通过 XGBoost 算法模型，那些被预测为可能后续表现更差的董事，确实比模型预测的可能表现好的那部分董事的绩效更差，但是通过最小二乘方法并不能得出这一结论。

但是作者也指出，对于实际决策支持来说，他们的这一方法存在“选择标签”的问题，也就是说他们观察的董事绩效都是那些实际上最终被选聘的，而那些没有实际被选聘的潜在董事候选人却并没有进入观察视野。尽管存在一定的选择偏误，但是作者认为通过机器学习的方法，还是可以解释很多过去我们无法解答的问题。例如，本文发现，和机器算法选择的最佳董事相比，公司最后实际选聘的董事可能获得更低的支持率，并且更可能是男性，同时具有较宽泛的社会网络，兼任更多公司的董事以及更可能具有金融财务背景。而这些特征描述的往往就是大多数大公司中的“传统”董事形象。因此，文章很重要的一个建议是：那些可能倾向于选择获得较低支持率董事的公司，更应该按照模型算法的建议增加董事会的多样化，因为通过我们的算法，这些公司选聘背景更多元化的董事，可能会给董事会的绩效带来正向的效果。

总结来看，这篇文章通过机器学习的方法，建立了一套理解治理、评价董事的方法，主要通过三个方面来实现：第一，评估了是否可能建立一套算法来精确预测某一个董事是否胜任某一家特定公司的董事职位；第二，文章对比传统的计量经济学模型与机器算法在预测董事绩效方面的差异；第三，文章通过算法所选择的结果作为基准，来说明哪些被实际选择的董事和哪些个人特质使他们成为股东更加青睐的那部分人。

文章认为他们采用的机器算法模型很好地解释了数据本身。他们运用关于董事、董事会，以及公司特征的公开数据，利用 XGBoost 算法可以精确估计董事的个人绩效，可以分辨出哪些董事更有可能不受股东的青睐。文章对那些通过算法挑选出来的董事和实际当选的董事进行对比可以发现，在董事提名选举过程中，哪些因素是被过分估量的。他们的算法也证明了，一直以来机构投资者所坚信的：拥有更多元背景并且与管理层保持一定距离的董事将更有可能监督管理层的工作，而且这些人更有可能提供对公司绩效有所帮助的观点。本文通过对任何一个可能的董事候选人的绩效预测，使得后续公司可能看到更多的适合他们的董事候选人，或许在不久的将来这一技术和思维方式将真正改变公司治理，更有益于公司和股东。

法经述评

什么是好的公司治理？能否设计一套好的指标体系来进行衡量？境内外的科研机构和市场组织都开发了很多系统的评估公司治理的指标，都在试图寻找什么是好的公司治理，哪些公司是治理的典范。这与本期编译的文章不谋而合，都在希望找到最好的治理机制并用科学的方法去评估衡量它。

对于人工智能和机器学习等新鲜事物，很多的科技金融公司都在尝试，但是对于公司治理领域，如何引入这一技术手段提升治理绩效呢？或许本文的研究是运用机器算法的科技手段和思维对这一思考进行更进一步的启发，本文通过一整套衡量董事质量和董事绩效的算法，首先构建了一个基础子集，通过机器学习的方法模拟出了“好”的董事候选人；其次通过已经当选的董事样本，进行了检验；最后说明了哪些因素是这些“好”的董事所具备的，哪些可能是已经当选了的，但是又被检验为是“差”的董事可能共有的特点。这一研究说明，通过已有的大数据分析，可以预测或者检验我们在选择（选举）董事过程中的偏好是什么？从而进一步预测哪些人更有可能当选，哪些特征更有可能帮助他当选；反过来说，公司如果倾向于选择具有（或不具有）哪些特征的人，有可能帮助他们提升公司的治理水平，因为这些人可能是在算法中被证明是那些绩效更差的人。

本文的研究，在某种程度上属于企业画像研究的一部分，通过大数据对公司进行立体式的描述，通过数据抓取、模型建立、机器学习等方式，可以用更客观、更智能的方式去诊断一家公司、评估一家公司，这就是人工智能运用于公司分析的一种方法。但是我们觉得其中仍然有三个比较大的难度：第一是衡量标准，还是那个问题，什么是好的治理；第二是衡量的角度，因为公司的表现、董事的表现有太多的角度可以去看待，正面、反面，合规、违规，站在不同角度看待，有可能是完全相反的结论，如本文就运用了超过 100 多个指标，对于董事的背景、公司业绩、行业、管理层薪酬等方方面面的情况进行了模型构建；第三是方法，本文运用的是机器学习的方法，坦白说，本人非理工科出身，机器学习的模型算法对我而言就是一个“黑箱”，对它的准确性、合理性都无法做出客观的评价。但是无论如何我与作者的观点是一致的，通过完整的数据分析和模型构建，我们是可以通过广泛采集数据并且构建相对合理的分析体系，从而模拟、判断公司的治理状况以及高管的治理绩效。

智能时代的公司治理，你我都不应缺席。

03 家族上市公司治理：转型时期家族企业独特的治理需求

导 言： 家族企业治理，是各国公司治理的一个重要话题，无论是欧美还是亚洲地区，家族企业都广泛存在。过去数十年来，大量家族企业成为上市公司，成为行业的翘楚，家族企业不再是小作坊的代言人，包括沃尔玛（沃尔顿家族）、伯克希尔哈撒韦（巴菲特家族）、福特家族、德国保时捷家族、中国香港的长和集团（李嘉诚家族）等耳熟能详的大公司，当然我国内地也有大量的像新希望、美的等民营家族企业控股集团。本文所讨论的主要问题是，我们熟悉的家族企业都面临哪些独特治理需求和治理困境呢？在管理上、传承方面又遇到哪些问题？中国的家族企业与其他国家家族企业在这些方面有什么不同情况呢？

讨论这个话题起因于作者之一参加 2017 年世界交易所联合会（WFE）的年度课题《家族企业治理研究》，研究对象包括了美国、英国、澳大利亚等 20 个国家和地区证券市场中的家族企业，研究的方法是通过回答约 100 个问卷问题的方式来进行抽样研究。可以说利用这一套相对全面的问卷，我们对中国家族企业治理的一些基本情况也有了直观的了解，也有利于我们反思关于家族企业治理的现状和问题。

哪些企业应该被定义为家族企业？

关于家族企业的定义，我们可能有很多种不同的观点，但总体来说有两个主要的尺度：所有权视角和管理层视角。按照 WFE 报告的观点认为，根据所有权视角，企业控股权掌握在家族手中，可以视为家族企业，也就是说在家族控股达到 50% 或者特定情况下达到 30% 以上，可以视为家族企业；或者根据管理层视角，即公司的董事会、管理层中家族成员占据多数的，也可以视为家族企业。

在这两项客观的依据之外，企业自身对自己是否是家族企业的判断也十分重要，因为即使可能满足了上述两种情况，特别是满足家族控股的情况下，很多企业仍然不认为自己是家族企业。我们在组织相关问卷调查的时候，就遇到了类似的问题，我们通常会笼统地把实际控制人是自然人或者是家族成员的企业，视为家族企业（这类企业可以划入民营企业的范畴），但是当我们将问卷按照这一标准发放下去的时候，发现回收的情况并不如预计那么多，只有约30%的企业认为自己是家族企业，这其中可能有两个原因（个人推测），一种情况是大量的企业尽管呈现出自然人作为实际控制人的状态，但其很可能是有一致行动人或者是其他机构联合控制的情况；另一种情况是这些企业是由夫妻共同持股或者说只由年轻的第一代创业者持股，还从来没有考虑过家族这一概念，抑或是不太想被定义为是家族企业。无论怎样定义，我们认为至少在治理上会有几个特点使其有别于一般的其他企业：

第一是家族的控制性。前面提到了两种检验家族企业的方式都是在谈控制，而且应该是我们常说的实际控制。从我们所做的问卷调查来看（有效回收问卷166份），深市家族企业的家族控股比例平均达到43.82%，这一比例和WFE报告中的家族平均持股（67%）相比低了不少，应该说我们在控股权的市场化和分散化程度更高一些。但境内外的家族持股比例都远超过了上市公司的整体平均33%的持股，可以说完全体现了家族控股相对集中的持股特征。另一个角度，如果我们把境外市场通过AB股等方式进行控股的情况考虑进来，现在很多的家族企业实际上并不需要很高的持股就可以控制公司，持股比例在很多市场就不见得能完全说明控制力了。

第二是亲缘的文化性。大量的民营企业和国有企业都体现了股权上的控制力，但是家族企业在其经营、管理以及企业文化方面往往都有独特的亲缘文化性。大多数家族企业都有其发家的行业或者是看家的本事，而且发展壮大过程中也会有独特的情结，第一代创始人会给企业打下独特的烙印，即使后面企业实现多元化，仍然会对某一行业“念念不忘”，比如农业起家的创业者，到了后面可能已经完全转向房地产了，但是对农业的情怀不会减退；此外就是管理层的亲缘关系，在董事会、管理层中来自家族内部成员的通常会比较高，“家长”的风格或者说是接班人的风格很有可能影响到企业文化和治理模式的不同。

第三是传承的必然性。问卷调查结果显示，在10多项自定义的家族企业关键词中，“传承”（24.57%）成为深市样本公司选择用以描述家族企业的最重要特质，接下来分别是“价值观”（23.29%）和“长期”（19.44%），从这三个关键词的描述来看，看重亲缘和家族文化的传承是家族企业的首要选择。我这里用传承的必然性，不是指一定要传给亲人的必然，而是在家族企业中，传承这个议题是绕不过去的，无论是选择传给家人还是让渡股份给其他投资者，最终都会被纳入家族企业一定发展阶段的核心议题。

正是基于上述这几个特征，对于家族企业而言，除了传统的公司治理机制需要考虑的委托代理问题，引进职业经理人、家族持股控制权以及企业传承等都会成为家族企业特有的治理话题。

家族企业的核心议题是什么?

在参加 WFE 的联合课题时，我们共同探讨了围绕着家族企业（包括上市与未上市）的七个主要议题：

第一，融资渠道的问题。家族企业的融资渠道是否更依赖于企业营业产出的利润？是否不愿意使用公开的股权融资？是否愿意公开发行债券？小型企业是否更容易遇到融资问题？

第二，控制权问题。例如，家族成员控股比例高的企业是否更不倾向于上市？在家族控股色彩较强以及家族成员对于企业拥有较高控制权的家族企业，是否存在控制人/管理层不愿意上市的倾向？是否已经上市的家族企业均具有家族成员控制权减弱、外部管理层成员增加的特征？

第三，家族企业内部的合作和沟通机制。有研究认为家族企业的生产过程和经营方式，与家族企业的身份存在着内在联系，很多家族企业自身的机制是难以复制和推广的，这对于它作为公众公司是否披上了更多复杂和隐秘的外衣呢？

第四，家族企业内部的人力资本和雇佣机制。家族企业是否雇用职业经理人(外部管理层成员)？家族成员参与公司经营程度如何，家族成员加入管理层是否需要经过培训？未上市的家族企业若由职业经理人（外部或者内部管理层成员）经营管理的话是否更倾向于上市？已上市的家族企业，是否相比于未上市的拥有更多的职业经理人？

第五，家族文化和家族身份。在何种程度上家族与企业的生存相互交融？从中国式公司治理的角度看，大量的家族文化和家族身份问题会交织于正式的公司治理机制当中成为关注的角度。

第六，企业传承。有些观点认为，家族企业重视其家族成员的下一代（下几代）是否能够参与公司的经营管理，那么家族企业是否能够永续存在？如果变成公众公司以后会不会影响这一初衷的实现呢？家族企业是否在继承时（公司的所有权和管理经营权处于代际交替的时候）更倾向于进行上市操作？因为有观点认为，企业上市能够帮助家族企业中很多对经营管理不感兴趣的成员，提供退出方式或者提供重新的资产分配方案。

第七，是什么理由让家族企业作出上市的决定？通常来说，融资并不是公司谋求上市的唯一目的，这一观点是否适用于家族企业？家族企业在考虑上市的时候又有哪些顾虑呢？这与其日后的经营绩效又有多大的关联呢？

围绕这七个议题我们进行了很多的探讨，而且这些话题值得长时间的跟踪和研究。我们着重谈一下关于家族企业传承和家族企业管理层治理两个问题。

职业经理人和家族管理如何取舍？

家族企业传承曾经在很长一段时间成为民营家族企业探讨最热烈的问题，正如第一部分提到的，传承是必然的，采取哪种方式或者说是如何实现传承的平稳值得每个第一代创业家思考。对于企业传承最简单的方式当然就是把股份直接给予下一代，让他们直接分享企业的收益，但是在股份的安排之外更核心的话题是管理权的移交，这才是大家最困惑的，也就是我们常说的“创业容易守业难”。从我们的统计结果来看，深市 A 股的家族企业中，只有不到 33% 的家族企业是有第二代或者第三代成员进入管理层参与管理的，而 WFE 报告中第二代和第三代的参与比例是 90% 和 20%，远高于我们的情况，单纯从数字来看，我们的家族企业传承表现得相当一般。

谈到传承问题，随着资本市场的不断推演，我们认为有三个背景可能是影响家族企业传承问题的：

第一是我们的家族企业大都是年轻企业，从统计来看，成立年限最长的 65 年，平均成立时间为 20.66 年，这跟我们改革开放的历史是吻合的，大多数企业是在 20 世纪八九十年代创立成长起来的，而这些企业大多目前仍然是第一代创始人主要控制的阶段，没有进入思考传承的问题。但是从我们统计的实际控制人年龄来看，样本中约有 75% 的实际控制人年龄在 50—70 岁，意味着在未来的 10 年时间里，这些企业的第一代创始人可能都要考虑接班传承的问题。

第二是不断进行并购、资本运作引发股权稀释，产生了接班传承的外部威胁。前文提到家族企业讲究控制，但是近年来上市公司进行并购、再融资等资本运作已经习以为常，在此过程中，必然要以稀释股权作为代价，但是在还没解决好接班传承问题的时候，由于股权不断稀释，所引发的控制权争夺或者是“野蛮人”敲门等，必然会让家族企业的创始人在考虑传承问题时多一层烦恼，有时候会迫使他提前思考传承问题。

第三是很多家族企业第二代、第三代不愿意接班的问题。前面提到我们的家族企业第二代进入管理层的比例相比境外的统计明显低了很多，这里面很大一方面的原因是“80 后”“90 后”不愿意接班的问题。这跟我在第一部分提到的商业运作的内在连贯性是一致的，作为创始人通常是艰苦奋斗熬过了创业期，最终通过上市实现了企业的飞跃，非常清楚经营风险，也更熟悉相关行业。但是作为第二代、第三代，未必会完全认同某一行业，甚至兴趣根本就不在经商或者管理上；也有部分接班人进入企业管理层后，和管理层“老臣子”不合。这就迫使创始人重新思考传承的模式，无论哪一种新的模式，都和职业经理人的结合密不可分。

培养职业经理人的话题实际上在20世纪80年代改革开放初期就已经开始探讨，无论是国有企业还是民营家族企业，都在大谈职业经理人的话题。说白了，职业经理人在家族企业治理的语境下，就是与家族企业没有亲缘纽带的，但是又不得不主动引入的一个专业角色，通常是具有管理或者财务特长的一类经理人。但是在过去的探讨中，我们有时候会过于笼统地去谈职业经理人，也就是把职业经理人仅限于担任CEO或者总经理的角色，但是在此次的研究中，有几个很有启发的地方值得关注。

一个是对于除了CEO以外的其他专业性职业经理人的选聘，统计来看超过60%的公司还是由家族成员担任CEO的，但是担任首席运营官、首席财务官、首席技术官的家族成员占比基本上都不到20%，这意味着很多企业已经尝试着在不同的岗位上寻求专业经理人的介入。另一个就是家族成员担任高管的资质方面，这一问题过去或许探讨的并不多，直观上我们可能会认为家族成员担任高管的要求肯定要宽松一些。但在我们回收的问卷中约67.81%的公司认为，家族成员与非家族成员担任家族企业高管的条件要求是一致的，20.55%的公司表示应当对家族成员担任高管提出更为严苛的要求，也有11.64%的公司表示家族成员相对于非家族成员的要求更加宽松。这意味着培养家族自己的专业经理人或许是提升治理和管理的一个路径。

与此同时，除了在管理层面的尝试，在董事会层面的结合也有新的研究成果，有学术研究指出，为了缓解家族企业可能出现的内部人控制问题，在董事会层面派出家族非执行董事可能会起到良好的监督作用，既能保持家族的控制力和起到监督作用，也可以减少家族对企业日常经营管理的直接干预。

家族企业治理的永恒话题是控制和传承，每一家企业都期望成为“百年老店”，而且我们也看到了来自新希望、美的还有很多中小民营企业在治理方面打造了非常科学的治理理念和机制。家族企业治理在中国的表现与其他的上市企业治理状况是完全一致的，建议要尽早考虑股权安排、不同高管经理人的家族内外搭配，以及在家族内部传承时股份和管理权的均衡搭配，实现的是“家和企业兴”的共赢局面。

04 对冲基金：虚伪的积极股东[①]

导 言： 随着机构投资者的不断发展，股东积极主义（shareholder activism）自 20 世纪 80 年代起开始兴起。作为一种外部控制机制，股东积极主义被认为能够降低因两权分离而产生的代理成本。国外已有许多因积极股东干预而发现公司价值或改善公司治理的案例，不少学者支持股东积极主义，如哈佛大学的 Lucian Bebchuk 教授。但同时也不乏认为股东积极主义会损害公司绩效的观点，本文即为 Sidley Austin 的合伙人 Kai Haakon Liekefett 对积极对冲基金股东进行的批判。现阶段我国资本市场正在积极鼓励和发展机构投资者，股东积极主义或也将成为我国需要面临的问题。

几乎在每一次股东积极主义的运动中，积极对冲基金（hedge fund activist）都会披上“保护股东权益”的外衣，然后指责目标公司的董事会及其不合格的公司治理。

但是股东积极主义者们声称的“公司治理的最佳实践”实质上是空洞的，甚至是虚伪的，至少有三个例子可以证明它的这种虚伪：第一，积极对冲基金实际上在损害股东的“特权”（shareholder franchise）；第二，积极对冲基金削弱了董事会的独立性和多样性；第三，积极对冲基金对于反收购措施的立场摇摆不定。

损害股东的“特权”（shareholder franchise）

股东们一直都非常重视维护其作为股东所享有的“特权”，包括选举董事的权

① 原文链接：https：//corpgov. law. harvard. edu/2018/06/04/the – hypocrisy – of – hedge – fund – activists/。

利、批准重大交易的权利（如合并、出售部分重大资产或全部资产等）、修改公司章程。

积极对冲基金宣扬他们是这种“特权”和股东民主（shareholder democracy）的忠实支持者。因此，在这些积极对冲基金发起的“运动”中，他们要求股东就任何宣称涉及股东权利的事项进行投票，包括公司法和公司章程已授权给董事会的领域。

并且，在最极端的例子中，这些积极对冲基金还试图影响董事会的决策，他们通过私下的协商来获取董事会席位。对于企业而言，换取“和平”的代价通常是：接受一个或几个积极股东的代表进入董事会，以此来避免在这种代理投票权竞争（proxy contest）中的成本和损失。但是，如果董事会不接受私下的协商，而是选择退出让股东通过投票来决定，那么这些积极对冲基金中又会指责董事会“过度防御”（entrenchment）。但这种不通过股东投票，仅经私下协商就直接委任董事的行为恰恰是与股东的“特权”相违背的。因此，大多数机构投资者已经开始公开呼吁：企业在决定和积极股东进行和解之前，应当先和其他绝大多数的股东进行接触。

同样地，在这些积极股东进入董事会后，当他们面临其他积极股东的“攻击”时，又会习惯性地指责董事会剥夺了股东的“特权”，并声称董事会未经股东批准无权委任新的董事。于是，当一个企业开始与一个积极股东进行协商时，所有对股东“特权”的担忧都瞬间消失了。在私下的谈判中，所有的积极股东通常都坚持立即将其任命为董事会成员。但是如果现任董事会提出推迟任命，让其他股东就某个积极股东被任命为董事的事项在年会上进行投票表决时，通常会遭到强烈的反对。

还值得注意的是，在这些私下的协商中，这些积极股东几乎总是要求公司为他们的“运动”支付费用，而公司在某种程度上也都答应了。但是这种为他们的“运动”付费的行为几乎从来没有向其他股东提请过批准，尽管代理人规则明确要求持异议者应当披露以下问题：“这种关于补偿（reimbursement）的问题是否会提交让证券持有者进行投票表决?”这变相地表明，某个积极对冲基金股东对于股东“特权”的兴趣往往在其自身利益得到满足后就消失殆尽了。因此可以说，在大多数情况下，积极对冲基金股东对于股东“特权”的关注仅仅是为了公共消费。

削弱了董事会的独立性和多样性

大多数积极股东的主要目标是加入公司的董事会。一般来说，积极对冲基金股东的商业模式是：找出那些内在价值显著高于股票票面价值的公众公司。如果一家公司的价值在股市中被低估了，那么向负责该公司的人，即董事会进行问责是公平的。因此，积极股东常常认为董事会需要更新，他们通常希望任命股东代表和行业专家为董事。

但事实是，积极股东对于董事会中任何类型的股东代表都不感兴趣，他们首选的对象还是该对冲基金自己的代理人或雇员，原因在于这些积极股东试图通过影响董事会的决策来达到自己的目的。并且，在大多数的案例中，它们的目的是促使公司采取一些能够在短期内给予该对冲基金财务回报的行动，如以溢价快速出售，而不管该公司是否有长期的发展潜力。

但是，有时这些积极股东也认为董事会可能需要更多的行业专家，因此他们会倾向于让那些和自己有关联的专家加入。这些积极股东也可能向独立董事候选者放空话，因为当他们需要在独立董事候选者和自己之间做选择时，他们还是会选择自己或自己的代理人或雇员。并且，在大多数的时候，即使他们刚刚积极地宣称公司需要更多的行业专家，也会很快放弃独立董事候选人，转而支持某个 30 多岁且缺乏任何相关经验的员工。这点在大公司中很突出，但在较小的积极对冲基金中尤为明显。去年，机构投资者协会（ISS）和投资者责任研究中心协会（IRRC，the Investor Responsibility Research Center Institute）发布了一份研究，该研究讨论了标普 1500 的公司中，由股东积极主义导致的董事会更新，该研究发现，由积极股东通过和解解除的候选者和董事的数量，是由董事会单方面任命的三倍。

并且，虽然投票代理咨询机构和主要的机构投资者都在不断地要求在董事会加大性别和种族的多样性，但大多数的积极股东倾向支持的董事还是白人、男性。

“公司治理的最佳实践”在积极股东的“运动”中被忽视的例子数不胜数：

第一，董事兼职过度（overboarding）。ISS、Glass Lewis 和许多机构投资者都认为，一个董事不应该同时任职太多的董事会，尤其是那些以总经理作为“正职”的董事。但是，对于积极对冲基金股东而言，在涉及他们自身或他们所提名的候选人时，这似乎就成为一个问题了。因此，一个对冲基金在不同的“运动”中提名同一个候选者的做法引发了大家对该候选者独立性的担忧。上文的研究中也提到：“积极股东连续地提名自己偏好的候选人，使得他们的赞助者开始担忧候选人的独立性。”

第二，董事的任期。在同一个董事会任职 10 年以上的董事，通常都会成为积极对冲基金的目标，从而结束其任职，这些积极对冲基金声称这样的董事已经被固化（entrench），因此不能够客观地进行监督。但是，如果是积极股东任命的董事，他们虽然不能对公司的业绩作出贡献，但是也能够在董事会待很多年。

第三，强制退休年龄。年轻的积极股东常常指责董事会的平均年龄过大，并且他们可能会以年长的董事为其“运动”的目标。但是，我们却几乎听不到针对那些在 19 世纪 80 年代有经验的积极股东提出年龄限制，因为在一些“运动”中，积极股东正在提名这些 75 岁、80 岁甚至更年长的人为董事候选人。

反收购措施中的不一致性

积极股东还热衷于攻击某个公司的反收购措施，因为他们认为这些措施也缺乏对股东权利的保护。他们尤其喜欢攻击那些为了应对敌意收购或防止积极股东股权累积而采用毒丸计划的董事会；他们谴责那些“在游戏开始之后又修改规则”的公司章程修正案；同样他们对分级董事会也表示不满，认为这种工具就是为了保护现任董事不受选举的威胁。

在这样的背景下，观察积极股东加入董事会之后会发生什么就相当有意思了。积极股东虽然声称他们厌恶毒丸计划，但是事实上，他们能够在毒丸被触发之前就获得15%—25%的股份。在这些案例中，某个积极股东完全可以限制其他股东的上限是10%或更低，因为这能够确保他是最大的、最有影响力的股东。

此外，被积极股东控制的董事会还不大可能继续采用那些曾被他们所攻击的公司章程。有时，积极股东会进一步限制股东的权利，如限制股东通过书面同意召集特别会议。如果股东可以通过书面同意召集特别会议来解散董事会，那么那些和积极股东持不同意见者就无须等到年度股东大会才行使其权利。因此，一旦积极股东控制了董事会，那么这些持不同意见者就会被视为最大的威胁。

最后一个例子是分级董事会（staggered board）。在一个采用分级董事会的公司中，每年只有一小部分（一般是1/3）的董事会成员会被替换。积极股东们是分级董事会最大的反对者，因为分级董事会使得他们很难在投票权代理的争夺中获胜。例如，在一个由9名董事组成的董事会中，如果每年只有3个席位可供选举而不是9个，那么要赢得这3个席位是很困难的。因此，为了控制董事会，积极股东可能会提出威胁，因为如果积极股东最开始要求7个或更多的席位的话，那么他们很容易获得2个或3个席位。

显而易见的是，积极股东一旦获得了董事会的席位，他们对于分级董事会的态度就会发生完全的转变，他们变得完全能够接受分级董事会。但在私下的协商中，他们也在努力不成为在近期会被选举替换掉的董事会成员，有时为了达成这个目的，他们甚至建议改组董事会。积极股东们也在其任职到期之后拒绝离职，并辩称他们非常有必要任期三年，即使他们之前坚持的是每年必须换届选举董事会。

换句话说，这些积极对冲基金对于反收购措施的态度取决于他们是否控制了董事会，如果他们成功地掌控了董事会，那么他们可能就不太愿意去反对反收购措施了。

积极股东对公司治理感兴趣的真正原因

以上的例子都表明：事实上，积极股东并不真正关心公司治理。但为什么在“运动”中他们又表现得很关注公司治理呢？其中的原因和政客在竞选过程中亲吻婴儿是一样的——因为投票者买账。

大多数的机构投资者、投票代理机构ISS和Glass Lewis都非常关心公司治理的问题，这是因为他们相信，良好的公司治理从长期来看是能够为股东带来回报的。

但绝大多数基金中资金的锁定时间相对较短，这也就是说，如果这些基金在一两年内不能带来巨额的回报，那么他们的投资者将撤回投资。因此，许多积极股东在喝过几杯之后都承认，他们对于公司治理的热情只不过是达成目的的一种手段，他们之所以在每一次的投票权代理竞争（proxy fight）中都声称“公司治理的最佳实践”，仅仅是因为这能够有效地摧垮现任董事会，并激怒那些真正关心公司治理问题的投票者。

法经述评

积极对冲基金披上“保护股东权益”外衣的同时，也在慢慢地提高自己的影响力。因此，机构投资者和代理咨询机构不应该将积极对冲基金当作良好的公司治理推动者。这些积极对冲基金并不是罗宾汉，与其说他们关注良好的公司治理，还不如说他们关心穷人、想要劫富济贫呢！

股东积极主义是伴随着机构投资者的发展壮大而兴起的，因此，认为股东积极主义能够有效地监督公司管理层从而提高公司绩效的观点，其出发点还是基于机构投资者的特点。而认为股东积极主义并不能够达到上述效果的观点，则主要是从积极股东的动机出发，如对冲基金和养老基金发动股东积极主义运动的目标并非股东价值最大化等。此外，哥伦比亚大学的 John Coffee 教授等人还提出股东积极主义会导致公司在科研上的长期投资大幅降低。

面对国外方兴未艾的股东积极主义运动，我国市场对此的反应却相当冷漠，无论是在学术上还是在实务中。我们以“股东积极主义”为关键词在知网上进行搜索，发现近 10 年与该主题相关的文章总共 83 篇，其中最多的年份不过 11 篇，最少的年份仅有 2 篇。

这种反差产生的原因之一是我国的机构投资者并没有把太多的关心放在公司治理上，他们往往认为花费大量的精力改善公司治理并不会带来投资收益的太多增长。另一个更主要的原因还要回归到我国公司治理的特点上来：英美公司治理面临的基本矛盾是公司内部人的控制问题，即股东和管理层之间的委托代理问题，而我国公司治理所面临的基本矛盾是大股东与中小股东之间的利益冲突。因此在国有股一股独大的情形下，机构投资者难以真正发挥作用。

05 温和型与激进型积极股东案例

导 言： 本文是关于温和型和激进型积极股东的三则案例，在美国市场，由于股权相对分散，出现了很多典型的积极股东，借助参与治理改善经营从而取得超额回报，但是不同机构也存在不同的风格，温和型代表如巴菲特、激进型代表如伊坎，域外积极股东参与公司治理的途径，对中国的机构投资者参与治理应当有相应参考。

巴菲特与可口可乐[①]

巴菲特十分注重公司董事成员的重要性，他曾表示“除非股东有权参与提名董事，否则董事会将会被动机不良的人所充满，甚至会使公司做出愚蠢的商业决策”。巴菲特投资的每一家公司几乎都具有良好的管理和经营决策，但这必须与公司有优秀的董事成员挂钩，公司的每个重大决策都是由董事会决定，而股东必然希望董事们能代表他们作出最好的决定，可为股东们谋求最大的利益。

巴菲特在持有公司股票之后便充当起了积极股东的角色，对公司管理者的行为进行了持续监督，在必要时进行纠偏。巴菲特旗下的投资公司伯克希尔·哈撒韦公司（Berkshire Hathaway Inc.）常年为可口可乐的最大股东，其本人自 1989 年起担任可口可乐公司董事，在董事会拥有很大的影响力，同时也是审计和财务委员会成员。2000 年，巴菲特联合其他董事阻止了可口可乐出资 140 亿美元收购运动饮料公司桂格（Quaker Oats Co.）的计划，认为以可口可乐 10% 的股份收购是个过于冒险的举

---

① Barron's：Big Berkshire Hathaway Investor Buys Up Coca - Cola，KKR Stock，April 18，2019，引自 https：//www. barrons. com/articles/big - berkshire - hathaway - investor - coca - cola - stock - 51555512229，最后访问时间：2020 年 2 月 20 日。

动。2014 年，巴菲特对可口可乐的高管薪酬计划“过于庞大”表示不满，在投票前与可口可乐公司 CEO 会面并最终投出弃权票。

也有批评声音认为，巴菲特的个人作风并不代表能给予公司股东最大的利益。有部分市场人士认为，在可口可乐收购桂格未果后，百事可乐随即完成了对桂格的收购，正是巴菲特的错误决断，在一定程度上促成了百事可乐日后的辉煌；而在可口可乐高管薪酬案中，也有律师认为，巴菲特作为大股东或者董事会成员有义务发出自己认为对股东能带来最大利益的声音，在对公司具体计划有明确态度的情况下，却投了弃权票，这是未能尽到大股东义务的行为。

不过，在“作为”与“不作为”之间，巴菲特作为股东而言已经充分做到了前者，至于效果如何，更多是见仁见智的事情。总体而言，巴菲特的股东积极主义理念是十分具有价值和借鉴意义的。

伊坎与 eBay①

与温和派的巴菲特不同，伊坎及其旗下的伊坎企业（Icahn Enterprises）的股东积极主义则要激进得多，而行为一如既往：通过突袭方式先购入一定数量公司股份，然后以股东或董事身份寻求从内部改变公司，让公司股票在短时期内快速上升，从而套现获利。

2014 年 1 月 22 日，伊坎披露其已持有 eBay 0.82% 股份，虽然不足 1% 的持股比例并不高，但凭借伊坎过往在投资界的名声，该消息足以在市场上引发关注。随后，伊坎继续增持了 eBay 的持股。在 eBay 取得一定话语权后，伊坎的第一个举动就令 eBay 管理层措手不及，他要求 eBay 拆分公司增长最高的业务部门——PayPal 电子支付部门。PayPal 成立于 1998 年，曾在 2001 年上市，后在 2002 年被 eBay 以 15 亿美元的价格收购。随着 PayPal 业务的逐年成长，而 eBay 本身业务的竞争加剧，在当时（2013—2014 年），PayPal 的年收入几乎占到 eBay 总收入一半。对于伊坎这个大胆的提议，eBay 管理层直接拒绝，并表示将 PayPal 剥离出去会使公司业务间的协同性受到影响。

对此，伊坎除了购买 eBay 公司的股票及衍生品，还推荐了自己公司两名职员进入公司董事会，并不断通过向 eBay 股东发公开信和在媒体渲染情绪的方法挑战 eBay 管理层，不但表示出对 eBay 管理层的失望，还指出 PayPal 实施 IPO 并出售其中 20% 的行为将让公司、员工和股东受益。最终，eBay 于 2014 年 10 月 1 日宣布，在对公司增长战略和结构进行评估后，董事会批准将 PayPal 业务分拆成两家独立的上市公司。

---

① Ebay：eBay Inc. and Carl Icahn Settle Proxy Fight，https：//www. ebayinc. com/stories/news/ebay - inc - and - carl - icahn - settle - proxy - fight/，Apr 10，2014，最后访问时间：2020 年 2 月 20 日。

精明的伊坎几乎每次对企业“开战”都会打着维护股东利益的大旗，而他所要求上市公司做出的调整也确实能给小股东带来短期的利益。对于企业没有控制权，又深陷股价泥淖的普通股东来说，对伊坎的态度更多可能是欢迎的。正因如此，纵使伊坎以“态度强硬、不择手段”等风评而备受争议，其对于上市公司管理层的震慑得到了很多投资者的青睐。在高度市场化的成熟市场中，伊坎的激进型股东积极主义的存在也是必不可少的。

潘兴广场与加拿大铁路[①]

潘兴广场（Pershing Square）是一家主要业务在北美的对冲基金，其投资策略以积极股东行为而著称，其管理人 Ackman 与伊坎齐名。2011 年 9 月至 2016 年 8 月，潘兴广场通过对加拿大铁路（CP Rail）的股东积极主义活动获得丰厚回报，同时使得公司业绩得到良性发展，股东价值也得到了更好的体现。

2011 年，时任加拿大铁路的 CEO 受到投资者广泛质疑，认为其消极的态度是导致公司经营不见起色的主要原因。2011 年 9 月，潘兴广场开始大量买入加拿大铁路的股票，并于 12 月增持至 14.2%，成为公司的第一大股东。潘兴广场随即采取了以下一系列行动：与时任公司董事长进行沟通，提出撤换公司管理层，但并没有达成一致；接着，通过媒体宣称将考虑提名两位有管理经验的专家进入董事会；随后，正式通过股东公开信的形式呼吁其他股东支持其提名人选聘为新 CEO，并陈述入主公司后的管理改革和预期业绩指标。潘兴广场的这一行动还得到了治理咨询机构 ISS、Glass Lewis、Egan - Jones 和养老基金 OTPP 的支持，最终成功撤换了原公司董事长和 CEO，取得了代理权争夺的胜利。

五年后，潘兴广场实现退出，在新任管理层的经营下，公司实现股东收益 45.39% 的增长，远高于同期的 S&P/TSX 60 INDEX 走势，潘兴广场从中获得了 26 亿美元的收益。

---

① “Yvan Allaire：Pershing Square，Ackman and CP Rail：A Case of Successful，‘Activism’”，2016 November，Institute of governance of Private and public organizations，working paper.

06 被动型投资者的兴起及其对公司治理的影响

导 言：本文讨论在美国日益占据市场主导地位的指数基金和被动型基金对公司治理的影响问题。过去人们的目光总是集中在那些深度研究公司、积极挖掘公司独家信息的积极股东或者说主动型基金上，但是对于那些依据一定的原则进行全市场配置的被动型基金，通常认为他们是没有参与治理的动力的。但是近年来，随着这类基金规模的逐渐增大，尤其是在美国以股权分散为特征的市场中，这些基金的崛起已经成为不可忽视的力量。本文整理自 Jill Fisch（University of Pennsylvania）、Assaf Hamdani（Tel Avis University）、Steven Davidoff Solomon（University of California – Berkeley）的论文，他们分析了被动型投资者参与治理的动机、方式以及可能潜在的利益冲突和对传统法律和治理理念的冲击。以此为鉴，值得思考的是，我国的公募基金是否应当加强对公司治理的介入？可以通过哪些途径介入？监管的角度可以如何鼓励或者说促进他们对治理的参与？

被动型投资者是现代资本市场中新兴的权力掮客。越来越多的投资者开始投向交易型开放式被动型基金和指数共同基金，结果导致被动型基金（特别是被称为三大被动型基金的贝莱德、先锋和道富，即 Blackrock、Vanguard and State Street）拥有越来越大比例的上市公司股份。尽管被动型基金的增长程度不明确，有预测认为，到 2024 年他们将会持有市场上超过 50% 的份额。

被动型投资者（Passive investor，主要是被动型基金或者指数基金）规模的增长对于其管理的投资组合涉及公司治理和运营决策影响越来越大，逐渐受到了媒体和学术界的关注，导致一些评论人士认为，被动型投资者应当受到更多的监管，甚至剥夺其投票权。但是这些评论并没有考虑到被动型投资者的运作机制以及其所处的市场环境，本文认为分析被动型投资者对治理的影响，不应当只是将被动型投资者与指数投资者相比较，主动型基金也应当作为他们的竞争对手进行研究。本文的基本观点认为：被动型投资者会在今后不断增大投入，加大参与其投资组合中公司的治理力度。被动型投资者也会不断探索发展他们的比较优势，比如他们的投资规模。虽然我们认为当前对被动型投资者的批评是没有根据的，但被动型投资者的兴起的确有可能引发在所有权、利益冲突和传统上公司法中股东属性的争议。

被动型投资者的激励理论

1. 被动型投资者所处的制度环境被此前的研究忽略

被动型基金的决策模型是由基金发起人决定的，而基金管理人的商业模型根据潜在资产流向其他基金的可能、最大化现有客户的潜在收入等因素不断变化，因而被动型基金投资并非纯被动的。

2. 被动型基金与其他被动型基金以及主动型基金的竞争不仅仅基于管理费

被动型基金之间的竞争并非只基于同一指数，其他被动型基金以及主动型基金也是被动型基金的竞争对象，并且被动型基金与他们的竞争并非仅仅基于管理费用，同时也基于投资组合公司的业绩表现。

虽然有文献分析主动型基金与被动型基金之间的竞争，但是并未分析竞争对于被动型基金激励的影响，主动管理的共同基金和对冲基金寻求的是市场预期收益水平，这一回报率超过了投资于被动型管理基准的回报。他们是通过投入对公司特定的研究，并利用这些研究相对于他们的基准投资组合来增持一些股票或者减持一些股票。如果投资者相信被动型基金相对于主动型基金无法提供一个更高的回报时，他们就会转向主动型基金，反之亦然。主动型基金与被动型基金之间的竞争持续存在，因此被动型基金发起人有动力采取措施中和主动型基金所享有的比较优势，即主动型基金利用投资自由裁量权来产生预期市场可得收益水平的能力。虽然被动型基金不通过对公司信息进行特定研究作出投资决策，仍可以通过参与公司治理进而改善投资组合当中公司的业绩，从而有利于基金效益提高。

3. 主动型基金与被动型基金的竞争具有不对称集体行动问题的特征

这种不对称性是所有的机构投资者参与公司治理不可避免的集体行动困境，即投资者采取高昂的措施提高其投资组合中公司的业绩，却最终使得持有这些公司股份的全部投资者获利，也就是存在正外部性的问题。而这种集体行动困境的特性会限制被动型基金参与成本高昂的公司治理，但是仍有几个积极的方面：被动型基金参与治理的公司，可能也会有其他的主动型基金或者被动型基金共同介入，这样可以适当降低被动型基金参与治理的成本；被动型基金在市场中的巨大份额会产生规模效应，退休账户中的存款黏性会产生路径依赖；公司治理可以成为被动型投资者竞争的品牌或者广告；除了经济激励，进行高成本的公司治理也有利于履行信托义务，促使投资资产价值最大化。

4. 基金之间的竞争将激励被动型投资者，努力提高业绩不佳公司的表现

被动型投资者的一些特征以及现代公司治理的环境使得被动型投资者得以更有效地参与公司治理。

首先，被动型投资者的商业模型，强调其以更大的规模和更低的成本支持规模经济。由于他们的规模巨大，这些大型基金发起人在投资组合的公司当中拥有大量的股票，并且相比于主动型基金减少了小股东集体行动的问题。

其次，被动型投资者拥有整个市场，因此在评估治理条款方面也享有规模经济效应，因为在被动型基金的投资组合中，同样的治理规定可能会在多个公司中发挥作用。

再次，由于投票权范围的扩大，被动型投资者的地位提高，股东中的积极分子为了赢得票数会亲近被动型投资者进而获得支持，被动型投资者对于公司了解的信息量会大大提高。

最后，被动型基金并不是在真空的环境当中参与公司治理。正如前文所说的，大多数基金组合包含主动型基金和被动型基金。由于主动型基金和被动型基金的专业知识不同，这种组合产生了有效的交叉补贴的潜力。主动型基金可能会从被动型基金的管理技能处获益，而被动型基金则受益于活跃投资者在挑选股票时所产生的特定公司的信息，这也增加了主动型基金与被动型基金之间的信息流动。

可以肯定的是，本文的分析表明，在绝大多数情况下，被动型投资者的参与既不会寻求指数组合表现更好股票中的更高回报，也不会试图识别和解决公司特有的运营缺陷。但被动型基金的目标并不是突出表现，相反，本文的目标是让基金获得足够的回报，以防止资本外逃到主动型基金，或者形成相互竞争的指数。

实践中的被动型投资者——激励因素如何引导被动型投资者投资于治理和管理

1. 公司治理如何在共同基金投资组合中运作

（1）背景

与被动型投资者增长同时发生的还有他们对于公司治理参与的增加。美国 SEC 自 2003 年开始要求共同基金披露他们是如何通过行使所持有投资组合股份的投票权进而改变公司状况的，虽然没有要求共同基金对于所有股份都行使投票权，但是也促进了他们通过投票在公司和市场层面表达意见。

(2) 行使投票权方式

共同基金的发起人可以通过不同方式行使其投票权。比如授权投委会（Investment Stewardship Oversight Committee）、集中投资经理的投票权、将投票权分配给个别投资经理或者采用中央推荐的方法（central recommendation method）、代理委员会建议（proxy committee）、建立投票平台（voting platform）或者外包投票给机构股东服务机构（如 Institutional Shareholder Services，ISS）等。

(3) 投票影响

投资组合的公司中主动基金与指数基金是同时投票的，主动基金受益于被动型基金的治理专业知识，被动型基金依赖于积极管理者的公司专属信息。但是即便在基金组合公司的协调之下，共同基金之间在投票政策以及投票反对管理层的频率方面仍有所不一。

鉴于被动型基金的规模，他们有能力改变投票的结果，而经验证据表明持股比例越大的基金更有可能参与主动投票，也就是说被动型投资者持有表决权更大的投票当中，他们更有可能获取更多的信息。实证表明，共同基金投票的结果对于公司治理以及运营决策有影响。例如，据媒体报道，三巨头中任何一个投给积极股东尼尔森·佩尔茨（Nelson Peltz）的票都会改变杜邦代理权争夺战的结果，并给佩尔茨带来胜利。在对投票的事后分析中，杜邦的顾问认为，与被动型投资者的接触是杜邦获胜的一个因素。

2. 被动型投资者与积极股东

被动型投资者既可以从积极股东那里获益，又能中和他们的影响力。被动型投资者可能会从两个方面从积极股东处受益。首先，积极股东针对表现不佳的公司并且仅通过威胁干预，就能提高公司业绩，所以被动型基金可以不通过变革公司治理或者退出投资，而仅利用积极股东来应对表现不佳的公司。其次，积极股东投入大量资源投资于公司专属信息，被动型投资者可以从因积极股东和发行人的联系而获得的公司特定信息中获益。

同时被动型投资者作为关键投票人的角色也为其创造了一个机会，他们可以参与积极股东管理/调解的角色，被动型基金在筛选积极股东方面具有潜在的关键作用，因为它们的激励可能与积极股东的激励不同，对于实施产生短期收益但长期会摧毁公司的积极股东，可能会被被动型投资者进行一定的限制措施。

3. 通过投票权或建议方式影响公司治理

除行使投票权外，被动型投资者还使用多种机制使其投票权更有效。第一种机制是影响代理咨询公司（如 ISS 和 Glass Lewis）的投票政策。这些咨询公司降低了治理方面的信息成本，这对于拥有大型投资组合并注重成本的被动型投资者至关重要。

第二种机制是直接与公司就治理问题进行沟通。由于被动型投资者持有的规模，企业内部人员对他们的沟通请求有求必应。通过将投资者的关注点传递给发行人，往往具有说服发行人自愿改变其政策的效果。

近年来，共同基金越来越多地通过信件、电话、电子通信或更直接的会见方式，与其投资组合公司的高管董事直接接触。虽然有这些活动的存在，一些评论家仍批评被动型投资者的治理人员规模有限。对此，本文有三个观点：首先，随着他们的参与程度增加，被动型投资者正在增加治理人员的规模；其次，鉴于被动型基金并不关注某个单独的企业，其治理人员足以匹配其需求；最后，这些批评忽视了当今的股东生态系统，个别基金组合互动并不仅依赖代理咨询公司，还依赖积极股东或对冲基金来补充其话语权，实现对公司的监控和信息收集。这些机制大大降低了被动型基金和主动型基金的信息收集和评估成本。发行人和股东也正在制定相应举措以促进董事会——股东沟通，并且被动型投资者一直站在这些努力的最前沿。被动型投资者可以影响指数本身的构成，从而对他们必须投资的公司提供有限程度的控制。

4. 政策的作用

被动型投资者越来越多地在政治和监管中发挥作用。他们主动参与政策讨论，并为其寻求更大的发言权。他们还与政策制定者就公司治理以外的各种问题进行接触。因此，他们可以将政策制定者的政策考虑相关知识带给发行人，并可以将他们投资组合公司的利益诉求带给政策制定者。被动型投资者已经以各种方式在努力，以确保表达他们的话语权。被动型投资者定期评论并要求修改美国 SEC 根据《证券法》制定的规则，并且他们在政策领域的活动范围也在不断增大，参与圆桌会议、与立法者的私人会议、在国会作证、参与机构投资者委员会等商业组织、参与政策谈判等。

5. 被动型投资者影响的实证研究

Appel、Gormley 和 Kim 通过使用 Russell 1000 和 2000 指数中的股票分配进行分析，研究被动型所有权的影响。他们研究了三种治理措施，并得出结论，被动型所有权会影响企业的治理。被动型所有权的增加与独立董事数量的增加、收购防御的减少以及一股一票的所有权增加有关。此外，本文发现，被动型所有权不仅与观察到的治理差异有关，而且与资产回报率和托宾 Q 值所衡量的绩效有关。Schmidt 和 Fahlenberg 发现被动型所有权的增加与更高的 CEO 权力和更长的独立董事任期相关联。还有证据表明，更大的被动型所有权会使得公司成为积极股东目标的可能性增大。

Appel、Gormley 和 Kim 撰写的第二项研究发现，更高比例的被动型投资者所有权与更强的股东积极主义和更多的代理权争夺相关联。该研究还发现，在这些情况下，积极股东更为成功且更有可能获得董事会席位或影响公司出售的交易。这些研究结果与经验证据相反，经验证据通常表明被动型投资者不愿意支持积极股东。实证研究与本文的观点相一致，即被动型投资者对治理产生影响，他们的努力旨在改善表现不佳者。

6. 信义义务的作用

共同基金的基金顾问也受信托义务的约束。这些信托义务部分解释了为什么共同基金、被动型投资者会行使发言权。信托义务还指导基金以一种旨在提高基金及其投资组合公司价值的方式行使这种发言权。虽然信托义务有助于被动型基金的参与激励，并且可能在某种程度上影响参与的形式和方向，但本文并不认为信托义务是当前被动型基金参与公司治理水平背后的驱动力。

理论的启示

1. 利益冲突

（1）投票权冲突

被动型基金增长造成的第一个问题是基金投资者和基金发起人之间利益冲突的可能性增加。与其他机构投资者一样，被动型基金由具有自己的激励和利益的实体和个人管理，因此，共同基金的利益管理者并不总是与他们的投资者保持一致。

尽管学者们通常分析与机构投资者相关的代理成本和道德风险问题，但被动型投资者提出了几个特别的问题。一方面，这些基金没有自行作出投资决定的权力。另一方面，代理成本可能会对被动型基金的投票产生重大影响。

由于其规模庞大，被动型基金为其发起人提供了影响其投资组合公司的大量权力。同时，被动型基金产生的费用远低于发起人的其他资金或业务活动。因此，基金发起人更有可能并非为了这些基金的利益，而是为了自己或其他客户的利益利用被动型基金的影响。首先，发起人与公司之间的潜在商业关系管理可能会影响被动型基金的投票；其次，对被动型基金的一个新问题是，发起人将利用这些基金的投票权来为同一公司中的主动型基金带来利益。类似的，在收购中，当收购人和目标公司都是属于指数的上市公司时，共同基金通常持有两者的股份，被动型投资者的崛起可能会增加这种交叉所有权的频率。如果一只基金的持股比例高于竞购方，那么它可能会投票支持收购方以低于目标股东的价格收购。如果一只基金持有目标公司的股票，它可能会投票支持其竞购者的股票，以支持价值缩水的收购。

被动型基金对合并投票的影响越来越大，从而引发了两个问题。首先，在对特定基金作出投票决定时，基金发起人可能不会只考虑该基金受益人的利益，而是可以考虑基金家族内其他基金的利益，合并所产生的整体价值或盈余，或者整个投资组合中基金股东的利益。其次，由于被动型基金成为更具关键性的股东，人们担心他们对并购的立场会扭曲投票结果。虽然目前尚不清楚共同基金如何在横向股东的背景下进行投票，但由于被动型基金规模的增长，使得他们可能在并购投票结果中越来越存在复杂性。如果这种基金投票政策被证明具有不利影响，本文认为，密切关注公司法在并购投票中的规定，可以提供有效的回应。

（2）信息途径

基金发起人凭借其被动型资金获取公司特定信息的能力造成了另一种潜在的利益冲突。发起人可以将其大量持股获得的管理权力以及公司信息用于其投资的其他产品，如主动管理的基金或对冲基金。然而，同一基金家族中被动型资金和其他资金之间的这种冲突可能会降低基金发起人使用被动型资金的投票权来改善表现不佳的公司的治理或运营的动机，由于主动型基金会产生较高的费用，因此优秀的业绩对基金发起人的收益可能超过由于被动型基金投资的市场指数表现不佳而造成的损失。同样，被动型基金发起人可能会重视其被动型基金持有的大量股权所提供的管理权能，从而为其主动管理的基金提供价值。被动型基金可能会支持对公司发起的挑战，如果其基金家族中主动管理的基金在目标公司的股票中占有大量份额，则该挑战可能只产生短期价值。

（3）时间维度

鉴于被动型投资者长期投资的时间维度，即无法通过退出获得短期收益，所以他们不会关注短期利益。但是在本文的理论框架下，尽管投资于被动型基金的资金主要是长期投资，但如果这些资金的回报率大幅下降，投资者可以将资金从被动型基金转移到另一个被动型基金或主动管理的基金，这种担忧可能导致他们不仅关注长期回报，还关注短期相对表现。

2. 经济权力的集中

资金持续流入被动型基金，再加上被动型投资者所具有的规模经济，使得三巨头贝莱德、先锋、道富的管理规模越发增长，这种少数投资机构掌握经济权力的集中引起了对公司治理、金融稳定和市场效率的担忧。

所有权集中度的提高将明显改变公司治理的特质，尽管它的最终影响在这个阶段很难预测。一方面，拥有大量公司所有权的机构崛起可能会减少现代公司自 20 世纪 30 年代以来所面临的股东集体行动问题。另一方面，将几乎所有上市公司的所有权集中在少数几家投资机构手中，同样能引起人们的关注。例如，被动型基金家庭的庞大规模创造了自我交易和其他形式的代理成本问题。这些基金背后的实际控制人可以利用其巨大的影响力，来追求金钱或非金钱的私人控制利益。最终，这种集中的主要问题可能就是集中本身。

这一切意味着监管者需要密切关注被动型基金的增长及其对公司治理和投资者保护的影响以及对经济的影响。虽然有评论认为被动型投资的增加会影响系统性风险，但是本文认为鉴于指数公司股票的流动性强以及投资于被动型基金的资金只是部分相关，并不会对系统性风险产生重大影响。此外对于减少价格发现的评论，本文认为价格发现基于少量活跃交易者，所以所有权的集中并不会破坏价格信息效率。

3. 公司法的启示

虽然现在被动型投资者在治理格局中的作用日益凸显，但是这一影响是否需要公司法做出相应的监管回应？现在尚没有先例证明被动型所有者对现有的公司治理模式构成了挑战。特别是，对上述讨论的最有力回应是认识到被动型基金发起人的商业模式和其他商业活动而有很大差异。因此，对被动型投资者激励的担忧不该演变成管理者和股东之间普遍存在的权力分配。

虽然目前尚未进行法律改革，但本文最终认为，法院和立法者应继续监督推动被动型投资者投票的动机。被动型投资者的崛起至少可以当被动型投资者以股东身份行事时，为重新审视公司法对股东的传统尊重提供一个理由。特别是，具有足够投票权并且以严重影响公司决策的方式行使权利的股东，或许应该在执行该权利时遵守信义义务。或者，政策制定者可能会考虑更严格的规则，即在行使这种权利时对股东的目的进行更多的监督，比如英国的滥用多数原则。最后，在决定是否给予股东对某些交易投票的清洁效果时，特拉华州法院可能会考虑需要对被动型投资者和其他投资者交叉持股引起的冲突进行更仔细的审查。

4. IPO 市场的公司治理

被动型投资者的增长可能会进一步减少 IPO 阶段的市场纪律。无论公司治理的质量如何，被动型投资者都无法避免购买构成其指数中一部分的发行人股票。此外，由于指数中的包含条款是预先确定的并且是公开的，一些公司可以在他们上市时预测他们的股票将成为热门指数的一部分。这些公司可以依赖于被动型基金对他们的大量“固定”需求的特征，而无论其治理安排的质量或其他特征如何。此外双重股权公司的出现会导致被动型投资者担忧无法通过行使投票权表达意见。这使得一部分被动型投资者要求排除双重股权公司进入投资组合，并寻求通过证券交易所对双重股权发起人进行限制。

07 机构投资者的“自动投票机制”：投票咨询机构对市场的巨大影响[①]

导 言： 在美国市场上，机构投资者较多依赖投票咨询机构（proxy advisory firms，其中代表为 ISS 与 Glass Lewis）作出决策，甚至已经使得机构投资者的投票演变为一种自动投票（robo - voting）模式，这些投票咨询机构慢慢变成了准监管机构。这种情况将会对市场、公司造成什么影响呢？本文对这一现象及问题进行了细致分析。

来自美国资本结构委员会（American Council for Capital Formation，ACCF）的最新研究指出，在一种被称为“自动投票机制”（robo - voting）的做法中，数量庞大的基金经理（asset manager）会完全遵循投票代理咨询机构的建议进行投票。这种趋势有助于促进改善投票代理公司（proxy firms）作为美国公众公司的准监管机构运作的情况，尽管事实上这些投票代理公司并没有任何法定权力。

虽然美国最大的机构投资者通常会花费大量的资源来评估管理层表现并提出股东提案，但大多数投资者未能对其投票决策进行足够的考量，而是将投票决策外包给代理投票咨询。我们回顾了历史上与最大代理咨询公司——“机构股东服务公司”（ISS）的投票相一致的资产管理公司，发现代表着管理资产规模超过 5 万亿美元的 175 个机构，其中 95% 都遵循着代理咨询公司的意见。

代理咨询经常声称他们的建议仅用于在投票决策中作为补充，但太多基金经理未能评估公司的特定因素。鉴于近期对投资咨询建议准确性的担忧，代理咨询允许公司更正的时间有限，以及投资经理需要将投票与受托责任结合起来考虑等背景，自动投票便更受到大家的关注了。

---

① 原文链接：https：//corpgov. law. harvard. edu/2018/11/29/the - realities - of - robo - voting/。

这份关于“自动投票的现状”报告，量化了代理咨询公司（proxy advisory firms）对市场的影响深度，并明确了那些严格按照代理咨询公司建议进行投票的资产管理人。值得注意的是，研究发现，外包投票（outsourced voting）是不同类型资产管理者所共同面对的问题，包括养老基金、私募股权和多元化金融。此外，资产管理的规模似乎影响不大，因为大型和小型投资公司对咨询建议的采纳情况几乎完全一致。

缺乏对代理咨询公司的监督，越来越成为投资者面临的一个真正的问题，这一问题必须加以解决，因为他们支配了多达 25% 的代理投票结果。本报告对资产管理人投票情况进行了补充分析，并重申了有关代理咨询公司的影响及冲突等重要问题。

引言

到 2017 年，美国公司约 70% 的已发行股份由共同基金、指数基金、养老基金和对冲基金等机构投资者所有。机构投资者的投票参与率（91%）显著高于散户投资者（29%），机构投资者所有权的激增使这些实体对年度股东大会的投票结果产生了不成比例的影响。机构投资者的不断增加相应地增加了代理咨询公司的权力和影响力。这些公司提供许多与代理投票相关的服务，主要包括投票建议。

代理咨询机构影响力上升的最大催化剂是美国证券交易委员会（Securities and Exchange Commission，SEC）2003 年的一项决定，它要求每个共同基金及其投资咨询顾问必须披露“他们使用的政策和程序”以确定如何进行代理投票（vote proxies）——并每年披露他们的投票情况。尽管 SEC 的目的是促进共同基金对代理投票过程的更多参与，但该决定产生了相反的效果。虽然一些机构是采用内部分析师来制定和实施所需的“政策和程序”，但许多机构投资者不愿意对代理投票和治理实践进行独立评估，而是将其股东投票政策外包给代理咨询行业，依靠“一刀切”的方法来评估公司治理。通过“自动投票”的实践可以更好地看出这个问题，即机构投资者是完全“自动跟随”且不作评估地依赖代理咨询公司的建议，这将会对公司决策、回报和治理效果产生长期影响。

自动影响力日益增长的自动投票

在 ACCF 的论文《投票代理咨询顾问的角色冲突》（*The Conflicted Role of Proxy Advisors*）最早对“自动投票”这一现象进行了解释，是指机构投资者自动遵循代理咨询机构的建议和内部政策，而不对这些建议的优点进行相应的分析。

随着越来越多的机构投资者遵循咨询机构的投票建议，代理咨询机构的影响力不断增强。事实上，学术研究继续指出，两个主要代理咨询机构——ISS 和 Glass

Lewis——对投票结果的影响。ISS 的影响程度估计在 6%—11% 之间，最高可以达到 25% 。

ISS 在其政策制定方式及建议出台流程均缺乏透明度的背景下，并未提及其作为“独立数据提供者”的角色，进而否认其可能带来的巨大影响。在对参议院银行委员会的回应中，ISS 声称：

“无论如何，我们希望区分我们的市场领导地位和有关我们影响了‘股东投票实践’的主张。ISS 的客户控制他们的投票政策和他们的投票决定……事实上，我们的客户依赖 ISS 来协助他们履行代理投票的信义责任（fiduciary responsibilities），并在他们作出代理投票决定时通知他们。这些机构明白，他们在其客户或受益人的最佳利益中进行代理投票的义务不能被放弃或委托给另一方。代理咨询机构的研究和投票建议通常只是用于达成机构投票决策的信息来源……更简单地说，我们是数据、分析和投票建议的独立提供商，以支持我们的客户进行自己的决策。”

同样，Glass Lewis 对有关其影响股东的“误解”提供了解释：

“Glass Lewis 并未对投资者施加不正当影响。2017 年股东大会召开之际（委托书征集期间，proxy season），Glass Lewis 建议对其所涵盖的美国股东大会中 92% 的提案投赞成（FOR）票（这些公司的董事会和管理层赞成投票率为 98%），这清楚地证明了这一点。然而，正如 ACCF 赞助商安永会计师事务所所指出的那样，董事在 99. 9% 的情形下获得了多数的赞成（FOR）票，并且薪酬建议（say - on - pay）提案在 99. 1% 的情形下获得了多数的赞成票……市场显然正在努力，因为股东的投票独立于 Glass Lewis 和公司管理层这两者之外。”

毫无疑问，某些大型机构投资者使用代理咨询建议和分析作为信息工具，除了他们自己的内部研究团队之外还雇用了多名咨询，以确保他们如何最好地对特定事项进行投票有一个均衡的观点。正如之前在 Squire Patton Boggs 公司治理和证券监管实践主席 Frank Placenti 的报告中所强调的那样，贝莱德（Black Rock）2018 年 7 月关于投资管理生态系统的报告指出，虽然它花费了大量资源来评估管理层和股东提案，但许多其他投资经理反而“大量”依赖代理咨询的建议来确定他们的投票，代理咨询可以“对管理层和股东提案的结果产生重大影响”。

如果把资产管理行业的范围放宽，许多机构投资者处理每年提交的数百个提案的资源是不足的，于是其已经不仅仅是在利用代理咨询数据，而且还会根据他们的建议进行“自动投票”。ISS 声称它们没有影响力，称它们是：“独立的数据、分析和投票建议提供商，以支持我们的客户进行自己的决策。”然而，与其提供的建议比较，发现投票结果与 ISS 对其自身角色公共独立的定位是直接冲突的。

因此，与 ISS 向参议院银行委员会提供的错误信息形成鲜明对比的是，ACCF 的新研究表明，ISS 的作用远远超过信息代理。事实很清楚：数百家管理着数万亿资产的公司几乎完全按照代理咨询机构的建议在投票。基于确凿的数据，ISS 所声称的“独立数据提供者”论点和实际投票的巧合是不可信的。

我们怎样确定自动投票的发生以及哪些机构投资者正在从事自动投票呢?

ACCF 对 Proxy Insight 的数据进行了详细分析，并评估了历史上按照 ISS 建议投票的资产管理人员。具体而言，评估旨在确定那些在超过 95% 的时间内与 ISS 的建议相符合的基金经理，包括对股东提案和管理层提案。该分析发现，管理资产超过 5 万亿美元的 175 家资产管理公司历来在 95% 以上的时间内就管理和股东提案投票是遵循 ISS 建议的。

可能有些人认为 95% 是合理的一致——毕竟，许多机构所投票的事项是有关普通业务运营的事务性（matter - of - fact）问题。然而，在分析中，我们还评估了不同的自动投票阈值（thresholds）。

表 1　不同自动投票阈值下的资产管理者数量及其管理资产总额

	Number of Asset Managers	Assets Under Management (AUM) ($mn)
95% Threshold	175	5084629
96% Threshold	151	3553453
97% Threshold	134	3242620
98% Threshold	115	2084612
99% Threshold	82	1371604

在增加自动投票的门槛后，资产管理者名单在每个级别仅略微缩小。在 95% 所对应的 175 家资产管理公司中，近一半位于 99%。也就是说，他们在 99% 以上的时间里都在与 ISS 就管理和股东提案进行的投票（保持一致）。总而言之，无论人们如何定义自动投票，无论是 95% 一致还是 99% 一致——数据显示，这种做法正在发生，并且同样重要的是它广泛代表了很大一部分投资资金。

哪些机构正在实施这一战略?

下面的列表列出了最高门槛（99%）范畴内的资产管理规模（AUM）排名前 20 位的自动投票单位。有趣的是，之前的假设是该清单主要包括定量对冲基金；然而，事实上几乎完全遵循 ISS 建议的投资者类型更加多样化：

表 2 最高门槛（99%）范畴内的资产管理规模（AUM）排名前 20 位的自动投票单位

Asset Manager	AUM ($mn USD)	Management Proposals	Shareholder Proposals	Investor Type
Blackstone	368 000	100.0%	100.0%	Private Equity
AQR Capital Management LLC	224 000	99.9%	99.6%	Value/Quant
United Services Automobile Association	137000	99.9%	99.5%	Diversified Financials
Arrowstreet Capital	69 952	100.0%	99.9%	Private Equity
Virginia Retirement System	67804	99.9%	99.8%	Pension Fund
Los Angeles County Employees Retirement Association	56 000	99.7%	99.5%	Pension Fund
Baring Asset Management	40 000	99.9%	99.6%	Diversified Financials
Numeric Investors, LLC	39 800	100.0%	100.0%	Value/Quant
PanAgora Asset Management, Inc.	38 400	99.8%	99.5%	Value/Quant
First Trust Portfolios Canada	28 000	99.9%	99.3%	ETFs
ProShares	23 900	100.0%	99.6%	ETFs
Kentucky Teachers' Retirement System	16 576	99.7%	99.6%	Pension Fund
Stone Ridge Asset Management	16 285	100.0%	99.6%	Asset Mangement
Pensionskasse SBB	16 280	99.7%	99.5%	Pension Fund
Euclid Advisors LLC	13 500	99.6%	99.9%	Asset Mangement
Rafferty Asset Management, LLC	13 275	100.0%	100.0%	Asset Mangement
Driehaus Capital Management LLC	8 803	99.9%	99.7%	Value/Quant
Alameda County Employees' Retirement Association	6 966	99.9%	99.6%	Pension Fund
DSM Capital Partners LLC	6 500	99.6%	100.0%	Value/Quant
Weiss Multi-Strategy Advisers LLC	5 725	99.9%	99.8%	Asset Mangement

实际上，将投资者类型细分发现，几乎完全遵循 ISS 建议的机构/实体图景分为几个类别，并由养老基金（Pension Fund）和价值与量化基金（Value/Quant）领衔。

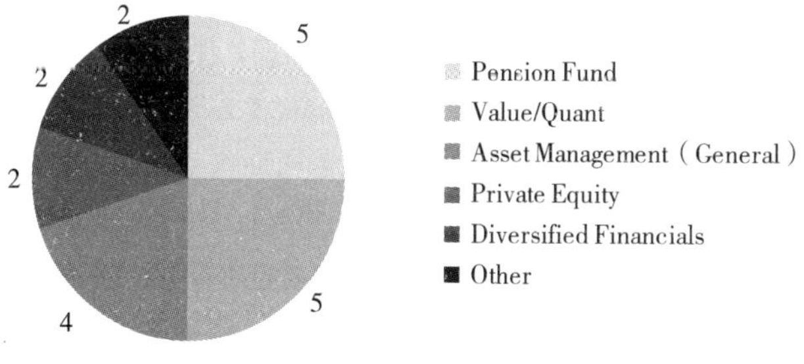

图 1 遵循 ISS 建议的投资者类型

对代理咨询机构的依赖不仅限于投资者，代理投票可能被视为合规职能而非附加价值（added value）。自动投票很普遍：它在各种投资者类型以及大小投资者中普遍存在。

对在代理投票过程中发生如此显著的自动投票水平，并不应当感到大惊小怪。两家主要代理咨询公司的大部分业务并不是从事他们的研究，而是提供投票服务，即提供一种机制，由此便利机构投资者投票并遵守 SEC 的规定。正如 ACCF 之前所探讨的那样，代理咨询公司在设计上受到激励，以便与那些最常使用其服务的人的意见保持一致。此外，还有许多投票通过电子方式和默认机制进行，与完成遵循咨询建议不同，它要求投资者手动完成（manually overridden）。

虽然某些主要机构有资源建立内部的代理投票程序，但对大多数机构而言，投票决策是一项重大的成本负担。对于这些机构，ISS 和 Glass Lewis 每年在成千上万次会议上提供具有成本效益的投票方式；然而，由于负外部性的存在，使得一些机构投资者没有能力或兴趣去从事与其投票相关的研究。相反，他们允许持有的股份通过代理咨询的平台并根据代理咨询机构的意见来进行投票。

为什么这个问题很重要?

从根本上说，2003 年以后，美国 SEC 认可代理投票机制是资本市场有效运作的一个重要方面。但是，根据现行制度，公司董事和高级管理人员必须就与公司业绩没有直接利害关系的实体就关键问题做出决策；对其所代表客户的最终受益人不承担任何信义义务（fiduciary duty）；并且没有提供关于他们的决定是否与股东价值创造有实质性关系的见解。拥有此类股份并进行自己独立研究的知情股东由于自动投票的盛行而受到损害，因为他们的投票被这些组织所覆盖。

自动投票的做法也可能对资本配置决策产生持久影响，并导致 ISS 和 Glass Lewis 扮演着准监管者的角色，董事会出于他们对表决结果的影响，感到有必要根据代理咨询机构的政策做出决策。

虽然实际上需要有限的法律披露，但在许多情况下，从未经审计的披露中获得的代理咨询建议可以为公司创造新的要求——增加现有证券披露之外的成本和负担。

此外，由 Squire Patton Boggs Placenti 领导的 ACCF 最近发布报告《代理咨询机构真的有问题吗?》，讨论了事实上或理论上有缺陷的建议与为公司提供的应对错误的有限时间之间的相关性。该报告还包括对补充代理文件申请（suppelmental proxy filings）的评估，这些补充文件是上市公司（发行人）对错误建议的反馈和申诉。根据 2016 年至 2018 年 9 月 30 日期间对 94 家不同公司的文件审查，确定了 139 个重大问题，其中 49 个被归类为“严重纠纷”。反过来看，这些错误建议会在基金经理选择自动投票的做法时变得更加严重。

代理咨询的错误会对投票产生重大影响，因为许多代理咨询客户不会审查包含错误的研究，而只会根据提供的建议进行投票。因此，当股东盲目地遵循代理咨询机构的错误建议时，两者的错误是完全相关联的，这可能对上市公司产生实际上的破坏性影响。

此外，不研究这些提案的机构轻率地依赖代理咨询来确保他们的投票符合客户的最佳利益。然而，代理咨询机构对共同基金的最终受益人是没有信义义务的，也没有提供证据证明他们的分析和建议对保护或提高股东价值有关。对投资者负担的信义义务一直是本次辩论的核心。正如前美国 SEC 专员 Daniel Gallagher 在 2013 年所指出的那样：

“我非常担心投资顾问在依赖并遵循代理咨询机构的建议时是否确实真正履行了信义义务。投资顾问依赖代理咨询公司的建议代替其在代理投票方面履行相应的尽职调查职责，这似乎不是履行信义义务和促进客户利益的有效方式。必须对信义义务……有更多要求。我们最不希望的是投资咨询采用一种心态，导致他们盲目地根据代理咨询的投票建议给客户投票，特别是考虑到这些建议往往不适合基金的独特策略或投资目标。”

正如 ACCF 之前的报告中所探讨的那样，“虽然这本不是美国 SEC 政策（推动代理投票）的意图，但‘自动投票’可能违反了信义义务和 ERISA（《雇员退休收入保障法案》）的现实是存在的”。结果是，代理咨询公司的能力增强，可能会产生不利的建议和结果，而且目标公司仅有限地与自己的多元化股东建立联系。无论认为代理咨询的角色是积极的还是消极的，很明显 ISS 的影响并未被夸大。

结语

尽管在美国公司的年度股东大会上，代理咨询机构实际上有效地代表了数万亿的资产，但他们仍然不受监管，这似乎与有效运作的资本市场并不同步。通过施展对那些盲目遵循其建议的投资者的综合影响力，代理咨询机构具备推动公司行为和实践变革的能力，而无须为其决策提供任何实质的透明度。通过对自动投票的研究，很明显代理咨询对股东投票具有无可争议的影响力。

“自动投票”增强了代理咨询公司的影响力，却破坏了对投资者的信义义务；并对上市公司的日常管理和长期战略规划构成重大威胁。相对于共同基金较低的影响力，为了与共同基金的监管保持一致，代理咨询机构似乎很自然会受到类似的监管要求和监督。对这种实践进行更广泛的探索，为接下来美国 SEC 有关代理程序的圆桌会谈提供了支持，该委员会届时将寻求确认有关代理咨询公司的影响及偏见的更多细节问题。

08 上市公司治理准则最新修订：积极推动机构投资者参与公司治理实践

导 言： 2018 年 6 月 15 日，证监会正式发布了准则修订的征求意见稿，本次修订内容的一大亮点在于增加了“机构投资者及其他相关机构”专章，其中第 77 条至第 79 条关于机构投资者的内容以原则性倡导为主，同时也具备较强的可理解性和可操作性，是积极推动机构投资者参与公司治理实践的有益尝试和重要契机。

机构投资者的重要作用不容忽视

2016 年诺贝尔经济学奖得主哈特曾在其发表的论文中提到“股东集体行动困境”问题，即如果股东参与公司治理的获益只是所持有部分的股权，却要付出全部的监督成本，则将更倾向采用“搭便车”的行为方式。因此，对市场的大多数中小股东而言，参与公司治理或许是一件吃力不讨好的事情，这也就说明了为什么市场上大量的投资者都是以财务投资者的形式存在的。

20 世纪末，成熟市场的股东积极行为开始兴起。以美国为例，养老基金、共同基金和对冲基金等各类机构投资者以不同的方式积极行使股东权利，督促公司董事会和管理层更重视股东的诉求，从而实现股东价值的最大化。由于逐渐发展壮大的机构投资者所具备的专业能力、规模优势和市场认可，他们参与公司治理的收益往往可以高于所付出的成本，最终达到积极正面的效果。

我国作为新兴市场，投资者结构以中小投资者尤其是散户为主，投资者保护工作是重点和难点。然而，上市公司内外部信息不对称和各类违法违规行为严重侵害中小投资者权益，投资回报和股东维权等机制并不健全。因此，通过有效的公司治理来更好地保护投资者的合法权益十分必要。成熟市场中的机构投资者占比较高，部分市场甚至达到90%以上，而我国机构投资者无论是规模还是类型仍有很大提升空间，从而在未来也自然能够在公司治理中发挥更重要的作用。

我国机构投资者参与公司治理的现状

近年来，我国以公募基金为代表的机构投资者在公司治理方面做了积极的探索和尝试，涌现了如反对双汇发展放弃优先受让权、反对格力电器控股股东派驻董事等股东积极行为的案例。然而从总体而言，我国机构投资者参与公司治理积极性不高、环境阻力较大。

第一，客观的市场环境不利于机构投资者参与公司治理。由于我国上市公司股权高度集中和大股东强控制等特征，机构投资者作为外部股东，往往需要挑战的是持股量差距悬殊的大股东，这大大降低了机构投资者行使股东权利的动机和意愿。

第二，机构投资者自身的运作机制阻碍了其参与到公司治理中去。部分机构投资者参与公司决策有冗长的内部流程，更多采取的是“价值发现”而非“价值创造”的事前投资策略，交易权利的行使远高于监督权利的行使。

第三，缺乏相关法律法规的指引和支持。目前的法律法规体系没有对机构投资者参与公司治理内容的详细阐述和指引措施，甚至缺少对机构投资者的界定和行使股东权利的渠道建议，这无疑不利于规范和鼓励机构投资者实践活动的展开。

准则修订稿相关内容的亮点

鉴于我国机构投资者参与公司治理的现状和实际问题，既不可照搬理论，也不能完全依赖境外市场的经验，应在充分了解、调研我国国情的基础上作综合考量。本次准则修订稿第77条至第79条的内容很好地对相关理论与实践、境外经验与本土国情进行了结合，主要有以下几个值得关注的亮点：

1. 体现了对参与公司治理的股东主体的鼓励方向

我国法律中并没有关于机构投资者或机构股东的定义，学术理论中的研究主体也并不一致。一般而言，广义上的机构投资者是指用自有资金或者从分散的公众手中筹集的资金专门进行有价证券投资活动的法人机构。准则考虑到我国市场化程度和投资者结构等问题，采取列举但不限定的方式适当选取了部分常见的机构投资者作重点描述，提出鼓励其参与公司治理，为未来可能不断壮大的其他类型机构投资者留有余地。

2. 提供了机构投资者参与公司治理的具体路径

机构投资者作为上市公司股东，主动行使股东权利的情形并不多。准则为机构投资者如何参与公司治理提供了具体的路径指引，明确鼓励机构投资者通过投票表决、质询建议、董监高选聘和持续监督等方式参与公司的重大决策，从而在公司治理中发挥积极作用。虽然这些条款内容主要以倡导性质为主，但也能够为机构投资者如何积极行使股东权利提供参考和依据。

3. 引导机构投资者在资本市场中发挥正面作用

需认识到，在部分上市公司治理事件中，机构投资者并没有起到正面积极的作用，反而成为与内部人合谋攫取中小股东利益的合谋者和投机者。准则也正是考虑到了这一点，因而强调机构投资者合理参与公司治理，旨在降低机构投资者的负面作用，积极倡导其正面作用的积极发挥。

此外，准则还鼓励机构投资者公开其参与公司治理的过程，通过信息的传递更大程度上激发市场的自我调节效应，初步建立了机构投资者参与公司治理和市场之间的联动机制，为实现调动更多的市场力量参与公司治理奠定了基础。

展望与建议

本次准则对机构投资者参与公司治理相关内容的修订具有重要的里程碑意义，不但实现了与国际上通行的《OECD 公司治理原则》的最新修订标准接轨和融合，更是结合当前我国社保基金、保险资金和公募基金等各类机构投资者进行的本土化实践探索。此外，修订内容也与 A 股加入 MSCI、QFII 新政和“深沪港通”等国家金融改革开放政策相适应，为更好地引入国际投资者，形成境外先进经验和本土市场结合下的探索联动奠定了规则依据。基于本次准则修订，对发挥机构投资者重要作用、积极推进上市公司治理水平有几点展望与建议。

第一，对各类机构投资者参与治理提供更细致的建议。准则的相关内容以原则性规定为主，不可能有针对性地对每一类机构投资者进行单独阐述，但实际上各类机构投资者有着不同的投资策略和决策参与方式。准则颁布后，一方面需要得到社保基金理事会、银保监会的联动支持，另一方面仍需要证券业协会、基金业协会、上市公司协会等行业自律组织出台配套的实施细则。

第二，对机构投资者自愿性的公司治理信息公开设置奖励机制。成熟市场具有影响力的机构投资者会公开发布公司治理报告，起到了很好的示范作用和市场监督作用。准则既已鼓励机构投资者公开其参与上市公司治理的信息，不妨在未来进一步推出更多的配套奖励机制，令机构投资者参与公司治理的行为得以被市场所知晓，从而逐步引导外部股东意识的觉醒和深化。

第三，持续探索适合推动适应我国投资者结构的制度安排。在我国现有的投资者结构特征下，机构投资者参与公司治理能力不足的根源问题难以消除，可尝试进一步探索更有效的制度安排来强化机构投资者的治理力量。例如，可考虑通过行业交流和培训等方式，积极为机构投资者的联合行动创造空间，促进机构投资者集体作为股东话语权的提升。

四

资本与监管

—— 市场的博弈

01 简评 A 股上市公司治理与监管政策

导 言：2018 年，事件推动仍然是治理提升和监管完善的重要方式，既有《上市公司治理准则》修订这样全局性纲领性的变革，也有落实上市公司回购制度的局部变化；有反复争夺、激烈异常的控制权争夺和敌意收购事件；还有长春长生重大违法事件，中弘股份的首例面值退市案例等；全球资本市场在上市制度方面进行修改，拥抱“新经济”引入多重投票权制度等；上交所准备推进“科创板注册制”更成为市场的焦点。本文是对 2018 年一些资本市场和公司治理领域的制度和事件进行的不太成熟的梳理和展望。

2018 年年末，我们在邮箱中收到了来自亚洲公司治理协会（ACGA）最新出炉的 CG WATCH（两年一度的《公司治理观察》），这份报告运用多维度的评价指标对亚洲 12 个市场的公司治理和监管环境进行了评比，中国大陆地区以 41 分名列第十（第一为澳大利亚 71 分），排名仅高于菲律宾和印度尼西亚，这一报告的评价维度主要包括了监管环境、会计审计制度、公司治理机制等，对于这一报告，可能有许多争议之处，但令人“痛心”的排名（比国足还不如），使我们认识到中国资本市场监管和上市公司治理的基础环境和水平提高可能还有很长的路要走。

治理准则修订：修订意义重大，配套仍需努力

2018 年 9 月 30 日，中国证监会正式发布了新修订的《上市公司治理准则》（以下简称准则），这是治理准则自 2002 年至今的最新修订，跨越了《公司法》《证券法》的多次大修。修订涉及了中小投资者保护、董事会制度、独董制度、高管职责等公司治理的传统议题，也有对过去两年大家关注的“党建入章”、章程设置防御条款等热点问题，还有国际上近年来关于机构投资者参与治理以及有关环境、社会与

治理（ESG）原则等的规定，由于很多客观因素的限制，准则修订完成了一定的阶段性任务，但从公司治理的整体提升而言，我们仍可以提出几点值得期待的改进：

一是在本次准则修订的民主立法、科学立法的基础上，应当进一步建立持续修订和相关制度的试点实施机制，拟进行创新的重大制度可以在治理机制较成熟、公司运作较规范的金融类上市公司中试行，再加以推广。

二是董事会多元化的机制可逐步建立。过去几年里董事会的多元化在国际上被视为治理水平提升的重要指标，是大型机构投资者关注的首要议题，主要的做法包括了强制预留女性董事席位、增加董事专业属性来源、增加不同独董挑选的机制等，包括美国、印度、日本在内的国家，其市场监管机构和机构投资者都在努力推动董事会多元化的做法。在准则下一步修订中如能进行一个预期的设定，比如“在 2020 年之前每家上市公司董事会至少有一名女性董事”，可以在董事会多元化机制上做出一些突破。

三是统筹考虑独立董事、专门委员会和监事会制度的改革，为今后的调整预留空间。上述几项制度在治理实践中的作用受到了较大的关注，但部分制度并没有发挥预期作用，应当在制度保留的基础上逐步“做实”，如此次修订中涉及的董事高管的绩效评价制度，可以考虑做实监事会和薪酬考核委员会的职能，给予其考核权，并且通过与上市公司信息披露、治理评价的评级相挂钩，使他们逐步发挥监督约束作用。

四是对于过去两年市场关注的控制权争夺引发的公司治理事件，本次修订对第 7 条提出的上市公司不得剥夺或限制股东权利的原则性规定进行了一定的回应，但是在缺乏上位法基础以及法院总体判决依据的情况下难以得出较好的解决路径。我们建议监管机构、人民法院、证券交易所共同探讨出针对公司章程和决议剥夺股东权利的司法和监管原则，更好地维护公司治理的稳定。

上市公司回购制度：确定的逻辑与潜在的担忧

2018 年，《公司法》对有关上市公司股份回购进行了“迅雷不及掩耳”的修订，很多人问为何向来需要反复斟酌和讨论的法律修改，遇到回购就变了样？我们想说的是，回购制度的政策放宽，目标是一致的，逻辑是确定的，为了长期低迷的股市，夸张点说几乎不用等大家坐下来就可以同意这一规定的修改了，因为上市公司股份回购的直接目标就是提升股价。2019 年伊始，沪深交易所正式发布了股份回购的细则，对于整个股份回购制度，我们还有几点想法：

一是拓宽股份回购情形对 A 股市场的实际影响几何？各主要市场对于回购股份的事由，大多采用的是“原则允许、例外禁止”的模式，此番股份回购新规对于回购股份的事由方面新增了可以根据“上市公司为维护公司价值进行回购的股份”进行回购，对于这一条款，沪深交易所的回购细则实际上提供了一些具体规定。但是通过分析过去的回购案例，我们认为这更多起到的是一种全面鼓励的作用。回顾在新规出台前的回购案例，可以发现除了《公司法》规定的几种回购情形以外，已经有上市公司以市值管理的名义实施了股份回购行为。例如，均胜电子在2018年5月发布了有关回购公司股票的决定，公告的事由主要是实现分红替代和市值管理，但是这在新规前并不属于股份回购的法定事由。又如，2018年7月，美的集团也发布了股份回购的计划，其回购的目的也是维护公司形象和进行市值管理。从回购事由来看，证明在公司法未修改前，实际上市场和监管机构对于这一类的事由是允许其进行的。当然，在新规下，上市公司的回购会进入一个常态化（非常鼓励）的阶段。

二是下放股份回购决策主体的不同背景。新规修订的第二个重要方面是关于股份回购的决策主体，从过去由股东大会决定，下放到董事会进行决策。从某种程度上说，这种模式的转变可加快股份回购的决策效率，提高股份回购的效果。过去我们进行股份回购，相对而言事由较为狭窄，因为缺乏库存股制度，大多数的股份回购伴随着股份注销，引发注册资本减少，就需要动用股东大会的特别表决，确实要求经过较复杂的决策程序。参考境外市场将股份回购决策交由董事会决定，的确能更好地体现股份回购对现金分红的替代作用，能更好地将公司的盈余资金用于上市公司回购实现“再分配”。但是，从我国资本市场的股权结构来看，相对而言仍然属于股权集中的状态，董事会往往是由大股东控制，这种大股东与董事会绑定的情况比较突出，将股份回购决定权下放到董事会，是否会存在相关决定和信息主要由公司大股东和管理层掌握的情况，而产生一定的潜在利益冲突和利益不均衡性？这是值得我们关注的，特别是在允许采用多渠道融资来进行回购的情况下，就可能存在内部人操纵股价的可能。

三是库存股的处理方式对A股未来的影响，上市公司会如何“炒股”？新规修订后将回购后对股份处理的时间放宽至三年，实质上确立了库存股制度。针对库存股制度，它的法律属性应该是什么？我们看来，它与一般的股份有较为明确的区别，它首先并不是公司的资产，同时在其作为库存股期间是不具有股份所代表的相应股东权利的，而且作为库存股，一定是短暂存在，最终是需要通过授予、注销或者再次发行等方式予以处置的，它不能是一个长期的产物。有了这几点认识，对于库存股制度建立后，最需要关注的是在处置的时候对于上市公司全体股东的保护问题，因为库存股存续时间短，过去的处置方式就是注销，但是新规已经明确了回购股份的处置可以通过再次卖出的方式实现，这里的“再次卖出”实际应当指的是这批库存股份的再次发行（即增发）。但是从沪深交易所的细则来看，库存股的再次卖出，是通过集中竞价方式来完成的，整个回购细则当中，笔墨最重的也是这一环节，可以看出监管部门的确为此“操碎了心”。上市公司董事会决定买回股份，同时在一定时候决定通过集中竞价方式卖出，有投资者不禁要问：这难道不是“上市公司炒股”？

逐步加快的开放步伐：外国投资者会关心什么?

2018 年是改革开放 40 周年，可以说 A 股市场是改革开放中步伐较小的一个部分。2018 年 6 月，A 股正式加入了明晟指数，代表着我国资本市场更大程度上受到了国际资本市场的认可，国际投资者看好我国的经济发展前景和金融市场，以及上市公司的稳健性，通过多种渠道可以实现对 A 股的配置。特别是伴随着 A 股市场出台了一系列的对外开放政策，放宽了 QFII 准入、外资券商落地、鼓励外资机构合并 A 股、扩大境外资金投资范围，即将推出的沪伦通更是启动了与欧洲资金和上市公司的全新互联，MSCI 也计划将 A 股在其指数中的权重从 5% 提高到 20%，富时罗素公司也在考虑将 A 股纳入范畴。目前，A 股市场的外资占比已经达到 6%，在一直期盼和呼吁长期资金入市的 A 股市场，这些外国投资者无疑就是长期资金的代表。

除了业绩成长的稳健性，境外投资者最关心的就是上市公司在可持续发展领域、ESG 领域的表现，这已经作为境外投资者配置投资的重要权重指标，上市公司加大对 ESG 领域的关注和投入是刻不容缓的。从境外市场机构投资者发展的趋势来看，机构投资者的力量增长已经带来了几个显著的现象：第一是以先锋、道富和贝莱德为代表的指数投资者在欧美市场中占据了极为重要的地位，相关数据显示他们在美国标普 500 上市公司总计持有了近 20% 的股份，根据英国《经济学人》的报道，贝莱德公司更是在全球 1000 家顶级的上市公司中配置了超过 5% 的股份，并且这一趋势预计在未来 10—15 年仍然会增加，那么这些被动机构投资者的日益强大是不是印证了资本市场的“分久必合、合久必分”？体现的是另一种形式的股权集中？第二是这些机构的逐步强大带来的问题是他们如何参与公司治理？目前看来，美国少数的投票咨询机构成为这些机构投资者的“大脑”，他们自身不作出投票决策，而几乎全面“自动”听从投票咨询机构的建议进行表决。这两大趋势值得我们长期关注。

可持续发展：义利并举，任重道远

随着资本市场的发展不断深入（其本质是经济发展步入深水区），可持续发展的问题必将成为核心议题，过去“遍地黄金”的粗放型发展方式在中国显然也风光不再，关注可持续发展，“义利并举”的发展方式必将成为关注的重点。

2018 年的 9 月和 12 月，沪深交易所先后宣布了加入联合国可持续证券交易所倡议，成为第 65 家、第 67 家伙伴交易所。标志着交易所“在支持可持续发展、推进绿色金融建设方面发挥更大作用，联合国可持续交易所主要有四个方面的绿色金融工作，包括了：促进绿色产品与服务、绿化金融市场、加强环境信息披露、增进绿色对话等”。实际上，沪深交易所在可持续发展方面的努力早在 10 年前就开始了，沪深交易所上市公司强制披露和自愿披露社会责任报告的数量逐年增加。以深交所为例，近年来还开发了一系列绿色金融产品，包括了绿色环保概念的公募、私募公司债券 110 只，投向社会责任投资领域及绿色产业方向的投资基金 62 只，并已成功推出了绿色清洁能源等领域的资产证券化产品。可以预见，从上市公司环境信息披露到绿色债券、绿色基金、绿色指数，沪深交易所都很可能会全面提速，甚至在某些领域引领世界潮流，投资者和上市公司都应关注和顺应交易所可持续发展这一大趋势。但是，仅从环境信息和社会责任披露的角度来看，我们要走的路还很长，我们想想，通过 10 年的努力，2017 年沪深交易所披露社会责任报告和环境报告的家数合计约 800 家，占全部上市公司的比例仅 25% 左右，有 3/4 的上市公司仍然没有进行相关的披露，必然满足不了可持续投资领域的需求。

2018 年发生的长春长生疫苗事件突出反映了上市公司关注社会责任方面的重大缺失，这是一起典型的企业社会责任缺失、忽视利益相关者的重大违法事件。公司治理的利益相关者模式已经逐步从理论共识转变为实践共识，从广义的外部治理概念来看，这种模式是劳动者、消费者、贷款者、供应商和企业所在地区的居民都要参与的公司治理模式。长春长生事件发生以后，监管机构新增加了一项强制退市情形，“其他涉及国家安全、公共安全、生态安全、生产安全和公众健康安全等领域的重大违法行为”，这是我们全社会对上市公司、企业家的呼吁和要求，过去我们在讨论管理理念的时候会推荐一本书——《致加西亚的信》，它的主要观点是重视结果，但是如今我们更应该关注这个送信的过程，是否符合社会利益，是否能体现一个上市公司的公众属性非常重要。长春长生事件一方面严重伤害了不幸使用了假疫苗的孩子们，另一方面也重创了资本市场许多无辜的基金投资人，实际上在此次事件爆发前，长春长生就已经多次违规，涉嫌狂犬疫苗生产记录造假、腐败贿赂、环境违法等问题，但是由于缺乏对上市公司 ESG 负面行为的关注，很多基金依然踩雷，导致投资人重大的损失，这也提醒我们投资领域对于 ESG 的关注。

敌意收购：手段的丰富与反收购条款设定

随着“宝万之争”等敌意收购和控制权案例的出现，实际上 A 股市场已经进入了“敌意收购时间”，控制权争夺已经成为 A 股市场的常态，特别是随着多起市场化要约收购的成功，使得敌意收购的手段得以丰富。这其中的控制权争夺非常残酷，攻击一方是“真金白银、奋不顾身”，防御一方也可能是千方百计、严防死守的，那么这一攻一防的边界在哪里，必然会成为上市公司以及监管机构和司法机关的关注重点和难点。

随着 2005 年股权分置改革启动，到 2009 年年末大多数上市公司完成了股改，A 股市场进入了股份全流通时代，过去制度性原因造成的一股独大问题，逐步得到改善。尽管到目前为止，A 股第一大股东平均持股比例仍然在 30% 以上，但已经出现了大量股权分散的公司，其中好的标的势必会成为市场的“猎物”，敌意收购者往往是深入研究、伺机而动、奋不顾身地发起攻击。作为上市公司的管理层和大股东来说，也许是措手不及准备不足的，但是在控制权逐渐被稀释，存在敌意收购觉醒的大环境下，采取一定的反收购措施，是合理的商业逻辑，至于其中的界限问题仍然很模糊：公司可以自主设置反收购措施吗？哪些手段可以被作为反收购措施？哪些反收购措施可能违法？谁能够判断这些措施的合法性？判断的逻辑和依据又是什么？这些问题可以说每一个都困扰着资本市场的监管者和司法机关，其判断是不易的，而且可能是因个案而异，以美国为例，判断公司是否接受敌意收购的主体是董事会，原则是商业判断规则，如有异议则交由法院最终裁定，尽管成本较高，但确立了在尊重市场的基础上由法院最终决定的机制。

2018 年上海奉贤区法院作出了一起重要的判例，中证中小投服公司起诉海利生物章程设置的限制股东权利的条款无效，最终法院支持了中小投服的诉求，判决相关涉嫌反收购的条款无效。这一判断意味着章程设置反收购条款的规定遭到了司法机关的否定。

就这一个案来看，我们仍有两个观点：第一，从理论上说，《公司法》并未规定有关章程内容的设定是限制性或者是禁止性的，章程增加股权的限制性条件，并不能直接得出其是违反法律的规定，而且股东在章程中对于公司治理和表决权利或者是董事会席位的设定本来就是各有不同，各公司存在着非常复杂的历史原因，会使得章程中的大量条款落入这一判断；第二，本案中涉诉的公司并未引发相关的治理冲突或者说是控制权争夺问题，在公司运营相对平稳的情况下，发起对公司章程条款的挑战，总的来看理由不充分，至少在说理方面只能以“违反公司法禁止性规定”作为理由，不能更细致地讨论并购与反并购过程中的行为和对于公司整体利益的考量。对于具体的公司并购与反并购的争议，投服中心作为公司股东，的确可以起到很好的诉讼示范作用，特别是可以挑战那些利用反并购条款无限制、无底线地妨碍敌意收购的公司，也可以起到一个监督和沟通的作用。而作为司法机关在发生冲突时，或许也能更细致地分辨，究竟哪些章程条款或者反并购措施阻碍了资本流动和损害了公司股东的整体利益，通过个案争议和动态的利益均衡来逐步确立判例，形成良好的社会预期。

科创板：期待的注册制与被淡忘的 CDR

2018 年最后几个月的市场焦点就是拟在上交所实行的“科创板注册制”，各种版本的科创板上市条件解读和预测成为公众号刷屏热点，而上交所和监管机构定期的进度更新也时刻刺激着市场的神经。科创板，很多人将其解读为上交所曾经力推的“战略新兴板”的重启，对其上市标准和拟上市企业进行了众多的猜测，市场机构更是倾尽全力，希望在市场“低迷”之际找到一剂强心药。我们一直认为，标准如何定与最终挂牌企业本身或许并没有很直接的关联，我们在实质选取企业的时候显然会有比“纸面”的上市标准更多的考虑，其实质标准也必然比具体标准要高，无论如何猜测，关键还是要“手中有粮”，有足够的优质企业资源，再来匹配上市标准，会更实际一些。

另一个焦点则是注册制，可以简单回顾一下“注册制”的进程。2013 年 11 月，十八届三中全会《决定》提出：“健全多层次资本市场体系，推进股票发行注册制改革。”这是从最高层面正式吹响了注册制改革的号角，随后的两年时间里无论是监管机构还是学术界、理论界、实务界，都在围绕着什么是注册制、中国该采用哪种方式的注册制进行广泛而深入的研究和讨论，“注册制下要不要审、如何审、审什么？”等问题成为市场热点。“注册”一词最早是从美国的 registration 翻译而来的，但是经过深入的研究美国 SEC 的注册制以后，感觉照搬照抄美国可能并不是我们真正想要的发行制度改革方向，随后研究又将重点转向了中国香港的双重备案制度等，最终的方案始终没有正式公开，但是从各种渠道得到的消息综合来看，中国特色的注册制改革方向可能是更接近香港的双重备案制度的一种模式。

随后在 2015 年 4 月期盼已久的《证券法》草案在人大一读（修改草案并未公开），A 股就遭遇了异常波动，修法进程和注册制改革同时遇到迟延，全国人大常委会 2015 年 12 月通过《关于授权国务院在实施股票发行注册制改革中调整适用〈中华人民共和国证券法〉有关规定的决定》（以下简称“授权决定”）。“授权决定”的实施期限为两年，自 2016 年 3 月 1 日施行。这是关于注册制的第一个授权决定，但是到了 2017 年 4 月《证券法》二读后，关于注册制改革仍然没有实现突破，在 2018 年 2 月全国人大常委会又做出了股票发行注册制授权决定期限延长二年至 2020 年 2 月 29 日实施的决定。

在发行企业的公司治理方面，我们最关心的当然是是否会允许多重投票权的公司在科创板或者说在 A 股上市。这里不得不再回顾一下年初被市场聚焦的中国存托凭证 CDR 的相关改革，随着小米放弃在 A 股上市，关于 CDR 在 A 股的众多猜想戛然而止，直到年末科创板注册制的提出才重新将发行制度的改革拉回到话题的中心。而在 CDR 制度设计过程中颇受关注的多重投票权制度，在此次科创板注册制中是否也会被引入？我们实际上在《存托凭证办法》中对多重投票结构的设置是采用相对模糊的默认方式，但是从香港对于双重股权架构的引入来看，采取的却是相对谨慎的详细规定和约束的做法，因此可以预测我们在科创板推进中对于双重股权架构或许采取的还是相对模糊、“具体公司具体分析”的做法，而不一定会采取十分开放的完整双重股权或者说类别股的改革。希望被淡忘的 CDR 随着科创板注册和沪伦通的逐步推进，能够重回讨论的中心，成为 A 股发行制度改革的重要突破。

02 分拆上市：基本模式与完善建议

导 言： 关于上市公司的分拆上市，一直以来都受到较严格的监管，但是大量的境外上市公司分拆案例以及A股公司分拆到新三板的案例都表明，市场上对于分拆上市的意愿，我们对此问题实际上于两年前已有所关注，但由于相关政策推进缓慢，一直停留在初步的观察层面。本文就分拆上市的模式以及相关的完善建议进行探讨。

分拆上市有广义和狭义之分，广义的分拆指的是已上市公司或者未上市公司将部分业务从母公司独立出来单独上市；狭义的分拆指的是已上市公司将其部分业务或者某个子公司独立出来，另行公开招股上市。分拆上市后，原母公司的股东虽然在持股比例和绝对持股数量上没有任何变化，但是可以按照持股比例享有被投资企业的净利润分成，一般来说母公司希望通过子公司的分拆上市，获得超额的投资收益。

目前来看，证券法律层面并没有明确的禁止分拆上市的规定，其相应的规范主要停留在证监会的规范性文件层面上，主要有证监会在2004年颁布的《关于规范境内上市公司所属企业到境外上市有关问题的通知》（以下简称67号文）和2010年证监会明确的“境内上市公司分拆子公司到创业板上市的六个条件”（以下简称“创业板分拆规定”），尽管前一规定不涉及A股上市公司分拆到A股上市的情形，但可以作为监管层的一种监管取向，由于这两项规定的长期存在，导致成功分拆的案例寥寥可数，大量上市公司希望进行分拆上市的愿望无法得到满足，A股上市公司分拆到A股上市存在“事实上”的障碍。

2017年4月10日北大青鸟环宇消防（以下简称青鸟消防）IPO获发审委通过，青鸟消防控股股东为北京北大青鸟环宇科技股份有限公司（HK08095）（以下简称北大青鸟），持有公司51%的股权。本次港股北大青鸟分拆青岛消防A股IPO成功过会，分拆上市的资本运作方式再次引起了市场的关注，本报告将结合相关案例梳理目前的分拆上市模式，剖析实践中存在的问题，提出相关建议。

现行的分拆上市模式分析

本文讨论的公司范畴限于母公司注册地在大陆的上市公司，但上市的地点不限于在 A 股市场，根据母公司所在地以及子公司上市地是 A 股市场抑或是境外市场，可以将分拆上市的模式分为四种：境内上市公司分拆到境内上市、境内上市公司分拆到境外上市、境外上市公司分拆到境内上市和境外上市公司分拆到境外上市。

1. 境内上市公司分拆到境内上市

严格来说，目前暂无一例境内上市公司成功分拆控股子公司到境内 A 股上市的案例，但如果将“子公司”的概念范围扩大到参股公司的话，即境内上市公司曾经控股，后通过股权转让等方式逐渐减持后出让实际控制权，将控股子公司变成参股子公司的情况下，有两家境内上市公司成功分拆参股的公司在境内上市：第一家是中兴通讯（000063）参股的国民技术（300077）① 2010 年 4 月 30 日成功在创业板上市。第二家是康恩贝（600572）参股的佐力药业（300181）② 2011 年 1 月 21 日成功在创业板上市。

可以说 2010 年国民技术和佐力药业的成功分拆上市是一次尝试，但是随后由于监管部门的指导意见③，这种分拆模式就进入停滞期。除了这两起并不典型的例子外，目前没有其他境内上市公司分拆子公司在 A 股上市的案例。面对较为严格的政

---

① 2000 年设立时，中兴通讯股份有限公司持股 60%，为第一大股东。为扶持国民技术单独上市，经过历次股权转让及增资后，截至国民技术上市，中兴通讯仅持股 26.7%，从而使国民技术成为中兴通讯的参股公司。

② 佐力药业曾为主板上市公司康恩贝（600572. SH）的控股子公司。2004 年 6 月至 2007 年 11 月康恩贝直接、间接共持有佐力药业 63% 的股权。2007 年 11 月，为扶持佐力药业单独上市，康恩贝公司及其控股销售公司分别转出持有的 31% 和 6% 佐力药业股份，俞某强（与康恩贝之间不存在关联关系）成为控股股东，持有佐力药业 41% 的股份，康恩贝公司成为第二大股东，持股 26%，从而使佐力药业成为康恩贝的参股子公司。

③《证监会不鼓励分拆子公司创业板上市》，载《中国证券报》2010 年 11 月 18 日。详见：http：//mt. sohu. com/20170323/n484320191. shtml。该文提到：“证监会官员在本月召开的今年第六期保荐人培训会议上重申，从严把握上市公司分拆子公司到创业板上市。这是证监会官员今年以来第三次谈论分拆上市，态度从‘明确允许’逐步转为‘不鼓励’‘从严把握’。在第六期保荐人培训会议上，证监会官员指出，分拆上市目前争议很大，可操作性并不强。对于拟分拆到创业板上市的公司，即使发行人不是上市公司控股，而是由上市公司实际控制人控制的，也需要从严把握。”虽然佐力药业上市时间是在 2011 年 1 月，发生在 2010 年 11 月之后，但是佐力药业递交材料、审核材料等程序都发生在 2010 年 11 月之前。因此，可以说《中国证券报》发布了《证监会不鼓励分拆子公司创业板上市》之后再无这种模式成功分拆或者计划分拆的案例。

策背景，许多有强烈分拆子公司上市融资意愿的上市公司选择分拆到新三板，比如中青旅（600138）分拆子公司中青旅会展（中青旅持股 82%）和山水酒店（中青旅持股 51%）到新三板上市。

2. 境内上市公司分拆到境外上市

境内上市公司经过多年的发展，已经逐渐形成了大集团、多元化的经营模式，业务范围已经远远超过了上市初期单一的类别，比如杉杉股份、金利来、红豆这些上市公司，在各自上市公司体系内控股投资了很多企业，这些上市公司主营业务收入占得很少，主要都是营业外投资收益。而且，近年来 A 股市场的公司非常注重并购重组，投资控股境内外的优质企业，部分被并购的企业是独立于控股上市公司发展的，甚至业绩能力不亚于控股公司。对于这些优质的子公司，母公司融资所得的资金有限，为了更好地发展都有相当的融资需求，分拆上市便是其最好的方案。

相比于只有两起 A 股上市公司分拆参股公司到境内上市的案例，境内上市公司分拆资产到境外上市有较多的案例，形式可以分为分拆境内资产到境外上市，以及分拆境外投资形成的资产到境外上市，最主要的监管规范来自 2004 年证监会的 67 号文。

境内资产分拆到 H 股上市，即分拆出的公司设立地还是在境内，直接申请 H 股上市。代表案例有同仁堂（600085）分拆同仁堂科技（1666. HK）在香港联交所创业板 H 股上市；天业股份（600807）分拆天业节水（0840. HK）在香港联交所创业板 H 股上市；海王生物（000078）分拆海王英特龙（8329. HK）在香港联交所创业板 H 股上市。境内上市公司，将境内对外投资形成的资产分拆成境外公司在境外上市，境外公司作为上市主体。代表案例有同仁堂（600085）分拆同仁堂国药（8138. HK）在香港联交所创业板大红筹上市；同方股份（600100）分拆科诺威德（1206. HK）在香港联交所主板大红筹上市。

3. 境外上市公司分拆到境内上市

境外上市公司分拆到境内上市有不少成功的案例，代表案例有神州数码（0861. HK）分拆神州信息借壳 ST 太光（000555）；复星国际（0656. HK）分拆海南矿业（601969）A 股 IPO；创维数码（0751. HK）分拆机顶盒业务借壳华润锦华（000810）。

这种模式其实经历了"曲折"的发展过程，最初我国资本市场发展较慢，许多发展较早的公司选择在境外上市，不过随着我国资本市场相关制度逐渐完善，而且 A 股市场高估值的背景，许多境外上市的中概股公司为了实现利益最大化，通过私有化或者分拆子公司的形式到 A 股市场上市，"暴风影音"便是典型例子，在 2015 年牛市高峰时，暴风影音是迅雷市值的 8 倍，即使现在股价回落，估值仍然较高。而且境外交易所对上市企业分拆再上市的做法没有严格的限制，只要公司自身能够满足 A 股 IPO 的上市要求，都可以进行分拆子公司回归的尝试。近些年明确表示或者已经展开分拆 A 股上市行动的有碧桂园、金山软件、华宝国际等企业，2015 年 8 月 19 日，碧桂园（02007. HK）在公布 2015 年度中期业绩的发布会上表示，已经明确将物业与教育两大业务板块分拆上市。其中，2016 年 8 月 31 日，碧桂园向证监会提交建议分拆碧桂园物业服务于上交所独立上市的申请，并于 9 月 7 日收到受理通知，截至 2017 年 5 月，碧桂园物业在 200 多家主板排队企业中排名靠后，状态“已受理”。即使以目前每个月超过 30 家企业上会的节奏，碧桂园物业想要正式上市还需要更多耐心。

但是，这两年监管机构对于境外上市公司私有化回归或者分拆子公司到 A 股上市，持谨慎保守态度，甚至 2016 年 5 月初市场出现了“监管全面叫停中概股回归”的传言，[①] 加之 2016 年 6 月 17 日重组新规出台，此前公布的预案也相继终止或者持观望态度，360 等上市公司私有化回归的前景尚不明朗。

4. 境外上市公司分拆到境外上市

这种模式完全不涉及境内市场监管的问题，主要影响是在境外上市主体的业绩或者是发展战略，因此选择在境外分拆上市的申请影响最小。

境外上市公司分拆子公司在境外上市，比较典型的是 H 股公司分拆上 H 股，代表案例有威高股份（1066. HK）分拆持股 90% 的威高骨科，申请在香港联交所主板 H 股上市。2017 年 4 月 19 日，交通银行（03328. HK）公告其子公司交银国际准备分拆上市，并已将相关申请报备香港联交所等候聆讯。2017 年 4 月 28 日中国光大国际（00257. HK）也公告，预期分拆其子公司光大绿色环保股份于联交所主板独立上市。

现有问题的分析

1. 分拆上市政策不能满足现实需要

目前对境内上市公司分拆子公司到境内上市的严格监管政策不能满足现实需要，主要体现在以下两个方面：

一是从大量 A 股上市公司选择分拆子公司挂牌新三板可以看出大量的潜在需求。2013 年东软集团（600718）分拆东软慧聚（430227）挂牌新三板，成为这个市场首家由 A 股上市公司分拆出来的挂牌公司。有报告统计在 2016 年 10 月 15 日新三板企业中上市公司（包括 A 股上市和 H 股上市）位列前十大股东的挂牌公司一共有 324 家（剔除前十大股东中的做市券商），其中 112 家挂牌企业的第一大股东为上市公司。[②]

---

① 并购汪公众号：《泛中概、港股回 A 之门洞开？青岛消防过会，分拆上市获认可！》，2017 年 4 月 18 日。

② 广证恒生 2016 年 10 月 15 日证券研究专题报告。

现在上市公司分拆子公司到新三板的数量只会更大，因为挂牌数比统计之时增加了近2000家，① 而且上市公司分拆子公司挂牌新三板及参控股新三板企业有不少动机，比如能够利用新三板便捷的定增工具为子公司进行股权融资，在促进子公司快速发展的同时也降低子公司对母公司的财务依赖性；有助于对母公司与子公司间主营业务与运营风险进行梳理与隔离。

二是近年来，上市公司进行大量的海外并购，并购的子公司规模大，甚至超过了A股上市公司本身。比如，艾派克（002180）在2016年年底以260亿元收购利盟国际（LEXMARK INTERNATIONAL LTD.），还有木林森（002745）在2017年年初通过成立并购基金方式，斥资4亿欧元将LEDVANCE收入囊中，LEDVANCE年营收入超150亿欧元，是木林森的3倍。完成海外并购后的上市公司，往往有意愿重新整合公司内部业务结构，部分独立性较强、财务指标较好的业务，可能有分拆上市进一步融资发展的需要，却面临着分拆上市政策严格监管的限制。

2. 相关规则陈旧和落后，亟待完善

目前来看，关于分拆上市的规则只有证监会层面制定的规范性文件和公布的标准，分别是证监会在2004年颁布的67号文和2010年证监会明确的“创业板分拆规定”，这些规则主要存在以下三点问题：

一是规则的法律位阶低。没有体现相关部门对分拆上市问题的重视，而且不利于保障相关主体的权益。

二是标准陈旧，已经无法适应现实需要。比如67号文中关于“上市公司最近三个会计年度内发行股份及募集资金投向的业务和资产不得作为对所属企业的出资申请境外上市”这一要求在如今已经过时。资金是一般等价物，如何界定募集资金的流向，这是实践中难以核查的问题。

三是较少保障上市公司和股东权益的制度设计。分拆上市的意义无须赘言，但是其同样存在巨大的风险，这种风险主要体现母公司盈利能力影响问题、现有股东权益保障问题和利益输送问题等，但是目前我国没有专门的制度设计予以保障。

规则的陈旧和落后制约了政策的改革，两者是相辅相成的，只有相关规则及时更新和完善，监管机构才能在保证风险防控的前提下，放宽过严的政策。

3. 境内外上市监管要求差异问题

涉及境内（外）上市公司分拆子公司在境内（外）上市时，还涉及规则差异问题，比如股东适当性的核查，即有资管计划、信托计划和私募基金三类股东的公司IPO主体核查问题，这是境内上市IPO审核的重点，在青岛消防IPO《反馈意见》中

---

① 2016年10月挂牌公司数为9324家，而截止到2017年5月24日挂牌公司数为11231家。

也是监管部门关注的重点，因为其母公司北大青鸟排名前四位股东致胜资产、北大青鸟（直接持股和通过深圳市北大青鸟科技有限公司间接持股）、怡兴（香港）有限公司、New View Venture Limited 持股比例分别为 17.34%、16.88%、9.28%、7.14%，而致胜资产又为 Heng Huat Investment Limited 全资拥有，Heng Huat Investment Limited 则是一家信托计划公司。《反馈意见》要求公司详细说明信托持股计划的受托人与受益人关系、信托利益分配等具体安排。并要求说明信托持股安排是否对本次发行条件构成障碍。并要求说明，北大青鸟环宇、北大青鸟、北大青鸟软件、致胜资产（员工在其中持股）是否构成一致行动关系。

两点建议

1. 政策层面：在防控风险的基础上，放松过严标准。放松过严的政策是市场的诉求，我们对此也持赞同意见，现有保守政策的确难以适应现实的需要。但是，我们同样认为放松政策的前提应当是对风险防控方面的必要谨慎，特别是在保障上市公司和股东的权益问题上，应当充分关注以下三个风险点：

第一，子公司与上市公司股东是否存在关联关系应当充分披露，股权转让过程不能损害上市公司（母公司和子公司）利益；第二，子公司与上市公司应当避免存在同业竞争关系，如果存在应当充分披露，防止通过利益输送损害上市公司利益；第三，应当保证子公司分拆后与上市公司保持业务、资产、人员、财务、机构、销售渠道的相对独立，不损害上市公司核心资产与业务的独立经营和持续盈利能力。

2. 规则层面：适应现实发展需要，更新完善规则。我国现有规则位阶较低，且标准过于陈旧，因此有必要更新完善相关规则，比如上文提到的 67 号文中关于核查募集资金流向的问题，完全可以规定其他方式，比如通过股东大会，即在被分拆业务占到母公司一定比重时启动股东大会程序。而且上市公司控股股东，在分拆上市的决策中有明显的利害关系，为保障中小股东权益，是否启动分拆上市程序应由中小股东来做决定。

保障上市公司和股东权益的问题同样是值得规则完善、值得重视的问题，这是境外较为成熟制度高度关注和详细规定的内容，比如香港对母公司分拆子公司单独上市的规定，集中在联交所 Practice note15 当中。联交所非常关注分拆上市对母公司盈利能力的影响、子公司股份的分配、母公司股东对分拆上市事宜的表决权、母子公司独立性四个方面的问题，我们可以参照借鉴对这些问题的保障作出明确规定。

还有就是上市规则差异的问题，在结合自身制度背景和防控风险的基础上，考虑如何衔接一些上市差异的标准。

03 IPO 欺诈发行的惩处逻辑浅析——基于 2010 年以来的行政处罚案例

导 言： 本文整理汇总了自 2010 年以来进行处罚的 12 个 IPO 欺诈发行（含信息披露违法违规、材料申报不实）的案例以及相应的处罚（见文末附表）。需说明的是，8 年以来的 12 个案例中，采用欺诈发行事由惩处的案例仅 5 例，其中嘉寓股份因已过追诉时效（2 年），绿大地因司法机关已进行惩处，监管部门并未对其欺诈发行行为进行惩处，即事实上因欺诈发行被惩处的仅万福生科、海联讯与欣泰电气三例。结合证监会处罚委在《证券期货行政处罚案例解析（一）》（以下简称《案例解析》）中对于天能科技、海联讯以及新大地三个案例的解析，本文仅就其中的部分问题进行归纳整理。

欺诈发行：定义、认定、追诉与双罚

从《证券法》（2014）条文出发，欺诈发行的处罚依据是第 189 条，[①] 其罚则区分了未发行证券与发行证券两种情形，并进行了双罚制的规定。

1. 定义

根据前述第 189 条以及证监会处罚委在《案例解析》中对于新大地案件的解释，欺诈发行的要件之一为获得批准，而不在于是否发行成功，第 189 条也列明了获得批准但未发行的情况。根据处罚委在《案例解析》中对于新大地案的解释，监管部

① 第一百八十九条　发行人不符合发行条件，以欺骗手段骗取发行核准，尚未发行证券的，处以三十万元以上六十万元以下的罚款；已经发行证券的，处以非法所募资金金额百分之一以上百分之五以下的罚款。对直接负责的主管人员和其他直接责任人员处以三万元以上三十万元以下的罚款。发行人的控股股东、实际控制人指使从事前款违法行为的，依照前款的规定处罚。

门在判断是否获准发行，是以获得发行批文为准，而非是否通过发审会。因根据《发行审核委办法》第3条的规定，证监会是根据发审委意见作出是否核准的决定，最终决定是否发行成功的是证监会。

典型案例是新大地案。该案中，新大地已经通过发审会，但是并未获得发行批文即被中止，进入立案稽查环节，因此并未对其以欺诈发行进行惩处。

但需要注意的是，在已有的5个案例中，事实上并不存在未发行证券但构成欺诈发行的案例。从实际出发，此类情况也难以较多发生。因为根据《首次公开发行并上市管理办法》（以下简称《首发办法》）的规定，IPO批文的有效期仅6个月，中介机构也均会尽快推进上市进程，在此期间发现IPO欺诈发行线索的可能性事实上大幅降低，因此对此类拿到批文但未发行的IPO欺诈发行，发生概率应较低。

2. 认定

海联讯案与欣泰电气案中，监管部门反复强调，对于欺诈发行的认定依据是《证券法》（2014）第13条的发行条件，并以此为由对“海联讯与欣泰电气案扣除造假后符合发行条件”论进行反击。笔者认为，从有效市场理论与体系解释的角度出发，监管部门对于发行条件的扩大化解释并非不无道理。但登云股份案中，登云股份因少记成本费用、关联方披露不实等原因被惩处，但丝毫未提及第189条，仅以第193条的信息披露违法违规进行了惩处。

3. 追诉

行政处罚决定书中涉及追诉时效问题的，主要是嘉寓股份案与欣泰电气案。结合《案例解析》中对于天津磁卡案的解释，诉讼时效的起算时点的“终止”，对于欺诈发行行为而言即为获得批文即终止，而信息披露行为是连续状态，因此仅对在追诉期内的年度报告予以处罚。但是根据张子学老师在一篇文章中的观点，[①] 其认为信息披露中应披露未披露的行为属于持续状态，而不是一般认为的连续状态，只要是未披露，其本身就可以进行处罚。

更进一步的是，所谓的“发现时点”是哪个时点？立案调查，抑或是处罚时点？在欣泰电气案中，欣泰电气及其发行律所东易律所以追诉时效已过为由申请减免责，但证监会均以相关问题发现时间未超过两年为由驳回；不同的是，在对欣泰电气的惩处中，证监会以现场检查发现问题时间为准，但是在对东易所的处罚决定书中，则以发出调查通知书的时间为准进行反驳，登云股份案也同样以调查通知书发出时间为准。尽管二者有些不一致，但根据证监会在《案例解析》中的解释以及相关司法解释的内容，对于追诉时点的认定，目前证监会具有较强的自由裁量权，可以采

① 锦论公众号：《两宗信息披露违规案胜诉行政判决反映的三点司法认知》，2018年12月2日。

纳的时点很多，最早甚至可以提前到举报时间。

4. 双罚

值得注意的是，尽管第 189 条中设定了双罚的相关规定，但是事实上仅欣泰电气与海联讯案中采用了双罚制的规定，在《案例解析》中，监管部门解释，第 189 条第 2 款的所谓“指使”的认定，是借鉴第 193 条中对于“指使”行为的认定，而该条中，指使行为的认定事实上则来自《信息披露违法行为行政责任认定规则》(以下简称《认定规则》) 第 18 条“……控股股东、实际控制人直接授意、指挥从事信息披露违法行为，或者隐瞒应当披露信息、不告知应当披露信息的，应当认定控股股东、实际控制人指使从事信息披露违法行为”的认定逻辑。因海联讯案中未能就其实际控制人的直接负责人员与实际控制人责任分别论述，而无从得知监管部门的认定逻辑，但是欣泰电气案中，证监会就欣泰电气实际控制人的行为进行了分别认定，可仅就判决书很难完全看出温某乙作为两个身份的行为差别。

信息披露违法违规：第 193 条之辩

事实上，因为查处难度较大，对于上市公司 IPO 欺诈发行惩处的案件较少，12 个案例中，6 个案例均仅依据第 193 条进行了惩处，当然，对于 5 个欺诈发行案例，事实上也均同时采用了第 193 条进行惩处。

根据监管部门在《案例解析》中的观点，第 193 条前两款对于信息披露违规、申报材料不实的规定，存在一定的内在联系。因申报材料是信息披露充分条件与前置程序，因此，若发行人已经进行了预披露，借鉴刑法上吸收犯的理论，根据一事不二罚的原则，不再采用第 193 条第 2 款的申报材料不实罪对发行人进行惩处。因此，12 个案例中，仅天丰节能案采用了申报不实罪进行惩处，但是值得注意的是，监管部门在部分行政处罚决定书中，依旧明确认定发行人违反了《证券法》(2014) 第 193 条第 1 款、第 2 款的规定，只不过未进行二次处罚罢了。

同时，在前述信息披露违法违规案件中，《案例解析》中明确表示，撤回材料并不成为发行人减免责的理由，不构成《认定规则》第 20 条第 (2) 项“在信息披露违法行为被发现前，及时主动要求公司采取纠正措施或者向证券监管机构报告”的规定，因为该款规定的重点是主动，但天丰节能与天能科技案中，发行人虽撤回材料，但均因监管机构压力与外界媒体施压而担心案发才采取的被迫撤回行为。同时，如果根据监管部门在该书中对于发现的模糊认定态度，事实上媒体曝光也属于发现的一种。

更重要的是，根据前述 12 个案例的处罚决定书来看，对于发行人以及相关责任人而言，监管部门予以承认的减免责情节，仅限于《认定规则》第 20 条第 (4) 项的规定，即配合调查，其余的不知情、未参与理由均不能成立，其保证责任较重。

中介机构：难逃制裁

在前述 12 个案例中，除江苏三友、嘉寓股份、龙宝参茸案件中，中介机构未受到惩处，其余 9 个案例中中介机构均被惩处，且除海联讯案中律师未被惩处，其余 8 个案例中三家中介机构均被处罚。

表 1　中介机构处罚统计

发行人	上市时间/预披露时间/中报时间	处罚时间	保荐机构责任（罚款倍数）	保荐人平均罚款（万元）	保荐人市场禁入（年）	会所责任	会计师平均罚款（万元）	律所责任	律师平均罚款（万元）	律师市场禁入（年）
欣泰电气	2014 上市	2016	2	30	10	3	10	2	10	0
振龙特产	2014. 4. 23 预披露	2016	2	30	5	2	10	2	10	0
登云股份	2014 上市	2015	1	22. 5	010	1	5	1	5	0
天丰节能	2012. 4. 12 申报（未预披露）	2014	2	30	5	2	9	2	10	0
海联讯	2011 上市	2013	1	30	终身	无 已注销	10	无	无	无
新大地	2012. 7. 12 终止审查，已过会未拿到批文	2013	0	15	终身	1	7. 5	2	7	终身
万福生科	2011 上市	2013	2	26	终身	2	10	2	10	终身
天能科技	2012. 2. 1 预披露	2013	2	15	终身	2	7. 5	2	5	0
绿大地	2007 上市	2010	1	30	终身	1	10	1	10	终身

较为严重的是，万福生科、海联讯、绿大地以及欣泰电气的保荐代表人被取消从业资格，万福生科案与绿大地案导致两家会计师事务所——中磊所与鹏城所被取消从业资格（后鹏城所被注销）。通过阅读以上案例的行政处罚决定书，我们发现以下现象：

1. 证券承销违法所得：早年的万福生科案与绿大地案中，均未能就证券承销违法所得对中介机构进行惩处，但是海联讯案与欣泰电气案中，监管部门均以制作虚假材料进行证券承销为由，认定券商的证券承销业务为违法所得，进行了相应的惩处。

2. 不惩处中介机构的理由：嘉寓股份案与江苏三友案中，中介机构均免予处罚，但理由不得而知。尽管从违法事实看，江苏三友涉及实际控制人披露不实、嘉寓股份无恶性财务欺诈（监管部门未对其粉饰经营现金流的行为进行定性，仅称其财报错报），但如果延续前期案例的逻辑，实际控制人的核查属于券商、律所尽调的法定范畴、资金流水核查属于券商、会所的核查范围，且嘉寓股份的财报错报责任应属会计工作失职（参照绿大地等案），处罚依据事实上较为充分，但未能进行处罚的原因不甚清楚。

3. 中介机构减免责事由：前述案件中，中介机构减免责事由五花八门，除天丰节能案中利安达以会所失控被项目组胁迫的减免责事、新大地案中签字律师称自己未参与现场核查等较为“突出”的理由外，基本上申请减免责均是以已尽职履责、发现问题不属于虚假记载为由。尽管监管部门对于部分法律问题的定性（如新大地案、登云股份案中对于关联关系的认定）并未完全参照现有的法律法规，中介机构很难在实际工作中开展，依据“实质重于形式”原则要求客户进行认定，但监管部门未采信该说法。根据《案例解析》，此类案件中，中介机构属于过错推定责任，中介机构需自行举证无过错，事实上的举证责任很大。因为程序问题事实上在尽调中难以尽善尽美，而一旦出现程序问题，中介机构极难自证清白。

4. 惩处力度的不同：12个案例中，对于中介机构的惩处力度总体上呈现出“保荐机构 > 会计师 > 律所”的情形，但是在处罚力度方面也存在一定程度的不同。根据《证券法》（2014）第223条的规定，证监会对于证券服务机构可以采取的惩处措施有责令改正、没收业务收入、暂停或者撤销证券服务业务许可、处以业务收入一倍以上五倍以下的罚款，对于从业人员则可以采取撤销给予警告，撤销证券从业资格、处以三万元以上十万元以下的罚款。因此，在对中介机构的惩处方面，“责令改正 + 没一罚N（1≤N≤5）”成为标配，而对于从业人员的惩处则以“警告 + 罚款”成为标配。同时，证监会还会根据《证券市场禁入规定》第3条第（2）项、第5条第（3）项的规定对从业人员处以市场禁入。因责令改正与警告属于“必备动作”，因此本文仅从中介机构罚款力度、从业人员罚款力度以及市场禁入年限的角度进行定量分析。

从中介机构的罚款力度而言，会计师事务所与律所的平均罚款倍数持平，均略高于保荐机构；但是从从业人员承担的责任看，无论是罚款均值，抑或是终身市场禁入采取的次数、非终身市场禁入的平均年限，保荐人的责任明显高于会计师与律师，而会计师整体承担的责任大于律师。但从个案看，有7个案件，对会计师与律师的罚款金额几乎完全相同。

表 2 从业人员处罚统计

	保荐人	会计师	律师
罚款均值（万元/人）	25.39	8.78	8.38
终身市场禁入次数	4	2	3
非终身市场禁入平均年限（年）	6	4	0
	保荐机构	会计师事务所	律所
罚款平均倍数（倍）	1.60	1.75	1.75

5. 惩处的从业人员对象：一般而言，对于从业人员的处罚，主要集中在保荐代表人、签字会计师、签字律师上。但值得注意的是，万福生科案中，或许为对彼时中介机构保荐代表人不亲自尽调的恶习进行惩处，监管部门一次性惩处了该案中的保荐代表人、平安证券总经理、副总经理、投行业务负责人以及现场项目协办，类似的，天丰节能案除惩处了签字会计师，还对项目现场负责人进行了惩处。

6. 违法所得与业务所得：《证券法》（2014）第 223 条与第 226 条分别对证券服务机构的未勤勉尽责行为与违法违规行为进行了区分，并设定了不同的处罚。但是事实中，仅登云股份案对此两种行为进行了区分并分别予以处罚，从判决书的内容看，适用第 226 条的情形系会计师尽调程序未按照 36 号会计准则的相关要求进行关联方认定，而适用第 223 条则是会计师未能勤勉尽责（结合其他案例，一般会称其未实际执行审计准则要求的审计程序），未明确说明其违反哪项规则文件，但是同样有关联方认定问题的嘉寓股份案、新大地案中，并未直接认定会计师事务所违反会计准则进行关联方的认定，如此惩处的原因同样不得而知。

结语

IPO 欺诈发行性质之恶劣，在资本市场违法违规行为中，堪称万恶之源。值得欣慰的是，通过对前述案例的研究，我们发现监管部门对于其打击力度也在不断加大，行政处罚的依据、说理也越加充分。我们也期待监管部门公布更多的资料，以便于外界进一步了解处罚逻辑，推进资本市场法治化建设，也为中国资本市场的发展打下更为坚实的基础。

表 3 2010 年以来进行处罚的 12 个 IPO 欺诈发行的案例以及相应的处罚

序号	发行人	处罚时间	发行人责任	处罚事由	保荐机构责任	保荐人	会所责任	签字会计师	律所责任	签字律师
1	龙宝参茸（2016 年预披露）	2018 年	40 万元	信息披露违法违规	无	无	无	无	无	无

续　表

序号	发行人	处罚时间	发行人责任	处罚事由	保荐机构责任	保荐人	会所责任	签字会计师	律所责任	签字律师
2	嘉寓股份（2010 年上市）	2017 年	60 万元	欺诈发行、信息披露违法违规（欺诈发行已过追诉时效）	无	无	无	无	无	无
3	欣泰电气（2014 年上市）	2016 年	60 万元 + 772 万元（募资 2.57 亿元 × 3%）	欺诈发行、信息披露违法违规（以立案调查为发现时点）	没一罚二（没收保荐业务收入 1200 万元，并处以 2400 万元罚款；没收承销股票违法所得 2078 万元，并处以 60 万元罚款）	分处以 30 万元罚款，撤销证券从业资格，被处以 10 年市场禁入（配合调查，先行赔付）	没一罚三	分处 10 万元罚款，IPO 签字会计师被处以 5 年市场禁入，年报签字会计师被处以 3 年市场禁入	没一罚二	分处 10 万元罚款
4	振隆特产（2014 年 4 月 23 日预披露）	2016 年	60 万元	信息披露违法违规	没一罚二	分处以 30 万元罚款，被处以 5 年市场禁入	没一罚二	分处以 10 万元罚款，被处以 5 年市场禁入	没一罚二	分处以 10 万元罚款
5	登云股份（2014 年上市）	2015 年	60 万元	信息披露违法违规	没一罚二	前任保荐代表人分处 30 万元罚款，后任保荐代表人处 15 万元罚款	没一罚一，区分了违法所得（188 万元，违反业务规则）与业务所得（32 万元，未勤勉尽责）	分处以 5 万元罚款	没一罚二	分处 5 万元罚款
6	天丰节能（2012 年 4 月 12 日申报，未预披露）	2014 年	60 万元	申报材料不实	没一罚二	分处以 30 万元罚款，被处以 10 年市场禁入	没一罚二	签字会计师被处以 10 万元罚款，项目负责人被处以 8 万元罚款，签字会计师被处以 10 年市场禁入（会计师有配合情节，减轻为 10 年市场禁入）	没一罚二	分处以 10 万元罚款
7	海联讯（2011 年上市）	2013 年	822 万元［具体责任切割不清楚，60 万元 + 766 万元（2%）］	欺诈发行、信息披露违法违规	应为没一罚一（没收保荐业务收入 400 万元，没收承销股票违法所得 2867 万元，并处以 440 万元的罚款）	分处以 30 万元罚款，被处以 5 年市场禁入，撤销证券从业资格	无（已注销）	分处 10 万元罚款	无	无
8	新大地（2012 年 7 月 12 日终止审查，已过会未拿到批文）	2013 年	60 万元	信息披露违法违规	未罚款（因未取得业务收入）	分处 15 万元罚款，被处以终身市场禁入	没一罚二	第一签字会计师处以 10 万元罚款，第二签字会计师处以 5 万元罚款，被处以 7 年市场禁入	没一罚二	两名签字律师被处以 10 万元罚款，一名签字律师被处以 5 万元罚款（未实际参与现场尽调），一名签字律师被处以 3 万元罚款（调查中配合，仅签署补充法律意见书）。仅刘某被处以终身市场禁入（伪造访谈记录）
9	万福生科（2011 年上市）	2013 年	30 万元	欺诈发行、信息披露违法违规	没一罚二，暂停保荐业务许可 3 个月	保荐代表人、平安银行总经理、副总经理投行业务负责人被处以 30 万元罚款，项目协办人被处以 10 万元罚款，保荐代表人被处以终身市场禁入，保荐代保人被撤销从业资格	没一罚二，撤销执业许可证	分处以 10 万元罚款，终身市场禁入	没一罚二	分处以 10 万元罚款，终身市场禁入

续 表

序号	发行人	处罚时间	发行人责任	处罚事由	保荐机构责任	保荐人	会所责任	签字会计师	律所责任	签字律师
10	天能科技（2012年2月1日预披露）	2013年	60万元	信息披露违法违规	没一罚二	分处15万元罚款，终身市场禁入	没一罚二	第一签字会计师被处以10万元罚款，第二签字会计师被处以5万元罚款	没一罚二	分处5万元罚款
11	江苏三友（2004年上市）	2011年	30万元	信息披露违法违规	无	无	无	无	无	无
12	绿大地（2007年上市）	2010年	60万元（由于司法机关已对绿大地在招股说明书中虚增资产、虚增业务收入的行为刑事处罚，不再行政处罚）	欺诈发行、信息披露违法违规	没一罚二	分处30万元罚款，撤销保代与证券从业资格，终身市场禁入	没一罚一，撤销证券服务许可	分处10万元处罚，终身市场禁入	没一罚一	分处10万元罚款，终身市场禁入

04 上市公司治理准则最新修订：重点与趋势

导 言：2018 年 9 月 30 日，证监会正式发布了新版《上市公司治理准则》，本次修订合计删除了 7 个条文、新增了 19 个条文，涉及了中小投资者保护、董事会制度、独董制度、高管职责等公司治理的传统议题，也有过去两年大家关注的“党建入章”、章程设置防御条款等热点问题，还有国际上近年来关于机构投资者参与治理以及有关环境、社会与治理（ESG）原则等规定，但由于很多客观因素的限制，准则修订在征求意见阶段仍有值得期待的改进。

准则修订的背景

谈到公司治理准则，不得不提到 OECD（经合组织）在 1999 年发布的首份 OECD《公司治理原则》（以下简称 OECD 原则），我国在 2002 年颁布的上市公司治理准则正是在 OECD 的倡导下完成的。而 OECD 原则自 1999 年颁布至今已经历了 2004 年和 2015 年的两次修订，吸纳了很多市场的新情况和公司治理的新经验和成熟做法，应该说总体上促进了公司治理水平的不断提升。

2017 年以来，包括英国、荷兰以及中国香港、中国台湾地区在内的市场均对各自的公司治理准则或者规范进行了修订，反映出了各市场关注公司治理、希望通过治理水平提升促进市场竞争力的目标，这也为我们进行本轮修订提供了很多最新的借鉴参考的素材。笔者认为，本轮准则修订完成一方面是对我们参与到 G20/OECD 有关公司治理原则的相关承诺的履行，另一方面也满足了长期困扰资本市场、上市公司领域的治理问题和治理需求。

准则修订的几个亮点

笔者认为，过去的中国资本市场，在特定的公司治理或者说公司法治环境下，大多数的公司和投资者并没有很好地将公司治理水平的提升视为一项十分核心的话题，更多的是将公司治理与公司合规等同，而准则的定位在某种程度上是专注于公司治理本身提升的“基本法”，我认为它定位于《公司法》《证券法》之下但又是处于公司治理最佳实践之上的一个原则性文件，更应当突出的是公司治理的一些核心原则和理念，比如股东、董事高管对公司的受信义务，董事会各项制度的核心价值以及如何看待公司利益相关者等的原则，针对此次修订，我认为有几个值得关注的亮点：

1. 着力中小投资者保护

准则在有关中小投资者保护的话题上重点在总则部分新增了有关股东权利平等的原则，同时还有对实践中其他规范的进一步确认，比如现金分红、网络投票等制度。其中更值得关注的是从受信义务的角度，对控股股东的行为进行约束。过去我们遵循着公司法框架，谈的更多的是股东的权利义务，将股东单纯看作公司的“主人”，却忽视作为控股股东、实际控制人本身同样承担着对公司、对其他中小股东的受信义务，大股东将上市公司当“提款机”，违反相关承诺事项等违规行为屡见不鲜。此次准则修订中，对控股股东、实际控制人在诚信义务、承诺履行、保持上市公司独立性以及信息披露义务等方面都提出新的要求，过去我们已经有针对控股股东的约束机制，但是此次修订明确将控股股东的诚信义务扩展到实际控制人和关联方，进一步体现了对这类群体的特别关注。

同时针对近年来频发的控制权争夺事件，准则还新增了有关控制权发生变更时要求各方采取措施保持上市公司稳定经营的规定，这是对上市公司的股东以及管理层在面对公司控制权争夺时，能有效保障中小股东权利，维护公司的正常稳定经营提出的明确要求。

2. 增加了上市公司党建工作的原则性要求

关于我国上市公司党建的话题从去年开始就成为境内外市场热议的话题，本次准则修订对上市公司党建工作提出了原则性的要求，重点规范了国有控股上市公司的党建入章工作。从某种程度上说，本次修订体现了监管部门对于上市公司落实国有企业党建工作要求的充分重视，在规定的具体程度方面较为适中，对一般公司来说维持现行《公司法》规定，没有增加额外义务，给境内外投资者一个相对稳定的预期。

3. 进一步完善董事会相关制度

与董事会相关的制度作为公司治理的核心机制，在我国的公司治理制度中一直没有得到充分的发挥，很多制度“用不上”“用不好”，有时候甚至被企业认为是凭空增加成本和负担的制度，这跟我们股权结构相对集中，更倾向于“股东大会中心主义”的总体背景密不可分。

本轮准则的修订将董事会下设的审计委员会规定为强制设置。笔者认为，目前审计委员会的制度是相关治理制度中少有的具备“牙齿”的制度，对审计委员会的职责以及履职的详细规定，使得他们在对公司财务审计方面起到了非常强的监督和约束力，2017 年包括台交所、加拿大证券监管局（CSA）也颁布了有关审计委员会强制设置的规定，准则修订强制设置审计委员会是对这一制度发挥作用很好的巩固。

另外一个亮点则是对上市公司董监高的评价机制，准则规定董事和高级管理人员的绩效评价由下设的薪酬与考核委员会负责组织。以美国董事会治理的实践看，标普 500 的上市公司每年都必须提交对董事会的评价报告，这是对董事高管履职的更高要求，而不是停留满足设置相关治理机构的合规要求，2017 年 1 月印度证监会（SEBI）也对公司董事进行绩效评估，以提高公司治理水平，这一修订是公司治理从关注合规向关注绩效转变的重要步骤。

在独立董事制度方面，新增了一条关于独董职权的条文，同时在独董义务方面，明确要求独董应当在股东大会进行年度述职，同时要求独董在面对公司纠纷出现时，应当积极履职，这也为后续对 2001 年颁布的《关于在上市公司建立独立董事制度的指导意见》修订奠定了基础。

此外准则还新增了有关董秘职责的规定，近年来，董事会秘书作为上市公司治理的具体执行和合规的具体执行人，承担起了公司治理相关机制落实的重要职责，准则明确要求董事会和其他高管人员要支持董秘工作的开展，不得干扰董秘的正常履职。

4. 对机构投资者参与公司治理予以确认

外部股东如何行使股东权利、发挥监督功能在近年来成为发达市场普遍关注的话题，投资者结构的变化是公司治理制度不断发展的重要主导因素，以机构投资者为代表的积极股东在境外市场成为一个热点话题，其对公司治理的诉求也不断增加，成熟市场的机构投资者通过积极行使建议、质询、表决和选聘董事等股东权利，在公司治理领域施加了越来越重要的影响力。本轮准则修订增加了机构投资者专章，既是与 OECD《公司治理原则》2015 年最新修订的接轨和融合，更是结合当前我国社保基金、保险资金和公募基金等各类机构投资者，参与公司治理的路径和方式进行的本土化实践探索。此外，修订内容也与 A 股加入 MSCI、QFII 新政和“深沪港通”等国家金融改革开放政策相适应，为更好地引入国际投资者，形成境外先进经验和本土市场结合下的探索联动奠定了规则基础。

5. 关注“绿色”与社会责任等热门议题

有关环境、社会及治理（ESG）的关注早已成为包括 OECD 治理原则在内的众多国际组织标准所关注的主要话题，随着对利益相关者的关切作为上市公司治理的重要目标转向，与企业社会责任、可持续投资、绿色治理等话题早已成为学术界和企业界的重点，我国资本市场也在针对社会责任信息披露、鼓励企业进行生态环保、绿色投资等领域作了大量的探索，此次准则修订对上市公司披露环境信息、履行社会责任情况进行了规定，形成了 ESG 信息披露的基本框架。随着 A 股纳入 MSCI 新兴市场指数，以及我们资本市场对外开放步伐的不断加快，对 ESG 的披露会逐步从一个“加分”项目成为一个“必考”项目，尤其是境外大型机构的资金配置早在 10 年前就已经开始专注于与 ESG 领域相关的可持续投资，我们对这一领域的关注刻不容缓。

准则修订的几个局限与约束

从笔者的观察来看，本次准则修订从监管机构到自律组织以及市场各界都给予了很高的关注，同时也进行了民主科学的开门立法过程，我认为仍有几个客观因素局限着准则的修订：

第一，受限于上位法《公司法》尚未修改，准则对很多具体制度无法修改。现行《公司法》是 2018 年修改的版本，很多与公司治理有关的基础制度，比如独董制度、监事会制度等，在上位法没有改变公司治理基本架构的情况下，准则可以腾挪的空间受到较大的约束。

第二，我国治理准则的定位与 OECD 治理原则相比，具有更强的约束力，对上市公司治理影响较大，相关制度构建不太可能毕其功于一役。OECD 的公司治理原则有很多内容是叙事性和倡议性的，因此可以对很多前瞻性的制度和做法进行倡导。但我国的治理准则是由监管机构发布的规范，具有一定的强制力，不可能和 OECD 治理原则一样将各种新趋势和新做法都往里写，不可能实现一步到位的改革。

第三，准则规定的相关制度以原则性规定为主，颁布后仍需要进一步调整和构建新的治理规则体系予以配套。准则的颁布对市场尤其是上市公司具体的运行有较大的影响，很多制度需要通过修改上市公司监管有关的规章规范以及协会、交易所自律规则来配套实施，形成新的上市公司治理规范体系。

下一步的期待

考虑到第一版准则颁布距今已经有 10 多个年头了，无论是学术界还是实务界对治理准则的修订都寄予了很高的期望，笔者认为除了上述提到的一些亮点之外，还有几点期待：

一是在本次准则修订的民主立法、科学立法的基础上，应当进一步建立持续修订和相关制度的试点实施机制，拟进行创新的重大制度可以在治理机制较成熟、公司运作较规范的银行类、金融类上市公司中试行，再加以推广。

二是董事会多元化的机制可逐步建立。董事会的多元化过去几年里在国际上被视为治理水平提升的重要指标，是大型的机构投资者关注的首要议题，主要的做法包括了强制预留女性董事席位、增加董事专业属性来源、增加不同独董挑选的机制等，包括美国、印度、日本等市场的监管机构和机构投资者都在努力推动董事会多元化的做法。在准则下一步修订中如能进行一个预期的设定，比如“在2020年之前每家上市公司董事会至少有一名女性董事”，可以在董事会多元化机制上做一些努力。

三是统筹考虑独立董事、专门委员会和监事会制度的改革，为今后的调整预留空间。上述几项制度在治理实践中的作用受到了较大的关注，其中部分制度没有发挥预期作用，笔者认为应当在制度保留的基础上逐步“做实”，比如此次修订中涉及的董事高管的绩效评价制度，可以考虑做实监事会和薪酬考核委员会的职能，给予其考核权，并且通过与上市公司信息披露、治理评价的评级相挂钩，使他们逐步发挥监督约束作用。

四是对于过去两年市场关注的控制权争夺引发的公司治理事件，本次修订在第7条提出了上市公司不得剥夺或限制股东权利的原则性规定，对该类问题进行了一定的回应，但是在缺乏上位法基础以及法院总体判决依据的情况下，难以得出较好的解决路径，建议通过监管机构、人民法院、证券交易所共同探讨出针对公司章程和决议剥夺股东权利的司法和监管原则，更好地维护公司治理的稳定。

05 上市公司监管法规体系解析

导 言：我国资本市场法律法规的体系一直令市场参与者和研究者略感庞杂，截止到2017年年末，资本市场各项法律法规和规范性文件合计达到了633份。本文从法律、行政法规、部门规章、规范性文件以及相关的监管问答五个维度对我国上市公司的法规监管体系进行了梳理和整理，并进行简要介绍。需说明的是，由于时间和内容的庞杂，目前只是基于重要性原则对规则进行了选取，未求穷尽，也未涵盖自律规则。且因监管实践中窗口指导较多，本文仅以形成文字的窗口指导为准，以期能在一定程度上厘清资本市场监管的体系脉络。

粗略梳理下来，我国上市公司监管的主要规则文件数量达90份，分别为4部法律、5部行政法规［含《上市公司监督管理条例（征求意见稿）》］、10部部门规章以及74个规范性文件，内容主要涉及信息披露、权益类再融资、并购重组、公司治理、国资管理以及内部控制6个部分（参见插页图1：上市公司监管法规体系）。但是，需要说明的是：

1. 刑法规范条文未纳入

因希望能够聚焦资本市场领域的规则，这次梳理的主要是民商法、经济法领域的规定，刑法的规定未予纳入。事实上，如果从体系完整性、规则重要性角度出发，《刑法》分则第三章破坏社会主义市场经济秩序罪下第三节“妨害对公司、企业的管理秩序罪”下的15个罪名以及第四节“破坏金融管理秩序罪”下的5个罪名也有着很重要的地位，尤其是第160条“欺诈发行股票、债券罪”，第161条“违规披露、不披露重要信息罪”以及第169条之一“背信损害上市公司利益罪”，更是直接针对上市公司以及董监高的规定。

2. 国资管理文件未穷尽

中国法规体系庞杂甚至混乱的主要两个领域，一为国资监管，二为资本市场监管。系因国有资产流失紧箍咒的存在以及国资监管体系本身的多头治理问题，导致国资监管存在法律概念不明确、权责划分不清晰甚至实际执行不一致的问题。国有企业的产权管理以及国有股东标识的很多重要规则出处甚至是函件，但因中国国企较多，国资管理的政治重要性又较高，上市公司监管绕不开国资监管规则。所以本次采用的是抓大放小原则，挂一漏万，仅罗列了几部重要的规则。

3. 公司法解释重要性不同

我们认为，在四个公司法解释中，对于上市公司监管更有参考价值的是公司法解释三和公司法解释四。公司法解释一和公司法解释二更多的是针对诉讼程序和公司解散的相关规定，而公司法解释三则系统性地对于各类出资到位、出资不实以及股份代持的效力问题进行了细化规定，公司法解释四则对于公司决议的效力瑕疵、利润分配、股东知情权以及有限公司股份转让的优先购买权进行了规定。但是以下两点需要注意：

（1）股权代持合同的效力问题。对于有限公司的股权代持，公司法解释三采用的是“内外有别”的原则，即代持协议原则上有效，但是不得对抗外部善意第三人，对于股份公司的代持协议一般也如此认定。可在金融强监管的形势下，近期最高人民法院公布的两个判决则以《合同法》第 52 条第（4）项“损害社会公共利益合同无效”对保险公司股权代持以及上市公司股权代持合同进行了无效判决，这足以让我们对代持合同的效力进行反思。

（2）认缴出资制度和资本维持制度的协调。2013 年公司法资本制度改革后，对于认缴出资而长期不出资的公司的并表问题，有一定争议。从法院现有的判例看，因为认缴出资的股东有期限利益，并不能以认缴出资不到位限制股东的表决权等人身权利，所以未出资行为并不影响对于子公司的控制，进而不会影响对于子公司的并表。

4. 监管问答重要性突出

上市公司监管实践中，监管问答的重要性几乎等同于掌握法规本身。这一点在再融资以及并购重组领域尤为突出，典型案例是《非公开发行股票实施细则》（以下简称《实施细则》）以及《关于上市公司大股东、董事、监事和高级管理人员增持本公司股票相关事项的通知》（以下简称 51 号文）。《实施细则》公布后，证监会以发行监管问答的形式对于定增数量进行了规定（发行前股份数量的 20% 为限）并增加了融资冷却期（上次融资，即 IPO、定增、增发、配股 18 个月后才能再融资）；而《上市公司收购管理办法》第 63 条关于自动豁免的爬行增持规则直接被 2015 年股灾期间的 51 号文修改，即原本要求持股 30% 以上的股东在达到 30% 以上状态一年后，每12个月增持不超过2%，否则自动豁免要约，但51号文直接将“自上述事实发生起一年之后”的规定废除了。与此类似的是，51号文第2条直接对于《上市公司董事、监事和高级管理人员所持本公司股份及其变动管理规则》第13条中敏感期买卖股票的规定进行了修改。

5. 中介机构执业规范未纳入

本文没有将中介机构开展业务的规范依据纳入。因为同期整理的资料中，对于中介机构的相关规定进行了梳理，同时考虑到文章本身的聚焦性，就未一并纳入。但是，《保荐人尽职调查工作准则》《上市公司并购重组财务顾问业务管理办法》《律师事务所从事证券法律业务管理办法》《律师事务所证券法律业务执业规则（试行）》无疑对理解、把握上市公司监管有着很重要的意义，故此说明。

06 上市公司监管法规体系解析：国资监管、公司治理与再融资

> **导 言：**前文对上市公司监管规范体系进行了概览，本文则从国资监管、公司治理、再融资这三个维度进行了探讨，简要分析其中存在的问题，以期为将来不断进行的规范调整提供检讨线索。

国资管理：体系庞杂

国有股管理方面的规则文件远不止上述几部法律，下面仅就此罗列该2部法规（《企业国有资产监督管理暂行条例》，以下简称《暂行条例》，《国有资产评估管理办法》，以下简称《评估办法》）、4个部门规章（《上市公司国有股权监督管理办法》《企业国有资产交易监督管理办法》《金融企业国有资产转让管理办法》《企业国有资产评估管理暂行办法》）以及3个规范性文件（《上市公司国有股东标识管理暂行规定》《国有单位受让上市公司股份管理暂行规定》《关于施行〈上市公司国有股东标识管理暂行规定〉有关问题的函》）。

尽管目前国资监管方面的监管原则已经基本由《企业国有资产交易监督管理办法》确定为“一级企业的股权转让经国资委审批，二级企业的股权转让经母公司审批，但如丧失控制权则需同级政府审批，交易必须评估进场”，但是因为以下几种原因，中国国有资产管理体制的规则非常庞杂，甚至堪称混乱。

1. 体制多头管理

中国目前的国资管理部门主要有三，一是国资委，主要管理的是产业类国有资产；二是财政部，主要是通过汇金公司管理金融类国有资产；三是文化或教育部门，管理各类尚未转制的企事业单位国资。因为历史原因，各部门对于国资监管的态度、理念甚至概念定义都不尽相同，甚至央企层面的国有资产管理规则都存在一定

的不一致。

2. 地方情况多样

如果说中央层面的国资监管还有一个基本分工可言，那么地方国资监管堪称无章可循了。尽管国资委建立后，《暂行条例》明确了产业国资的“统一所有，分级监管”的体制，但是地方政府上各类国有资产的管理模式并不统一。比如，北京的金融资产已经基本纳入国资委统一监管范畴，财政厅不予管理，而文化资产则原则上划归文资办管理，而上海的金融国资和产业国资还是严格遵循前者财政厅、后者国资委的分工原则。地方上对于金融管理的权责划分也不甚清楚。

3. 监管目标多元

国资管理的目标到现在都不明确：到底是国有资产保值增值还是防止国有资产流失？[《暂行条例》第 14 条第（3）项] 如果是前者，必要的资本运作是不可避免，要求提高产权、资产转让效率，减少审批，但是这其中就会出现所谓的“国有资产流失”问题。近年来，对于国有资产流失的防范上升到政治高度，所以各级政府对于企业国有资产监管的态度不甚一致。目前对于国有企业的认定，是以企业层级辅之以控制或控股标准为原则，但现实中企业层级难以确定且控制权界定的复杂多变。更何况因为国资委并非垂直管理体制，《企业国有资产监督管理办法》仅要求市级及以上人民政府建立国资委，现实中很多地方县级单位的国资管理仍由财政部门甚至人民政府直接管理，甚至部分市一级国资单位被直接架空。

以上原因造成现行的国资监管面临着诸多问题，且不论对于多个国有参股股东企业如何认定企业性质的问题，一些基本概念甚至都无法统一，也不敢统一。这其中最大的问题就是国有企业的定义，因为《企业国有资产法》《暂行条例》对于国有企业的定义很模糊，《公司法》仅就控股股东做了原则性界定，所以对于何为国有控股企业的概念很不清晰，近两年出台的两部重要国资法律《上市公司国有股权监督管理办法》《企业国有资产交易监督管理办法》中对于国有企业的分类进行了明确，但还是出现了区别。前者对国企的分类是三分法，后者为四分法，较为明确的是一级企业中由政府或事业单位独资或全资持股的公司和由该类股东持股 50% 以上的股东，但是对于二级及以下公司，前者的定义为一级国有独资、合资或控股企业直接或间接持股 100% 的企业［《上市公司国有股权监督管理办法》第 3 条第（3）项：第 2 款中所述企业直接或间接持股的各级境内独资或全资企业］，后者的定义则为一级国有独资、合资或控股企业持股比例 50% 以上，定义出现了偏差。同时，后者还增加了国有实际控制企业的定义。尽管《上市公司国有股权监督管理办法》仅是对于国有股东的定义，但毕竟理论上二者应该保持一致，却出现如此的偏差，这也反映了实践中对于国有企业定义的不清晰、难清晰。

公司治理：层级较低

尽管公司治理对于上市公司而言极为重要，但实际上，上市公司治理的相关规定法律层级较低，主要是四个规范性文件：《上市公司治理准则》、《上市公司章程指引》（以下简称《章程指引》）、《上市公司股东大会规则》以及《中国证券监督管理委员会关于在上市公司建立独立董事制度的意见》。

需要说明的是，《上市公司监督管理条例》尚未正式出台。2007 年征求意见后，因与地方政府、国资监管等方面的关系协调问题，《上市公司监督管理条例》一直没有正式出台，所以在实践中对于一些大股东或董监高违反公司治理规则、损害上市公司利益的行为很难予以行政处罚。尽管《刑法》第 169 条之一规定了背信损害上市公司利益罪，但是因为刑事处罚和行政处罚分属两个系统，且《刑法》需具有谦抑性，很难对此类行为进行处罚。

从立法本意看，《证券法》的主要作用是规范上市公司及相关信息披露义务人的信息披露行为，《公司法》则更多地坚持了《民法》的自治原则，要求中小股东穷尽内部救济才可以提起派生诉讼。即便如此，因为对持股比例要求较高（连续 180 天持股 1%），小股东事实上又很难通过派生诉讼获得救济，现实中的大股东操纵上市公司治理程序损害上市公司利益的行为很难直接规制。

但值得说明的是，《章程指引》等文件，看似是选择适用规定（opt in），但事实上已经成为一种准强制性规定，公司在 IPO 阶段为避免不必要的麻烦，均会选择该模板。这也导致《章程指引》中一些和《公司法》理念有所出入的规定，成为中国上市公司章程的标配。个中典型如董事会对股东提议召开临时股东大会的审议权，《公司法》第 100 条第（3）项规定，持股 10% 以上股东提议召开临时股东大会的，应当召开，但《章程指引》第 48 条第 1 款则写明董事会有权决定是否召开临时股东大会，明显与《公司法》的规定相违背。

权益类再融资：规则协调

上市公司权益类再融资的规定主要是 3 个部门规章《上市公司证券发行管理办法》（以下简称《证券发行管理办法》）、《创业板上市公司证券发行管理办法》（以下简称《创业板证券发行管理办法》）以及《优先股试点办法》（以下简称《试点办法》）和一个规范性文件《上市公司非公开发行股票实施细则》（以下简称《实施细则》）。此处，有三点需要注意：

1. 证券的定义与范畴

《证券法》中列举的证券只有股票、公司债、政府债以及基金份额（后两者是上市交易参照管理）。而《证券发行管理办法》以及《创业板证券发行管理办法》中明确规定的证券范畴则与《证券法》有所不同：股票、可转债。公司债则由《公司债券发行与交易管理办法》规制，而优先股则属独立体系，其上位法并无《证券发行管理办法》及《创业板证券发行管理办法》，且对于非公开发行的定义也是小于200人即可，只是在发行审核、信息披露方面原则上适用以上两个管理办法。

2. 优先股监管

该方面还有一个重要文件没有明列：《国务院关于开展优先股试点的指导意见》。因为《公司法》原则上只允许同股同权，兜底条款中明确只有国务院另有规定才可以突破该原则，为推行优先股，国务院以发文形式进行了另行规定。但是“国发”“国办发”等文件的法律效力事实上较高，各部委习惯称之为“法规性文件”，证监会官网则直接将其列为“行政法规”，而该类文件的效力事实上也是高于部门规章层级的规则。但理论上，该类文件只能被归类于规范性文件（《法治政府建设纲要2015—2020》已经明确了规范性文件的效力层级），效力层级是最低的。所以，此处并未正式收纳。事实上，优先股试点主要是为了解决银行资本充足率问题，所以到目前为止发行优先股的上市公司基本为国有银行，对于一般上市公司的意义不大。

3. 注意规则协调

两个管理办法以及《实施细则》的协调问题。《证券发行管理办法》以及《创业板证券发行管理办法》主要针对公开发行股票（配股、公开增发）以及发行可转债进行了规定。对于非公开发行，即定增只做了原则性规定。定增的主要规定是在《实施细则》，其制定依据中并无《创业板证券发行管理办法》，仅从法规依据看，创业板发行股票并不需要遵守《实施细则》。但2017年《实施细则》修订后，定价基准日由董事会决议公告日、股东大会决议公告以及发行期首日三择一变为发行期首日，市场曾就创业板发行是否适用这一规定产生过一定异议，后经发行部窗口指导统一口径，要求创业板发行价格基准值日同样适用该规定。当然，2017年2月17日监管问答中，对于发行数量不超过发行前股本20%的规定，已经直接明确同样适用于创业板公司。

07 上市公司监管法规体系解析：并购重组、信息披露、内部控制以及其他

导 言： 相对于国资监管、公司治理、再融资等议题，上市公司的并购重组、信息披露及内部控制更显重要，本文接续前文所进行的分析，对以上三个维度的监管规范体系进行细致探讨。

并购重组：问答称霸

上市公司并购重组领域一直是投行业务的重头戏，也是上市公司监管的重要领域之一。事实上，何为并购重组，并没有一个明确的定义，前上市部处长马骁老师在其《上市公司并购重组监管制度解析》中，将上市公司收购、重大资产重组、合并分立以及回购纳入该范畴，同为前处长的蔡曼丽老师在其讲课中并未提及上市公司回购制度，部分市面上的并购重组制度汇编则会将减持规定纳入该范畴内。正式文件中，《上市公司并购重组财务顾问业务管理办法》则定位并购重组业务为“收购、重大资产重组、合并、分立、股份回购等上市公司股权结构、资产和负债、收入和利润等具有重大影响的并购重组活动”。从完整性考虑，本文将减持新规等规定纳入该范畴内。

细分之下，并购重组领域的主要规定应为以下四类：上市公司的收购、重大资产重组（细分为重组上市、发行股份购买资产、配套融资、业绩承诺四类）、上市公司股份回购以及股权变动监管。此处，因回购规则基本与《公司法》关于股份回购的规定一致，则不过多阐述。

1. 上市公司的收购

市场上一直有疑问，为什么《上市公司收购管理办法》规制的对象明明是收购上市公司行为，却起一个像上市公司为收购主体的名字？对此，我曾和几个朋友讨

论过，有位老师解释称《股票发行与交易暂行条例》中上市公司的收购部分是前证监会副主席高西庆主笔，高老是海归出身，对英文“the acquisition of company”进行了直译，才出现了上市公司的收购这一略微拗口的名词，不知真假，但颇有道理，仅供参考。

该部分的主要规则包含 1 个部门规章《上市公司收购管理办法》（以下简称《收购办法》）、5 个格式准则（15—19 号）、四个证券期货法律适用意见（4、7、8、9）以及一个监管问答汇编（证监会 2015 年 9 月 18 日发布的监管问答中问题 15—21）。同时，如前所述，需要注意 51 号文对于第 63 条第 2 款第（2）项自动豁免要约情形中“爬行增持制度”的修改。

以上规定确定了上市公司收购方面的五项主要制度：权益披露、要约收购、协议收购、间接收购以及要约豁免。其中，适用意见 7 号对豁免要约中挽救严重财务困难的情形进行了细化规定；适用意见 4 号则明确了该情形以及自动豁免的增发情形中，限售期内可以进行同一控制下转让；适用意见 8 号则对竞价收购完成时点进行了明确；适用意见 9 号则明确申请豁免要约、简易程序豁免要约以及自动豁免要约三种情形竞合时，可自行择一适用。

诚如前所言，在上市并购重组领域，监管问答发挥的作用极大，这在《收购办法》与《上市公司重大资产重组管理办法》（以下简称《重组办法》）两个办法上体现尤甚。《收购办法》因大量借鉴境外规则，产生了很多新概念，如“权益”“一致行动人”，而市场对于所谓的披露节点究竟以 5% 为标准还是 5% 的倍数为标准也存在不同理解，证监会有些老师的著作中也存在不同的认知，所以理解上很困难。而 2015 年 9 月 18 日的监管问答，就对诸如“占有权益”、“近亲属一致行动人”、“2 日、3 日”、“事实发生之日”以及披露节点的问题进行了官方解答，起到一定厘清概念的作用。

2. 重大资产重组

重大资产重组的规定主要有 1 个部门规章（《重组办法》）、1 个格式准则（26 号）、4 个证券期货法律适用意见（4、10、11、12）、2 个通知、1 个监管问答汇编（证监会发布于 2015 年 9 月 18 日的监管问答汇编 1—14 题）以及 14 个监管问答，基本形成以下制度框架。

以上规定主要涉及非借壳类、非股份购买类重大资产重组标准、重组上市（即借壳上市）、发行股份购买资产、配套融资、业绩承诺等制度。其中，对于非借壳类、非股权并购类，已经不需要证监会审批，下放由交易所自律监管，而另外三种行为仍需要证监会行政许可。

（1）发行股份购买资产制度

因涉及证券发行，所以证监会依旧保留了行政许可权，相关规定参照《实施细则》执行，但是非公开发行的对象低于200人即可（2015年9月18日监管问答汇编）、定价基准仍按照《重组办法》的三选一模式（董事会决议公告日前20个交易日、60个交易日或者120个交易日的公司股票交易均价，出自2017年2月18日答记者问）。

（2）配套融资制度

对于融资金额小于交易价格的配套融资，由并购重组委审批，反之则由发审委审批（适用意见12号）；同时，需注意配套融资与《实施细则》的协调，2017年2月17日的发行监管问答发布后，证监会以记者问答的形式，明确了配套融资适用新规中发行数量（不高于发行前股本20%）、定价基准日（发行期首日定价）的规定，但是不适用18个月的融资冷却期。

（3）借壳上市制度

2017年新修订的《重组办法》吸纳了适用意见12号确定的执行累计首次原则中的60个月规定以及《借壳上市审核严格执行首次公开发行股票上市标准》中关于比照IPO审核标准审核重组上市、创业板不得重组上市的规定，并增加规定重组上市不得配套融资、要求认购股份的特定对象（非大股东、实际控制人及控制的关联方和从前述人收购获取股份的特定对象）锁定期较非借壳类重组延长12个月。

同时，因为2016年《重组办法》加强对重组上市的监管后，现实中出现大量三方交易、现金交易、突击入股上市公司、突击转让标的资产等行为以规避执行累计首次原则或避免交发审委审核，证监会于2016年6月17日发布监管问答要求对于突击入股上市公司、突击转让标的资产、发行股份购买资产中大股东同时认购的情形，在计算时一并剔除。而对于三方交易，目前流传的窗口指导是要求“第一大股东和第二大股东持股比例相差5%以上”，且“60个月控制权+主营业务承诺不变更”，后一点在修订后的《格式准则26号》的第11条第（3）项中有一定的体现。

（4）业绩承诺制度

尽管《重组办法》仅第35条进行了原则性规定，即如果发行的交易对手方为实际控制人、控股股东及其控制的关联方，必须进行业绩补偿。但是在2015年9月18日的监管问答汇编中对补偿对价（股份补偿优先、股份不足再行以现金补偿）、计算公式等进行了明确的规定，同时在2016年6月17日明确业绩承诺不得适用上市公司监管指引第4号关于承诺变更的规定，即不允许变更。2016年6月17日，证监会同时公布了关于业绩奖励的监管问答，要求业绩奖励的金额不超过超额业绩的100%，且不高于交易作价的20%。

值得注意的是，在业绩补偿制度中，对借壳上市的业绩补偿要求和一般重组的业绩补偿要求也有过不同，即必须以业绩补偿的股份数量不得低于此次发行股份购买资产中发行股份数量的90%，如果实际控制人、控股股东及其控制的关联方认购数量不足90%的，剩余部分需要与其他股东协商补足，达到90%覆盖比例。

3. 股权变动监管

该方面的主要制度是2个规范性文件：《上市公司董事、监事和高级管理人员所持本公司股份及其变动管理规则》和《上市公司股东、董监高减持股份的若干规定》。前者事实上是对《公司法》中董监高限售规则和《证券法》中短线交易规则的细化，且将每年减持不得超过持有股份25%的规定扩展到5%以上大股东、董监高明确了敏感期不得买卖股票的规定；后者则是对5%以上股东、特定股东、董监高的减持进行了规定，只是将大宗交易下减持规制的制定权下放至沪深交易所。

信息披露、内部控制以及其他

1. 信息披露

该方面法律规定较为清晰简单，主要是1个部门规章（《上市公司信息披露管理办法》）以及27个规范性文件（共16个信息披露内容与格式准则、2个规范问答以及9个信息披露编报规则）。但是，需要说明的是，因为证券监管的生命线即信息披露，所以该处罗列的信息披露文件仅限于专门规定信息披露相关内容的规则文件，而其他规定也存在大量信息披露规则。至于5个解释性公告，因为是IPO领域用得较多，并未纳入，但事实上同样适用于上市公司监管，比如界定了非经常性损益的1号解释性公告。

2. 内部控制

该方面规定也较为简单明确：1个部门规章（《企业内部控制基本规范》）、20个指引（18个应用指引、1个评估指引和1个审计指引）和6个通知（4个针对资金占用与担保、1个针对关联交易与同业竞争、1个关于募集资金）。

其中，对于2003年的56号文（《关于规范上市公司与关联方资金往来及上市公司对外担保若干问题的通知》）以及2006年的120号文（《关于规范上市公司对外担保行为的通知》）中关于上市公司对外担保的规定，有着明显出入，前者对于关联方担保采取了禁止的规定，后者则要求按照规定履行内部决策程序，需要董事会审批的，需2/3以上审批通过。需注意的是，120号文第4条第（3）项明确说明，如果53号文中相关规定与其规定有冲突的，以120号文为准。但因该文件于2017年12月被修订后再次公布，市场对该两份文件的适用再次出现了一些困惑，因为如果依据“新法优于旧法”的原则，或许56号文中有关对外担保的规定将再次生效。但事实上，目前的监管实践仍是延续原有做法，并未受此次修订的影响。

其他方面，还有四个上市公司监管指引、一个关于内幕知情人登记制度建立的通知以及上市公司现场检查的规定文件。本文不一一列举。

结语

不得不说，上市公司监管的法规绝不止本文所列的规则文件，更何况在如今强监管的背景下，交易所在监管方面责任承担越来越重，其自律监管措施因与上市公司再融资直接挂钩，所以对上市公司监管以及相关从业人员影响颇大，但因笔力所限，本文仅提供理解国有上市公司监管规范的一条线索。

08 上市公司收购管理办法：沿革与架构

导 言：宝万之争后，上市公司收购的问题开始为社会所关注，而规制该问题的主要文件《上市公司收购管理办法》（以下简称《收购办法》）则因其用词略显晦涩、内容庞杂而让人一头雾水。事实上，即便是一些市场上流行的相关书籍，也在部分问题的理解上出现了错误。本文基于市面上所能见到的资料，并结合相关的监管问答，对该制度文件中规定的相关条文进行了梳理，试图还原立法原意。

修改历史

2002 年《收购办法》首次面世，在当时股权分置改革尚未开始、非流通股依然是市场主流的背景下，对上市公司收购行为实现了有效的监管，但是由于 2004 年启动股权分置改革后，市场环境发生变化，2006 年，证监会对《收购办法》进行了修订，基本确立了现行《收购办法》的框架，共十章，分别确立了权益披露、要约收购、协议收购、间接收购、要约豁免以及一致行动人六大制度框架体系。

2006 年之后，证监会先后于 2008 年、2012 年、2014 年对《收购办法》进行了修订，三次修订主要是对于豁免要约制度进行了一定的调整，将原本属于报证监会批准才可以豁免要约的行为，改为无须批准即可自动豁免。同时，2014 年修订中，也将原管理办法中大量的报告义务改为公告义务。尤其是将原规定中关于收购报告的行政审批程序取消，收购人只需要履行报告义务即可，这大为缩短了收购事项的审批流程，更多地让市场对收购事宜进行消化。

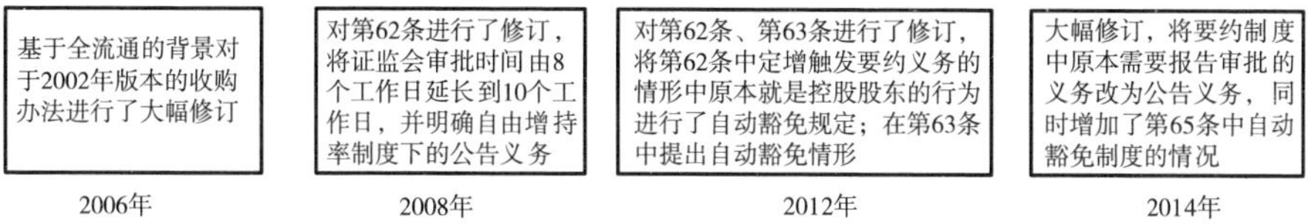

图1 历史沿革

权益披露制度

权益变动披露制度可谓是我国收购制度的核心之一，从谋篇布局看，现行《收购办法》第二章就是权益披露制度，也足以看出该制度的重要性。值得注意的是，此处的权益并非简单的持股比例，对于一致行动人、可供支配的股份，均需要合并计算。比如收购人甲持有A公司60%的股份，而A公司持有上市公司8%的股份，则需认定甲持有的股份为8%，而非4.8%。

从制度规定上看，该部分主要涉及两部分：慢走规则与权益披露内容。

1. 慢走规则

我国《证券法》明确规定，在收购达到5%的比例时，需要在3日内履行报告义务并在报告期内不得继续增持，并在此后每增加5%也需要履行义务，此为“慢走规则”。对此，《收购办法》进行了细化规定，见下表1：

表1 慢走规则对比

	场内收购	场外收购
适用情形	二级市场、大宗交易	协议转让、非交易过户情形，也即在中国结算柜台办理的转让过户
初始披露义务	5%需要在3天内披露，其间不得买卖	5%需要在3天内进行披露，报告前不得买卖
持续披露义务	之后每加减5%，需要在3天内披露，其间以及之后两天不得买卖	之后每加减5%，需要在3天内披露，报告前不得买卖
罚则	可责令改正，其间不得行使其表决权	

一般而言，该制度的理解主要涉及三个问题：

（1）场内收购的公告义务区别。对于场内的收购（二级市场购买或大宗交易），[①]

---

① 上交所《关于执行〈上市公司收购管理办法〉等有关规定的通知》（上证公字〔2009〕3号）、深交所《关于严格执行〈上市公司收购管理办法〉等有关规定的通知》（深证上〔2008〕146号）。

当持股比例达到5%或每增持或者减少达到5%之后，收购者需要停下并公告，在公告期内不得进行进一步的收购；但是对于场外的收购（协议转让或非交易过户），只需要履行公告义务即可，无须停下来。这也意味着，场内增持需要在5%的持股比例处停下，而场外无须停止。

（2）每增减5%的理解。此处的5%是根据增减持的累计变量计算，也即13%的持股人进行权益披露的时点是其持股8%而非10%之时。同时，对于原持股5%以上后减持将持股数量降低至5%以下的，也需要按要求进行披露。①

（3）超额增减持的罚则问题。对于信息披露违规方面，办法规定证监会可以责令改正并限制表决权，但该条款一来并未明确责令改正的含义，也即责令改正是增持者进行补充披露还是需要将违规增持的股份进行售出，出于证券交易稳定性的要求，现实中一般也要求进行补充披露；二来限制表决权究竟限制的是违规增持部分还是全部持有股份也未明确，现实中的做法不一而足，加之该规定有违反上位法之嫌，所以该罚则的执行仍然存在较大争议。

2. 权益披露

在触发权益披露义务后，不同情形下，披露义务主体需要履行的义务有所不同，根据披露内容的繁简不同，相关主体需要选择简式权益变动报告书抑或详式权益变动报告书进行披露：

（1）履行简式权益变动报告书披露义务有二：①在5%—20%的区间内且不是第一大股东或实际控制人的；②在20%—30%的区间内进行减持的。②

（2）履行详式权益变动报告书披露义务有二：①在20%—30%的区间内增持的；②在5%—20%的区间内增持的，但已经成为第一大股东的则需要披露详式权益变动书，需要注意的是，如果是第一大股东还需要聘请财务顾问。③

从披露内容上看，二者的区别在于，详式权益变动报告书需要对于资金来源、融资安排以及收购成功后的重组方案进行说明。

此处还有两个补充规定：

（1）如果在披露了权益变动书的6个月内，因权益变动又需要披露的，则对于不同部分做报告公告即可，但6个月后则需要再进行权益变动披露。

（2）如果是因为上市公司减资使得持有权益被动增加，则无须报告、公告，由

---

① 《上市公司监管法律法规常见问题与解答修订汇编》（证监会2015年9月18日）。

② 证监会2015年9月18日公布的监管问答中表示，如果是因为增发原因导致股份比例下降至5%，而后又进行减持的也需要进行权益变动披露。根据理解，应该是进行简式权益变动披露即可。

③ 《公开发行证券的公司信息披露内容与格式准则第15号——权益变动报告书》（证监会〔2014〕24号公告）第10条。

上市公司在减资登记完成后 2 天内进行披露即可。

值得注意的是，根据前述对于权益的界定、《收购办法》第 57 条，对于上市公司股东的控制人（包含投资、协议以及权益安排等方式），也需要遵照该部分的规定，披露其权益变动情况。

需要注意的是，此处提及的 2 天、3 天，均为交易日且不涉及包含公告日当天。①

要约收购制度

在境外的上市公司收购监管中，如何防止小股东在公司控制人或管理层与“野蛮人”的争斗中受到伤害是很重要的议题。根据张巍老师的研究，美国的上市公司收购监管制度主要是履行披露义务并加重董事会的忠慎义务以保护小股东权利，而英国则是通过全面要约并严格禁止董事会进行反收购以保护股东。中国则比较特殊，我们一方面有比美国证券法 13D 更为严格的信息披露规则（不仅要披露，还要停止收购）；另一方面又规定了全面要约制度，但也并不禁止董事会进行反收购。

更为复杂的是，中国要约收购制度中还存在部分要约制度。具体而言，在收购者持股比例达到 30% 时，如果该收购者停下不再进行收购，则可以自由选择是进行全面要约，抑或是部分要约。但是收购者一次性收购超过 30% 或者申请要约豁免失败，则必须发出全面要约。

这意味着两点：

其一，如果收购者在持股 30% 以下的情况下停下，可以通过发出部分要约的方式增持到 30% 以上，而不触发全面要约的规定；

其二，如果持股比例在 30% 以上，却不符合豁免要约义务或免予要约的情形（持股 50% 以上且增持不影响公司的上市地位；持股 30% 以上达一年后，连续 12 个月的增持不超过 2%）增持必须通过部分要约的方式进行。

这两种收购制度的具体细节规定为：

值得注意的是，对于要约对价为非现金方式时，是否需要提供现金选择权，《收购办法》的规定让人有些困惑。根据第 27 条后半部分的表述“以依法可以转让的证券（以下简称证券）支付收购价款的，应当同时提供现金方式供被收购公司股东选择”，现金选择权是必须提供的；但是其在第 36 条第 1 款最后又明确指出，“收购人以未在证券交易所上市交易的证券支付收购价款的，必须同时提供现金方式供被收购公司的股东选择”，似乎现金选择权又成为一种特殊的规定。就

① 《上市公司监管法律法规常见问题与解答修订汇编》（证监会 2015 年 9 月 18 日）。

此，我咨询了两位相关的实务人士与监管人员，他们对于该两条规定的理解是必须同时提供现金选择权。但是有趣的是，在雷霆老师的书中，其对该两条法律规则理解适用是在全面要约需要提供现金选择权，但是非全面要约只需要在使用非上市公司的股权时才强制要求提供现金选择权。① 这种自相矛盾的表述无疑会给实务操作中的法律适用带来困难，但是因为实务中采用非现金方式收购的案例甚为稀少，以上冲突并未暴露出很多适用的问题。

可以看出，收购办法非常注重对于中小股东权益的保护：

被收购公司董事会的忠慎义务方面，《收购办法》第 32 条对被收购公司的董事会在收购出现时的勤勉义务进行了规定，要求董事会就收购人的主体资格、资信情况以及要约条件进行分析并给出建议，且需聘请独立财务顾问进行评估。同时，《收购办法》第 33 条又明确规定在股东大会未决议前，董事会不得从事处置公司资产、对外投资、担保或贷款等行为，这基本上杜绝了董事会采用“焦土策略”的可能性。

要约对价的公平性方面，收购办法要求收购价格不得低于公告前 6 个月的收购人收购的最高价格，且对所有股东提供的对价必须一致，提示性要约发布后至收购结束期间不得卖出被收购公司的股票，或以其他方式买入被收购公司的股票。

收购人所持股份的禁售方面，对于被认定为收购行为的行为人收购的股份，均需要遵守 12 个月的禁售期的规定。特别的是，收购行为并不以持股 30% 以上为界定条件，因二级市场增持成为第一大股东的即便持股比例在 30% 以下，也需要遵守收购办法的禁售要求。②

协议收购

1. 协议收购的一般规定

根据中国证券市场流通场所的惯例，交易所以内的交易被称为场内交易，包括竞价交易以及大宗交易；而交易所以外的交易则被称为场外交易，主要是因为法定原因发生的过户交易（离婚、继承、法人资格丧失以及行政划拨）以及特定情形下被例外准许的过户交易。

协议收购指的就是通过场外交易的方式获得控制权。原则上讲，协议收购与要约收购的要求基本一致，但在以下几方面有着比较重要的区别：

（1）信息披露方面，如果获得证监会豁免全面要约的批准，则协议收购的收购报告书自然无要约收购的条件、收购期限等因素。

（2）备查文件方面，要求提交身份证明文件、对后续发展计划以及管理能力的

---

① 雷霆：《公司并购重组原理、实务及疑难问题诠释》，中国法制出版社 2014 年版，第 301 页。

② 《上市公司监管法律法规常见问题与解答修订汇编》（证监会 2015 年 9 月 18 日）。

说明文件、保证上市公司独立性以及避免同业竞争的文件、法人以及其他组织近两年实际控制人未变更的说明、对收购人（及其实控人）核心企业以及关联企业的业务说明（如果存在两个以上实际控制的公司还需要说明其持股5%以上的金融机构）、财务顾问对于公司近三年诚信记录以及收购资金来源的说明。例外的规定是，如果属于行政划拨、同一控制权不同主体之间划拨股份、继承等情形可以免予聘请财务顾问。

（3）履约保障方面，需要将所有需要支付资金以及拟过户股份存放于登记存管机构指定的银行。

2. 特别规定

值得注意的是，在以上制度之外，协议转让制度有两个特别规定：

（1）管理层收购即MBO情形

对于MBO的情形，由于管理层作为内部人，容易出现利益输送以损害上市公司中小股东利益的情形，所以对于上市公司董事会中独立董事有着更高的要求。[①] 具体而言，需要公司董事会中的独立董事存在1/2以上，且需要符合"非关联董事表决同意+2/3以上独立董事表决同意+股东会非关联股东所持表决权半数同意+独立财务顾问出具意见"。而对于有《公司法》第148条情形或近三年有证券市场不诚信记录的高管，则不能进行MBO。需要注意的是，收购办法在某些情形下，特别要求财务顾问必须是"独立的"，何为独立财务顾问呢？对此，证监会做了排除性规定：上市公司5%以上大股东或可以选派董事；上市公司持股5%或可以选派董事；近两年有资产委托管理关系或担保关系；近一年有融资服务关系；董、监、高、主办及其亲属在上市公司有所任职，同为交易对手方的财务顾问。[②]

（2）关于收购过渡期的特别规定

所谓过渡期是指在签订收购协议至股份完成过户之间的时间，在2006年《收购办法》出现之前，很多收购人在收购的过渡期采用"托管"的方式将控制权先行进行转移，而所谓"托管权人"则对公司董事会进行改组后掏空上市公司，而原控股股东以"托管"为借口拒不履行股东义务使得中小股东利益被损害。[③] 故此，在2006年修订收购办法的时候，明确规定在过渡期不得改组董事会（如确有必要，最多不得超过1/3），且控股股东应对收购人的主体资格、诚信情况以及收购意图进行调查。

---

① 马骁：《上市公司并购重组监管制度解析》，法律出版社2010年版，第76页。
② 《上市公司并购重组财务顾问业务管理办法》（证监会令〔2008〕第54号）第17条。
③ 马骁：《上市公司并购重组监管制度解析》，法律出版社2010年版，第77页。

要约豁免制度

1. 概述

在2002年版本的收购办法中，由于“大非”仍然是我国上市公司的常态，所以对于要约豁免的适用情形规定得较多。但在股权分置后，仍允许较多豁免的情形显然就已经不合适了。所以，2006年版本修订后，豁免的情形大为限缩，且在三次的修订中扩大了自动豁免（即无须向证监会申请即可豁免）的情形。

从结果看，申请豁免成功的后果有二：其一是免予要约收购方式增持股份；其二是面对向被收购公司的所有股东发出要约。其中，后一种情形仅看字面文字就让人颇为挠头：“存在主体资格、股份种类限制或者法律、行政法规、中国证监会规定的特殊情形的。”这主要是因为中国金融体制尚未完全放开导致的，由于大量主体资格、行业限制、外资限制的存在，很多情形下收购人由于政策原因无法发起要约。比如对于A+H股公司，境外投资人在持股超过30%的比例时，应该发出要约，但是由于境外投资者无法开立A股账户，所以可以申请免予向A股股东发出要约。①

除了以上后一种特殊情况，收购办法对于“免予要约收购”的情形主要规定了三种情形：

（1）要约豁免，该情形有两种情况，基本都涉及事实性判断，所以需要证监会批准才可以豁免（20日内）；

（2）简易程序，主要是行政划拨以及股东大会批准的减资行为，因为事实比较明确（国资委批文或股东大会批准），所以证监会无明确异议即可（10日内）；

（3）自动豁免，基本属于事实极为明确或者对中小股东影响很小的行为，无须向证监会申请，可直接提起过户流程只需要在3日内进行披露即可。

可以看出，简易程序和自动豁免的适用情形差距不大，事实上近两次的修订也主要是在不断扩大自动豁免程序适用的情形。

2. 要约豁免程序

适用于该种程序的情形主要有两种：

（1）受同一实际控制人控制的两名股东进行股份相互划拨的行为，比如上市公司C的股东A受控于其自己的股东甲，股东甲同时控制B，此时，A将所持有的C的股份转让于B，则可以申请豁免要约；实践中控制权没有转移的认定是一个容易产生困惑的问题，证监会在监管问答中明确了两种情况，一种是收购人与出让人属

① 马骁：《上市公司并购重组监管制度解析》，法律出版社2010年版，第84页。

于同一控股集团，受同一自然人或者法人控制；另一种是二者属于同一出资人出资且控制，对于国有控股的情况要求均属于国务院国资委或同属同一省级地方人民政府。①

(2) 上市公司出现严重财务困难时，收购人提出了实质性的重组方案通过了股东大会的批准且承诺三年不转让公司股份。要注意的是，对财务困难进行了界定：最近两年连续亏损；因财务原因暂停上市；最近一年期末净资产为负值；最近一年亏损且其主营业务已停顿半年以上。②

3. 简易程序

适用简易程序的主要有两种情形：

(1) 国有资产的无偿划拨、变更以及合并。这种情形一般是具有行政指令情况下的无偿划拨，并非适用于所有的国资划拨；

(2) 公司股份回购减资的。这也比较好理解，因为向特定股东回购股份并进行减资是需要经股东大会批准的，事实也比较明确。

4. 自动豁免

适用自动豁免的，主要有七种情形，初步归纳为三类：

(1) 虽然属于增持行为，但事实上并不会对中小股东造成实质性影响的：

①自由增持率，即持股30%以上的股东在达到30%及以上的一年后，12个月内增持不超过2%的增持率，需要注意的是该情形下的起算时间点是持股达到30%及以上状态满一年后且增持的股份要受到6个月锁定期的限制，这一规定的起源是如果股东持股达到30%后还持有该部分股份达一年的时间，说明已经是公司的长期持有者，此时再进行买入是一种受到监管鼓励的行为；③

②绝对股东增持，即持股50%以上股东增持股份的（不影响上市地位的前提下），因为持股50%以上的股东再进行增持已经对公司的地位没有实质性影响了；

③ 金融机构阶段性持股，即券商、银行因为包销、贷款行为导致持股达30%以上且并没有控制意图的，这是因为我国监管制度本身就不允许券商、银行持有上市公司股份，自然也谈不上收购意图；④

④优先股恢复表决权，事实上根据《关于开展优先股试点的指导意见》，我国优先股恢复表决权属于暂时性行为，因为一旦公司将所欠分红清偿，优先股的表决权

---

① 《上市公司监管法律法规常见问题与解答修订汇编》（证监会2015年9月18日）。

② 《证券期货法律适用意见第7号——〈上市公司收购管理办法〉第六十二条有关上市公司严重财务困难的适用意见》（证监会〔2011〕1号公告）。

③ 马骁：《上市公司并购重组监管制度解析》，法律出版社2010年版，第90页。

④ 马骁：《上市公司并购重组监管制度解析》，法律出版社2010年版，第91页。

再次恢复原始状态，此时明显不属于有收购意图的情形。①

需要注意的是，在①②的情形下，如果是通过集中竞价方式增持的，每增加 1% 均需要履行披露义务，而②的情形还有慢走规则的限制，即每增加 2% 则需要履行信息披露义务，且在事实发生日与上市公司披露日期间不允许继续增持。

（2）完全被动的增持行为：因为继承导致其拥有的股权超过 30%；因履行约定购回式证券交易协议导致超过 30%；根据我的理解，因为这两类行为事实上均并未改变表决权的所有，所以也就自动豁免了。②

（3）事实上证监会已经审批通过的情形：因股东会批准同意的发行股份行为导致持股达到 30% 以上的，股东承诺三年不出售且股东大会同意其不发出要约的。这种情况一般出现在定向增发、配股、公开增发，因为证监会发行部已经在前述三类情形中进行了审批，且股东大会表决同意的情况下，再进行审批已经没有必要。③

一致行动人

相较于 2002 年版本的收购办法，2006 年的收购办法一个比较重要的改进是针对之前市场出现的通过代持或者协议安排规避信息披露义务的问题，详细地规定了一致行动人的情况。对此，此处不再进行一一罗列，只是需要说明的是，证监会在收购办法以及监管问答中明确认定精神为，“如无相反证据，则认定为一致行动人”，事实上这是一种类似于“有罪推定”的认定方式，将举证责任进行了倒置。

---

① 《中国证券监督管理委员会关于就修订〈上市公司重大资产重组管理办法〉、〈上市公司收购管理办法〉公开征求意见的通知》（2014 年 7 月 11 日）。

② 《中国证券监督管理委员会关于就修订〈上市公司重大资产重组管理办法〉、〈上市公司收购管理办法〉公开征求意见的通知》（2014 年 7 月 11 日）。

③ 《中国证券监督管理委员会关于就修订〈上市公司重大资产重组管理办法〉、〈上市公司收购管理办法〉公开征求意见的通知》（2014 年 7 月 11 日）。

09 上市公司重大资产重组：架构、沿革与逻辑

导 言： 上市公司并购重组制度对于上市公司资本运作、实现跨越式发展有着重要意义，对资本市场资源有效配置有着毋庸置疑的重大作用。但由于我国资本市场新兴加转轨的特点，上市公司在进行资本运作时尚存在较多不规范之处。对此，监管机构颁布了诸多政策文件以及监管审核口径，并几经调整。历经多年演变，上市公司重大资产重组方面的政策文件数量之多，堪称上市公司监管方面之最。2019 年 10 月，证监会再次修订政策，以期激活市场活力，但是如何改革、改革着力何处，问题待破，而对规则体系的梳理也就显得尤为重要。为此，本文对相关规则的框架、演变以及政策出台背景进行了一定梳理。

2019 年 10 月 18 日，《上市公司重大资产重组管理办法》再次修订象征着证监会对于并购重组监管理念的一次重大变化，引起了社会各方的热议。并购重组作为上市公司引入源头活水的重要制度，其对于资本市场资源配置、盘活市场存量有着重大意义，可谓是证监会上市公司监管中较为重要的工作。自颁布以来，围绕着《上市公司重大资产重组管理办法》（以下简称《重组办法》）和《上市公司收购管理办法》，证监会出台了一系列的规范性文件以及监管问答，同时证券交易所也各自出台了相应的自律规则以及业务指南，形成了今日根深叶茂、盘根错节的监管体系。

可是凡制度必有其衍生的逻辑，只有通过梳理清楚其发展的路径，了解规则与政策制定的背景，才能深入理解制度变革的逻辑，本文以《重组办法》为中心，通过对历年上市公司重大资产重组制度监管文件的梳理，剖析了重大资产重组监管的逻辑，并提出了相应的政策建议。

概述

(一) 监管架构

并购重组一直是我国资本市场上备受关注的主题，因其具有的资源配置效应，对市场影响较大，监管层在正式的政策文件之外，还出台了形形色色的规范性文件和监管问答，因此监管体系堪称庞杂。根据《上市公司并购重组财务顾问业务管理办法》中对于并购重组财务顾问业务的定义，我国资本市场上的并购重组应包含收购上市公司、重大资产重组、合并、分立、股份回购，其中对于上市公司收购、重大资产重组以及股份回购，证监会制定了一系列的规则，相应的交易所等监管机构也制定了细化的监管规则（参见插页图 2：上市公司收购、重大资产重组以及股份回购监管规则）。

针对上市公司重大资产重组，目前证监会的监管体系主要是“部门规章—规范性文件—监管问答—自律规则”。其中，部门规章和规范性文件方面，规则的体量不大，主要是 1 部《重组办法》和 10 个规范性文件。而对于该 11 部规则的细节规定，则主要在监管问答和自律规则中。

证监会的监管问答方面，主要是针对实践中对《重组办法》规则的细化，笔者将现行有效的监管问答①分为重组上市、特殊交易标的、特殊交易模式、业绩承诺、定价机制以及概念界定六部分。值得注意的是，除了上图中明确分类列明的问答，证监会于 2015 年 9 月 15 日发布的监管问答汇编系对前期的监管问答以及未明确的监管口径进行了一次性的汇总、整理，涉及上市公司收购、重组定价、配套融资定性以及业绩承诺等多方面的问题，在上述文件中的地位尤为重要。

沪深交易所的自律规则方面，主要是对于上市公司重大资产重组信息披露的细化性规范。值得注意的是，因为《证券法》将上市公司停牌的决定权赋予了交易所，在停牌方面的规则，证监会仅公布了一项指导意见，具体的规定由沪深两所进行了规定。类似的还有有关“分道制审核”的相关规定，证监会仅以答记者问的形式进行了部分明确，沪深交易所则根据证监会内部文件各自就分道制审核的相关事宜进行了明确。但遗憾的是，2014 年行政审批权下放后，并购重组审核效率提高，2013 年 10 月启动的分道制改革似乎并未随之改变，加之分道制下，公司与中介机构必须同时符合 A 级要求才能豁免审批，要求较高，实践中真正适用分道制的案例寥寥。根据袁钰菲②的数据，截至 2018 年年初，豁免通道仅不足 10 例。

以下拟结合历史沿革以及前述几方面的问题对我国上市公司重大资产重组监管框架进行阐述。

---

① 以证监会上市公司监管部网站上目前尚存的监管问答为准。

② 袁钰菲：《并购实战：制度逻辑与方案设计》，上海财经大学出版社 2018 年版。

（二）历史沿革

自1990年中国资本市场建立，在当年市场经济尚处于萌芽状态，人们对于资本市场的认识也处于懵懂状态，认为公司上市之后保持原样即可，因此在最初的几年间，对于上市公司的监管尚没有“重组”这个概念。证监会对于上市公司重组业务的第一份监管性文件为1998年的《关于上市公司置换资产变更主营业务若干问题的通知》（证监上字〔1998〕26号），也即俗称的“26号文”，此次文件明确要求使得上市公司资格发生根本变化的资产置换行为需要重走新股发行程序，但并未对何为根本变化的资产置换进行界定。

随后的2000年，证监会公布《关于规范上市公司重大购买或出售资产行为的通知》（证监公司字〔2000〕75号），提出了50%的界定标准，同时对于量化指标达到70%的出售或者购买行为，要求按照首次公开发行股票的要求进行辅导。值得注意的是，本文也同时放松了对于该类行为的监管要求，不再设置事前审批，只需要6个月后就规范运作情况报证监会及派出机构备案即可。该指导意见出台后，上市公司重组行为激增，同时也产生了各类乱象，中小投资者的权益无法得到保障。

因此，证监会于2001年公布《关于上市公司重大购买、出售、置换资产若干问题的通知》（证监公司字〔2001〕105号），重新要求上市公司对重大资产重组行为履行审批程序，并对四类交易行为报发审委（现重组委在当时尚未组建）审批，105号文也奠定了《重组办法》的基本框架。在此阶段，证监会对于上市公司重组业务的思路也处于探索阶段，监管的方式采用较为灵活的规范性文件，这个局面一直持续到了2008年。

2008年，《重组办法》正式实施。其后在2011年、2014年、2016年以及2019年进行了四次修订。尤其是2011年的修订，基本奠定了目前的监管框架，弥补了市场操作中的重大漏洞，包括增加了借壳上市、发行股份购买资产以及配套融资的相关规定。其中，首次于部门规章层面明确借壳上市（即官方所称的重组上市）要求：（1）重组标的必须为股份或有限公司；（2）必须持续经营三年以上；（3）且最近两个会计年度净利润均为正数且累计超过人民币2000万元。对发行股份购买资产要求：（1）为促进行业或者产业整合，增强与现有主营业务的协同效应；（2）控制权不得发生变更；（3）不得向控股股东、实际控制人或者其控制的关联人发行；（4）发行占比不得低于发行后股份的5%，否则主板、中小板交易额不得低于1个亿，创业板不得低于5000万元。对于配套融资则明确参照上市公司非公开发行的相关规定执行。

2014年5月，国务院进一步发布《国务院关于进一步促进资本市场健康发展的若干意见》（国发〔2014〕17号），要求充分发挥资本市场在企业并购重组过程中的主渠道作用，秉持着简政放权、将决策权更多地还给市场的理念，证监会在此次修订中对于监管权限进行了一定程度的限缩，包括：（1）明确只有借壳上市、发行股份购买资产由证监会审核，其余均下放至交易所层面进行信息披露监管；（2）明确借壳上市标准参照 IPO 发行条件核准；（3）业绩承诺只针对大股东、实际控制人及其控制的关联方强制要求；（4）股份发行的定价机制更加完善；（5）取消对于发行股份购买资产设置的规模下限；（6）将原本需要向证监会以及派出机构进行报告的事项进行了取消。

2016 年修订则集中性地针对借壳上市进行了细化的监管，具体包括：（1）借壳上市不得进行配套融资；（2）明确借壳上市中的“累计首次原则”的期限为 60 个月；（3）在借壳界定指标方面，将原有的资产指标扩展至资产、净资产、股份、收入、净利润以及主营业务根本变化六个方面的指标；（4）原实际控制人、控股股东及其控制的关联方、此次交易过程受让股份的交易对象需要将其所持有的股份锁定 36 个月，非关联方需要锁定 24 个月。

2019 年修订中，由于对借壳上市认知的转变，监管层放开了对于借壳上市的限制，具体表现在：（1）允许创业板借壳，但将范围限制在符合国家战略的高新技术产业和战略性新兴产业；（2）放开借壳上市不得配套融资的限制；（3）借壳上市认定标准中，不再采用净利润的认定标准；（4）累计首次原则的认定期间，由控制权变更 60 个月缩短至 36 个月。同时，本次修订明确了对于超期不完成业绩承诺的监管措施情形。

至此，中国资本市场对于重大重组以及借壳上市监管的基本框架形成。

重大资产重组：内涵与指标解读

（一）内涵

根据《重组办法》的界定，理解重大资产重组的三个关键概念为“日常经营活动以外”“资产交易”与“主业发生重大变化”。

1. 关于“日常经营活动以外”的理解。重组办法明确指出，重大资产重组行为指的是在日常经营活动之外的资产交易行为。根据马骁①于《上市公司并购重组监管制度解析》中的讲解，房地产公司购买土地的行为事实上并不构成重大资产重组，但是购买房地产开发公司的情形则应属于重大重组规制的范畴。实务中对于房地产公司收购项目公司一般不会要求执行累计首次原则并参照重大资产重组履行报告义务，可见监管认知中，其应该属于日常经营活动的资产交易行为。

2. 关于“资产交易”的理解。除了一般认知资产买卖等行为，《重组办法》将“以其他方式进行资产交易”囊括其中，其后列明的方式中，受托经营、资产租赁、

---

① 马骁：《上市公司并购重组监管制度解析》，法律出版社 2009 年版。

对外投资、接受捐赠等属于资产交易行为。对于该类型的界定，重组办法指出，此类行为实质上构成资产出售或者购买的，应该参照重大资产重组进行管理。但是何为实质上？对此，并未有较为权威的解释，根据雷霆老师①的解释，如果构成控制权的变化，对于合并报表范围有较大影响的，应该参照重组办法进行管理。

3. 关于“主业发生重大变化”的理解。事实上，第一份正式界定重大资产重组行为的文件——26 号文并未列明量化指标，只是称其为“通过置换资产变更主营业务，导致上市公司上市主体资格发生变化的”。后续的 75 号文中，首次提出了 50% 的标准，逐渐被延续下来。根据马骁的观点②，这一标准并没有什么客观的计算过程，只不过直观上认为一半发生变化，就构成了主营业务的重大变化。值得注意的是，对于重组上市，也即一般认为的借壳上市而言，《重组办法》用的是“上市公司发生根本变化”的用语。

（二）监管框架

如前所述，2014 年《重组办法》修订后，证监会将重组事项分为许可类与非许可类事项，形成了如今的基本监管框架。

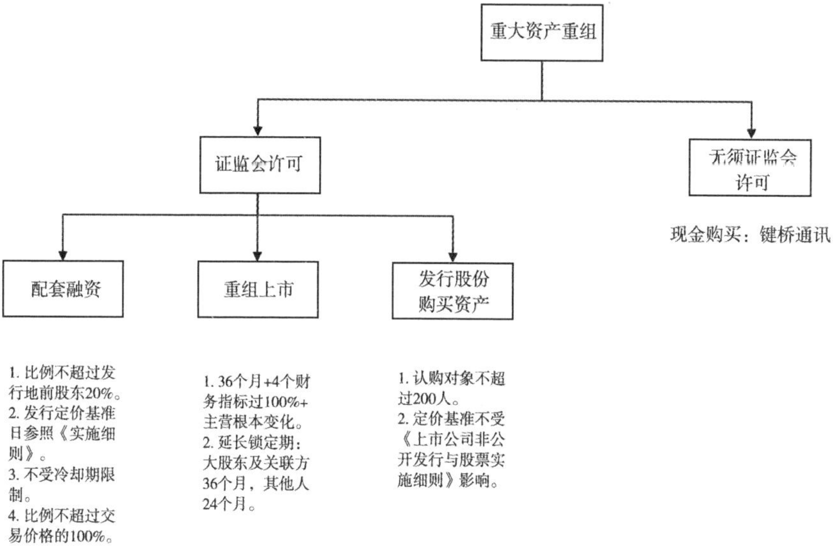

具体而言，对于发行股份购买资产（含配套融资），因为涉及证券发行，属于行政许可事项，根据《证券法》的基本授权，证监会仍保留了该类资产重组行为的监

---

① 雷霆：《公司并购重组原理、实务及疑难问题诠释》，中国法制出版社 2014 年版。
② 马骁：《上市公司并购重组监管制度解析》，法律出版社 2009 年版。

管权限；而借壳上市，因监管要求明确参照IPO上市进行监管，故此仍然属于证监会审批的范畴。而对于除此之外的重大资产重组，原则上证监会不进行许可，仅由交易所进行信息披露方面的监管，现实中一般体现为现金购买。

目前，针对重大资产重组界定的量化指标为总资产、净资产以及收入三方面之一达到50%以上，其中，资产净额还需要同时满足5000万元的标准。历史上看，2000年的75号文首次提出重大资产重组的量化标准时，选取的财务指标为总资产、净资产以及净利润。因为进行资产交易的主体多为PT、ST公司，大多处于亏损的状态，按照净利润指标会很容易触发“重大”的标准，证监会在105号文中取消了利润指标，转而用收入指标替代。在2008年首次公布重组办法时，考虑到很多亏损上市公司的净资产额较小，同样出于避免“动辄得咎”的考虑，在考虑净资产指标的同时，则新增了5000万元的绝对指标。

此处应该注意的是，对于资产、收入以及净资产的计算中，采用的衡量原则有四：(1) 限买不限高卖；(2) 累计12个月计算；(3) 资产置换分别计算原则；(4) 重大调整认定。

1. 限高买不限高卖。也即在进行指标选取时，如果是买入资产，则应以成交额与相应指标的孰高来确定。具体选取时，依照是否为股权资产、是否获取控制权有一定的区分，简单地讲，基本规律就是：“限卖不限买，股权看收入，收入无孰高，非股无收入。”同时，需要注意的是，对于不涉及负债的资产，则不宜适用净资产额的标准；而在计算净资产额的时候，并不包含少数股东权益。

表1 资产、收入以及净资产的计算及与控制权变化的关系

		控制权不变化		控制权变化	
		股权	非股权	股权	非股权
总资产	卖出	股权占比乘以资产总额	账面价值	资产总额	账面价值
	买入	股权占比乘以资产总额与成交金额孰高	账面价值与成交价格孰高	账面价值与成交金额孰高	账面价值与成交价格孰高
净资产	卖出	股权占比乘以净资产额	账面价值	净资产额	账面价值
	买入	股权占比乘以净资产额与成交金额孰高	账面价值与成交价格孰高	账面价值与成交金额孰高	账面价值与成交价格孰高

续 表

		控制权不变化		控制权变化	
		股权	非股权	股权	非股权
收入	卖出	营业收入乘以净资产额	—	营业收入	—
	买入	股权占比乘以营业收入	—	股权占比乘以营业收入	—

2. 累计 12 个月计算。对于以上指标，上市公司自股东大会作出决议之日起，再次作出决议进行购买同一或相关资产时，需要进行累计计算，计算时采用的分母为第一次交易时最近一个会计年度上市公司经审计的合并财务会计报告期末数值。需说明的是，该处的同一或相关资产，指的是同一交易对手方控制的资产或相同或类似行业的资产。

3. 资产置换分别计算原则。对于实践中经常出现的资产置换行为，也即同时买入、卖出资产，则分别计算占比，以孰高为准进行判断是否属于重大资产重组。

4. 重大调整认定。在根据《重组办法》中，一旦重组方案的调整构成重大调整，则需要重新履行相关内外部程序，对于何为重大调整市场也较为关心，对此，证监会于 2017 年 9 月 15 日的监管问答中从交易对象、交易标的、配套募集资金三个维度明确了五种视为重大调整的行为：

	交易对象	交易标的	配套募集资金
增加	构成重大调整	有条件构成（交易作价、资产总额、资产净额及营业收入占原标的资产相应指标总量的比例之一超过 20%）	构成重大调整
减少	有条件构成（剔除该交易对象持有的相关标的资产份额占交易作价、资产总额、资产净额及营业收入一超过 20%）	有条件构成（交易作价、资产总额、资产净额及营业收入占原指标之一超过 20%）	不构成
其他	—	变更对交易标的的生产经营构成实质性影响	

以上就是对于重大资产重组的一般定义，但是事实上，重大资产重组制度中的内容远不止此，本文以下将从借壳上市、发行股份购买资产以及业绩承诺三个制度维度对其进行介绍。

重点监管内容

（一）借壳上市

1. 监管沿革

中国上市公司重大资产重组中最为重要的一分子就是重组上市，也即一般意义上认为的“借壳上市”。事实上，对于借壳上市的理解，市场与监管存在一定的偏差。根据马骁①解释，只要上市公司的控制权发生了变化，同时收购人将一些资产注入上市公司中去，就达到了借壳上市的目的；但是，从监管的意义上讲，《重组办法》要求的是收购人注入的资产必须为其所有，且同时需在一定期限内，注入资产的规模达到一定程度。

从历史的角度看，借壳上市的监管肇始于26号文，其中对于资产置换导致上市公司资格变化的，要求重新按照新股发行流程进行申报。105号文中，对于资产指标达到70%（同时购买与出售的需均达到；置换的只计算单边的置入资产规模；出售或置换全部资产以及负债，也即一般意义上的净壳交易）的，明确要求需要重走发审流程。2008年《重组办法》延续了105号文的大体规定，要求出售和购买资产总额达到70%以上或者出售全部经营性资产同时购买其他资产的，需要报并购重组委审批（当时隶属于发审委）。该时期借壳上市标准的特征是，并不关心是否存在控制权变更，仅以特别重大的资产重组为标准进行监管。

2011年，《重组办法》的修订基本确定了现有对于重组上市的定义：控制权变更+资产规模达到100%以上。但是当时修订时，尚未明确要求借壳上市参照IPO发行标准，仅要求两年2000万净利润+持续经营达3年以上。随后在2012年的《〈关于修改上市公司重大资产重组与配套融资相关规定的决定〉的问题与解答》中，证监会直接明确借壳上市审批与“IPO趋同”，即根据IPO上市的标准进行审核。随后在2013年的《关于在借壳上市审核中严格执行首次公开发行股票上市标准的通知》中，证监会将趋同改为“等同”，并明确了创业板不得借壳。这一监管精神在2014年的《重组办法》得到了延续，并于2016年的修订中再次得到了加强，具体而言2016年修订后的重组办法，从资产、净资产、营收、净利润以及所发行股份五个指标对借壳上市涉及的特别重大资产重组行为进行了定义，相较于原本的单一资产指标，如此规定使得借壳在规避财务指标方面基本不可行。2019年，考虑到重组上市的公司大部分已经没有实际业务，采用了净利润指标后，公司极易触发借壳上市的认定条件，于是监管层将净利润指标去除。

---

① 马骁：《上市公司并购重组监管制度解析》，法律出版社2009年版。

2. 两个重要的原则

借壳上市制度中，有两个制度构建极为重要，由证监会在《〈上市公司重大资产重组管理办法〉第十四条、第四十四条的适用意见——证券期货法律适用意见第12号》（以下简称《证券期货法律适用意见第12号》）中进行了明确：

（1）执行累计首次原则：在2011年重组办法确定了“控制权变更＋资产占比100%＋向收购人购买”的标准后，因为《证券期货法律适用意见第12号》中明确的“执行累计首次原则”未规定累计计算的时间跨度，使得只要发生了控制权变更，其后跨期无论长短的资产重组均需要合并计算，借壳上市标准触发过于容易，并不利于上市公司通过并购重组增加活力。基于此，在2016年修订中，将“执行累计首次原则”确定为60个月，以减轻前述弊端，2019年的修订更是将时间跨度缩小至36个月，进一步松绑重组上市。

（2）执行预期合并原则：收购人申报重大资产重组方案时，如存在同业竞争和非正常关联交易，则对于收购人解决同业竞争和关联交易问题所制订的承诺方案，涉及未来向上市公司注入资产的，也将合并计算。通过上述设计来降低通过“交易规模不足100%”规避借壳。2014年修订将向收购人购买的范围扩展至收购人及其关联方购买。此处，颇有意思的是对于“及其关联方”的理解，根据施金晶的论述①，无论是从2014年之前的监管实践，抑或是2014年修订的监管本意看，此处的关联方均不能与《上市公司信息披露管理办法》体系中的关联方类比，因为持股5%以上的标准过于宽松，故此应该理解为收购人及其控制线条上的上下游关联方。

3. 规避手法与监管应对

考虑到控制权变更事实上是借壳上市的主要衡量标准，监管机构尤为关注，因此对于已经发生控制权变更但财务指标未完全达到标准的方案，上市公司以及中介机构为避免监管不确定，倾向于将其按照借壳上市进行披露并报批。所以，大量的规避借壳上市手段都是围绕着控制权做手脚，具体手法包括：

（1）第三方发行，即向与收购人不关联的第三方发行股份购买资产。因为2014年重组办法的发行股份购买资产的制度要求中将“增加协同效应”的规定进行了删除，所以第三方发行的方案大量出现，这一方案虽然实现了控制权变更，但是并未向收购人进行购买，因而并不构成典型的借壳上市。

（2）突击转让标的公司控制权，即在上市公司发行股份购买标的公司股权前，标的的实际控制人突击转让其持有的股份以降低持股比例，进而减少上市公司需相应支付的股权对价，以避免获取上市公司股权。但事实上，该类模式中，股权转让

---

① 施金晶：《博弈与平衡：借壳上市监管制度研究》，法律出版社2015年版。

大多存在虚假成分或标的实际控制人与上市公司及其原控制人签订的抽屉协议。

（3）提前收购标的公司股份。该模式下，因由上市公司实际控制人提前收购标的资产一部分股份后再以该部分股份对应的资产在上市公司发行股份购买资产时认购上市公司股份，所以也就保证了原实际控制人依旧是上市公司第一大股东，进而认定为控制权未发生转移。

（4）增强上市公司原控制人控制权。该模式下，由标的公司股东通过协议转让、公开要约、非公开发行认股、签订一致行动协议抑或由新进入股东放弃表决权的情形，现行增加对上市公司的持股，再进行发行股份购买资产，进而保证发行后第一大股东的控制地位。

（5）现金交易＋三方交易。该模式下，控制权变更后，由上市公司通过现金交易收购第三方股份，进而规避控制权变更的规定。事实上属于第三方发行规避的一种升级版本：现金收购并不会再次增加二股东。

针对以上的情况，监管部门分别出台了一些政策：

（1）针对第三方发行和“三方交易＋现金交易”的行为，要求第一大股东与第二大股东持股比例达到一定程度的差距（一般10%左右较为稳妥，根据部分监管人员的培训，目前明确的监管口径为5%），并要求控制权在一定时间内不变更，上市公司一定时间内主业不变更（例如，三爱富的案例中，第一大股东与第二大股东差距为8%，控制权锁定5年，主营业务锁定3年），对此，《公开发行证券的公司信息披露内容与格式准则第26号——上市公司重大资产重组》（以下简称《信息披露格式准则26号》）明确要求其披露相关情况。

（2）针对突击转让股份，监管机构会要求将转让前一定时间的股份进行合并计算，或者直接认定为借壳上市（有兜底条款）。

（3）针对增强上市公司原控制人控制权的行为，证监会在同一个监管问答中指出，如果原实际控制人拟在配套融资时认购股份，则将该部分股份剔除后再认定控制人；如果有提前收购标的股份的情况并以该部分股份认购上市公司股份的，则将在本次交易停牌前6个月内及停牌期间认购的股份相对应的上市公司股份部分进行剔除。

值得注意的是，为避免实践中有商业实质的股权认购行为被因此误伤，2018年10月11日，证监会对该条监管问答进行了修订，对于现金认购的行为，如果可以进行“股份锁定＋资金到位”的承诺，则可不进行剔除；对于突击入股行为，如果是资产重组决议作出前就已经实施完毕的，则可不进行剔除。

（二）发行股份购买资产

2008年的《重组办法》中，除了前四章作为主体部分对重大资产重组进行了规定，在第五章中首次对发行股份购买资产进行了一定的明确规定，允许上市公司在一定条件下进行发行股份购买资产，但发行股份购买资产应该满足可以提升上市公司财务质量与持续经营能力、标的资产权属清晰以及财务报表无保留意见的要求。

2011 年的修订中，对于第三方（即向收购人及其关联方以外的特定对象）发行制度进行了明确的规定，要求第三方发行必须满足提升上市公司协同效应的条件，同时发行股份数量不少于发行后总股本的 5%，或者主板（中小板）交易金额不低于 1 个亿，创业板不低于 5000 万元。同时，此次修订首次明确发行股份购买资产允许进行配套融资。但事实上，对于配套融资行为与上市公司再融资后进行资产购买行为的边界，在实践中一直不甚明确。

2014 年的修订中，秉持着简政放权的原则与理念，对于前述条件进行了删除，也就极大地为第三方的发行进行了松绑。2016 年的修订中，明确将借壳上市排除在配套融资范围之外。2019 年的修订，则取消了这一限制。

在发行股份购买资产制度中，有几个方面的问题需要注意。

1. 股份锁定期

2008 年至 2014 年的三版重组办法中，股份锁定期的基本规定都是获取控制权的特定对象、属于实际控制人关联方的特定对象或者用以认购资产标的时间不足 12 个月的特定对象，锁定 24 个月，其余情况下，特定对象锁定股份 12 个月。2016 年的修订中，对于借壳上市的情形，如果属于原控股股东、原实际控制人及其控制的关联人（包含从此三类主体获得股份的），则需要锁定 36 个月，其他情形则锁定 24 个月。

2. 发行对象数量

在 2008 年重组办法刚刚制定时，发行股份购买资产的要求是符合非公开发行的相关规定的，发行对象人数自然也是不超过 10 个。在 2011 年增加了配套融资作为制度配套后，证监会在《〈关于修改上市公司重大资产重组与配套融资相关规定的决定〉的问题与解答》中明确，如果是采取询价方式进行配套融资证券发行的，购买资产与配套融资的发行对象各不得超过 10 人。但实践中，考虑到发行股份购买资产的标的通常为公司且为了避免同业竞争与关联交易的遗留，发行对象的股东数量较多且是既定的、无须询价，2012 年证监会在《上市公司实施并购重组中，向特定对象发行股份购买资产的发行对象数量是不超过 10 名还是不超过 200 名?》的问题与解答中，将人数上限放宽原则上不超过 200 人（也有超过的，比如绿地控股借壳金丰投资）。随后，证监会在 2015 年 9 月 15 日的问题汇编中将其固定，并一直延续至今。

3. 配套融资

发行股份购买资产的制度首次出现在《重组办法》中是 2011 年修订时。重组办法中，对于配套融资制度规定较为原则，仅“上市公司发行股份购买资产的……可以同时募集部分配套资金，其定价方式按照现行相关规定办理”一句话，即原则上参照上市公司再融资的相关规定执行。

考虑到2017年2月之前，非公开发行有询价与锁价两种定价方式，二者在定价逻辑方面差别不大，证监会一般要求锁价的价格二者保持一致。但在2017年2月证监会修订《上市公司非公开发行股票实施细则》后，非公开发行的锁价机制丧失后，配套融资如何适用就成为一个问题。对此，2017年2月18日证监会的答记者问明确：配套融资在定价、融资规模等方面需符合证监会关于上市公司再融资的新规，即基准日只能是发行期首日且不得超过现有股本的20%，但融资间隔不受冷却期的影响。

但实际细节，如交易价格的计算、定价方式、募集资金使用等问题证监会则以多次监管问答的方式进行了明确，具体见下表：

名称	日期	资金用途	审核分工	定价机制	计算公式
《证券期货法律适用意见12号》	2011年8月1日	未明确，仅称“主要用于提高重组项目整合绩效”	25%以下归并购重组委审核	无变化	未明确
《〈关于修改上市公司重大资产重组与配套融资相关规定的决定〉的问题与解答》	2012年1月19日	无变化	无变化	分锁价与询价，询价情况下，认定为一次发行行为	未明确
《关于并购重组配套融资问题》	2013年7月5日	非借壳上市可以补充流动资金	无变化	无变化	未明确
《关于并购重组募集配套资金计算比例、用途等问题与解答》	2014年11月2日	仅部分可以用于补流，但未明确比例	无变化	无变化	交易总金额=本次交易金额+募集配套资金金额－募集配套资金中用于支付现金对价部分
《关于上市公司发行股份购买资产同时募集配套资金涉及定价等有关问题与解答》	2014年11月21日	无变化	无变化	发行股份股买资产按照《重组办法》，配套募资按照上市公司再融资规定；募集资金部分与购买资产部分应当分别定价，视为两次发行	无变化
《关于上市公司发行股份购买资产同时募集配套资金涉及定价等有关问题与解答》	2015年4月24日	非借壳上市的补流比例为不超过募集资金的25%，借壳上市的为不超过50%	无变化	无变化	无变化
《证券期货法律适用意见12号》	2015年4月23日	无变化	100%以下归并购重组委审核	无变化	募集配套资金的比例基础由交易总金额变为购买资产交易价格（未明确计算中是否包含现金对价）

续 表

名称	日期	资金用途	审核分工	定价机制	计算公式
《上市公司监管法律法规常见问题与解答修订汇编》	2015 年 9 月 18 日	非借壳上市的补流比例以不超过交易作价的 25% 与不超过募集配套资金总额的 50% 孰高；构成借壳上市的，不超过 30%	无变化	无变化	无变化
《关于上市公司发行股份购买资产同时募集配套资金涉及定价等有关问题与解答》	2016 年 6 月 17 日	不得用于补流、偿还债务	无变化	无变化	购买资产交易价格为以发行股份方式购买资产的交易价格
《关于上市公司发行股份购买资产同时募集配套资金涉及定价等有关问题与解答》	2018 年 10 月 12 日	补流、偿还债务比例不超过交易作价的 25% 与募集配套资金总额的 50% 孰高	无变化	无变化	无变化

有关配套融资的规则中，较为关键的是配套融资比例的计算方式以及配套融资的用途规定，二者均经历了一定的变化：

1. 融资比例计算方面，根据《证券期货法律适用意见第 12 号》的规定，配套融资占交易金额比例达到一定标准的，由发审委审核（2011 年该比例占交易金额的 25%，2015 年该比例提升至占拟购买资产交易价格的 100%）。所以，该比例的计算尤为重要。但是在制度建设的前期，证监会并未对分母（交易金额或资产交易价格）进行明确，市场上的执行方式也不一致。前期，为扩大基准，尽可能多募资，市场的计算方式多为“交易金额 = 资产购买价格 + 募集资金”，考虑到事实上，募集资金中有部分是用来支付购买价格的，如此计算存在重复计算的问题，证监会于 2014 年 11 月将计算公式明确为“交易总金额 = 本次交易金额 + 募集配套资金金额 – 募集配套资金中用于支付现金对价部分”。

2015 年《证券期货法律适用意见第 12 号》修订后，证监会将分母调整为资产交易价格，但是该资产交易价格是否为股份对价与现金对价之和也造成了一定的困惑，如果包含现金对价的话，同样存在上述问题。2016 年，证监会通过监管问答将交易价格界定为股份对价的价格。

2. 募集资金使用方面，证监会规则改变的主要部分是对于募集资金可否用于补充流动资金、偿还债务方面。总结下来，监管政策经历了“未明确—放开—收紧—进一步收紧—禁止—有限制的放开”的经历。截至目前，证监会的规则中，2018 年 10 月的监管问答则是将允许上市公司使用不低于配套融资的 50% 或交易作价 25% 孰高的募集资金用于补流、偿还债务。

(三) 业绩承诺

1. 制度概览

重大资产重组的业绩承诺始于2008年版本的《重组办法》，其规定，上市公司在重大资产并购重组中，应披露利润预测，如果无法实现预测，则需要由交易对手方对上市公司进行补偿。该项制度在2005年的股改中首次出现，在2008年被引入资产并购重组，随后在2014年针对制度运行中凸显的问题，新版的《重组办法》以及相关的监管问答对该制度进行了细化规定。基本呈现出以下特征：

	规定	规定方式	备注
适用情形	与控股股东、实际控制人或者其控制的关联人发生交易且采用了收益现值法、未来开发法等方式进行估值的	《重组办法》	如果是部分资产采用该方式进行，也应该进行补偿
承诺期限	一般为三年	《监管问答汇编》	
补偿方式	现金和股份，优先使用股份补偿	《监管问答汇编》	
补偿计算方式	即累计未实现的利润扣除已经补偿的利润部分。如果是进行股份补偿，则根据本次股份发行的价格进行换算	《监管问答汇编》	如果在补偿期终了依旧存在未补偿部分，则对于未实现且未补偿部分一次性补偿
惩罚措施	业绩未达到预测金额的80%，上市公司及中介机构解释原因、公开道歉；业绩未达到预测金额的50%，监管机构有权采取监管谈话、出具警示函、责令定期报告 交易对方超期未履行或者违反业绩补偿协议、承诺的，监管机构有权责令改正，并可以采取监管谈话、出具警示函、责令公开说明、认定为不适当人选等监管措施，将相关情况记入诚信档案	《重组办法》	
能否变更	不能	2016年6月17日监管问答	
其他要求	如果构成借壳上市，则股份补偿占比应高于90%	《监管问答汇编》	

从规定看，2014年重组办法修订后，根据交易对手方的性质，对业绩承诺进行了区分。如果是与上市公司的控股股东、实控人及其控制关联方进行交易或者控制权发生变更时，因担心出现利益输送的问题，监管层强制要求交易对手方进行业绩承诺；但是对于其他情况，因为是市场博弈的后果，所以并不强制要求进行业绩承

诺。需要注意的是，2016 年 1 月 15 日，证监会发布监管问答称，对于实践中存在的大股东过桥收购等情形，无论其是否控制标的资产，均需进行业绩承诺。

2. 运行情况

根据证监会上市部的一篇公开研究成果显示①，2013 年至 2015 年，经证监会核准的重大资产重组共计 570 单，其中共有 248 单签订了业绩补偿协议，占比高达 43.5%，其中沪市 114 单、深市 134 单。

以上的业绩承诺呈现出高估值、高承诺、高溢价的特点。具体来说，高估值主要是体现在收购资产的增值率较高、发行股份购买资产的增值率高达 751%、现金收购的平均增值率为 506%，资产置换方式的增值率仅为 156%；承诺过高主要是从业绩达标的指标来看，15 年的业绩承诺中有 1/5 未能达标，而传统行业的未达标率更是高达 70% 左右（钢铁煤炭行业高达 100%）；从高溢价来说，15 年的重大资产重组中，有业绩承诺的企业比没有业绩承诺的企业估值溢价要高出 140%。

尽管业绩承诺看起来很美，使得大股东对资产购买承担了兜底责任，但事实上在实践中，其不仅增强了大股东盈余管理的动机，更是面临着实际执行中的诸多困难，具体如下：

（1）业绩承诺执行难：因股份锁定期（1 年，特殊情况 3 年）一般短于业绩承诺期（3 年，甚至会延长），加之普遍存在的质押套现情况，导致在执行时会出现大股东手中可用以补偿的股份数量不足的情况，而如果诉诸法院，不仅面临着流程较长的司法程序，更是因法院对业绩承诺有效性态度不一面临着不确定性。

（2）标的资产失控抑或抵赖：因存在业绩承诺，事实上上市公司并不能有效地对标的资产实施控制整合，因为一旦介入经营，标的资产原股东及管理层会以经营受到干预为由拒绝履行承诺义务，这导致实践中上市公司在进行并购时，均会约定承诺期内上市公司不得干预原管理层的经营活动，甚至无法实现有效审计，所谓并购重组的协同效应也就无从谈起。

（3）业绩承诺“变相”变更：尽管监管问答明确不允许承诺期内变更承诺，但部分上市公司面临着并购标的业绩情况不理想甚至暴雷的情形，此时上市公司就会寻求置出资产。监管层就会面临一个两难的问题：如果强制要求其存续于上市公司体内，会严重拖累上市公司业绩，进而损害中小股东权益，与业绩承诺制度的本意南辕北辙；可如果允许其置出资产，则一方面规则严肃性丧失，另一方面给了上市公司“变相”变更承诺的动机——高溢价买入后以业绩不好再低价或平价卖出，这甚至会成为大股东侵占上市公司利益的新途径。

---

① 方重：《并购重组业绩承诺的现况与监管》，载《清华金融评论》2016 年第 10 期。

针对前述问题，证监会于2019年3月22日发布监管问答——《关于业绩承诺方质押对价股份的相关问题与解答》，要求承诺方必须在承诺时明确保障承诺可履行的机制，在质押股份时须告知质权人股份存在业绩承诺并于质押公告中进行披露。同时，此次修订中，证监会增补了业绩承诺不履行的相关监管措施，以期保障承诺履行。

结语

重大资产重组作为上市公司盘活资产、引入源头活水的重要制度，其一举一动都牵动着中国资本市场的神经，更是深刻影响着市场的生态。值得注意的是，随着科创板注册制改革的深入，证监会以及上交所启动了对于科创板重大资产重组制度的构建，就目前公布的文件看，科创板的制度在包容性方面明显更具优势，但成效几何或许还有待落地后观察。

10 股份回购与长期股东价值①

导 言： 本文编译自一篇关于股份回购与股东长期价值的文章，股份回购在西方理论和实践中被视为与现金股利等同的对利润进行分配的两种方式之一，在美国得到了广泛采用，但该制度在我国一直受到较多约束，我们通过此文来了解一下关于股份回购对公司和市场的最新影响研究。

背景

1982 年以前，由于存在旨在限制股价操纵的规定，美国股市几乎不存在股票回购。美国证券交易委员会（SEC）在 1982 年重新考虑了自己的立场，采纳了规则 10b－18，该规则为希望通过股票回购对向投资者发放现金的公司提供一个安全港。股票回购的频率和数量几乎立即开始狂升，最终取代股息作为向投资者分配公司利润的主要手段。我们对 MSCI 美国 610 指数的研究过程中发现，自 1997 年以来，回购总额每年都超过股息支付总额。

---

① 原文链接：https：//corpgov. law. harvard. edu/2018/08/19/taking－stock－share－buybacks－and－shareholder－value/。作者 Ric Marshall 是 ESG 研究公司的执行董事，Panos Seretis 是 ESG 研究公司的主管，Agnes Grunfeld 是 MSCI 公司的副总裁。

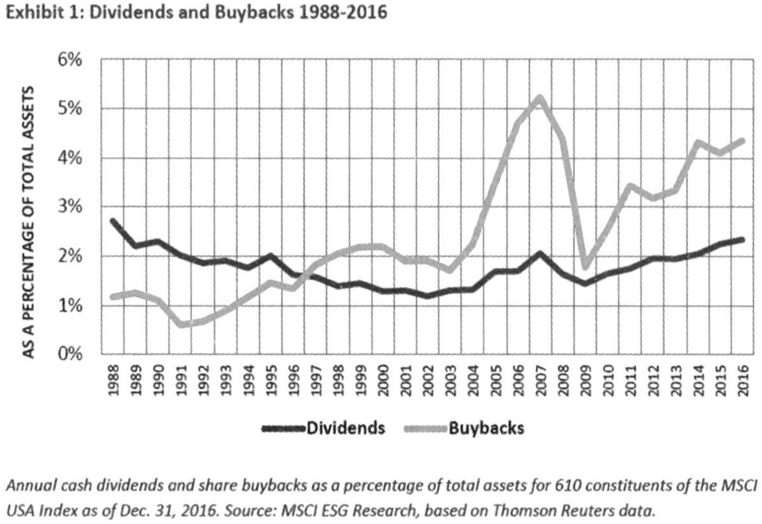

图 1　分红与回购（1988—2016）

关于股票回购的决议是（美国）公司董事会能够做出的最重要的战略决策之一①。股票回购是公司整体资本管理的一个组成部分，需要不断平衡运营成本、资本性支出（CAPEX）和研发（R&D）、收入和税收负担之间的关系。股份回购是公司治理的关键要素，是公司代表他们的投资者创造和维护价值的主要手段。

作为向投资者返还价值的一种手段，回购为公司和投资者提供了比股息更大的灵活性：公司可以更容易地管理他们的税务负担，并管理市场对回购时机和数量的预期。作为投资者来说，也可能更喜欢回购而不是股息，因为他们可以促进现有资本更频繁地再分配。但也有一些投资者担心，公司可能会优先考虑回购，而不是长期资本投资或研发投入。事实上，自 1997 年以来，样本公司的 CAPEX 和 R&D 支出几乎每年都在下降，到了 2015 年股份回购总额首次超过 CAPEX 总额。

① 译者注：在我国股票回购的决议只能由股东大会作出。

Exhibit 2: Dividends and Buybacks versus CAPEX and R&D

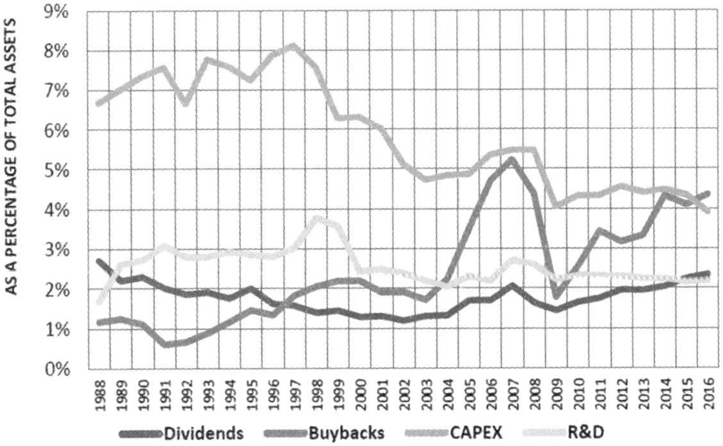

Annual cash dividends and share buybacks vs. CAPEX and R&D as a percentage of total assets for 610 constituents of the MSCI USA Index as of Dec. 31, 2016. Source: MSCI ESG Research, based on Thomson Reuters data.

图 2　分红和回购与研发支出和资本性支出的比较

在这 610 家公司中，有 554 家（91%）在我们研究期间进行了股票回购，有 499 家（82%）公司支付了现金股息。其中有 89 家公司进行了股票回购，但没有支付股息，只有 34 家公司支付股息，但没有回购股票。

一些公司还通过借债来进行股票回购，引发了一些公司对可能过度扩张资产负债表的担忧。在我们研究的公司中，自 2003 年以来，公司新发行的总债务似乎一直在密切跟随股票回购，如图 3 所示。

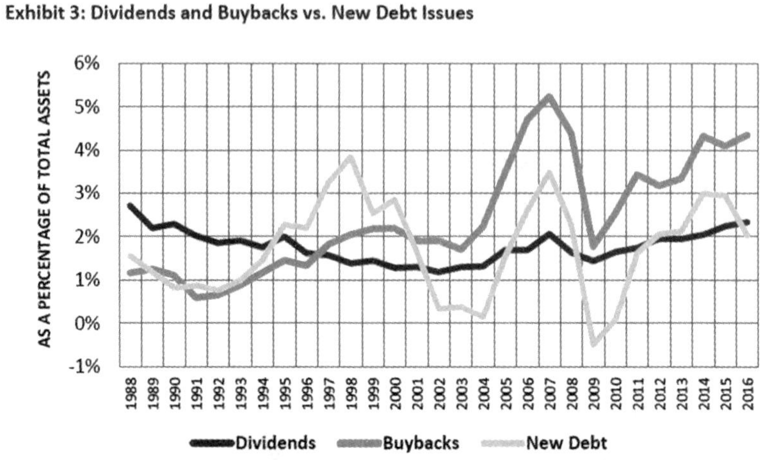

Annual cash dividends and share buybacks vs. new debt issues as a percentage of total assets for 610 constituents of the MSCI USA Index as of Dec. 31, 2016. Source: MSCI ESG Research, based on Thomson Reuters data.

图 3　分红和回购与新债发行

一些观察人士担心，公司接受股票回购反映出公司 CEO 和董事会缺乏新想法，或者说公司管理层可能倾向于短期收益，而不是长期可持续性。另一些人则对 CEO 可能利用股票回购来提高自己的股权薪酬感到担忧，尤其是在那些薪酬与长期投资回报不太一致的公司。

但是令人感到惊讶的是投资者对越来越频繁的股票回购几乎没有什么反对的声音。此外，尽管这些公司的估值达到了创纪录的高水平，但回购却仍在继续上升，这与长期以来有关企业只有在股价被低估时才应回购股票的说法是相矛盾的。这些公司中的大多数选择用回购来替代现金红利，而在回购股票的价格上，都可能设定了高估而非低估的价格。

Brav 等人（2005）对 384 位公司财务主管进行了调查访问，他提到："……许多已经选择股息支付的公司希望能重新做出选择，如果可以，将不会像开始那样支付更多的股息。这些公司更愿意以回购的形式进行支付。"我们期待着美国能更好地理解回购交易。尽管我们发现自 1988 年至 2017 年年中，考察全球市场股票回购的数据，美国市场（尤其是美国大盘股）的回购总额已经令其他市场相形见绌了。

我们的研究最终确定了对 610 家公司进行更深入的分析。截至 2016 年 12 月 31 日，所有这些公司都是摩根士丹利资本国际美国指数（MSCI USA Index）的组成部分。然后，我们将注意力集中在最近的 15 年期间（截至 2016 年 12 月），因为这段时期有足够的股票回购和其他财务数据。在这 15 年期间，这 610 名 MSCI 美国公司支付了超过 3. 86 万亿美元的现金股息，并回购了略低于 5. 19 万亿美元市值的股票。不考虑总资产比较特殊的金融类公司，这些总支出相当于 2016 年公司总资产的 48. 6%，即 3. 2 万亿美元的股息和 4. 4 万亿美元的股份回购。

在此期间，这些公司中有 140 家支付了相当于其 2016 年总资产 50% 以上的回购支出；其中 53 家公司回购了相当于其 2016 年总资产 100% 以上的股份。相比之下，只有 37 家公司支付了相当于超过 50% 的 2016 年总资产的红利，还有 24 家公司在此期间根本没有派息。

当我们观察不同公司所有权在作出回购决策时，也发现了不同之处。家族控股公司平均支付的现金红利比其他所有权类型的集团更多，尽管他们和其他控股公司一样也大量参与股票回购。但如图 4 所示，创始人控制的公司，如 Alphabet（Google）或 Facebook，在红利分配和股票回购上做得都非常不足。除了所有权以及所在行业的不同作出的回购决策不同之外，我们观察到，公司年龄和成熟度差异也会影响公司的回购决策。最活跃的回购者是 1980 年至 2001 年首次上市的公司，这些创立时间较长、较成熟的公司平均支付更多的股息，同时仍在积极回购股票，从而也产生了更高的总资本支付。

Exhibit 4: Dividend and Buyback Averages by Ownership Category

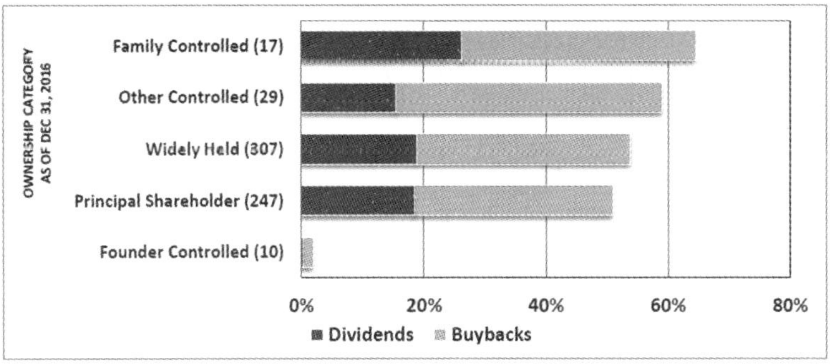

Total cumulative cash dividends and share buybacks as a percentage of total assets for 610 constituents of the MSCI USA Index as of Dec. 31, 2016, by MSCI ownership category. The number of companies per ownership group is shown in parentheses. Source: MSCI ESG Research, based on Thomson Reuters data.

图 4　根据所有权结构统计的平均分红与回购

Spotify 想要通过提高透明度来实行市场驱动的价格发现机制。为了实现这个目的，Spotify 在上市前向公众提供了传统公众公司式的指引：2018 年 3 月 26 日，在其股票公开交易前的一周，Spotify 发布了一份指引，该指引涉及的范围与已经上市的公司一样，包括对其第一季度和 2018 年全年的财务预期。

并且，通过“投资者开放日”（Investor Day），Spotify 使得其投资者宣传的过程也变得更透明。一般的 IPO 路演针对的主要是机构投资者，不同于此，Spotify 举办的“投资者开放日”由整个领导团队主持，并且全程直播，全世界的投资者都能够观看。于是，随着透明度的提高，再加上没有股份锁定协议，Spotify 认为由市场驱动的供需双方的力量会使得其股票的价格达到自然均衡。Spotify 在纽交所上市后的估值即市场力量驱动的结果：纽交所提供一个平台将买方和卖方联系在了一起。

回购与长期价值管理

首先，我们想确定样本中最积极参与股票回购的公司是否以牺牲长期管理为代价进行股票回购。我们首先关注这些公司的 ESG 评级，因为 ESG 评级旨在了解企业在管理与财务相关的 ESG 风险和机会方面的能力。在之前的研究中，MSCI－ESG 评级评判的是在较长的时间框架内可能出现风险的情况。

在我们的样本中，在此期间最积极回购股票并进行最多现金支付的公司，平均而言也是根据 MSCI－ESG 评级最高的公司。截至 2016 年年底，那些进行回购最不活跃的公司也是评级最低的。为什么 MSCI－ESG 评级与总体支出，尤其是股票回购之间会有如此密切的一致性？我们试图通过考察这些公司在资本管理的其他表现来回答这个问题，特别是关注资本性支出和研发支出。这些资本配置是否与我们的 ESG 评级一致？

与 Stigler 于 1951 年首次提出的竞争企业生命周期理论相一致，我们预计，最近上市的公司，尤其是那些创始人仍然活跃的公司，将更多地投资自己的未来，而不那么倾向于回购自己的股票，而年代越长、越成熟的公司更有可能将价值分配给投资者。我们发现资本性支出下降部分可以归因于美国大盘股的总体上的相对成熟度。根据我们的统计，ESG 评级最高和最低的公司分别也是资本性支出的最高投资者和最低投资者。资本性支出的总体下降也可能与美国经济的其他变化有关，美国经济的重点已逐渐从制造业转移。一些行业受益于生产率的提高，许多公司选择通过收购实现增长，这也可能降低资本性支出。但几乎所有支付现金股息或回购股票的公司都报告称，资本性支出有一定水平的常规支出。

基本结论

1. 股票回购已成为大市值美国公司向投资者分配现金的首选方式，自 1997 年以来，我们研究的 610 家公司中，有 388 家（63.6%）公司选择了股份回购，超过了选择现金红利的公司。

2. 我们观察到的大多数公司倾向于在股价高而非股价低时回购股票，因为回购已取代股息，成为许多公司向投资者返还现金的主要方式。

3. 与许多观察人士所表达的担忧相反，我们没有发现令人信服的证据表明股票回购对整体投资者的长期价值创造产生了负面影响。在我们研究的每一个领域，从MSCI－ESG评级，也包括资本性支出、研发、新的债务发行等各方面指标来看，这些进行价值创造的公司就是最积极地向投资者分配现金的，同时也是实力最强的公司。

4. 如果按照“买入并持有”“短期持有”“指数投资者”三类主要股东来区分公司，指数投资者作为最大股东的公司占了样本的大多数（79%），但股份回购对他们的影响更大，无论这种影响是好还是坏：从2007年到2016年，“买入并持有”类型股东（主要是创始人、主权财富基金等）控股的公司总回报率平均比指数投资者公司高出了18%。

法经述评

1. 各国关于股份回购的制度，总体而言是“原则允许，例外禁止”的，但我国采取的是“原则禁止，例外允许”，美国市场在股份回购方面做得最好。

2. 与回购制度相关联的重要制度是库存股制度（或者叫库藏股制度），一般来说指经依法发行后又通过各种合法方式为发行公司获取并持有的股票。从法律属性来说，库存股并不是公司资产，因为它最终是要出售或者注销的，而资产并不存在这种处置；库存股不具备普通流通股的特性，它必须放弃包括投票权等若干权能；库存股须在特定时间内作相应处理，一般时间在六个月到三年。

3. 库存股和股份回购一样，利弊都存在。股份回购通常认为在股价低迷的时候有很好的提振市场的作用，也可以如本期编译文章所述一样替代现金股利实现税收调节；但同时库存股的使用和股份回购的滥用都有可能产生内幕交易和市场操纵的质疑，同时可能在回购过程中存在股东之间的不平等问题，以及利用库存股实现部分的反收购功能等。

11 缩股制度与面值退市条件的适用分析

导 言： 2018 年 11 月 8 日，深交所对中弘股份作出了终止上市决定，中弘股份成为首家因触发“面值退市条件”而终止上市的公司。这一事件也引起了市场对于低价股票能否采用缩股的方法来实现保壳问题的关注。本文对缩股制度与面值退市适用进行简要分析。

考察“面值退市条件”的设定初衷，实际上主要有两方面考虑：一是减少低面值股票引发的市场波动风险；二是通过向市场传递上市公司股票发生折价的警示，表明公司可能存在较大的经营风险。因此上市公司纯粹为“保壳”而进行的缩股不具有正当性，建议尽快出台与公司缩股行为相关的指引，明确公司进行缩股的条件、程序等，给予市场稳定的预期。

自 2018 年 10 月 18 日起，深交所主板上市公司中弘股份股价连续 20 个交易日面值低于 1 元/股。11 月 8 日，深交所对中弘股份作出了终止上市决定，使其成为首家因触发“公司股票连续 20 个交易日每日收盘价均低于每股面值”（以下简称“面值退市条件”）规定而退市的公司。在此之前，类似情况的闽灿坤 B 和建摩 B 都通过缩股的方式实现“保壳”。①

从目前上市公司的情况看，股价低于 2 元或者低于 1.5 元的公司尽管数量不多，但对“缩股保壳”可行性的市场预期很可能直接影响着低股价股票的市场活跃程度和投机氛围。中弘股份是否为这些公司敲响了警钟？“缩股保壳”行为在我国是否具

---

① 2012 年 7 月 9 日到 8 月 1 日，闽灿坤 B 的股价连续 18 个交易日跌破 1 元面值，成为首家面临“面值退市”风险的公司，最终闽灿坤 B 通过 6∶1 的缩股方案实现“保壳”。2012 年 7 月，建摩 B 连续出现五个跌停，股价最低至 1.28 港元/股，最终建摩 B 按照 4∶1 缩股比例进行缩股，缩股的决定得到股东大会的高票通过。

有正当性？我们应当怎样看待“面值退市条件”的设定？因此，有必要对这一问题进行深入分析和研究。

缩股的基本定义及法律属性

1. 缩股的基本定义

缩股是指公司通过既定的转换比率减少发行在外的流通股股份，从而实现股票价格提高的一种行为，它是和股本分拆相对的一种资本运作方式。通常而言，缩股使用的普通股转换比率可以是2∶1、10∶1或50∶1，没有确定缩股比率的既定标准或公式，选择的比率取决于公司最终希望其股票交易的价格。

2. 缩股的法律属性

公司进行缩股但不调整股票面值，从法律属性上看属于公司的减资行为，在我国适用《公司法》第177条的规定：“公司需要减少注册资本时，必须编制资产负债表及财产清单。公司应当自作出减少注册资本决议之日起十日内通知债权人，并于三十日内在报纸上公告。债权人自接到通知书之日起三十日内，未接到通知书的自公告之日起四十五日内，有权要求公司清偿债务或者提供相应的担保。”

从这一规定看，通过缩股造成公司减资，需通过股东大会特别决议进行表决（参会表决权2/3以上），需要满足债权人提出的清偿或担保的请求。不过，从法律和监管规则来看，并没有相应的法律规则对公司缩股行为进行明确限制。①

境内外市场的缩股实践分析

1. 境内市场的缩股实践

除了闽灿坤B等缩股先例以外，境内市场还存在5宗缩股案例，其中两宗为定向缩股，包括了云天化在并购重组时通过定向缩股注销支付对价的股份，以及2005年股权分置改革时吉林敖东的股改方案为通过非流通股股东定向缩股，比例为1∶0.607；进行全面缩股的包括S＊ST北亚的破产重整中按每10股缩为2.8股比例

① 回顾闽灿坤B的缩股方案，可以看出，缩股前后闽灿坤B的资产、负债以及所有者权益都不会发生任何变化，缩股仅带来了所有者权益内部科目的数据调整，尽管看上去没有对财务指标有实质改变，但是仍有学者质疑了这种会计处理有违反会计准则的问题。杨锋发表在《财会月刊》上的《对闽灿坤B缩股会计处理的质疑》认为“闽灿坤B进行缩股的会计处理按原渠道转回，即原股东出资及资本公积转增转回资本公积，原盈余公积转增转回盈余公积，然后再通过盈余公积弥补其累计亏损。缩股完成后，公司净资产不发生变化，但每股净资产发生了变化。对于此种会计处理，其法律顾问发表意见认为，《公司法》没有禁止，现行法律规定没有对减少股份如何处理作出明确的规定，因而其发表的意见认为符合现行法律规定。对此，闽灿坤B缩股的会计处理不仅应符合《公司法》相关规定，更应符合会计准则规定。该法律顾问的结论缺乏说服力。”《财会月刊》2013年5月，第67页。

进行全面缩股的案例；此外，还有上海电力和佐力药业在上市前进行缩股的案例。

2. 境外市场的缩股实践

从境外的实践来看，上市公司采用缩股方式提高股价主要有以下几种情况：

第一，通过缩股提高股价，以防公司股票被退市（摘牌）。鉴于纽交所、纳斯达克、韩国 KOSDAQ 等市场也设有“面值退市条件”，从美国近年公司缩股案例来看，上市公司主要目的同样是避免股票价格过低触发退市条件。比如在 2016 年 11 月，肿瘤治疗药物研发公司 Galena Bipharma Inc.（股票代码 GALE）宣布公司按照 20∶1 的比例对公司股份进行缩股，股价从每股 0.21 美元上涨到每股 4.2 美元，总股本也从 2.17 亿股减少为 1085 万股。① 另外一家位于美国加州的医药企业 Xoma Corp.（代码 XOMA）从 2015 年 10 月开始股价就只有 0.45 美元，到 2016 年 10 月，为了避免触发纳斯达克的退市条件，公司以 20∶1 的比例进行缩股，股价从 10 月 14 日收盘价的 0.4 美元调整为 8 美元。这两家上市公司的缩股目标均是从退市边缘自救，而纳斯达克市场并未对其缩股操作进行限制。

第二，通过缩股提高股价，以提升公司形象。通常情况下极低的股票价格往往意味着较高的风险，特别是当价格接近或者低于面值时，投资者对上市公司的评价通常会偏向负面。因此，公司可能会通过缩股来避免被贴上廉价股票或者“仙股”的标签，保护公司的形象。在这种情况下，公司进行缩股的目的不一定是保留上市地位，而更类似于公司回购实现股价稳定的行为。例如，花旗集团的股价在 2008 年金融危机爆发后，仅一年多时间就暴跌 98%。2011 年花旗集团不得不对公司股份进行缩股处理，按照每 10∶1 的比例使其股价从 4 美元恢复到 40 美元的绩优蓝筹股的股价。

第三，通过缩股吸引市场注意，得到分析师更多的关注。理论上来说，一家公司即使没有退市风险，仍然具有提高股价以吸引更多分析师和投资者关注的动力。研究认为，定价较高的股票往往会吸引更多市场分析师的注意力。例如，美国另外一家大型上市公司美国铝业 Alcoa Inc.（代码 AA），该公司在 2016 年 10 月将公司的流通股股份从 18 亿股按照 3∶1 的比例缩股为 6 亿股，股价则从 10.4 美元调整为缩股后的 31.07 美元，这一操作迅速得到了市场的广泛关注，分析师的注意也使公司吸引了更多的投资者。这一缩股行为，严格来说也并不是典型的“缩股保壳”操作。

第四，通过缩股，避免失去产品的某些交易资格。这主要是在美国等境外市场，通常一家公司的股票价格必须大于 5 美元才能进行个股期权的交易。如果公司股价太低无法进行期权交易，那么持有大量资金的对冲基金和机构投资者可能会选择不

---

① Galena 公司在缩股之前业绩有所改善，但是股价仍然相对低迷，Galena 公司的高管也很明确表达他们缩股的首要目标是：“将使公司能够保持符合纳斯达克的最低竞价要求。”

再持有相关公司的股票，将导致公司股票进一步失去流动性。

不过，值得注意的是，在中国香港特区市场，由于法律法规并不对缩股进行限制，香港交易所也并未设定“面值退市条件”，对于大量的股票价格极低的公司，香港市场并不限制其缩股行为，港股进行“缩股”的上市公司比较普遍。① 主要政策依据是：(1) 香港联交所主板《上市规则》第13.64条（如发行人之证券市价接近0.01港元或9995.00港元之极点，发行人可能需更改交易方法，或将其证券合并或拆细）和（2）创业板《上市规则》第17.76条（倘发行人证券之市价接近0.01港元或9995.00港元之极端水平，发行人或需更改交易方法或对其证券进行合并或分拆）中均规定了股价的挽救机制。② 但是，香港的“老千股”频繁使用拆股缩股的操作方式，一直受到市场的批评。

“面值退市条件”的设定与制度比较

1. “面值退市条件”的引入

“股票成交价格连续低于面值”作为退市条件引入我国市场，主要考虑是借鉴海外成熟证券市场的先进经验，建立多元化的退市标准体系。从海外成熟证券市场的情况来看，纽交所规定连续30个交易日收盘价小于1美元退市，韩国主板市场以股价不足面值的20%为底线，KOSDAQ以股价不足面值的40%为底线。2012年6月《创业板上市规则》正式修订，引入了“公司股票连续20个交易日每日收盘价均低于每股面值”作为退市条件之一，随后深市主板、中小板和沪市主板均对相应的上市规则和退市制度安排做了调整，将“股价连续低于面值”的标准确立为退市的基本条件。

2. “面值退市条件”设定的两个立法目标

从“面值退市条件”设定的目标和出发点进行考虑，我们认为，有以下两个方面的原因：

一是交易制度原因。在欧美市场，当股票跌至很低的价格，机构投资者、公募基金等将会把这些股票剔除出股票池，那么这些股票将只有散户和风险偏好极高的投机者参与其中，存在较大的交易波动风险。例如，在A股市场，股票价格低于1元/股后，股价每变动0.01元，就相当于股票价格波动1%，基于这种考虑，很多市场设定

---

① 根据相关资料的不完全统计，仅2017—2018年就已经有10家“仙股”公司进行了缩股。

② 《有关若干类别公司行动的交易安排之指引》中补充规定：(i) 股份市价低于0.1港元时，即被视为创业板上市规则第17.76条所指之极低点；及（ii）经计及证券买卖之最低交易成本，预期每手买卖单位之价值应超过2000港元，相应上市公司一般在合并股份之后同时调整买卖单位，以保证最低买卖单位。

了面值退市的条件，以防止股票价格的高波动性。

二是对上市公司股票折价发出警示信号。尽管我们目前《公司法》已经取消了面值必须为 1 元/股的强制性规定，但是除了紫金矿业是以 0.1 元/股、洛阳钼业是以 0.2 元/股作为面值以外，其他公司均为 1 元作为面值，那么当股价低于 1 元面值时，意味着公司总市值已经低于总股本，从股票价值的角度看已经出现了折价的情况，我国《证券法》已明确在证券发行时公司股份的发行必须是平价或溢价发行，股价出现折价反映出了公司经营风险，设定面值退市条件是对投资者发出的一种警示信号，有利于在整体上保持上市公司质量。①

3. 境外市场允许“缩股保壳”有其制度原因

不同的市场允许通过缩股来实现保壳或者股价提升，根本在于不同的交易制度和市场环境：一是境外市场的公司股票的面值并不是确定的，由各公司自行设定；二是公司对自己股票的最小买卖单位，即每一手交易代表的股份数也是自行设定的；三是例如香港市场，盛行拆股的做法，很多公司通过无限制拆分股票，使得股本不断增加，股价不断降低，形成一种浓厚的投机氛围，即使股价低于面值也不会退市，但是仍然会允许公司通过缩股来维持股价的稳定；四是各国市场对于退市的执行已经形成一个相对稳定的机制，对于自身“壳”价值的关注没有境内市场这么高。这一系列的制度背景决定了各国对于“缩股保壳”做法的不同态度。

总体来看，在维持公司资产状况和交易稳定的双重目标下，在 A 股目前总体采取确定面值、确定最小报价单位的制度基础上，允许无限制地通过缩股进行保壳，实质上并没有导致公司基本面改善和价值提升，只会引发市场对于这一类公司的炒作，是缺乏正当性的。针对目前可能出现的低价股采取缩股方式自救的情况，建议应当尽快出台相关的上市公司缩股指引。

---

① 邱永红：《我国上市公司退市法律制度的历史变迁与演进实证研究》，载《证券法苑》2014 年第 11 卷。关于闽灿坤 B 的相关问题，本文主要参考此文献。

五

收购与反收购

—— 硝烟的背后

THE LOGIC OF CAPITAL GOVERNANCE

01 A股要约收购制度的实证考察——基于新版《收购办法》施行后的观察

导 言： 此前，我们已经在《上市公司收购管理办法：沿革与架构》中对中国的上市公司收购制度进行了解析，但是“纸面上的法律”（Law in book）并不能反映制度运行的真实情况，尤其是在中国金融监管仍习惯以窗口指导代替正式制度的情况下，《上市公司收购管理办法》（以下简称《收购办法》）究竟在实践中起着什么作用，仍然是一个有待探究的问题。基于此，我们对新版《收购办法》颁布后2006年9月至2018年1月间的要约收购案例进行了梳理，以期在案例中发现该制度运行的现实逻辑。

总体情况

新版《收购办法》是在2006年9月正式实施的。根据合规数据平台“易董”的检索结果，自实施后至2018年1月，资本市场上出现的要约收购仅54起（其中两起收购的要约收购报告书公布时间在《收购办法》颁发后生效前，但根据收购报告书的内容，其已经依据2006年版本的《收购办法》调整了相关收购条款），其中部分要约27起，全面要约27起（包括一起用以实现股权分置改革目的的案例，东方锅炉，600786）。考虑到要约制度的本意为保证中小股东可以共享控制权溢价，我们对于A股市场实际控制人变更的案例进行了检索和比较。我们发现，在深市近三年内，涉及控制人变更的案例达177起，为要约收购数量的三倍有余，这意味着大多数的实际控制人变更并未采用要约收购的方式。这显然与要约制度的本意有所背离。

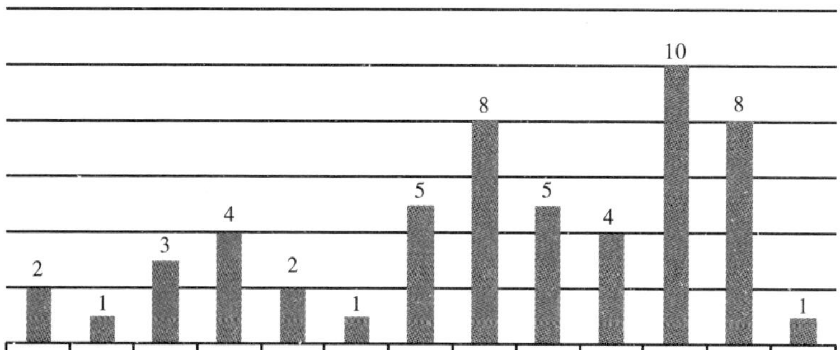

	2006	2007	2008	2009	2010	2011	2012	2013	2014	2015	2016	2017	2018
■数量	2	1	3	4	2	1	5	8	5	4	10	8	1

注：以要约收购报告书摘要公告时间为准。

图 1　历年要约收购实施数量统计

随后，我们以发起要约收购的目的对要约收购进行了分类统计。根据《收购办法》的立法本意以及相关监管人士的研究著作，收购一词的内涵为获得或巩固对上市公司的控制权。该定义事实上主要是指主动发出要约的情况，但是结合中国资本市场的实际情况，在上市公司壳价值不菲的情况下，主动要约的基本上只可能是部分要约（事实也是如此，在全面要约中仅两例为主动发出，除了前述为履行股权分置改革）。所以，我们将部分要约的情形分为获得上市公司控制权和巩固上市公司控制权两类。

同时，考虑到中国的强制全面要约制度以及在《收购办法》中对于要约退市的特殊规定（必须采用全面收购），我们将上市公司收购的全面要约收购分为履新法定要约义务和终止上市公司的上市地位。

统计结果显示：部分要约中，24 起为巩固上市公司控制权，2 起为获得上市公司控制权，1 起为引进战略投资者（贝因美，002570）；全面要约中，25 起为履行法定要约义务，1 起为终止上市公司上市地位（金马集团，000602），1 起为履行股权分置中的承诺（东方锅炉，600786）。

部分要约中，为获取上市公司控制权的案例数量之少，再次反映了《收购办法》在帮助中小股东共享控制权溢价方面的作用有限；而全面要约中绝大多数为被动触发的现实也侧面印证了中国上市公司的壳资源的稀缺性。

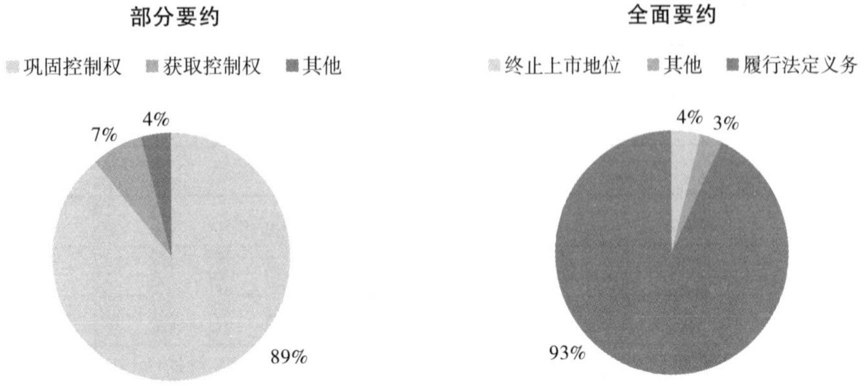

图 2　部分要约与全面要约目的统计

部分要约与全面要约的比较分析

我们从要约收购时间、收购完成比例、要约收购价格的溢价水平、要约前已控制权益比例四方面对二者进行了对比。

从要约收购时间看，整体的平均值为 30.98 天、中位数为 30 天、众数为 30 天（《收购办法》规定要约时间为 30—60 日）。其中，46 起要约收购的时间为 30 个自然日，而要约时间为 60 日的收购仅一例。从要约类型看，部分要约的平均时间（31.56 日）长于全面要约（30.41 日），这也反映了后者的被迫性，不过就均值检验的结果看，二者不存在显著差异。

从收购完成比例（预受要约股份数与计划收购股份数之比）看，部分要约显著高于全面要约，前者的均值为 171.9%，后者却仅为 4%，甚至在 26 个全面要约案例（将东方锅炉案例剔除）中有高达 24 个案例中无人接受要约，即预受数量为 0。

从要约收购价格的溢价水平看，我们以公告的近 30 日均价与近 6 个月收购价格孰高为基准，计算了收购价格溢价比例。结果显示，部分要约溢价比例（177%）显著高于全面要约（9.7%，剔除四川双马于 2015 年 10 月 30 日的要约收购，原因见后文）。事实上，如果将后者中的极端值（000906，溢价比为 182%）剔除，全面要约的价格溢价仅为 3.32%。这或许可以部分解释全面要约制度运行的失效。该极端值为浙商中拓（000906，原 S 南建材），该要约公告披露时已经距离其收购摘要披露达两年之久，故此其根据期间大盘涨幅对其要约价格进行了相应调整，才出现 182% 的溢价比例。

从要约前已控制权益（权益概念的详解参见《上市公司收购管理办法：沿革与架构》）比例看，全面要约这一指标的参数显著高于部分要约。具体而言，全面要约的这一比例均值为 55.4%，中位数为 51.5%；部分要约的这一比例均值为 30.2%，中位数为 30%。同时，我们注意到在触发全面要约的情况下，收购方基本上都是通过场外交易的方式获得对上市公司的控制权，这一方面使得《收购办法》中的权益披露制度不再起作用，也意味着在全面收购的场景下，收购均呈现出“善意”的特征；部分要约这三个指标均在 30%，主要是因为三个规定：（1）一笔过 30% 必须全面要约；（2）到达 30% 以后的所有收购都必须采用要约的方式（除自由增持率的情况）；（3）到达 30% 后停下来可以选择是否发出要约以及发出何种要约。这意味着大部分收购都会在将近 30% 的地方停下来，以把握主动。但就个案看，前述的第 2 条规定似乎仍然存疑：在东凌国际（000893，原广州冷机）的收购案例中，收购人原持有上市公司 34.28% 的股份，后通过场外的限售流通股协议转让了 26.12%，这明显与《收购办法》的规定相违背，但是为何如此操作没有被监管部门否决，原因则不得而知。

要约价格：制度运行的真正逻辑

《收购办法》中对于定价基准的规定是不低于摘要公告前 6 个月收购价格的最高价，且如果低于摘要公告前 30 个交易日的加权平均价格则需要进行解释，也即不强制要求高于前 30 个交易日的加权平均价格，我们将此称为“不高于则解释”。我们通过对于收购价格的梳理，发现了制度运行中的两个特征：

1. “不高于则解释”的规则成为“不高于则修改”。我们看到，实践中的收购价格普遍是高于近 30 个交易日的加权平均价，且对于少数在第一次公告收购报告书时价格低于近 30 个交易日的加权平均价，其均在修订稿中对价格进行了相应的调整。唯一例外的是四川双马于 2015 年 10 月 30 日的要约收购，该收购系上市公司两股东新设合并引发的，最后也并未有任何股东接受要约。

2. 摘要公告前 6 个月买入最高价计算方式的不统一。现有的 57 个案例中，只有 16 个案例存在摘要公告前 6 个月内有买入股票的行为，且其中 10 起收购为全面收购，6 起收购为部分收购。在这 16 起收购中，只有 4 起的近 6 个月最高买入价为二级市场买入价，其余计算方式分别为以下几种方式：

（1）定增价格。在万通地产（600246）、四川双马（00935，2015 年收购）、苏泊尔（002032）的案例中，均将收购人在前 6 个月内非公开发行股份的认购价格定为近 6 个月的最高买入价。

（2）协议转让价格。此处的协议转让为上市公司的股份在场外协议转让的价格。根据《上市公司流通股协议转让业务办理暂行规则》，与上市公司收购及股东权益变动相关的股份转让可以在场外（即除集中竞价和大宗交易外的交易方式）办理。在希努尔（002485）、玉龙股份（601028）、四川双马（000935，2016 年收购）、嘉凯城（000918）、华润万东（600055，现万东医疗）、苏泊尔（002032）中将协议转让价格定为近6个月的最高价。但是，在南京中商（600280，现中央商场，2009年收购）的案例中，收购人祝某系因场外协议转让触发的要约义务，但却并未将其协议转让的价格计算为近6个月最高价。

（3）间接收购中的近6个月最高价计算。此类案例中，收购人因通过在场外收购上市公司大股东的股份（或更高层级的股东），进而成为上市公司的间接控股股东，此类收购行为被《收购办法》称为间接收购。但是这种情况下，如何计算收购人收购上市公司的收购价格就成了较为头痛的事情，这三个案例采用的计算方式也各不相同。在银鸽投资（600069）案例中，收购人在其上市公司股份对应的长期股权投资的评估价基础上，将收购溢价比视为该部分长投的溢价比进而计算了收购价格；在齐翔腾达（002408）案例中，收购人因收购其股东的80%股份进而控制了上市公司41.9%的股份，其直接根据收购价款/上市公司股份数，计算了近6个月最高价；在中江地产（600053，现九鼎投资）案例中，收购人因收购了上市公司股东中江集团100%的股份进而控制了上市公司72.37%的股份，也是直接根据收购价款/上市公司股份数，计算了近6个月最高价。

间接收购：不统一的价格计算方式

正如前文所述，在间接收购的情形下，近6个月的最高收购价格的计算就成为一个“八仙过海，各显神通”的竞技场。归纳下来，前述的三种情形之所以进行了计算，大概是因为以下三个原因：（1）控股股东的主要资产为上市公司股份；（2）控股股东层面股权转让比例较大；（3）均系从无到有的增持等。

但是，对于一些更为复杂的情形，如何计算价格就成了未解之谜。事实上，在这57个案例中，通过间接收购而触发要约义务的收购案例多达16起，却仅有上述3个案例计算了收购价格。究其原因，除了因为监管要求的差异（早期的均未计算），也可能是因为计算的困难。在这13个案例中，呈现出以下特点：

1. 因少量的权益变动而导致控股股东的控制权转移。在深圳华强（000062）的案例中，收购人因收购控股股东中一名股东的股份而间接掌握了上市公司的控制权，股权变动比例仅为11%；在水井坊（600779）的案例中，收购人仅因4%的股权变动，对控股股东的持股比例即从47%变为51%，进而触发了要约义务；在双汇发展（000895，2011年收购）的案例中，控股股东的股权变动比例也仅为11.57%，且涉及表决权委托安排。根据笔者的理解，以上案例中，因为表面上股权变动比例较小，且收购人原本就控制控股股东的一部分权益，很难给出一个统一的上市公司层面的收购价格的计算方式。

2. 因增资而导致控股股东的控制权转移。此类案例主要出现在此轮混改中，云南旅游（002059）和云南白药（000538）均系此类。此类案例中，因增资均涉及资产评估，所以本可以根据增资价格计算上市公司股份的收购价格，但为何没有进行如此操作。

3. 满足前述三个原因，但并未计算价格。在剩下的八个案例中，均满足前述所称的三个要求，但并未计算其收购价格，且原因不详。值得注意的是，早年的案例中，几乎均未要求据此计算收购价格，2013 年出现的第一起间接收购要求计算基准价的案例为华资实业（600191）。该案例中，华资实业的股东草原糖业股份发生100%的变更，故此计算的难度也并不大。

值得注意的是，间接转让中，这种对于基准价格计算的不统一，事实上造成了制度套利的空间。因为要约收购的制度本意是让中小股东共享控制权溢价，但是此类的案例中，上市公司的控制权转移事实上在间接收购中已经完成，尽管这 13 个案例均触发了全面收购义务，但是完成收购的平均比例仅为 0.7%，且 12 个案例中无任何股东接受要约。可以作出的判断是，在间接收购的情况下，要约收购制度几乎全面失效。

僵尸条款：非现金收购、跨境收购、竞争要约

通过对于收购案例的梳理，我们发现以下三个在收购办法中有着重要地位的规定，事实上却成为僵尸条款——无一出现。

1. 非现金收购。在《上市公司收购管理办法：沿革与架构》一文中，我们就对《收购办法》的相关规定自相矛盾提出了异议，但是也承认了现实中的所有收购均采用了现金收购的方式，也就没有暴露相关规定的漏洞。可奇怪的是，在 2014 年的修订中还对非现金对价的规定进行了调整，让人着实不理解这种对于僵尸条款的调整意义何在。

2. 跨境收购。马骁在其著作中称，对于《收购办法》第 61 条第 1 款第（2）项“存在主体资格、股份种类限制或者法律、行政法规、中国证监会规定的特殊情形的，可以申请免于向被收购公司的所有股东发出收购要约”的理解为因为资本管制等原因对于 B 股和 A + H 股收购进行的豁免。但就实际情况看，上述两类情况面临的所谓限制，均有办法解决：委托境内或境外适格主体进行收购。在广州冷机（900956，现东凌国际）、四川双马（000935，2015 年）、小天鹅（000418、200418）、沙隆达 B（200553）、双汇发展（00895，2011 年）、武钢 B（200770）中均出现了这种情况。

3. 竞争要约。《收购办法》对于竞争要约进行了详细的规定，涉及竞争要约发出的时间、竞争后原要约变更的时间限制、原要约变更后的要约时间的限制，但是遗憾的是，前述 54 个案例中，无一涉及该方面内容。

结语

经过对54个案例的梳理，我们发现现有要约制度运行中还存在诸多不完善的方面，尤其是对于协议转让以及间接收购的情形，我们或许还需要进行进一步反思，并在审慎的基础上对其进行细化规定。

02 敌意并购：坏孩子？ 好孩子？

导 言：敌意并购的讨论因为宝万之争而勃然兴起，可监管层的态度似乎是并不赞同敌意并购，当然，这与宝万之争中杠杆收购的模式、保险资金的使用不无关系。但是为了避免“孩子脏水一起泼掉”的悲剧，对于敌意并购的积极作用还是应该肯定的。值得一提的是，在相关讨论中，停牌作为反对敌意并购的措施，一直未能进入大家的视野，或者说得到足够的关注。新加坡管理大学张巍老师发文称“停牌很有可能成为中国的毒丸”，并提出了细致的监管思路。尽管囿于国内的监管环境和理念，该文提出的监管规则设计似乎付诸实践的可能性不大，但是如何避免停牌制度被滥用，显然也是监管层应该思考的问题。本文整理了相关讨论，对敌意并购及反并购进行了相关分析。

国内反并购措施三则：股东权利受限之争①

在中国的并购市场并不成熟且A股上市公司大多数仍未一股独大的情况下，对于上市公司反并购措施的讨论并不常见，但是宝万之争以后，A股公司如受惊的小鹿一般开始在章程中加载反并购条款，这使得学界和实务界开始讨论这些反并购措施的合法性。

但是遗憾的是，由于中国《公司法》以及相关法律法规中对于反并购措施并未有明确的规定，这使得很多反并购措施的合法性也疑点重重。我们通过对前述三篇文章的阅读，整理出下面的表格。

① “东方金融法”公众号：《上市公司反收购措施评介》，2016年11月2日；“中伦视界”公众号：《万科vs宝能：中国上市公司反收购措施的法律全景分析与设计》，2015年12月24日；陈霖：《上市公司修改章程设置反收购条款的合法性检视和监管探讨》，载《证券法苑》2017年第19期。

表 1 反收购措施及其可行性分析

类别	反并购措施	可行性分析	分析
股权控制角度	毒丸计划	不可行	· 上市公司股份发行需要监管机构的核准 · 上市公司的股份发行需要股东大会的 2/3 表决 · 如果向大股东关联方发行，需要大股东回避表决，影响反并购措施的采取
	股份回购	不可行	公司法对于股份回购有严格的限制条件
	白衣骑士	可行	需要注意《收购办法》对竞争性要约做出的时间限制条件
	公平价格条款	可行	事实上受相关法律支持
	交叉持股	可行	因为法律上并无明确规定，所以合法性问题不大，但是需要考虑在具体采用时的有效性
	加强信息披露义务（如将门槛由 5% 降至 3%）	可讨论	实务律师认为并不违法，但是学者认为该条款对于股东的管理层选任权做了不恰当的限制，是无效的
股东会控制角度	超级多数条款	可讨论	学者和实务律师都不反对该条款的有效性，但如果此类条款过分限制股东表决权就会导致监管关注，需要结合上市公司的股权架构具体分析
	股东提案权的持股时间限制	可讨论	实务律师主张并不违法，但学者观点认为既然《公司法》规定 3% 股东具有提案权，此类限制股东权利的条款应属无效
	股东提名董事人数限制的条款	可讨论	实务律师主张并不违法，但学者观点认为在我国上市公司董事选举的前提是进入候选人范围，如此就有限制股东权力之嫌，所以违法
董事会控制角度	交错董事会	可讨论	实务律师主张并不违法，但学者观点认为在中国上市公司大部分要求董事的任期为三年的情况下，该条款会造成董事会任期过长
	限制董事（长）资格	可讨论	实务律师认为并不违法，但是学者认为该条款对于股东的管理层选任权做了不恰当的限制，应该是无效的
其他	金色降落伞等	可行	只需要在修改公司章程时，通过股东大会决议
	焦土政策	不可行	《收购办法》规定，收购要约发布后，需经股东大会统一方可采取处置资产等“重大”行动

由此可见，对于毒丸计划、焦土政策等较为极端的且明显有损害股东权利之嫌的反并购措施，国内学者和实务界均主张其不合法，但是对于诸如限制董事选举权等载于章程的条款，学界和实务界争议较大——此类条款的特点一般是在《公司法》或相关法律法规限制的基础上，提高了要求，实务界一般对此认为并未违法，而学界则往往会从限制股东权利出发主张其违法。

更有趣的是，实务界从实践的角度出发，还会提出“该措施的合法性有不确定性，但是，仍可以先行规定，由监管机构事后进行裁定，这样会提高收购方的时间成本和金钱成本”，在敌意并购事实上可以促进市场效率的大前提下，这无疑是中国的立法者和监管者应该反思且避免的一个问题。

美国反并购监管：让市场的归市场①

美国资本市场作为收购活动最为活跃的市场之一，其在反收购监管方面的经验无疑值得中国借鉴。本次收录的两篇文章则从横纵两个维度对于反收购措施的监管进行了梳理。

美国反收购措施监管的主要规则有三，分别是从三个判例中发展出来的，具体见下：

表 2　美国反收购措施监管的三项审查规则

判例	Unocal 案件	Revlon 案件	Blasius 案件
简称	相称性规则	拍卖规则	令人信服理由标准
适用场景	适用于董事的反收购措施意图留存公司独立的情况	适用于董事决定卖掉公司或者公司控制权变更的情况	适用于董事的反收购措施故意阻碍股东投票权，尤其是选举新董事权利的情况
内涵	双叉测试： 第一步，目标公司董事会需证明收购对其造成威胁； 第二步，目标公司董事会需证明其采用的方式与该威胁相称	董事会需选择能够使得股东收益最大化的要约	董事需证明采取上述措施有非常迫切的正当理由

张巍老师对于反并购措施以及监管均进行了详尽的分析，本次的文章事实上是对其一系列文章的一个整理，文中张巍老师不仅详细地说明了反并购措施的内涵以

① 张巍：《美国的上市公司反收购防御及其对中国的启示》，载《证券法苑》2017 年第 19 期；林少伟、王穹：《美国特拉华州收购规则的历史变迁》，载《证券法苑》2017 年第 19 期。

及分类，更是对于主要的反收购监管规则——Unocal 标准进行了详细的拆解。

张巍老师指出，对于双叉测试而言，第一步需要做出判断的是，什么构成威胁？现实中特拉华州法官逐渐发展出三种威胁：机会损失，即收购会让股东失去现任董事为其创造的其他机会；结构性胁迫，即收购是前重后轻型的双重要约（也就是收购方做出两轮报价，后一轮报价显著低于前一轮，这会迫使股东接受第一轮报价）；实质性胁迫，价格过低而会使得股东因为集体行动的原因将手中股票出售给收购方。如果第一步的测试可以通过，第二步的关键就是，如何判断是否相称？法院定义了所谓的“不相称”，主要是董事会采取的反并购措施有排他性或者胁迫性，前者指反收购措施使得收购者不可能对公司进行收购，后者则是指反收购措施会影响股东决策。

林少伟老师的文章则从时间维度对于美国的反收购监管措施的发展做了详细的解释，其认为美国的上述三项规则事实上只有 Unocal 规则还在事实上起着效果（所谓的“一枝独秀”），而这主要是因为美国监管者在独立董事兴起、中介机构作用增强的情况下，更倾向于不干预市场而着力让独立董事在收购中起到监督财务顾问的作用。这种背景下，限制更为严格的 Revlon 规则和 Blasius 规则被援引的可能性自然更小，事实上，对于前者法院的判断标准已经退化至“善意即可”的水平，后者法院则几乎采取了完全的“商业判断原则”态度。

有趣的是，两位老师的政策建议达成了一定共识：应该鼓励 A 股市场的敌意并购，而不是限制。这方面，张巍老师进行了扎实的论证。其在梳理了一系列的金融学文献后，指出敌意并购可以有效地监管管理层（其对于代理成本“误政”和“怠政”的解释堪称精彩）、提升控制权溢价让股东收益，加之中国 A 股市场上一股独大问题严重，本身敌意并购施展的空间就不大，所以应该鼓励敌意并购的发展，而非限制。具体的政策建议上，张老师指出美国敌意并购并未损害股东利益的原因主要是发达的集团诉讼机制的存在以及专业的司法人员队伍等，所以中国应着力在这几方面完善机制，而不是因噎废食，直接拒绝敌意并购。

03 中国式杠杆收购的风险、治理和监管[①]

导 言： 随着对企业融资限制的逐步放宽，杠杆收购在我国资本市场发挥着越来越重要的作用。然而，宝万之争等案例也展示了融资杠杆工具以及不同工具相互嵌套所带来的市场风险及监管挑战。基于近年来我国发生的杠杆收购典型案例，本部分以实证的视角对杠杆收购的作用机制及其给我国资本市场及上市公司带来的潜在风险进行分析，并从杠杆率监管、融资方式监管和信息披露监管三个层面提出了监管建议。

几类典型的杠杆收购现象

杠杆收购（Leverage Buyout，LBO）的金融学定义是以债务为主要融资方式实现的收购交易。一方面，杠杆收购帮助拥有较好的现金流预期和资产基础的公司实现较高的回报收益；另一方面，从传统的融资工具类型来看，杠杆收购涉及的主要的融资工具及其相应的风险不一（如下表1）；但总体而言，杠杆收购所带来的风险与寻常融资方式相比较高。

表1 杠杆收购所涉融资类型及其风险程度

	银行债务	高收益债券	夹层债务	股本出资
风险程度②	较低	←——	——→	较高

① 本部分主要内容已发表于《证券法苑》2017年第22卷，第321—340页，原文题目为《上市公司杠杆收购的风险、治理与监管》，作者曾斌、韩斯睿，特此说明。

② 此图中各种类型的融资方式并不是相互排斥的，两种或者多种融资方式同时使用在上市公司融资实务中亦非常常见。参见：[美] 罗森鲍姆、[美] 珀尔：《投资银行：估值、杠杆收购、兼并与收购》，刘振山、曹建海译，机械工业出版社2014年版。

我国主要的并购融资工具包括现金支付、股份支付、债权支付、资产支付、衍生工具支付和混合支付方式六大类，基本上也形成了低、中、高风险层级的并购融资工具。[①] 虽然杠杆收购推动了市场的发展，但监管机构和市场一直对其合规问题存在诸多质疑。基于此，本文将重点分析银行并购贷款、并购基金、资管计划嵌套、险资等几种形式作为并购融资来源的典型案例。

1. 缺乏资产支持的银行并购贷款

并购贷款，是指商业银行向并购方或其子公司发放的，用于支付并购交易价款和费用的贷款。并购贷款业务是我国杠杆并购金融工具中唯一有针对性制度规范的业务品种，为基于银行中介功能的债务融资业务。[②]

然而，我国并购贷款相关规定在很长一段时间内并不完善。2008 年 12 月，银监会才正式颁布有关并购贷款的指引，但相关业务的开展受到了严格的约束和限制。[③] 2015 年，银监会对《商业银行并购贷款风险管理指引》进行修订，要求加强防控财务杠杆风险、防范虚假并购行为等。[④] 由于具体配套政策的不完备，银行并购贷款在实际运作中存在许多问题、企业在争取银行授信也存在很大难度。[⑤]

与此同时，我国杠杆收购融得的资金往往缺乏足够的资产和其他信用支持，借款方以拟收购上市公司之股权作为质押物担保融资的情况非常常见。此类股权质押安排将并购贷款借贷方之还款能力与拟收购公司股价直接挂钩，潜藏较大的风险传导链条。[⑥] 比如，2016 年 11 月天津汇泽丰企业管理有限公司（以下简称汇泽丰）使用银行借款、举债 25 亿元收购福建浔兴拉链科技股份有限公司（以下简称浔兴股份）

---

① 与此同时，近年并购市场蓬勃发展，出现了并购基金、资产管理计划、可交换债等许多新型并购融资工具。参见：中国财富管理 50 人论坛、清华大学国家金融研究院联合课题组：《规范杠杆收购，促进经济结构调整——基于“宝万之争”视角的杠杆收购研究》；李维安：《从“宝万之争”的治理启示解读“杠杆收购”》，载《清华金融评论》2017 年第 1 期。

② 例如，在宝万之争中，宝能采用了资产管理计划、嵌套式资产管理计划等方式，运用多重金融杠杆工具，撬动大量资金用以达到收购目的。参见：中国财富管理 50 人论坛、清华大学国家金融研究院联合课题组：《规范杠杆收购，促进经济结构调整——基于“宝万之争”视角的杠杆收购研究》。

③ 参见中国银监会关于印发《商业银行并购贷款风险管理指引》的通知（银监发〔2008〕84 号）。

④ 相关修订包括将并购贷款期限从 5 年延长至 7 年，将并购贷款占并购交易价款的比例从 50% 提高到 60%，参见：中国银监会关于印发《商业银行并购贷款风险管理指引》的通知（银监发〔2015〕5 号）。

⑤ 参见张春英：《我国企业资产并购存在的问题及解决对策》，载《东北大学学报：社会科学版》2009 年第 2 期。

⑥ 参见艾大力、王斌：《论大股东股权质押与上市公司财务：影响机理与市场反应》，载《北京工商大学学报：社会科学版》2012 年第 4 期。

25%的股权及公司控制权。[①] 此外，汇泽丰还以其持有的上市公司浔兴股份全部股票出质，与借款实际出资人祺佑投资合伙企业（有限合伙）（以下简称祺佑投资）签署了质押合同，其25亿元债权提供质押担保。可以看出，上述并购贷款中银行仅具有中介功能，而25亿元的高额借贷并无可靠的底层资产作为支撑。

可以看出，一般杠杆收购中使用的银行并购贷款存在缺乏足够的信用支撑的问题。[②] 2016年12月，西藏龙薇文化传媒有限公司（以下简称龙薇传媒）拟以6000万元用杠杆借贷撬动30.6亿元的股权收购万家文化29.14%的股权以借壳上市，杠杆高达50倍，且融资担保仅来自公司发起人的个人信用。[③] 类似地，2016年4月苏州正悦投资管理有限公司（以下简称苏州正悦）用15亿元银行借款购杠杆收购浙江尤夫高新纤维股份有限公司（以下简称尤夫股份）。[④] 而作为担保，苏州正悦也同样以间接持有的尤夫股份全部股份作为借款质押。此外，2017年5月广东嘉应制药股份有限公司（以下简称嘉应制药）第二大股东方深圳市老虎汇资产管理有限公司入股过程中，便借助了股东借款、银行借款等手段。[⑤]

2. 通过股权质押空手套白狼式的质押融资

股权质押是权利质押的一种。[⑥] 随着股价的变动，股权质押有可能出现无法偿付本金等风险，因此，提供融资的金融机构对质押个股设有质押率、预警线、平仓线

---

① 跟换有收购方汇泽丰在监管函答复中的披露，2016年11月14日，汇泽丰与资金提供方祺佑投资和农业银行唐山开平支行签订《一般委托贷款合同》，根据浔兴股份在11月16日披露的《详式权益变动报告书》显示，此次向农业银行的借款金额不超过25亿元，年利率4.5%，期限为4年。参见《浔兴股份收购价之链 四机构突击入股"拍斩"》，载每经网，网址：http://www.nbd.com.cn/articles/2017-07-12/1126979.html，最后访问时间：2017年9月19日。

② 近日，为了加强银行并购贷款已经逐步向专业的并购基金放开，机构投资者的介入相信会更好地规范市场操作，促进银行并购贷款的健康有序发展。参见：并购汪：《并购基金如何取得商业银行并购贷款》。

③ 上述30.6亿元资金由三部分构成：第一部分，龙薇传媒向股东借款6000万元，利息等资金成本获豁免；第二部分，龙薇传媒向曾参与过圣莱达收购案的西藏银必信资产管理有限公司借款15亿元，年化利率为10%；第三部分，龙薇传媒通过股权质押的形式向金融机构融资14.9亿元，年化利率约为6%。上交所连发17道问询函追问杠杆收购的资金来源。迫于监管压力，万家文化的实际控制权最终以近五折的价格落入另一买家之手。参见《赵某杠杆收购破灭后续：万家文化被证监会立案调查》，载搜狐网，网址：http://www.sohu.com/a/127414838_153486，最后访问时间：2017年9月19日。

④ 不过与前者相比，苏州正悦用于入主的短期借款利率却要高得多。苏州正悦这项作价18.96亿元的收购案中有15亿元为借款，这笔资金系浙江三花钱江汽车部件集团有限公司通过委托上海银行崇明支行发放，月息1.5%

⑤ 参见《深圳市老虎汇资产管理有限公司关于增持公司股份进展的公告》。

⑥ 通常股权质押进行融资需"打折"，折扣率因行业、企业等情况不同，通常在3—6折，以抵押1000万元市值的股权为例，若质押率为40%，则可以拿到400万元的贷款。

等风险防范机制。① 由于股权质押是并购融资常见的担保手段，我国杠杆收购中所筹资金时常面对着股价波动带来的还款压力。②

与我国杠杆收购相关的质押融资的比率往往比较高，由此所带来的风险和上市公司治理和监管的压力也随之增高。2016 年下半年以来，陕西宝光真空电器股份有限公司（以下简称宝光股份）的第二大股东西藏锋泓投资管理有限公司（以下简称西藏锋泓）及其一致行动人通过大宗交易、司法竞拍北京融昌航投资咨询有限公司所持股份等方式不断增持公司股份至合计持有公司总股本的 20.92%，争夺控制权的意图明显。然而，由于市场情况变动，西藏锋泓稍后披露了其补充担保安排——将合计 564.61 万股补充质押给民生证券股份有限公司，为其今年年初的两笔股票质押式回购交易提供补充担保。补充质押完成后，西藏锋泓累计已质押的股份数量为 4413.61 万股，占其持有公司股票总数的 97.45%。

3. 并购基金"私募股权基金＋上市公司"的模式

"私募股权基金＋上市公司"的运作模式在我国资本市场已不陌生，主要方式是上市公司通过设立并购基金，引入资金方作为有限合伙人进行收购活动。③ 从本质上说，并购基金是私募股权基金的一种，其收购的目的在于获得控制权——控制目标公司董事会的主要席位并对其发展战略产生绝对的影响力，而在于实现较高的投资回报率。④"私募股权基金＋上市公司"模式在我国已经较为成熟。⑤ 但是，由于并

---

① 预警线和平仓线多为 160（140）或者 150（130），若一只股票股价现为 10 元，质押率为 4 折，预警线为 150，平仓线为 130，预警价为 $10 \times 0.4 \times 1.5 = 6$ 元，即股价下跌 40% 预警，平仓价为 $10 \times 0.4 \times 1.3 = 5.2$ 元，即股价下跌 48% 平仓。参见《金融机构严防股权质押风险：额度收紧质押率大幅下调》，载腾讯证券网，网址：http：//stock. qq. com/a/20170807/003156. htm，最后访问时间：2017 年 9 月 19 日。

② 上市公司股东的股权用于质押融资时，如果公司股价一直下跌，触及预警线后，股东如果不能及时提供更多的抵押担保，当股价跌至低于平仓价时，质押方有权对其进行强行平仓。参见《风险暴露！近百上市公司股东被迫补充质押》，载凤凰财经网，网址：http：//finance. ifeng. com/a/20170523/15400506_ 0. shtml，最后访问时间：2017 年 9 月 19 日。

③ 一般而言，并购基金可引入私募股权基金作为普通合伙人，也可以自己担任普通合伙人。参见：黄亚玲等：《我国私募股权基金监管刍议》，载《证券市场导报》2010 年第 4 期。

④ 参见：杨明宇：《私募股权投资中对赌协议性质与合法性探析——兼评海富投资案》，载《证券市场导报》2014 年第 2 期；潘从文等：《私募股权基金治理研究综述》，载《经济学动态》2010 年第 8 期；田满文：《我国上市公司并购融资制度优化新探》，载《宏观经济研究》2010 年第 1 期。

⑤ 例如，硅谷天堂资产管理集团股份有限公司与湖南大康国际农业食品股份有限公司（曾用名湖南大康牧业股份有限公司，股票代号 002505）2011 年发起成立的中国第一家"上市公司＋私募股权基金"模式并购基金——天堂硅谷大康股权投资合伙企业。参见《详解清华系、安邦系、复星系、硅谷天堂系的并购资本模式》，载金融界网，网址：https：//www. chinaventure. com. cn/cmsmodel/news/detail/309976. shtml，最后访问时间：2017 年 9 月 19 日。

购基金采用合伙制，因而更容易引入更复杂的资管结构和融资方式，从而增加公司治理和监管层面的不确定性。①

首先，以并购基金“私募股权基金+上市公司”的模式的杠杆收购存在披露信息无法穿透的问题。通过资产计划以及私募股权基金的合伙制度的层层安排，实际出资人的真实身份往往能够轻易隐匿；若非监管机构发布问询函给予特别关注，普通投资者难以辨别其身份。2015 年 11 月，广州蕙富骐骥投资合伙企业（有限合伙）（以下简称蕙富骐骥）斥资 6 亿元收购四川汇源光通信股份有限公司（以下简称汇源通信）20.68% 股权，成为汇源通信的控股股东。根据公告，蕙富骐骥的出资人为广州汇垠澳丰股权投资基金管理有限公司（以下简称汇垠澳丰）及平安汇通广州汇垠澳丰 6 号专项资产管理计划（以下简称汇垠澳丰 6 号）。② 然而，公告并未披露汇垠澳丰 6 号的资金结构及实际出资方。2017 年 2 月 6 日，珠海横琴泓沛股权投资基金（以下简称珠海泓沛）要求召开汇源通信合伙人大会、撤换蕙富骐骥的普通合伙人汇垠澳丰，但汇垠澳丰就珠海泓沛召开会议的主体适格问题提出质疑。③ 此时，珠海泓沛汇垠澳丰 6 号实际出资人的身份才得到披露，其罢免汇垠澳丰的议案实质为劣后出资方要求撤换普通合伙人。④

此外，“私募股权基金+上市公司”的模式允许实际控制人通过对信托基金等机构的控制实现高杠杆收购，容易造成内部人控制情形下的高风险投资行为，若无相应的监管措施将会给并购市场带来潜在风险。⑤ 2017 年 3 月至 6 月，上海领资股权投资基金合伙企业（有限合伙）（以下简称领资投资）先后 3 次举牌上海新黄浦置业股份有限公司（以下简称新黄浦），合计耗资超过 15.52 亿元，全部来源于领资投资的合伙人。领资投资有 3 名合伙人，其中，普通合伙人杭州领达资产管理有限公

---

① 参见：田满文：《我国上市公司并购融资制度优化新探》，载《宏观经济研究》2010 年第 1 期。

② 广州汇垠澳丰股权投资基金管理有限公司担任蕙富骐骥的普通合伙人和执行事务合伙人，系蕙富骐骥有限合伙人的投资顾问，其出资额仅为 100 万元，占出资总额的 0.17%；平安汇通广州汇垠澳丰 6 号专项资产管理计划出资 6 亿元，占出资总额的 99.83%。

③ 汇垠澳丰认为珠海泓沛不具有合伙人身份无权提请召开上述会议。参见：康殷：《汇源通信重组落空汇垠澳丰高杠杆收购套路浮现》，载《证券时报》2017 年 3 月 29 日 A5 版，网址：http://epaper.stcn.com/paper/zqsb/page/1/2017-03/29/A005/20170329A005_pdf.pdf，最后访问时间：2017 年 9 月 19 日。

④ 珠海泓沛转而以汇垠澳丰 6 号合伙人名义提议召开合伙人大会，蕙富骐骥的出资安排浮出水面：蕙富骐骥的出资方是由普通合伙人汇垠澳丰和有限合伙人平安－汇垠澳丰 6 号资管计划构成的，而珠海泓沛正是该资管计划的实际出资方，即劣后出资方。

⑤ 参见《领资投资举牌亏 4 亿多　新黄浦又要把弄潮儿拍死在沙滩上?》，载凤凰财经网，网址：http://finance.ifeng.com/a/20170601/15422720_0.shtml，最后访问时间：2017 年 9 月 19 日。

司（以下简称领达资产）实缴 100 万元。[①] 穿透披露后，王某辉系领达资产实际控制人，亦即领资投资的实际控制人。在此案例中，王某辉通过担任有限合伙人的信托渠道连番举牌新黄浦，成功实现以小博大。[②]

4. 险资举牌：万能险为自由资金 + 高杠杆举资模式

在险资进行的杠杆收购中，杠杆资金存在相互套嵌的现象，风险传导链条较长，一旦存在大面积债务违约则引发系统性风险的可能较高。[③] 与此同时，以万能险为代表产品的险资在二级市场投资具有资金体量大、收购周期短的特点，举牌收购往往出其不意，也增加了二级市场异常交易监管的压力。

此外，万能险往往被当作大股东的资金平台，资管计划成为一致行动人，存在损害委托人利益的风险。2016 年 5 月，安邦资产管理有限责任公司（以下简称安邦资产）开始增持中国建筑股份有限公司（以下简称中国建筑）的股票，并在 11 月 17 日完成了对中国建筑的首次举牌。11 月 24 日晚，中国建筑发布公告显示，截至 2016 年 11 月 24 日，安邦资产通过“安邦资产 – 共赢 3 号集合资产管理产品”持有中国建筑普通股总股本的 10%。这也意味着，在短短 5 个交易日内，安邦资产完成了对中国建筑的二次举牌，累计耗资约 232 亿元。[④]

5. 资管计划：多重嵌套低调持股模式

资管计划也是收购人惯用手段之一。多层嵌套的资管产品通常以银行作为主要的资金提供方，信托、证券、保险、基金、基金子公司等作为通道，各类机构化信托、资管计划嵌套其中。[⑤] 在宝万之争中，宝能系的并购资金有相当一部分即来源于资管计划；上文提到的汇源通信现控股股东蕙富骐骥背后资金便涉及合伙企业、资管计划等嵌套叠加。与宝万之争相比，汇源通信、顺威股份、新黄浦等涉杠杆收购案例则更为繁复。

---

① 在该案例中，有限合伙人几经变更，从初始的单一有限合伙人王某辉（融信租赁实控人、董事长），再到厦门信托，最后变成厦门信托与云南信托双有限合伙人。

② 参见《穿透杠杆收购：看看这些撬动数十亿规模的上市公司收购案》，载证券时报网，网址：http://www.stcn.com/2017/0425/13303917.shtml，最后访问时间：2017 年 9 月 19 日。

③ 宝能系通过前海人寿以及钜盛华收购万科股权，就是典型案例，在此不作赘述。参见：中国财富管理 50 人论坛、清华大学国家金融研究院联合课题组：《规范杠杆收购，促进经济结构调整——基于“宝万之争”视角的杠杆收购研究》。

④ 参见《短短七天 安邦二度举牌中国建筑》，载华尔街见闻网，网址：https://wallstreetcn.com/articles/275557，最后访问时间：2017 年 9 月 19 日。

⑤ 典型形式包括银行互相购买理财产品、银行借道信托发放信托贷款或转让信贷资产、银行委外投资、定向通道业务等。参见：刘燕、楼建波：《企业并购中的资管计划——以 SPV 为中心的法律分析框架》，载《清华法学》2016 年第 6 期。

杠杆收购的潜在风险

宝万之争引起了监管以及实务部门对于杠杆融资工具的关注、促进了杠杆收购的研究和讨论。了解兼并收购中出现的高杠杆、复合融资工具给中国资本市场带来的潜在风险，是正确对待、科学有效监管杠杆收购亟须关注的关键环节。我国杠杆收购的案例可以看出，复合融资工具不仅将给上市公司的日常经营和现金流管理带来风险和机遇，还将给中国资本市场降低系统性风险带来挑战。

1. 上市公司经营层面的风险

（1）流动性风险

杠杆收购为收购方打开了资金腾挪空间，但收购方的后续偿债压力却长期存在。因此，流动性风险是收购方在杠杆收购后需要面临的主要挑战之一。2016 年年初，北海银河生物产业投资股份有限公司（以下简称银河生物）的控股股东银河天成集团有限公司（以下简称银河天成）一笔杠杆增持资管计划触及平仓线。为防止爆仓，银河天成紧急追加保证金 4508.7 万元。几乎同期，上海鼎立科技发展（集团）股份有限公司（以下简称鼎立股份）控股股东鼎立控股集团股份有限公司通过带杠杆的资管计划增持之股份被平仓。[①] 宝万之争期间，宝能系部分资管计划一度浮亏，也被广泛认为接近平仓线。

实务中，收购人基于适当降低风险的考虑，会逐步置换高成本及长周期杠杆资金。尤夫股份现间接控股股东苏州正悦 2016 年入主时，曾向浙江三花钱江汽车部件集团有限公司融资 15 亿元，年化利率高达 18%，约占受让总代价的 79.11%，杠杆倍数约为 4.79 倍。另外，该笔贷款还要求苏州正悦投资以间接所持尤夫股份提供质押担保，进一步加杠杆；监管层旋即下发问询。苏州正悦后将“短周期、高利率”的融资置换为“长周期、低利率”的融资。在 12 月 1 日苏州正悦披露的回复函中，出资方更换为上海贵衡建筑工程有限公司，借款利息也降低到年化利率 12%。[②]

---

① 公司 2016 年 12 月 29 日更名为鹏起科技发展股份有限公司，公司以下简称 A 股变更为“鹏起科技”。参见《鼎立股份拟更名鹏起科技 致力高端军工领域发展》，载证券日报网，网址：http://www.ccstock.cn/gscy/gongsi/2016-12-29/A1482990451157.html，最后访问时间：2017 年 9 月 19 日。

② 此外，苏州正悦披露称还在通过变卖股权回笼资金，增强流动性。苏州正悦在公告中表示，未来公司拟采取包括但不限于上市公司分红、本公司及实控人蒋某所控制或参股其他公司的分红、出售本公司及实控人蒋某所控股或参股其他公司的股权、拆借周期更长或者成本更低的资金等措施来确保后续还款的资金来源。与此同时，苏州正悦表示，其已将所持有苏州荻溪四号创业投资中心（有限合伙）98% 股权以 4800 万元的价格对外进行了转让，通过调整自身及实控人名下资产结构，增强流动性。参见《苏州正悦投资管理有限公司关于深圳证券交易所中小板公司管理部〈关于对苏州正悦投资管理有限公司间接持有浙江尤夫高新纤维股份有限公司股份事项的关注函〉的回复函》，网址：http://disclosure.szse.cn/finalpage/2016-12-01/1202850467.PDF，最后访问时间：2017 年 9 月 19 日。

除此之外，也有收购方在收购过程中进一步加大杠杆比例的特殊案例。浙江步森服饰股份有限公司（以下简称步森股份）12 月 5 日在对交易所监管函的回函公告中表示，公司控制权变更所涉股权买卖资金共计 10.12 亿元，原计划 6.5 亿元由收购人及其母公司北京星河世界集团有限公司（以下简称星河世界）支付，其余 3.62 亿元通过股权质押融资取得。随着市场波动发生了变化，公司的收购资金规划有所调整，改为自有资金 4.87 亿元，另 5.25 亿元为对外债务融资，杠杆比例进一步提高。

（2）信用风险

杠杆收购凭借精准的定向设计，可在短期内汇聚大量资金，实现对上市公司的收购或举牌。与此同时，杠杆收购涉及多个资金主体，任一层级资金均有大小不等的成本要求及其他利益诉求。因此，杠杆收购涉及的融资结构越复杂，应当披露的关键信息就越容易被掩盖，引发信用风险。

此外，杠杆资金对上市公司股价更为敏感。在汇源通信的三级杠杆结构中，汇垠澳丰虽仅出资 100 万元即撬动 6 亿元收购资金，但必须承受 6 亿元杠杆资金的潜在成本，包括有限合伙人提出的基本收益率要求、信任成本等。而在次级结构中，资管计划 A 级份额出资人的固定收益率要求、B 级份额出资人的预期收益率要求等均会回溯至上一级杠杆结构，由此对充当主级普通合伙人、控股股东的汇垠澳丰形成压力。

2016 年 11 月 9 日，河南银鸽实业投资股份有限公司（以下简称银鸽投资）发布公告称，深圳市鳌迎投资管理有限公司（以下简称鳌迎投资）拟斥资 31.58 亿元受让漯河银鸽实业集团有限公司（以下简称银鸽集团）100% 股权，从而间接持有上市公司 47.35% 股权，鳌迎投资实际控制人孟平成为上市公司新的实际控制人。11 月 12 日，银鸽投资公告披露，北方国际信托股份有限公司（以下简称北方国际信托）因对鳌迎投资的控股股东深圳中商华融投资咨询（有限合伙）（以下简称中商华融）突击增资 31.7 亿元，成为持有其 90.57% 股权的有限合伙人。鳌迎投资的资金来源由此引发监管关注，其中，上交所发现了鳌迎投资并未对于其关联方北方国际信托的最终受益人等重要信息进行披露。①

（3）公司稳定经营风险

杠杆收购所使用的融资工具错综复杂，稍有不慎就会给公司稳定经营带来风险，

① 在上交所的首次问询函中，监管部门就鳌迎投资及其股东方和投资方的关系、股权结构、对上市公司主营业务未来的安排等进行了问询，基于北方国际信托的最终受益人中海控股的地位如此重要但在前期信息披露文件中并没有被涉及，于是上交所又于 12 月 2 日第二次下发问询函，让公司说明中海控股参与收购的目的、是否参与上市公司的经营管理、是否有资产注入计划等，以及信托计划的退出条款及其他特殊条款对孟平实际控制人地位的影响。参见《杠杆收购连环套的“多米诺风险”：监管部门对于上市公司杠杆收购的紧箍咒在逐渐收紧》，载红刊财经，网址：http：//www.jiemian. com/article/1008347.html，最后访问时间：2017 年 9 月 19 日。

宝能系控股的中国南玻集团股份有限公司（即南玻 A）便出现了八名高管集体辞职的情况。随着举牌和协议转让行为日渐增多，上市公司控制权转让如火如荼，今年以来近 20 家公司高管集体辞职。早在 2015 年 7 月，中房置业股份有限公司（中房股份）间接控股股东百傲特（天津）投资合伙企业（有限合伙）便曾发生合伙人内讧事件，彼时合伙人诉求不一，互不买账，以至于中房股份实际控制人在长达一年时间内悬空。直至 2016 年 12 月，自然人呼健控制的深圳市盈泰洁能投资管理有限公司成为前述合伙企业的普通合伙人及执行事务合伙人，从而入主中房股份。

（4）公司治理风险

而在公司治理方面，参与杠杆收购的上市公司首先面临的就是融资期限错配问题。与此同时，错综复杂的投资、持股结构也会引发资金来源端的合格投资者问题。除非监管层严令彻底穿透，否则，收购资金最终来源便始终成谜。在万家文化收购案中，根据工商注册资料，龙薇传媒于 2016 年 11 月在西藏注册成立，注册资本仅为 200 万元，且未实缴到位。①

另需指出的是，不少杠杆收购主体产业经历缺失，通过各类杠杆安排收购上市公司，资本运作成分居多，将会引发资本多重嵌套背景下参与公司治理的困境问题。东北电气发展股份有限公司（以下简称东北电气）原控股股东苏州青创贸易集团有限公司 2015 年年底杠杆入主后，主导公司重组但并不成功，今年 1 月将东北电气控制权让予海航系，除获利 5 亿元外，并未令东北电气的经营产生实质性改善。事实上，自宝万之争以来，监管层对杠杆收购的穿透监管力度明显加强，客观上对无节制的杠杆收购形成了一定程度的压制。

2. 市场和投资者层面的风险

（1）涉嫌公募资金、理财资金进入市场

由于国内杠杆资金组织形式分散多样，存在券商资管计划、基金（子）公司资管计划、信托公司信托计划相互套嵌的现象，当这些资金对接银行理财资金作为优先级时，可能出现风险传导或市场交叉承受。② 而且，通道业务的存在直接导致杠杆收购中整体信用链条的延长，这会进一步放大资金杠杆的倍数。③

与此同时，资管计划成为一致行动人可能会损害委托人利益的问题也值得监管机构关注。结构化资管计划在一致行动人的操作下，大量投资于二级市场股票或用

① 参见《赵某杠杆收购破灭后续：万家文化被证监会立案调查》，载搜狐财经网，网址：http://www.sohu.com/a/127414838_153486，最后访问时间：2017 年 9 月 19 日。

② 参见中国财富管理 50 人论坛、清华大学国家金融研究院联合课题组：《规范杠杆收购，促进经济结构调整——基于“宝万之争”视角的杠杆收购研究》。

③ 参见金水：《券商基金通道业务被压缩 资产配置荒会更严重》，载华夏时报网，网址：http://www.chinatimes.cc/article/59335.html，最后访问时间：2017 年 9 月 19 日。

于收购时，可能损害优先级委托人的利益。① 然而，受制于对手方的一致行动人地位，资管计划卖出股票将受到限制，资管计划的风险控制措施在一定程度上将会失效。②

（2）并购过程长、不确定性大，短期资金面临赎回压力

由于并购交易既要通过公司决策层面的商业考量还需经过监管部门的审批，周期长、不确定性大，短期资金通常难以承担相关的功能。比如，万能险作为险资举牌的主要资金来源的资金错配问题，就可能存在潜在的资金错配风险。

美国杠杆并购潮流中债务期限相对较长。③ 然而，近年来中国一些中小险企推出的万能险虽然保障期也是5年到20年不等，但却强调1年至2年后就可无手续费或低手续费退保、一些网络销售的万能险甚至短至3个月至6个月就可将钱取出。④ 使用短期资金错配于期限并不确定、风险较大的杠杆并购项目，万一遇到并购障碍、集中退保、监管政策强化等，而投资端又不能立即变现，则面临着现金流断裂的危险，造成传统意义上最安全的保险资金无法偿付，就很可能影响金融秩序和社会稳定。

（3）“信用借款—杠杆收购—上市公司股权质押—股价上涨—还款—套现”怪圈

杠杆收购还是“炒壳套利”的重要环节，即使用很少的自有资金，加上从外界借来的高息巨款，快速收购一家上市公司的控股权，一旦过户完成，就立马把股份质押出去融资，再将融得资金偿还前期的高息借款。⑤

此外，收购人在完成上市公司收购后也往往会进行股权质押乃至连环质押。例

---

① 比如，结构化资管计划合同通常规定，在计划份额净值低于一定金额的情形下强制平仓，或者由劣后级补缴保证金，以保护优先级份额持有人的利益。参见：中国财富管理50人论坛、清华大学国家金融研究院联合课题组：《规范杠杆收购，促进经济结构调整——基于“宝万之争”视角的杠杆收购研究》。

② 参见刘燕、楼建波：《企业并购中的资管计划——以SPV为中心的法律分析框架》，载《清华法学》2016年第6期。

③ 从高收益债券的发行期限来看，一半以上的债券发行期限在6—10年，其次是1—5年期的债券，占17%；11—15年、16—20年、21—30年，以及30年以上的分别占到4%、13%、13%和1%。参见：《杠杆并购的资金来源：美国经验和中国实践》，载凤凰资讯，网址：http://news.ifeng.com/a/20160705/49299413_0.shtml，最后访问时间：2017年9月19日。就公司融资需求、债券融资汇报以及债券发行期限的关系请参见：Malcolm Bakera、Robin Greenwood & Jeffrey Wurgler, *The maturity of debt issues and predictable variation in bond returns*, Journal of Financial Economics, November 2003.

④ 参见《又叫停！保监会频下狠招，万能险的出路在哪里?》，载凤凰新闻网，网址：http://wemedia.ifeng.com/6486432/wemedia.shtml，最后访问时间：2017年9月19日。

⑤ 相关案例包括步森股份、天马轴承集团股份有限公司（以下简称天马股份）、尤夫股份等。参见《危险的游戏：杠杆率飙升下的资金链条风险》，载《21世纪经济报道》，网址：http://m.21jingji.com/article/20170113/d95df8e2c6827ac77d04abc5fcd06429.html，最后访问时间：2017年9月19日。

如，华信超越（北京）投资有限公司（以下简称华信北京）今年 3 月拟以 26.08 亿元代价受让文菁华所持顺威股份 25.06% 股份，除 3 亿元自有资金及向黄如论旗下世纪金源投资集团借款 17 亿元外，另拟向金融机构质押融资 6.08 亿元。后续两年，华信北京将继续进行股权质押，为前述质押融资增信，一旦遭遇到股价逆转，将面临巨大的风险。①

（4）非产业资本、实体经济的杠杆收购引发的系统性风险

由于我国并购贷款的限制较多、无法支撑资本市场并购交易举债收购，实务中通过资管计划、信托、股票质押等方式实现高杠杆收购的案例不在少数。杠杆收购在中国呈现出快速发展及高溢价、高杠杆的“两高”现象。2015 年 1 月，沈阳合金投资股份有限公司（以下简称合金投资）原控股股东拟转让控制权，受让方秦皇岛康华投资有限公司（以下简称康华投资）在向实际控制人借款 3 亿元之余，还将拟受让的合金投资股权向中融国际信托有限公司质押融资 6 亿元，最终杠杆倍数达 9 倍。②

杠杆收购本身并非市场风险的万恶之源，任何市场均需要一定的杠杆融资工具支撑其快速发展。但是，由于目前中国资本市场法制不太完善，收购融资方式的嵌套越复杂，非产业资本、实体经济的杠杆收购的效用将更加明显，也越容易引起系统性危险。无论是收购过程中动用杠杆资金抑或收购之后加杠杆，股价单边下行已成为杠杆资金所有参与主体面临的最大风险。③

（5）一致行动人不明

由于杠杆收购在融资结构中往往出现银行贷款、股东/关联方借款、有限合伙与普通合伙身份混杂、股权质押、资管计划嵌套等多种手段同时出现的情况。虽然上市公司对于一致行动人会进行合规披露，但是多重融资结构嵌套之下的一致行动人的实际控制人的真实身份往往成谜。因此，融资结构的复杂化趋势也使得投资人越来越容易规避监管和披露的要求，对上市企业并购的监管也提出了挑战。

---

① 参见《穿透杠杆收购：看看这些撬动数十亿规模的上市公司收购案》，载证券时报网网，网址：http：//www.stcn.com/2017/0425/13303917.shtml，最后访问时间：2017 年 9 月 19 日。

② 合金投资处于 ST 状态。参见《穿透杠杆收购：看看这些撬动数十亿规模的上市公司收购案》，载证券时报网，网址：http：//www.stcn.com/2017/0425/13303917.shtml，最后访问时间：2017 年 9 月 19 日。

③ 在 2016 年股市巨震时，崩盘的案例就很多。比如银鸽投资 1 月 12 日收盘 11.18 元/股，较近期最高价 16.79 元/股跌幅高达 33%；浔兴股份 1 月 12 日收盘 16.21 元/股，较近期最高价 22.48 元/股跌幅达 28%。参见《危险的游戏：杠杆率飙升下的资金链条风险》，载 21 世纪经济报道，网址：http：//m.21jingji.com/article/20170113/d95df8e2c6827ac77d04abc5fcd06429.html，最后访问时间：2017 年 9 月 19 日。

杠杆收购的监管路径探讨

并购市场的资金来源愈发广泛，组织形式日益增多，但仍存在诸如融资工具缺乏、对杠杆收购融资工具的风险识别不足、金融中介服务能力有待提高等问题。正是由于这些问题的存在，致使市场并购参与主体在进行杠杆资金的组织时出现了诸多问题。尽管“水至清则无鱼”，但对风险的认识和预防，也许是监管机构应当考虑的。

1. 杠杆率监管？——是高低的判断还是有其他合理的方式？

跟以美国为代表的成熟市场相比，在业内人士看来，中国的杠杆收购发展处于蹒跚学步的状态。[①] 法律政策的限制、融资工具的匮乏、高素质管理人才的稀缺等都是导致杠杆收购在国内缓慢前行的原因。[②] 毋庸置疑，杠杆收购可以快速有效实现资本的流动与资源配置，但如果缺乏节制滥用杠杆率就可能会变成危险的资本游戏。

杠杆对于并购是必选项，但是监管机构是否有足够的能力来监管杠杆融资工具的应用是我国杠杆收购发展必须面临的问题。通过对美国 2003 年至 2012 年 10 年的杠杆收购案例的统计发现，杠杆率在 7.1 与 9.8 之间波动，十年的杠杆收购的平均杠杆率为 8.5。[③] 因此，可以看出“谈杠杆收购色变”并不是最合理的方式。应当在鼓励银行进一步放开并购贷款业务的同时对于杠杆收购的融资结构的具体设计进行关注和研究，防止复杂融资结构中存在侵害相关利益方、容易引发违约风险的设置。

2. 融资方式监管？——对并购融资工具，证监会的监管边界在哪？

杠杆收购融资方式千变万化，其中涉及的监管领域涉及股市、保险、银行、信托等金融市场的方方面面，给监管部门带来了许多的挑战。就证监会的角度来说，如何监管、监管到什么程度，即证监会对于并购融资工具的监管边界问题是需要首先确定的。

针对杠杆收购融资结构发展迅速、多样化的特点，证监会一定要从准入式监管、价格式监管、审批式监管转为行为式监管。“不管是谁做，什么所有制做，不管杠杆率多高，做了多少嵌套，但背后的逻辑一定是谁的杠杆谁担责，这个对称性一定要逻辑化。同时，杠杆的运用不但要透明，而且一定要把风险向投资者明示。”[④] 同理，股东市场行为的监管应该关注资金来源的产品是否涉及公众投资者的利益，是

---

① 参见岳振宇：《我国杠杆收购融资的法律困境与出路》，载《甘肃政法学院学报》2010 年第 3 期。

② 参见岳振宇：《我国杠杆收购融资的法律困境与出路》，载《甘肃政法学院学报》2010 年第 3 期。

③ 参见［美］罗森鲍姆、［美］珀尔：《投资银行：估值、杠杆收购、兼并与收购》，刘振山、曹建海译，机械工业出版社 2014 年版。

④ 全国社会保障基金理事会副理事长王忠民的讲话。

否可能涉及资金安全问题，这是证监会最需要关注的，同时还应该打通银证保在产品这一领域的监管协调问题。

3. 信息披露监管？——美国13D和13G披露

收购信息披露制度主要来源于美国《证券交易法》的相关规定。美国1934年颁布的《证券交易法》对于公开收购没有做出相应的披露要求，实行一段时间之后，发现投资人缺乏足够的信息判断公司是否存在被收购的迹象、因而利益受损。1968年《威廉姆斯法》① 颁布之后，修正了美国1934年《证券交易法》产生了《证券交易法》第13条第4项的规定（13D），要求对于达到5%以上的股份变动情况进行披露。② 之后，美国于1977年制定的《促进国内外投资披露法》③ 再次对《证券交易法》做出修正、新增第13条第7项规定，强化对于外国投资人及实质持有人之股票持有的公开揭露规范（13G）。至此，13D以及13G的披露规定构成了现行美国证交法有关股票大量持有规范之基础。

就我国的监管实践来说，监管不仅需要透明，而且需要明确投资者之间、投资者和管理者之间杠杆使用背后的利益与风险的一致性。需要将对称的权益与风险在发行产品之际就写入契约之中，而并非未明示风险与收益就拿去作为一致行动人、实际控制人等。从监管的角度来看，无论是二级市场的敌意收购还是通过协议转让进行的友好收购，只要按照规则进行就是市场自发行为，不宜过度地干预，改进披露，提高透明度从而促进价格发现机制的完善可能更有利于并购市场的稳定发展。

结论

随着对企业融资限制的逐步放宽，杠杆收购在我国资本市场发挥着越来越重要的作用。面临着机遇与挑战共存的局面，分析杠杆收购在我国的主要表现形式和潜在风险具有关键的政策研究意义，从杠杆收购对上市公司治理影响的角度出发，提出如下初步结论和建议：

第一，应对杠杆收购，原则上应本着尊重市场机制，行政监管“保驾护航”的总体思路。杠杆收购对于上市公司的意义重大，也是上市公司扩张和升级的主要手段，但正如前文所述“杠杆率”高低、高杠杆存在多大的风险等问题，某种程度上与公司的资产状况、融资能力密切相关，也因各类不同的收购标的存在差异，因此

---

① *Williams Act* 1968.

② 当初，对于取得或持有大量股票而必须申报之门槛，设定为10%，其后鉴于不少大股东以持有8%或9%之方式，避开该当规定之适用，乃于1970年之法律修正，将其门槛降低为现行的5%。

③ Domestic and Foreign Investment Improved Disclosure Act of 1977.

本文始终建议对杠杆并购的监管应当遵循市场化机制，行政监管更多的是起到规范程序、提示风险的作用，更重视对事后监管，严查与杠杆收购相关的违法违规行为。

第二，以信息披露为抓手，培育市场投资者的价值发现功能。这是与市场化监管思路相一致的，对并购资金的来源、结构化情况、并购支付工具以及持股目的等均已有相应的披露要求，但相关风险事件的主要问题是披露不清和违规不披露，从而引发一定的市场波动，导致公司业绩和稳定受到影响。通过完善信息披露，可以让更多的专业投资者辨别并购交易对上市公司带来的风险和收益，相关的专业能力得到进一步的培育。

第三，鼓励建立上市公司与外部投资者之间沟通的长效机制。考虑到杠杆收购通常被作为敌意收购的主要方式，除了充分的信息披露，从公司稳定经营和公司治理稳定的角度出发，建议上市公司建立与外部投资者的沟通机制，以公司的长期价值和整体利益为目标，减少因为敌意收购引发的公司经营波动。

第四，对险资及其他大额资金应注意产品结构和参与上市公司收购的限度问题。险资和大额资金入市参与杠杆收购的案例尽管已经得到了进一步的限制和规范，但是由相关案例暴露出来的资金来源、产品结构和上市公司投资理念等问题以及对于其他大额资金、结构化产品、资管计划等对上市公司进行杠杆收购所引发的各类问题仍然值得我们关注。

第五，加强金融监管机构的协调沟通，对杠杆资金来源和运用问题进行协调监管。从杠杆资金的来源和并购交易行为的监管来看，分属于不同的监管主体，杠杆资金来源于银行、资管计划、保险资金等主要归属于银监会和保监会监管，但是并购交易和上市公司并购行为主要是证监会监管，相关的信息没有得到充分的互通，监管目标和抓手也有所不同，因此对于证券市场可能觉得已经存在一定的风险的问题，对于保险资金或其他资金而言可能尚未达到风险指标，因此亟须建立协调机制，建立起产品的统一监管和类证券投资产品的风险识别，达到控制风险的目标。

表 2　部分上市公司收购方资金来源以及杠杆情况

股票代码	以下简称	收购方	收购金额	资金来源
002098	浔兴股份	汇泽丰	25 亿元	向农业银行的借款金额不超过 25 亿元
002427	尤夫股份	苏州正悦	18.96 亿元	自有资金与筹措资金之比为 1∶3.79
000633	ST 合金	通海投资	8.09 亿元	自有资金与筹措资金之比为 1∶3.05
002569	步森股份	星河世界	10.12 亿元	自有资金与筹措资金之比为 1∶1.08
600069	银鸽投资	鳌迎投资	31.58 亿元	1 年 +1 年 +1 年 +1 年的信托计划

04 大额持股披露规则：几个争议，几个建议

导 言：宝万之争后，中国资本市场控制权之争众生相开始浮出水面，伊利修改章程、赵某杠杆收购、上海新梅突击增持等一系列事件的出现也开始让证券监管有关的制度规定受到关注。事实上，前述三件事情分别对应了敌意并购相关的三方面制度：反并购措施的合法性、杠杆收购的监管、大额持股权益披露制度。前两方面的制度本书已进行过相关讨论，本文整理了国内有关大额持股权益披露的一些研究。

股东权益披露：制度概貌

中国有关股东权益披露以及其监管的相关规定主要见于《证券法》与《上市公司收购管理办法》（以下简称《收购管理办法》），具体有以下条文。

表1　信息披露与违规披露比较

	规定	出处
信息披露	· 持股至5%必须停止增持并在3天内进行披露，上述期限内不得继续增持 · 持股5%后，每增加或减少5%，需在3天内进行披露，报告期内及报（公）告后2天不得增持	·《证券法》第86条
	· 非实控人或第一大股东购持股至5%—20%，编制简式权益变动表进行披露 · 如是实控人或第一大股东还应披露20%—30%所要求披露的第一条内容	·《收购管理办法》第16条
	· 收购持股至20%—30%，则应该编制详式权益变动表	·《收购管理办法》第17条

续 表

	规定	出处
违规披露	·披露违规处于30万—60万元的罚款，直接负责人处以3万—30万元的罚款	·《证券法》第193条
	·收购人违反报告义务，处以10万—30万元的罚款，改正前通过收购持有的部分不得行使表决权	·《证券法》第213条
	·收购及权益变动披露出现遗漏的，证监会责令改正，未改正前不得就持有或实际支配的股份行使表决权	·《收购管理办法》第75条

总结下来，中国股东大额持股变动主要的规定即在于“5%之处的停止规定”（即中国所特有的“慢走规则”）以及对限制违规持有股份的全部表决权行使（尽管证监会经常引用《证券法》（2014）第193条进行罚款，但成本过小）。

制度重审：问题几何

从立法本意看，我国的大额持股披露制度主要是针对敌意并购的监管：一来是具体规定在《证券法》第四章“上市公司的收购”以及《收购管理办法》，二来是制度架构类似于美国的《威廉姆斯法案》。所以，在中国资本市场“一股独大”问题较为严重、敌意并购出现不多的情况下，大额持股披露制度的运行并未暴露出较多问题，但是近些年上市公司的敌意并购开始较多出现后，问题就出现了：

1. 加重收购方不必要的成本。项剑等（2017）指出尽管我国的大额持股披露制度主要是借鉴美国《威廉姆斯法案》，但是有两个重要的不同之处：（1）我国要求达到5%以及之后每增减5%时，股东必须强行停止，但是美国并不要求其停止，仅仅是要求其进行及时的披露；（2）我国大额权益持有披露制度并未区分增持方的收购意图，而是简单地根据持股比例进行详简式的披露，美国则是根据增持方是否具有收购意图而对披露义务进行区别。“慢走规则”使得收购方只能眼睁睁地看着股价上涨、收购成本增加，而不加区分地披露就更是对一般的财务投资人不太友好：其本身的研究成果被迫共享，同时还要面临增持成本上涨的后果。

2. 违法成本与违法收益不成比的问题。现实中，收购方为了避免收购成本的增加，会采取一种“一次性违规到底”的策略：现增持至4.99%，然后伺机一次性增持至30%以下的较大比例（30%以上需要进行全面要约收购）。因为目前对于违法增持行为的惩处，主要是依据《证券法》第193条，罚款金额上限仅为60万元，这与依法披露后带来的收购成本相比，微不足道，所以不如索性一次性犯错到底（李振涛，2016）。

3. 立法漏洞导致的法律适用不明问题。主要有以下几方面的问题：

（1）关于《证券法》第 213 条适用的问题，因为《证券法》第 213 条限制的主体主要是收购方，但是在现实中很难界定增持方是否具有增持的主观故意，所以证监会做出的处罚中并未适用过第 213 条中对于表决权限制的规定（姚蔚薇，2017）；

（2）关于第 213 条中“责令改正”的认知不一，因为第 193 条的规定原本针对的是虚假陈述问题，所以责令改正多为进行补充披露，但是对于违规增持的责令改正规定在第 213 条，所指具体为何并不明确，在是否能够要求违规增持方将其违规增持的部分进行出售的问题上认知不一，现实中也未采取过这一措施，支持方认为可以参照《证券法》第 202 条关于内幕交易的规定去理解责令改正，即卖出违规持有的部分（刘佩沛、赵航，2017），但是反对方认为第 213 条规定在改正完成前可以对表决权进行限制，这反向说明改正后可以行使表决权，也即不存在将股份卖出的惩处；

（3）《收购管理办法》第 75 条的合法性问题，因为《证券法》第 213 条明确表示规制主体是收购方，而对于超额增持方是否属于收购方的事实却很难做出判断，所以《收购管理办法》第 75 条在规定时增加了“权益披露义务方”作为规制主体，对此，陈洁（2016）指出，对于股东表决权的限制应该由法律进行规定，证监会通过部门规章的级别进行规定，事实上属于无效行为，这也就造成了现实中证监会以及各证监局在行政处罚中的法律适用不一致的问题。

敌意收购善恶之辨：前提性问题

如前所述，我国的大额持股变动披露制度主要是参照美国《威廉姆斯法案》建立的。那么在讨论制度改进问题的时候，立法本意的讨论就十分重要了，也正是因为对立法本意认知的不同，对于改革的路径选择也有着不同的看法。

张巍（2016）指出，大额持股披露制度的本意是防止敌意并购中的偷袭式收购损害股东的利益，但是考虑到敌意收购本身在市场效率提升和股东利益增加方面的利处，其不赞同过分地加重收购方的披露义务。毕竟，信息披露的主要目的是减轻内外部人士的信息不对称，但是收购方在收购完成之前也仅为外部人，加重其披露义务会引发市场上的“搭便车行为”——也即股民跟风买入——进而增加收购成本。项剑等（2017）基本赞同张巍老师的意见。

但国内大部分学者的研究立足点依旧是在“敌意并购 = 恶意并购”的认知下，认为大额信息披露制度有利于投资者保护，应该完善证券法的相关规定以增强披露方的披露义务。陈洁（2016）明确指出，“尽管该规则在美国推出的初衷确实只是建立提醒市场投资者的收购预警机制，但是随着全球资本市场规模的不断扩大、市场流动性的增强以及各类专业机构投资者队伍的壮大，从世界范围看，权益披露规则的主旨已经逐步扩展为提高市场透明度、促进市场效率、优化上市公司治理、防范操纵市场与内幕交易、保护公众投资者利益等多元面向”。姚蔚薇（2017）指出，违规增持行为存在对于交易对手方、上市公司及其股东以及公众投资者知情权的侵害。刘佩慈等（2017）则更进一步，其完全支持上海新梅提出的违规增持行为对于公司控制权与反收购权的侵害，认为以上两种权利属于上市公司经营管理权的下位概念。

对于后一种观点，我们实在是无法认同，对于后一种观点，我们持保留意见，且不论陈洁老师的论述是否有其现实依据，姚蔚薇与刘佩慈两位老师在论证制度合理性时，认为违规增持侵犯了公众投资人的知情权这一点，似乎并无理据。收购方在二级市场进行收购，其本身行为并不具有天然的恶意，且不论收购后的重组是否有利于提升公司价值，即便是单纯的财务投资也是基于其研究做出的投资决定（如果不是，大可按照内幕交易进行惩处），并无义务与公众投资者共享。而刘老师对于公司控制权和反收购权的认同，并未进行法理解说，难谓合理。

改弦更张 or 萧规曹随：不同的改革进路

主张改弦更张的认为应该对于现有制度进行彻底的改革。张巍（2016）即表达了对于限制股东表决权的不赞同，项剑等（2017）则提出了一揽子的改革建议：应该借鉴美国《威廉姆斯法案》的立法思路，对于是否具有“获取或影响公司控制权的目的”进行区分处理，如有，则披露义务加强，如无，则减轻披露义务，同时取消“慢走规则”，只要求其在一定时间内进行披露即可，而考虑到该情形下披露的义务主体并非公司内部人，不宜对其施以过重的处罚，在特殊情形下可以考虑限制其投票权。

而后一派学者则有些萧规曹随的感觉，主要在现行的制度框架下提出改进意见。姚蔚薇（2017）认为，应同时适用表决权限制与赔偿损失的规定，其中前者应对于违规增持的部分进行一定时间的限制，后者则可以考虑增加民事赔偿责任，而非仅仅适用行政处罚（证券法规定的处罚太轻）。而刘佩慈等（2017）认为，可以根据《证券法》第 204 条，对所谓的责令改正进行扩大解释，要求其卖出自己违规增持的股份。对此，李振涛（2016）老师同样赞同责令改正应该包括卖出违规增持的股份，但是其并不认为可以参照第 204 条进行扩大解释，而是建议直接对《证券法》与《收购管理办法》进行修订，增加违规增持方必须在 6 个月内卖出。按照 2019 年 12 月最新修订的《证券法》第 63 条规定，违反相关的慢走规则，36 个月内对该超过规定比例部分的股份不得行使表决权。

有意思的是，一些学者提出了对于违规增持法律性质认定的新意见。陈洁（2016）认为，在 5% 持有人属于内幕知情人、股权架构的重大变化属于内幕信息的的前提下，在窗口期进行买卖应被认定为内幕交易，李振涛（2016）持相同观点。但是该观点无法覆盖违规增持方一次性增持后不再买卖的行为，所以张弋曦（2016）主张其成立诱空型虚假陈述，即“信息披露义务人披露虚假的消极利空内容信息，或者隐瞒遗漏重大利多内容信息，诱使投资人在股价相对低位时卖出而遭受损失的行为”。

对于以上看法我们持保留意见。首先是关于违规增持属于内幕交易的观点中将股权架构的变动归类于内幕信息一说，暂且不论我国相关规定并未明确规定该情形属于内幕信息，我国公司法明确规定股东可以向上市公司索取股东名册，那么如此说来，如果股东名册反映的持股变动属于内幕信息的话，那是不是上市公司可以理直气壮地拒绝股东这一要求？其次是诱空型虚假陈述的观点，其定义明确说明对于重大利好内容隐瞒遗漏进而诱使投资人再低位卖出，那么收购方给予自己的研究进行的投资是不是有绝对义务进行披露？其买入的行为是否属于重大利好？卖出方是不是因为其“诱使”卖出的股票？这些问题似乎都难以回答。

如此来看，对于这一制度改进意见的分歧，主要还在于学者对于制度本意理解的不同。如果将持股披露的制度本意理解为防止突袭式敌意并购对于股东利益的损害，后一派的改革建议显然有些无的放矢，但是如果将其理解为让散户投资者了解机构投资者的投资动向，那自然会得出后一派的改革建议，但如此认定似乎有失公允：毕竟投资不是慈善，机构投资人不太有义务帮助股民“致富”。

05 反并购条款的“沉浮”

导 言：随着“宝万之争”等敌意收购和控制权案例的出现，实际上 A 股市场已经进入了“敌意收购时间”，控制权争夺已经成为 A 股市场的常态。这其中的控制权争夺非常残酷，攻击一方是“真金白银、奋不顾身”，防御一方也可能是“千方百计、严防死守”，那么这一攻一防的边界在哪里？过去我们很多的探讨是围绕着收购行为的，那么本文则大致聊聊关于防御的演变和界限问题。

敌意收购的兴起必然引发反收购措施

随着 2005 年股权分置改革启动，到 2009 年年末大多数上市公司完成了股改，A 股市场进入了股份全流通时代，过去制度性原因造成的一股独大问题，一步步得到改善。尽管到目前为止，A 股第一大股东平均持股比例仍然在 30% 以上，但已经出现了大量股权分散的公司，其中好的标的势必会成为市场的“猎物”，敌意收购者往往是深入研究、伺机而动、奋不顾身地发起攻击，这对于上市公司的管理层和大股东来说，也许是措手不及、准备不足的，但是在控制权逐渐被稀释，存在敌意收购觉醒的大环境下，采取一定的反收购措施，是合理的商业逻辑，至于其中的界限问题，是本文希望讨论的问题。公司可以自主设置反收购措施吗？哪些手段可以被作为反收购措施？哪些反收购措施可能涉及违法？谁能够判断这些措施的合法性？判断的逻辑和依据又是什么？这些问题可以说每一个都困扰着资本市场的监管者和司法机关，其判断是不易的，而且可能是因个案而异的，以美国为例，判断公司是否接受敌意收购的主体是董事会，原则是商业判断规则，如有异议则交由法院最终裁定，尽管成本较高，但确立了在尊重市场的基础上由法院最终决定的机制。

敌意收购作为提升公司治理的一个重要的外部工具，就是检验公司长期管理经营和促进公司治理的重要手段，管理层和大股东的良好经营是其稳固控制权和争取中小股东支持的根本途径。所以说，面对敌意收购，提升经营绩效，优化公司治理是长期根本，反收购措施最多只能算是短期手段，但维护控制权稳定也是创业者和大股东必须考虑的问题，特别是在缺乏多重投票权或者是较为精巧的合伙人制度等机制保障的情况下，股权几乎成为唯一的控制力，如何反收购不使控制权旁落是一个客观的存在。

反收购措施经历的起伏

从理论上说，反收购措施主要包括了：章程设置反收购条款（驱鲨剂条款）、设置分级董事会、金色降落伞、邀请白衣骑士、引入毒丸计划、股份回购等。笼统地说，A 股市场上除了因为“一股一权”的原则限制了毒丸计划的实施之外，上述反收购措施都没有法律的明令禁止（无限制性规定），但是涉及章程反收购条款的问题，的确存在较大争议。

章程中的反收购条款，主要包括了几种类型：一是定义敌意收购，通过章程的方式明确敌意收购方，同时适用订立的反收购措施；二是对股东大会召集权和提案权，增加持股时间或者是提高持股比例的要求；三是在董事的提名上增加持股时间和持股比例要求，这一点是较为普遍的一种反收购条款；四是对董事会的更换增加规定，即分级分类董事会，使得新进入者难以短期更换董事会成员；五是增设职工董事；六是增加金色降落伞条款。实际上早在 1998 年大港油田与爱使股份的控制权争夺中，爱使股份就希望用修改章程的方式来实现，但因各种原因被搁浅。而实际上笔者提到的上述反收购条款，一直长期存在于上市公司的章程之中，由于控制权争夺事件没有得到广泛关注，它们也就一直“待”在章程中。直到 2015—2016 年“宝万之争”等多个典型案例爆发，在 2016 年曾经出现过一次章程修改潮，世联行、雅化股份、伊利股份、山东金泰、中国宝安等公司章程的修改成了媒体的焦点，其中部分公司最终也没有修改完成，笔者把这看作一次“觉醒潮”，但是却因为种种原因“戛然而止”。

在此之后，由于投服中心通过发股东建议信等积极行动，大量的上市公司修改了公司的反收购条款，到 2017 年，据笔者统计相关的反收购条款大幅减少，这是一次对资本市场“防御底线”的确立过程，即我们的反收购措施不能没有底线，不能仅仅为了大股东和管理层自身利益而反收购。

反收购条款存在的意义和法理辨析

新加坡管理大学的张巍老师在其授课中曾经讲述过关于公司法的自由与强制的观点，即在理论上将公司看作一个合同束，公司法作为一个合同的蓝本，各公司的章程是公司的股东自由订立的合同束，公司自由订立章程是存在它的法理基础的。但是这种自由也不是全然没有约束，大股东和管理层对于公司章程的设定是不能违背其作为公司股东和高管的信义义务的，比如纯粹为了保住自己的位置而阻挠一项有利于全体股东的敌意收购，因此在自由与强制这两者之间应当有一个动态平衡和个案正义。那么什么时候该挑战？什么时候可以挑战？应当给予公司多大的空间去进行这种约定？

根据实证研究，敌意收购普遍能为目标公司股东带来30%—50%的溢价，反收购措施必须非常地合理，才能视为得到认同。在A股市场的控制权争夺中，敌意收购方进入上市公司，的确遇到了很多阻力，个别公司也出现了股东平等权受损害的现象（例如，议案无法提交、召集会议困难、难以真正掌握公司公章等），这是我们需要高度关注的问题。但是，如果从公司法的合同理论而言，公司有自主约定章程的权利；从公司法的决策过程来看，修改章程属于特别决议事项，需要较高的表决比例来决定，一旦确定，应当说至少符合了公司章程的共同合意性，至少在尚未发生冲突之时，在《公司法》并没有相关的禁止性规定的前提下，部分反并购条款是具有其合理性和合法性的，而且也很可能是上市公司维护控制权稳定的唯一途径。当然，这其中有一个重要背景就是大股东股权集中，基本上掌控了公司控制权，在这种情况下，做出的反收购措施极有可能是只偏向于自己而不考虑公司整体股东利益的，而在我国公司治理工具不足、投资者估值不理性、司法机关缺乏足够案例支撑的背景下，这些反收购条款是一种符合商业逻辑的客观存在，什么样的反收购措施可以做，应当给予上市公司一定的合理预期。

寻求个案正义逐步确立裁判规则

本轮控制权争夺频发的各类事件，对于监管机构和司法机关来说都带来了很多挑战。上市公司收购本是市场行为，特别是随着并购方式和工具的不断升级，蒙面收购、竞争性要约收购、部分要约收购、白衣骑士、职工董事甚至是焦土战术等过去可能离我们非常遥远的合法或者违法的手段在A股市场得到应用，可以说充分体现了A股市场化发展的方向。尊重敌意收购方和上市公司之间的博弈，相关机构通过问询、披露等方式还原并购资金、下一步并购安排等，是得到广泛认同的行为，是促进市场流动性、提升价值发现机制的重要过程。但是对其中个案中发生的新问题、新情况，的确也成了司法和监管的难题，从各地对于上市公司剥夺违规收购方表决权的不同判决，就可以看出各地司法机关对于敌意收购的不同态度。笔者关注到，2018年5月11日上海奉贤区法院对投服中心诉海利生物公司章程设置反收购一案作出判决，法院认为，根据《公司法》规定，只要具有公司股东身份，就有选择包括非独立董事候选人在内的管理者的权利，在权利的行使上并未附加任何限制条件，被告海利生物在有关《公司章程》中设定“连续 90 天以上”的条件，违反了《公司法》的规定，限制了部分股东就非独立董事候选人提出临时提案的权利，相关条款内容应认定为无效。

作为个案来看，笔者存在两个观点：第一，从理论上说，《公司法》并未规定对章程设定进行限制性或者禁止性规定，章程增加股权的限制性条件，并不能直接得出其是违反法律的规定，而且股东在章程中对于公司治理和表决权利或者是董事会席位的设定本来就是各有不同，各公司存在着非常复杂的历史原因，会使得章程中的大量条款落入这一判断；第二，本案中涉诉的公司并未引发相关的治理冲突或者说是控制权争夺问题，在公司相对运营平稳的情况下，发起对公司章程条款的挑战，笔者认为理由不充分，至少在说理方面只能以“违反公司法禁止性规定”作为理由，不能更细致地讨论并购与反并购过程中的行为和对于公司整体利益的考量。对于具体的公司并购与反并购的争议，投服中心作为公司股东，的确可以起到很好的示范诉讼作用，特别是可以挑战那些利用反并购条款无限制、无底线地妨碍敌意收购的公司，也可以起到一个监督和沟通的作用。而作为司法机关在发生冲突时，或许也能更细致地分辨，究竟哪些章程条款或者反并购措施阻碍了资本流动和损害公司股东的整体利益，通过个案争议和动态的利益均衡来逐步确立判例，形成良好的社会预期。

最后，再次回到公司治理的作用这个问题，公司治理提供的就是一套各方利益主体的均衡机制，而各方利益主体在一个公司中的强弱变化是动态的，我们制度本身需要提供公平、高效和透明的运行机制，天平过度偏向任何一方都可能会打破应有的平衡。

06 反收购条款的适用与防御效果：来自美国的证据

导 言：近年来随着A股市场的控制权争夺和各类兼并收购事件的升温，市场开始逐步关注收购防御的问题，A股上市公司的反并购条款设计情况，本文已作相关讨论。本文将着重介绍境外关于反并购条款实际效用的实证分析，用数据说话，看看到底反并购的工具箱里，哪些工具是真有效的，还有哪些可能没有想象中那么有用。

本文主要介绍的观点和分析来自华盛顿大学Karpoff教授等人撰写的《Which Antitakeover Provisions Matter?》一文，由于反并购条款是整体的存在于上市公司的章程中的，哪个条款能够真正起到抵御收购的作用很难判别，但是本文作者就希望回答这一问题：哪类（些）条款能够真的起到防御作用？

而Karpoff等人的这篇文章也不是开创性的文献，它是建立在Gompers等人于2003年发表的《Corporate Governance and Equity Prices》① 和Bebchuk等人于2009年发表的《What Matters in Corporate Governance?》② 之上的，这两篇绝对算得上是公司治理领域的大牛文章了，第一篇文章构建了一组由24个条款组成的G－index（G指数），这篇文章在谷歌学术中有7500多篇文章引用；而Bebchuk的文章则采用了另一个由6个条款组成的E－index（E指数）用来衡量防御效果，而采用E指数进行研究的文章则超过了300篇。

但是Karpoff认为，上述两篇文章都只是提出分析了这些指标一部分收购防御的作用，但对于哪一个具体的措施能够产生收购防御的效果是无法明确界定的。实际

① P. A., Ishii, J., and Metrick, A., 2003. The Quarterly Journal of Economics 118, pp. 107－155.

② Review of Financial Studies 22, pp. 783－827.

上对于哪些防御条款能够产生防御效果在学术上存在很多不同的研究结果，比如在美国的上市公司中毒丸就可能是一项非常“致命”的防御措施，特别是如果毒丸和分类董事会条款相结合，可以形成非常强的防御效果。又比如说对于金色降落伞的防御效果存在较大分歧，有部分研究认为金色降落伞可以起到防御作用，比如 E 指数中就将金色降落伞作为其中一个主要的防御措施来研究；但是也有很多的研究认为金色降落伞不仅不会起到防御作用，反而与公司被收购（takeover）之间存在正相关的关系。

归纳起来，考察美国上市公司与兼并收购相关的股东条款中有 95% 的内容涉及六类反并购措施，包括：分类董事会、毒丸计划、非累积投票制、临时股东会议限制、金色降落伞以及特别表决事项。那这些学术研究的结论对于公司的实际治理到底有没有影响呢？作者举例说，哈佛法学院曾经有一项研究称作股东权利研究计划（Shareholder Rights Projects），这项研究使得在 2012—2014 年，有 121 家公司废除了分级董事会的条款。

数据和模型构建

该文研究的野心显然更大一些，它的模型将每一个条款对于收购防御的影响都进行了回归分析，试图发现两个问题，一是这些条款（G 指数中的 24 个条款）单独的反收购效果如何；二是这些条款如果作为一个防御组合（作者挑选出了 13 个条款组成了一个 Deterrence，D 指数）又会有怎样的效果。

表 1　反收购条款的适用比例及年限

	1990	1993	1995	1998	2000	2002	2004	2006
Anti-greenmail	18.8	19.6	19.0	16.4	15.4	14.5	14.2	14.6
Blank check	75.8	79.4	85.0	87.6	89.3	90.5	90.8	91.3
Business combination	84.0	87.2	87.5	88.8	89.1	88.3	86.4	86.0
Bylaws	14.0	15.7	15.7	17.7	19.6	22.3	22.7	22.4
Cashout	4.1	3.7	3.5	2.9	2.5	2.4	2.6	2.9
Charter	3.1	3.2	3.1	2.9	3.2	2.4	2.6	3.0
Classified board	57.2	58.4	59.7	57.8	57.9	59.4	59.7	56.6
Compensation plan	43.8	64.0	71.3	61.2	71.0	72.9	73.9	72.7
Director contract	16.3	15.1	12.6	10.7	8.8	7.8	6.8	6.5
Director indemnification	40.9	39.4	38.4	24.3	22.9	18.4	16.4	16.6
Director liability	72.4	69.1	65.6	46.3	41.7	32.6	28.8	27.7
Directors' duties	10.4	11.0	10.9	9.9	9.9	10.5	11.0	11.6
Executive severance	14.2	5.8	10.7	11.6	9.9	6.8	6.1	3.1
Fair price	56.6	57.6	56.1	47.9	47.3	42.6	43.0	43.8
Golden parachute	50.4	53.3	53.6	55.4	64.9	67.7	73.4	77.6
Not cumulative voting	82.2	84.1	85.6	88.4	89.5	90.7	91.4	91.9
Not secret ballot	97.1	90.6	88.3	90.7	89.9	89.6	89.0	88.0
Pension parachutes	3.8	5.0	3.8	2.1	1.5	1.0	0.8	0.7
Poison pill	50.9	53.7	53.2	51.6	55.8	55.1	55.1	51.2
Silver parachutes	3.9	4.5	3.3	2.2	1.8	1.6	1.1	1.4
Special meeting	23.9	28.8	31.0	33.5	36.4	47.9	49.5	49.8
Supermajority vote requirement	38.2	39.0	38.0	33.6	33.7	32.0	32.0	32.5
Unequal voting	2.3	2.1	2.0	1.8	1.5	1.5	1.6	1.4
Written consent	23.9	28.4	31.2	32.0	34.4	43.9	46.8	48.3

文章采用的数据来自美国投资者责任研究中心（IRRC）1990—2006 年的材料，这些数据反映了在公司层面采用了 G 指数中设计的 24 类反并购条款的情况，作者考虑到这些条款可能的影响会持续 4 年左右，所以研究对应的公司收购兼并数据是从 1995—2010 年，15 年时间合计上市公司达到 19385 家次的情况。这 24 类反收购条款中有 17 类条款的使用比例在 10% 以上，其中包括空白支票优先股等五类使用频率最高的条款（详见表 1 及文末附录对每一项指标的详细介绍）。为了能够更好地解决这些条款之间的内生性问题，文章在模型中加入了两个主要的工具变量，一个为地理和行业因素，另一个为 IPO 上市年限的工具变量。

基本结论

根据作者所进行的实证分析，包括对内生性问题的解决，得出了作者本文最核心的贡献，就是筛选出显著相关的 13 类反并购条款（详见表 2 第三栏），包括了反绿邮条款、空白支票优先股条款、分类董事会、董事赔偿合同、董事赔偿条款、董事责任限定条款、高管遣散协议、公平价格条款、绝对多数要求条款、同股不同权条款、董事义务优先条款。

表 2　显著相关的 13 类反并购条款

	(1) Table 4 OLS/2SLS evidence	(2) Table 6 LIML/probit/RBP evidence	(3) Inference for marginal effect on takeover likelihood
Anti-greenmail	negative	negative	negative
Blank check	weakly negative	weakly negative	negative
Business combination			
Bylaws			
Cashouts			
Charter		negative	
Classified board	negative	weakly negative	negative
Compensation plans			
Director contracts	negative	weakly negative	negative
Director indemnification	negative	negative	negative
Director liability	negative	negative	negative
Directors' duties	negative	negative	negative
Executive severance	negative	weakly negative	negative
Fair price	negative	negative	negative
Golden parachutes	positive	positive	positive
Not cumulative voting			
Not secret ballot			
Pension parachutes		negative	
Poison pill			
Silver parachutes			
Special meeting			
Supermajority	negative	negative	negative
Unequal voting	negative	weakly negative	negative
Written consent	weakly positive	weakly positive	positive

除了上述11类对收购行为形成负相关条款（产生了抵御效果）之外，金色降落伞和通过书面同意行事的限制条款这两类条款与兼并收购行为呈正相关关系。这是文章的第一个重要的结论。

文章的第二个重要模型是希望揭示不同的条款作为一种组合，对并购防御的作用是什么，文章一共列举了六个主要的防御条款组合（如表3和图1所示）。

表3 六种主要的反收购条款组合

Gompers, Ishii and Metrick (2003)	G - index
Bebchuk, Cohen and Ferrell (2009)	E - index
Straska and Waller (2014)	O - index
Cremers and Nair (2005)	Alternative Takeover Index (ATI)
Field and Karpoff (2002) 提出，Chemmanur et al. (2011), and Johnson et al. (2015) 采纳	FK - index
Karpoff (2017)	Deterrence - index

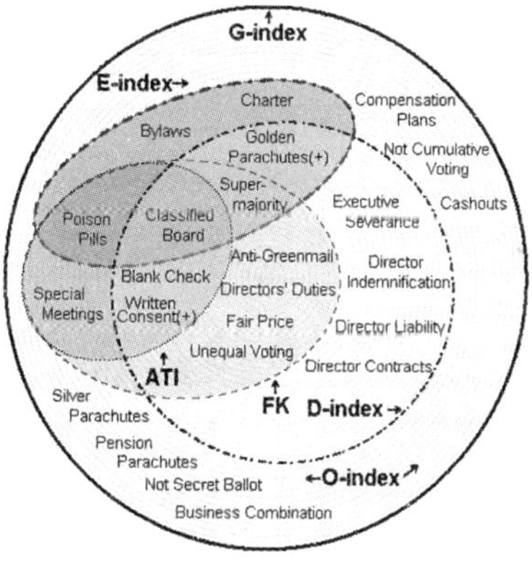

图1 不同指数系统复合下的反收购条款组合

文章通过对上述一系列指数的回归分析后发现，在没有考虑内生性因素的情况下，包括G指数、E指数以及O指数、FK指数均与公司的并购活动没有显著相关性，而ATI指数仅有非常弱的正相关关系。D指数无论是在修正了内生性因素还是没有修正内生性因素的情况下，都对收购防御存在显著的负相关作用，通过进一步的分析发现，其他的指数是否能够对并购产生影响的根本原因在于它们是否含有D指数中那11类对收购产生负相关关系的条款。

表 4　D 指数中 11 类对收购产生负相关关系的条款

Sets of provisions	LPM ∂'s (1)	2SLS LPM ∂'s (2)	1st Stage F-statistic (3)	1st Stage R-square (4)
Antitakeover indices used in the literature:				
1 G-index	0.000	-0.010***	74.127	0.165
2 E-index	0.001	-0.050***	12.622	0.210
3 O-index	-0.001	-0.011***	121.658	0.281
4 FK-index	-0.001	-0.024***	32.585	0.183
5 ATI	0.002*	-0.009	36.019	0.128
D-index:				
6 D-index	-0.006***	-0.008***	249.767	0.356
7 Subset of D-index with negative marginal effects	-0.004***	-0.009***	223.998	0.341
Provisions not in D-index:				
8 G-index provisions not in D-index	0.002**	-0.149	0.903	0.165
9 E-index provisions not in D-index	0.001	-0.004	36.473	0.102
10 O-index provisions not in D-index	0.002	-0.040	7.657	0.142
11 ATI and FK provisions not in D-index	0.004*	-0.049	3.180	0.175
Provisions that are in antitakeover indices and in D-index:				
12 E-index provisions also in D-index	-0.005**	-0.036***	55.877	0.219
13 O-index provisions also in D-index	-0.007***	-0.008***	283.008	0.378
14 FK provisions also in D-index	-0.003***	-0.017***	106.855	0.248
15 ATI provisions also in D-index	-0.003	-0.007	32.611	0.146
16 Provisions unique to D-index	-0.006***	-0.008**	262.465	0.324
17 Modified D-index	-0.005***	-0.017***	103.471	0.185

启示

那么此文对于我国的并购防御条款的设置和监管有什么启示呢？我认为这其中有几个问题非常值得我们关注：

第一，不同股权结构下的反并购条款设计是有不同考量的。本文介绍的研究文献主要基于美国上市公司的情况，而美国上市公司的主要特征是股权结构分散，呈现的是董事会中心主义的特点，因此我们习惯看到的章程防御条款（俗称“防鲨网”条款）反而没有成为美国上市公司采用最多的条款。在不同的股权结构背景下，对于什么样的防御条款最有效果是完全不同的考虑，这就意味着什么样的条款可能是妨碍股东权利的，显然也不是可以“一刀切”来认定的。

第二，并购条款是单独或者是整体起作用的。本文的重要方法就是介绍了单一并购防御条款产生的作用和一组条款的作用，这意味着我们在判别哪些条款能够产生防御效果的时候，它的视角可能是多元的，既可能是单一的，也可能是整体起作用，反过来说，要考察一个条款是否真的是为了反并购而存在是很困难的，唯一可靠的是这一条款的修订本身是否履行了相应的决策程序，决策的提出和决议过程能够真的回避相应的利益冲突。

第三，并非所有的反并购条款都真的是“反”并购的。话题还是在如何认识反并购条款本身，目前我们对于哪些条款属于真正的反并购条款，实际上无论是学术界还是实务界都是存在争议的，正如本文提到的，可能在美国上市公司眼中，分类董事会和毒丸是最具有杀伤力的反并购武器，可是我们在实务中常常会认为分类董事会是很合理的，不属于反并购条款或者说并没有限制股东权利，那么到底什么是判别的标准呢？

又比如本文提到的金色降落伞条款，通过实证分析发现，它与兼并收购行为是正相关的，也就是说高管人员或许更愿意促成收购从而拿走大笔补偿，从逻辑上看也说得通。我们目前对什么是反并购条款、什么时候可以设反并购条款、哪些反并购条款可以废除，实际上并没有一套完整的逻辑框架，通过准行政力量推动的反并购条款，其背后的法理基础也不够扎实，废哪一条不废哪一条也没办法给出一个合理的解释，而包括设置职工董事在内的隐藏式的反收购措施也没有得到足够重视的应对。

本文的引介期望能引发对A股反并购条款进一步深入的分析和研究，当然我们的控制权争夺事件和兼并浪潮也只是在近三年形成的趋势，可以留待更长的时间窗口去观察和分析。

附录

下表显示1997年至2010年ISS“股东提案S&P 1500”数据库中报告的与G指数相关的股东提案数量。无论提案是否得到了股东的广泛支持，表中包括的提案涵盖数据库中列出的所有提案。

表5　1997年至2010年ISS“股东提案S&P 1500”数据库中报告的与G指数相关的股东提案数量

	1997—1998年	1999—2000年	2001—2002年	2003—2004年	2005—2006年	2007—2008年	2009—2010年	总计
反绿色邮件条款	0	0	0	0	2	1	0	3
空白支票优先股	0	0	0	0	0	0	0	0
商业合并法案	0	0	0	0	0	0	0	0
公司细则修改限制	0	0	0	0	0	4	3	7
现金逐出法	0	0	0	0	0	0	0	0
章程修改限制	0	0	0	0	0	0	0	0
分类董事会	147	163	106	117	157	165	143	998
补偿计划	0	0	0	0	0	0	2	2
董事合同	0	0	0	0	0	0	0	0

续 表

	1997—1998 年	1999—2000 年	2001—2002 年	2003—2004 年	2005—2006 年	2007—2008 年	2009—2010 年	总计
董事赔偿	1	0	0	1	0	0	0	2
董事责任	1	0	0	2	2	1	0	6
董事职责	0	0	0	0	0	0	0	0
高管离职补偿	0	0	0	1	0	0	4	5
公平价格	1	0	0	1	0	0	0	2
黄金降落伞	15	26	37	53	64	25	11	231
非累积投票制	82	57	41	44	46	61	58	389
记名投票	15	15	13	2	3	0	0	48
养老金降落伞	0	0	0	0	0	0	0	0
毒丸	61	84	118	204	81	41	14	603
银色降落伞	0	0	0	0	0	0	0	0
特别会议限制	15	5	7	5	2	76	154	264
绝对多数要求	1	17	29	20	63	64	69	263
不平等投票	0	0	0	0	0	0	0	0
书面同意限制	6	8	4	2	0	4	29	53
总计	345	375	355	452	420	442	487	2876

该表中显示的频率表明许多条款很少或根本没有吸引积极股东的关注，而少数条款吸引了大多数的股东提案。从最高频率到最低频率排列的六项条款在1997—2010年产生了不成比例的95%的股东提案：分类董事会（classified boards）、毒丸（poison pills）、直接（即非累积）投票制（straight voting）、特别会议限制（special meeting limitations）、绝对多数要求（supermajority requirements）和金色降落伞（golden parachutes）。[①] 相反，九项条款没有提出废除的建议：空白支票优先股（blank check）、商业合并法案（business combination）、现金逐出法（cash - outs）、章程修改限制（limitations to amend the charter）、董事合同（director contracts）、董事职责（directors' duties）、养老金降落伞（pension parachutes）、银色降落伞（silver parachutes）和不平等投票（unequal voting）。[②] 针对其余九项规定的股东提案也很

---

① 表5中列出的与绝大多数条款相关的一些提案可能更准确地表征为针对修改公司章程或章程的绝大多数要求的提案。但是，ISS数据没有提供足够的细节来区分这些可能性。因此，这三个条款的数量（总计不到总数的10%）应被视为近似值。

② 对于那些基于国家法律（如企业合并和现金逐出）覆盖的规定，我们并未观察到股东的提议。

少，占总提案的5%不到。以下小节突出了吸引大多数提案的那些条款的趋势。最值得注意的是，分类董事会和毒丸占总提案的55%以上，尽管这些不属于六种最常用的条款，如该文的表1所示。许多研究人员认为这两项条款相互加强，形成了特别有效的收购防御［例如，Coates（2000）；Daines and Klausner（2001）；Bebchuk et al.（2002）；Guo et al.（2008）］。在下面的讨论中，我们将24个G指数条款分类为该领域以前的大部分工作所形成的两个主要子群：E指数和O指数。

六项E指数条款通常被认为可以阻止收购和巩固管理

根据对著名并购律师的采访以及在2003年和2004年吸引强烈反对派股东提案的条款，Bebchuk等人（2009）认为在其“自我保护（entrenchment）指数”（E指数）中包含六项规定：交错（分类）董事会、公司细则修正限制、毒丸、金色降落伞、关于合并的绝对多数要求以及章程修正。总的来说，该文献一般认为这个G指数条款的子集内容能够抵御收购，除了已经证明与收购可能性存在正相关的黄金降落伞之外。①我们在这里考虑所有六个E指数条款，但承认金色降落伞可能会增加收购可能性。

1. 交错（或分类）董事会（Classified or staggered boards）。在24个G指数条款中，分类董事会最近可能已经受到研究人员的关注，同时也为其废除而登记了最多的股东提案。分类董事会中最常见的安排是提供三个同等规模的董事，每年只有1/3的董事参加竞选。这使得持不同意见者或收购者即使持有了公司的大部分股票，却也难以立即控制目标公司。分类董事会不仅通过迫使收购者等待至少一年来获得对董事会的控制权，而且还要求收购者在更长的时间间隔内必须赢得两次选举，以此为目标公司提供反收购保护［Bebchuk等人（2002）］。大多数拥有分类董事会的公司要么在20世纪80年代之前采用它们，要么在上市时采用它们［例如，Coates（2001）；Field和Karpoff（2002）；Faleye（2007）］。近年来，分类董事会越来越多地受到积极投资者的攻击，许多公司已撤销其董事会分类［例如，Guo等人（2008）］。

在1990—2006年的IRRC样本中，具有分类董事会的公司比例介于55%和60%之间，最近在2004年至2006年显著下降约3个百分点。其他六个条款更为普遍，但是分类董事会是股东最具有攻击性的目标条款。这一事实可能表明股东认为这些安排具有破坏价值，但也可能源于ISS和其他批评者对分类董事会结构施加压力的建议［例如，Bates等人（2008年）］。许多研究人员将分类董事会视为控制管理者并降低公司价值的收购防御［例如，Bebchuk等人（2002）；Gompers等人（2003）；Bebchuk

① 许多研究人员发现收购可能性与使用金色降落伞有关，包括Agrawal和Knoeber（1998）、Machlin、Choe和Miles（1993）、Sokolyk（2011）、Goktan和Kieschick（2012）、Mansi、Nguyen和Wald（2013）、Bebchuk、Cohen和Wang（2014），以及Goktan、Kieschnick和Moussawi（2014）。

和 Cohen（2005）；Faleye（2007）；Frakes（2007）；Masulis Wang 和 Xie（2007）；Guo 等人（2008）；Bebchuk 等人（2009）；Cohen 和 Wang（2013）]。一些人认为，由于 20 世纪 80 年代后期毒丸的出现，分类董事会已成为越来越有效的收购威慑力量 [例如，Coates（2000）；Daines 和 Klausner（2001）]。其他人认为这些条款是一种治理选择，可以通过董事会独立性、低管理层流动率和对机会主义收购的抵制来增加企业价值 [例如，Blair 和 Stout（1999）；Koppes、Gankse 和 Haag（1999）；Gordon（2002）；Bainbridge（2006）；Larcker、Ormazabal 和 Taylor（2011）；Cremers、Litov 和 Sepe（2016）]。还有一些人认为分类董事会不会显著影响公司价值 [例如，Bates 等人（2008）；Amihud 和 Stoyanov（2016）；Amihud、Schmid 和 Solomon（2017）]，或者它们的影响根据公司利益相关者关系的强弱或者在其生命周期中的阶段而产生变化 [例如，Johnson、Karpoff 和 Yi（2016）；Johnson、Karpoff 和 Yi（2017）]。

经验证据的显示与分类董事会在现代规则竞赛中阻止收购的观点是一致的。一些早期的研究发现没有证据表明分类董事会可以阻止收购 [例如，Ambrose 和 Megginson（1992）；Bhagat 和 Jefferis（1991）；以及 Mikkelson 和 Partch（1989）]，但其他研究证明分类董事会与较低的公司价值相关并得出结论认为它们巩固了管理，进而推论其具有威慑功能 [例如，Bebchuk 和 Cohen（2005）；Faleye（2007）；Frakes（2007）；Guo 等人（2008）；Bebchuk 等人（2009）]。一些研究更直接地检验了这一条款对收购可能性的影响并找到了显著的负相关关系 [例如，Pound（1987）；Bebchuk、Coates 和 Subramanian（2002）；Field 和 Karpoff（2002）；Bates 等人（2008）；Sokolyk（2011）；以及 Goktan 和 Kieschnick（2012）]。Kadyrzhanova 和 Rhodes－Kropf（2011）报告称，具有分类董事会和其他“延迟”条款的公司不太可能成为（收购）目标，但对于产业较为集中的公司而言，这些条款可以带来更高的收购溢价。

2. 股东修改公司章程细则的限制（Limits to shareholder bylaw amendments）。这些限制可以完全消除股东修改公司细则的能力，或者要求修改细则须满足绝对多数投票要求。Coates（2001）认为，在那些没有限制修改公司细则的公司中，股东可以绕过可能阻碍收购的条款。Bebchuk 等人（2009）同样认为修改公司细则的限制增强了公司其他防御的有效性，并发现这些限制与较低的公司价值（托宾 Q）显著相关。然而，Sokolyk（2011）发现该条款与收购可能性之间没有显著关系。

3. 毒丸（Poison pills）。毒丸，也称为股东权利计划，在收购防御中相对复杂，其条款和条件差异很大。毒丸不需要股东批准，并且通常使非收购公司的股东在未经请求的收购中享有特殊权利。如果行使这些权利，潜在的敌意收购成本将变得过高。关于公司明示采用毒丸的重要性，目前仍存理论争论。人们普遍认为毒丸对未经请求的收购具有强大的威慑作用，Bebchuk 等人（2009）提出了这一观点并将毒丸包含在 E 指数中。

由于它们具有防御的潜力，因此毒丸引起了很多研究兴趣，但是关于其成效的实证结果形形色色，并不统一。早期的研究证明，毒丸减少了股东的财富［Malatesta 和 Walkling（1988）；Ryngaert（1988）］，但也表明董事会独立可以导致股市对采用毒丸报以积极反应［Brickley、Coles 和 Terry（1994）］，另有一项结果显示，设置毒丸和存有更多外部董事的公司倾向于抵制收购，但能实现更高的收购溢价［Cotter、Shivdasani 和 Zenner（1997）］。其他学者发现 20 世纪 90 年代的毒丸和股东价值之间没有显著关系［Datta 和 Iskandar - Datta（1996）；Lee 和 Pawlukiewicz（1999）］。Danielson 和 Karpoff（2006）发现采用毒丸后五年的运营表现有所改善；然而，他们的横断面分析表明，毒丸与企业的经营业绩关系不大。加上其他证据，Bebchuk 等人（2009）发现毒丸与公司价值下降显著相关，Gine、Moussawi 和 Sedunov（2007）证明，治理条款较高的公司也会遇到获得更多机构支持的股东所提出的针对毒丸的建议，这与 Bethel、Gillan（2002）和 Wu（2004）的结果一致。

关于毒丸对收购的直接影响，研究结果也喜忧参半。Ryngaert（1988）发现，限制性最强的毒丸往往会挫败未经请求的要约。Ambrose 和 Megginson（1992）发现，虽然空白检查优先股（blank check preferred stock）——被认为是毒丸的前兆——确实强烈阻止了收购，但毒丸本身并没有。Comment 和 Schwert（1995）认为，毒丸可以增加收购溢价，却不会降低收购可能性。Heron 和 Lie（2006）证实了这一结果，发现毒丸不能阻止收购，但与更高的收购溢价和更高的股东收益有关。然而，Field 和 Karpoff（2002）发现相反的结果，得出结论认为毒丸和其他收购防御措施降低了收购可能性，而收购溢价没有任何补偿性增加。

一些研究人员还认为，毒丸的存在本质上是一种无效的事件（no - event），因为几乎所有公司都可以随时采用潜在毒丸/影子毒丸——这是特拉华州最高法院的决定所确认的权利［例如，Coates（2000）；Daines 和 Klausner（2001）］。如果所有公司在我们的样本期间都有效地使用毒丸，我们应该期望观察到的毒丸对收购可能性没有增加影响。影子毒丸的概念可能解释针对他们的股东提案已经大幅降低的事实，Bebchuk 等人（2009）将其纳入 E 指数，他们依据 2003—2004 年的 ISS 数据得出这一结论，但在 2009—2010 年的 ISS 数据中，提案从 204 个减少到仅仅 14 个。

4. 合并的绝对多数要求（Supermajority requirements for mergers）。绝对多数投票要求是章程规定，要求合并的最低投票门槛超过州法律的最低要求。这些规定通常需要 2/3 或更多的已发行股份，否则将仅仅需要简单多数的批准。Gompers 等人（2003）认为，在实践中，这些条款与控制股份收购的法律相似，并将这些法律与绝对多数要求组合在一起构建 G 指数。Bebchuk 等人（2009）注意到股东已经强烈反对这些条款，并认为这些条款可以为收购提供“第二道防线”。有了这些要求，内部股东即使失去对董事会的控制权，也可能会挫败合并。Bebchuk 等人（2009）认为，绝对多数要求可能使管理层挫败收购者的计划，这也可能会阻止敌意收购者寻求其他立足点。他们还表明，这些规定与较低的公司价值（如托宾 Q 值所衡量的那样）相关。

许多研究记录了采用这些条款后对股东财富的负面影响，包括 Jarrell 和 Poulsen（1987）以及 Bhagat 和 Jefferis（1991），但其他研究没有发现这一结论［例如，DeAngelo 和 Rice（1983）；Brickley、Lease 和 Smith（1988）；Linn 和 McConnell（1983）］。直接调查这项条款威慑效力的研究产生了不同的结果。一些研究表明，绝对多数要求与收购可能性降低有关［例如，Pound（1987）；Borokhovich 等人（1997）；Field 和 Karpoff（2002）］。然而，Bhagat 和 Jefferis（1991），Ambrose 和 Megginson（1992），Bebchuk、Coates 和 Subramanian（2002），Sokolyk（2011）以及 Goktan 和 Kieschnick（2012）并未发现绝对多数投票条款是收购结果的重要决定因素。我们样本中约有 1/3 的公司在 2006 年实施了绝对多数要求，比 1990 年的 38% 略有下降。

5. 公司章程修正案（Charter amendments）。公司章程修正案限制与公司细则修正案限制类似。一个共同的限制要求对公司章程修正案进行绝对多数投票；这一要求也称为“锁定”（lock - in）条款。这些局限性相对较少，在 Gompers 等人（2003）、Bebchuk 等人（2009）以及我们的样本中，其发生概率平均大约在 3%。

Bebchuk 等人（2009）提出了类似的论点，包括在其 E 指数中公司细则和章程修正限制，并显示与公司价值呈现负相关。然而，现有的经验证据表明，章程修正限制与收购结果无关。Ambrose 和 Megginson（1992）、Goktan 和 Kieschnick（2012）以及 Sokolyk（2011）发现没有显著的震慑效应。

6. 金色降落伞（Golden parachutes）。金色降落伞为控制权变更后的目标公司管理层提供高昂的遣散费。降落伞由董事会授予，并且在我们的样本期间不需要股东投票。之前的研究通常表明黄金降落伞与收购可能性增加相关。研究人员指出，这些条款使管理层激励与股东的激励相一致［Jensen 和 Zimmerman（1985）；Harris（1990）；Cotter 和 Zenner（1994）］。Lambert 和 Larcker（1985）发现股东们总体来说对黄金降落伞较为支持，但不能解决这是否是由于管理层激励的感知变化或公司发挥作用的信号所引起的。Born、Trahan 和 Faria（1993）调查了金色降落伞采用的时机，并发现公告效应对于参与收购要约的公司来说是中立的。他们的结果表明，金色降落伞的采用标志着公司收到收购要约的可能性增加，但不会影响要约收购的成功。Agrawal 和 Knoeber（1998）以及 Machlin、Choe 和 Miles（1993）提供的证据表明，金色降落伞与更大的收购可能性有关。然而，Cotter 和 Zenner（1994）发现，收购的概率不受黄金降落伞支出的影响，而是受到管理者股份所有权的潜在财富增长的影响。另外，Mogavero 和 Toyne（1995）发现显著的负面异常回报与采用降落伞的公告相关。最近的论文发现黄金降落伞和收购可能性之间存在正相关关系，包括 Bebchuk、Cohen 和 Wang（2014），Goktan 和 Kieschnick（2012）以及 Sokolyk（2011）。

本文的表 1 显示，这些条款在我们的样本中广泛使用并且越来越多地使用，并且到 2006 年在 78% 的公司中出现。与毒丸类似，自 Bebchuk 等人（2009）将其包含在 E 指数（使用 2003—2004 年 ISS 数据）中以来，股东对金色降落伞的建议大幅减少。2003—2004 年的 ISS 数据显示，股东提案废除的数量是 53 个，但在 2009—2010 年下降至仅 11 个。

18 项不在 E 指数/O 指数中的 G 指数条款

在构建 E 指数时，Bebchuk 等人（2009）认为许多条款没有提供额外的收购防御，因为它们在更强大的保护措施（如毒丸）面前变得多余，而类似毒丸的防御措施还可以随时迅速采用。① Bebchuk 和 Cohen（2005）认为，如果敌对收购者可以取代现任董事会，标准的州反垄断法所建立的防御措施则无关紧要；因此，如果公司章程没有建立交错的董事会，法律仅提供有限的保护。这些主张意味着不在 E 指数中的 18 项条款——单独地和集体地——不应与收购威慑显著相关；然而，经验证据是意见不一的［例如，Ambrose 和 Megginson（1992）；Bhagat 和 Jefferis（1991）；Bebchuk 等人（2002）；Sokolyk（2011）；Goktan 和 Kieschnick（2012）；Straska 和 Waller（2014）；Karpoff、Schonlau 和 Wehrly（2017）］。下面，我们总结了有关这些条款可能具有的防御收购效应的理论与实证研究。

1. 反绿邮条款（Anti－greenmail provisions）。绿色邮件（也称为绿邮敲诈）是指目标公司对收购要约的战术回应，其中目标公司从持有大量股份的潜在收购方以高于市场价格的溢价回购其自己的股票，以换取大股东不寻求在指定时间内控制公司的承诺。具有反绿色邮件条款的目标切断了收购者的一个潜在收益来源，因此可能会收到相对较少的出价。另外，如果经理无法偿还收购者，则成功收购的可能性更大。这些影响中的哪一个因素占据主导是一个经验实证问题；尽管如此，Gompers 等人（2003）认为这些条款是减少股东权利的措施。相关研究倾向于关注反绿色邮件条款对股东财富的影响。② Bhagat 和 Jefferis（1994）记录了采用反绿色邮件条款后的

① 类似的观点可见 Coates（2000）、Daines 和 Klausner（2001）以及 Bebchuk 和 Cohen（2005）。

② 一些实证研究支持这样的观点，即有针对性的股票回购与非参与目标股东的最佳利益背道而驰，这意味着反绿色邮件条款有利于股东利益，但证据不一。例如，Bradley 和 Wakeman（1983）表明，私人股票回购标志着收购要约的终止，导致非参与股东损失 13%；同样，Dann 和 DeAngelo（1983）发现市场对绿色邮件公告的负面反应；而 Jarrell 和 Ryngaert（1984）发现，收购竞赛中目标公司的价格上涨随后被绿色邮件支付后的价格下降所抵销。然而，Mikkelson 和 Ruback（1985）证明，通过最终获得绿色邮件的投资和最终有针对性的回购，股东投资股票会带来显著的财富增长。Bhagat 和 Jefferis（1994）发现，支付绿色邮件的公司就有可能获得随后的收购要约，合并提案或买断提案，因为公司有 13D 备案（可能表明公司处于控制权斗争中）。

弱负市场反应。Eckbo（1990）发现股票市场对反绿色邮件章程修正案的反应微弱，但对于价格较高的公司的子样本而言，这些条款提升了价值。Peyer 和 Vermaelen（2005）记录了自 1989 年以来绿色邮件事件的大幅减少，部分减少的原因是美国国会在 1987 年对收购者收益征收 50% 的特殊绿色邮件税。加上 20 世纪 90 年代恶意收购的下降，这一结果表明，反绿色邮件条款的重要性随着时间的推移而减少。

2. 公平价格条款（Fair price provisions）。公平价格条款旨在约束两级报价（two – tier offer），并由公平价格法和公司级条款组成，这些条款的运作方式类似。根据这些条款（或法律），收购方必须向所有股东支付在要约收购前的特定时期内的最高价格，从而增加收购方的成本。大多数公平价格条款都附有一个绝大多数投票的保障条款，以规避价格准则。Bebchuk 和 Cohen（2005）认为，由于交错董事会与毒丸组合如此有效，其他条款如公平价格条款在现代收购竞赛中基本上无关紧要。Daines（2005）提出了类似的论点。Jarrell 和 Poulsen（1987）以及 Ambrose 和 Megginson（1992）证明公平价格修正案的公告回报微不足道。关于收购可能性，证据不一。而 Bebchuk 等人（2002）、Coates（2000）和 Sokolyk（2011）发现没有显著的关系，Borokhowich、Brunarski 和 Parrino（1997），Field 和 Karpoff（2002）以及 Goktan 和 Kieschnick（2012）发现这一条款与收购可能性之间存在显著的负相关关系。

3. 空白支票优先股（Blank check preferred stock）。空白支票优先股是授权优先股，而董事会在确定投票、股息和其他权利方面拥有广泛的自由裁量权。空白支票优先股可以发给与管理层友好的各方以阻止不必要的敌意收购，也可以用作实施毒丸的工具。然而 Bebchuk 等人（2009）认为，空白支票优先股在很大程度上是无关紧要的，因为律师可以并且确实在没有它的情况下制造毒药。Jarrell 和 Poulsen（1987）发现采用空白支票仅收获显著的消极公告回报，Ambrose 和 Megginson（1992）证明这些条款阻止了收购。但是，Bebchuk 等人（2009）表明该条款没有增加托宾 Q 值，Sokolyk（2011）发现空白支票和收购可能性之间没有显著关系。

4. 商业合并法案（Business combination law）。除非董事会批准交易，否则商业合并法案（也称为“冻结”法律）将暂停大股东与公司之间的某些交易（例如，资产出售，合并）。根据国家的不同，在股东所持股权超过预先规定的（少数）门槛后，此暂停期为 2 年至 5 年。虽然 Comment 和 Schwert（1995）发现这些法律与收购可能性增加有关，但 Daines 和 Klausner（2001）、Field 和 Karpoff（2002）、Bebchuk 等人（2009）、Sokolyk（2011）发现他们与收购可能性之间没有显著关系。Giroud 和 Mueller（2011）证明，除了在竞争行业中作者发现了显著的威慑效果之外，这些法律的通过与收购可能性的降低无关。我们样本中超过 4/5 的大多数公司都受到这些法律的约束。

5. 现金逐出法（Cash – out law）。现金逐出法要求任何获得公司大量股权（例如，20%）的人通知所有其他股东有关收购事项。然后，所有其他股东有权以至少与收购方在大股东收购其股份期间支付的最高价格向收购方出售其股份。在我们的样本中，现金退出的覆盖率很少，平均约为3%。Comments 和 Schwert（1995）以及Sokolyk（2011）发现该条款与收购可能性之间没有显著关系。

6. 秘密投票（Secret ballot）。拥有这些条款的公司会争取一个独立的第三方（或其他宣誓保密的人）来计算代理投票。通常，管理层也不会看到个人代理投票。这种做法可以减少拥有股票的员工或合作伙伴的管理压力，并可以减少受托人替委托人投票所带来的潜在利益冲突。当该条款缺席时，股东权利将有所减少。关于这一条款的研究证据甚少，在我们的样本中，未使用秘密投票的公司，其发生率从1990年的97%下降到2006年的88%。

7. 同股不同权（Unequal voting）。不平等投票权是指不同普通股股东的权利可能受到限制或扩大的时间。例如，在分阶段投票中，在一段门槛时间内拥有股票的股东每股获得的票数高于最近的购买者。或者，对于拥有大量股东条款的公司，任何超过所有权门槛的股东都会看到他们的投票权受限。大多数考虑不平等投票权特征的研究人员排除了具有双层资本化结构的公司，其中存在两类股票，一类投票权优于另一类。例如，Gompers 等人（2003）、Bebchuk 等人（2009），以及许多其他论文的数据完全排除了双层股权的公司。不平等的投票权条款相对较少；与 Gompers 等人（2003）和其他学者证实的数据一致。本文中表1显示样本期间该条款的发生率仅为1%—2%。Goktan 和 Kieschnick（2012）发现这一规定没有显著的威慑作用。

8. 累积投票权的限制（Restrictions on cumulative voting）。累积投票使少数股东能够集中投票，从而提高选举董事的权力。对这种权力的限制阻碍了收购企图，因为持不同意见者无法累积投票选举一名或两名代表其权益的董事。另外，Coates（2001）认为，与交错董事会相结合，累积投票可以作为一种防御手段［参见 Bebchuk 等人（2002）；Daines 和 Klausner（2001）］。

对于他们的小样本，Bhagat 和 Brickley（1984）在公司限制累积投票权时找到负异常回报的证据。Sokolyk（2011）发现，无论是否与交错董事会相结合，都没有显著的威慑效果。同样，Goktan 和 Kieschnick（2012）发现对累积投票的限制不会影响出价或收购的可能性。在我们的样本期间，对累积投票的限制从大约82%增加到92%的公司，并且始终位于排除目标的前四个条款中。

9. 薪酬计划（Compensation plans）。与黄金降落伞一样，薪酬计划涉及在收购引发离职时向高管支付的款项，通常通过加快期权归属和控制权变更带来的其他好处来实现。Bebchuk 等人（2002）、Sokolyk（2011）和 Walkling 与 Long（1984）发现这些计划和收购可能性之间存在显著的正相关关系。

10. 董事义务（Directors' duties）。董事义务条款允许董事在面临收购时考虑股东以外的利益相关者，并为董事会拒绝使股东受益的收购提供相应法律依据。Daines

和 Klausner（2001）认为，董事可以使用这一条款来拒绝具有更高权威的收购，因此它可以起到震慑收购的作用。然而，Gordon（2002）认为，在实践中，这种保护不会对董事对收购要约“只是拒绝”的决定产生重大影响。Sokolyk（2011）和 Goktan 与 Kieschnick（2012）发现收购可能性存在消极但微不足道的关系。在我们的样本中，大约 1/10 的公司有此规定。

11. 召开特别会议的限制（Limits to call a special meeting）。召开特别会议的限制约束了股东在定期会议之外会面的能力，给收购竞争与代理权争夺增加了额外的时间。Bhagat 和 Jefferis（1991）、Daines 和 Klausner（2001），以及 Gompers 等人（2003）认为这些规定应起到威慑作用，特别是与书面同意限制相结合。Bebchuk 和 Hamdani（2002）以及 Daines 和 Klausner（2001）认为，与毒丸相结合，这些可能会对收购构成严重障碍。另外，Bebchuk 等人（2009）认为特别会议限制所要求的延迟是有限的，在实践中是微不足道的。证据表明这些限制无法产生威慑收购的效果。Goktan 和 Kieschnick（2012）发现这一规定具有消极但不显著的影响。Sokolyk（2011）发现该条款（加上书面同意的限制）与收购可能性之间存在显著的正相关关系。在 IRRC 数据中，1990 年至 2006 年限制特别会议的发生率增加了一倍以上。在 ISS 样本的后几年，废除这些限制的提议显著增加，从 2005—2006 年的仅仅 2 个增加到 2009—2010 年的 154 个（见表 5）。虽然这项规定未包含在 Bebchuk 等人（2009）的 E 指数中，但在 2010 年它是股东提案的主要目标；如果基于原始入选标准，更新的 E 指数可能包括特别会议限制。

12. 通过书面同意行事的限制（Limits to act by written consent）。通过书面同意限制行动可能需要得到一致同意，要求超出州法律的多数门槛，或者取消股东通过书面同意采取行动的权利。这些限制延长了收购竞争和代理权争夺，因为潜在买家必须等到下一次年会才能剔除董事会成员或取消收购防御。Bhagat 和 Jefferis（1991）、Daines 和 Klausner（2001），以及 Gompers 等人（2003）认为这些条款应该通过延迟有效地阻止收购，特别是与特别会议限制相结合。但是，现存的证据表明不然。Sokolyk（2011）发现这一条款（加上特别会议的限制）与收购可能性之间存在显著的正相关关系，这一结果得到了 Goktan 和 Kieschnick（2012）积极但微不足道的弱关联性弱支持。在 IRRC 数据中，书面同意限制的发生率在 1990 年至 2006 年翻了一番，并且在 2009—2010 年 ISS 数据激增之前，它们很少吸引股东提议废除。

13. 养老金降落伞（Pension parachutes）。养老金降落伞阻止收购方在目标养老基金中使用盈余现金来为收购提供资金。剩余资金必须仍然是养老基金的财产，并用于计划参与者的福利分配。而 Bebchuk 等人（2009）表明其与公司价值的关系微不足道，我们不知道有关养老金降落伞对收购可能性影响的任何直接证据。这些条款在我们的样本中从 1990 年的 3.8% 下降到 2006 年的 1% 不到。

14. 银色降落伞（Silver parachutes）。银色降落伞在公司控制权发生变化时向大量员工提供遣散费。然而，由于这些并不能保护收购谈判的关键决策者，因此它们不太可能显著影响收购结果，除非它们大大增加了收购方的成本。这些条款也相对较少，到2006年仅减少到我们样本的1.4%。与养老金降落伞相似，Bebchuk等人（2009）证明其与公司价值存在微不足道的关联，但我们无法获知有关银色降落伞对收购可能性影响的任何直接证据。

15. 遣散协议（Severance agreements）。高管遣散协议在解雇后对高级管理人员进行补偿。因为这些协议并不取决于控制权的变化（与金色降落伞不同），所以没有理由相信它们可以起到威慑作用。这些规定在我们的样本中相对不常见，因为它们的发生率在2006年降至3.1%。[①] 关于这些特定条款的实证证据不足。Bebchuk等人（2009）发现这些协议在一次测试中与更高的公司价值相关联，但结果对其他三个样本并不适用。

16. 董事赔偿条款（Director indemnification provisions）。公司细则或章程中的董事赔偿条款使高管和董事免予因与其行为相关的诉讼而产生的法律费用。在大多数情况下，采用此类规定的公司购买赔偿保险以承担其风险。这种保护的成本可以用作衡量公司治理质量的市场指标［例如，参见Chalmers、Dann和Harford（2002）；Core（2000）］。[②] Bebchuk等人（2009）认为，董事赔偿，董事合同和董事责任限制等规定与股东诉讼中的责任和赔偿问题有关，与公司控制无关［另见Core（1997）；Core（2000）］。虽然兼并收购可能会产生责任，但大多数情况并不涉及董事对出售的抵制，相反他们愿意以低价出售公司［参见Black、Cheffins和Klausner（2006）］。由于这些原因，Sokolyk（2011）在收购威慑测试中排除了这些条款，Goktan和Kieschnick（2012）发现这些条款与收购震慑没有任何关系。

17. 董事赔偿合同（Director indemnification contracts）。如果提起有关其行为的诉讼，董事赔偿合同将根据判决及法律费用对特定高管和董事进行赔偿。这些赔偿合同有时会补充公司细则或章程中的董事赔偿条款。关于这些合同威慑效果的证据是间接的，并且仅限于Bebchuk等人（2009）的发现，他们证实其与公司价值没有显著关系。关于收购威慑，另见“16.”中的讨论。

---

① 正如Lund和Schonlau（2016）所讨论的那样，在2006年之前，公司无须报告他们的遣散协议；因此，IRRC只能检测选择披露其遣散安排的公司。从2006年和2007年开始，公司被要求披露有关现有遣散安排的更多信息。比较2006年IRRC数据集中的首席执行官与Execucomp的解决方案，显示IRRC遣散数据存在问题：两个数据集都集中在“S&P1500”数据库中的公司，而IRRC报告称，2006年只有3.8%的CEO有遣散费，Execucomp报告称，50.5%的首席执行官有遣散安排。

② 本文表1显示，在1990—2006年，这三项与管理层有关的规定在使用中显著减少，在发生概率方面下降了近2/3。它们也很少成为股东提案的目标。

18. 董事责任限制（Limits on director liability）。董事责任限制是章程修正案，在州法律允许的范围内限制董事的个人责任。他们经常消除违反注意义务的个人责任，但不会因违反忠诚义务或故意不当行为或知道违法行为而不承担责任。Bhagat、Brickley 和 Coles（1987）证明，董事责任保险对其在纽约州特许的少量公司样本没有涉及股东财富的影响。Heron 和 Lewellen（1998）发现重新组合的积极异常回报限制了董事责任，这表明这些条款可能通过加强董事招募工作来增加价值。另外，Chalmers、Dann 和 Harford（2002）提供的证据表明，首次公开募股时购买的董事和高级职员责任保险金额与 IPO 后三年股价表现显著负相关。他们将证据解释为管理者揭示的机会主义行为。Bebchuk 等人（2009）发现这些限制与公司价值没有显著关系。没有直接证据表明这些规定是否与收购威慑有关（另见“16.”的讨论）。

07 业绩承诺：现状与问题

导 言： 业绩承诺作为中国资本市场上一个较为具有特色的制度，反映出监管部门对于上市公司并购重组后预期利润的现实要求即对投资者利益的切实保护。但其运行情况如何？存在何等利弊？本文则对以上问题做尝试性探讨，但并不涉及对其改革思路的规划。

业绩承诺：政策规定

重大资产并购中的业绩承诺始于2008年证监会公布的《上市公司重大资产重组管理办法》，其规定，上市公司在重大资产并购重组中，应披露重组完成后三年内的利润预测，如果无法实现预测，则需要由交易对手方对上市公司进行补偿。该项制度在2005年的股改中首次出现，在2008年被引入资产并购重组，随后在2014年针对制度运行中凸显的问题，新版的《上市公司重大资产重组管理办法》（以下简称《重组办法》）以及相关的监管问答对该制度进行了细化规定。基本呈现出以下特征：

表1 业绩承诺相关的监管内容

	规定	规定方式	备注
适用情形	与关联方发生交易且采用了收益现值法、未来开发法等方式进行估值的	《重组办法》	如果是部分资产采用该方式进行，也应该进行补偿
承诺期限	一般为三年	监管问答	
补偿方式	现金和股份，优先使用股份补偿	监管问答	

续 表

	规定	规定方式	备注
补偿方式计算	即累计未实现的利润扣除已经补偿的利润部分；如果是进行股份补偿，则根据本次股份发行的价格进行换算	《重组办法》	如果在补偿期终了依旧存在未补偿部分，则对于未实现且未补偿部分一次性补偿
惩罚措施	业绩未达到预测金额的80%，上市公司及中介机构解释原因、公开道歉；业绩未达到预测金额的50%，监管机构有权采取监督谈话、出具警示函、责令定期报告	《重组办法》	
能否变更	不能	监管问答	2016年6月17日的监管问答明确表示业绩承诺不适用于《上市公司监管指引第4号——上市公司实际控制人、股东、关联方、收购人以及上市公司承诺及履行》
其他要求	如果构成借壳上市，则股份补偿占比应高于90%	《重组办法》	

从规定看，由于在上市公司收购大股东或实控人的关联方时，更容易出现大股东或者实控人影响估值的情况，监管层强制要求大股东进行业绩承诺，但是对于其他情况，因为是市场博弈的后果，所以并不强制要求进行业绩承诺。这也是新版《重组办法》中的一个主要变化，2008年的规定中并未区分该情况。

从法律性质看，业绩承诺因其由股东作出、经股东大会同意且影响至公众股东，所以普遍认为其兼具单方、双方、多方法律行为的特点，这也就使得其在法律定性方面显得有些模糊不清。也有论者认为其和对赌协议相类似（均为股东与公司签订的协议且有估值调整的作用），进而质疑其合法性。但事实上，业绩承诺在签订时点（在上市后重组时）、补偿内容（股东补偿上市公司）等方面均与对赌协议有着较大的不同，且根据高级人民法院判例的思路，之所以股东与公司的对赌无效是因为违反了资本维持原则，有损债权人利益，但是业绩承诺“股东补偿公司”的特点并不会产生这一后果。故此援引海富案认为其无效也并不合理。

业绩承诺：运行情况

根据证监会上市部的一篇公开研究成果［方重等人（2016）］[①] 显示，2013 年至 2015 年，经证监会核准的重大资产重组共计 570 单，其中共有 248 单签订了业绩补偿协议，占比高达 43.5%，其中沪市 114 单、深市 134 单。

以上的业绩承诺呈现出高估值、高承诺、高溢价的特点。具体来说，高估值主要是体现在收购资产的增值率较高，发行股份购买资产的增值率高达 751%，现金收购的平均增值率为 506%，资产置换方式的增值率仅为 156%；承诺过高主要是从业绩达标的指标来看，2015 年的业绩承诺中有 1/5 未能达标，而传统行业的不达标率更是高达 70% 左右（钢铁煤炭行业高达 100%）；高溢价来说，2015 年的重大资产重组中，有业绩承诺的企业比没有业绩承诺的企业的估值溢价要高出 140%。

从实现投资者保护效果方面看，研究表明从账面收益看，股份补偿能够更好地保护中小投资者，故此在监管问答中监管层也要求在业绩承诺补偿中以股份补偿优先。事实上，根据相关研究，2008 年制度运行后，以 2009 年 11 月为时间节点，后一阶段的业绩承诺采用的补偿方式中，股份补偿就更为常见了。故此，可以推测，2009 年 11 月之后，监管层事实上就更加倾向于股份补偿了。

业绩承诺：利弊几何

直观上，业绩承诺的利处很好识别且非常符合直觉：保护投资者权益，同时对大股东形成了制约，防止其在进行收购时虚增收购对象的价值，但是资本市场的很多现象很难简单地通过直觉判断。现有研究显示，业绩承诺在以下几个方面存在着弊端。

1. 大股东操纵股利分配进行自我补偿。刘建勇等人（2014）通过对海润光伏业绩补偿案例的研究显示，在业绩补偿中，大股东即便完成业绩补偿，实现了自己的承诺也可以通过后续的股利分配对自己进行补偿。由于业绩补偿本质上是大股东和其他小股东的对赌，监管层事实上是期望通过该手段对于小股东实现补偿，但如果大股东通过操纵股利分配对自己进行补偿，那就变成了“羊毛出在羊身上”的游戏，并不能实现制度本意。近些年还出现了对业绩承诺进行变更，随后用资本公积定向转增完成承诺的案例，因为资本公积的主要来源是股东购买股票时的溢价且本质上是公司法人的财产，用这一资金定向转增一来未能达到由大股东进行补偿的制度本意，二来尽管持股数量增加但并未改变被补偿股东持有的所有者权益［伍晓雯

① 方重、程杨、肖媛：《并购重组业绩承诺的现况与监管》，载《清华金融评论》2016 年第 10 期。

(2017)]。

2. 上市公司增强了盈余管理的动机。根据现有的监管政策，业绩补偿一般持续时间为三年，所以上市公司只需要撑过这三年，之后“哪怕洪水滔天”。所以，大股东对上市公司进行盈余管理的动机就更加强烈了。根据伍晓雯等人（2017）的整理，近些年出现的争议案例中就有通过推迟固定资产完工、变更无形资产折旧的会计估计等手段“精准完成承诺”的案例。

3. 业绩补偿存在实际执行中的困难。现实中，业绩补偿的执行出现了各种问题：(1) 因股份锁定期（一年，特殊情况三年）一般短于业绩承诺期（三年，甚至会延长），在执行时会出现大股东手中可用以补偿的股份数量不足的情况；(2) 即便是锁定期的限售股，因为限售股场外可以进行质押登记，而无论是中登的系统抑或是相关的法律规范，根据大股东承诺进行过户的障碍均存在，所以也会出现无法执行的情况；(3) 并购标的股东以经营活动受到影响等原因主张拒绝承担业绩下降风险；(4) 业绩承诺变更，因业绩承诺变更的主要审批机构是股东大会，在一股独大且承诺客观无法履行的背景下，承诺变更就成了显示的选择，但是这种“道德风险”就使得业绩承诺成了一种不可置信的许诺（后已经被禁止）；(5) 在大股东拒不履行的情况下，各地法院的判决并不一致，且在执行中也存在着执行困难的问题。

法经述评

业绩承诺的规定实属中国资本市场的一个特色了。在二级市场投机风气盛行、上市公司大股东一股独大的背景下，业绩承诺这一政策直观上维护了投资者的权益。但这种将并购重组变为明股实债的政策规定，不出意料地产生了诸多监管套利。本文整理的相关讨论中之所以并未涉及改革建议，主要是因为现有研究的改革建议无非有二：延续现有路径加强业绩承诺的约束力，可这一思路本质上加强了这一制度的明股实债特性，违背了并购重组的本意，使得股权投资成了一种保底的行为，无法解决根本问题；放弃现有路径，主张实现完全的商业自治，但是这样一来并购重组乱象必然再现，这不仅是中国的资本市场不愿意看到的，更是监管层无法承担的后果，缺乏可操作性。而我们也并无高见，只是在思考，对于相关的规定，能不能更加灵活一些，对于补偿的方式手段是不是可以松绑，同时借鉴国外风投中的所谓“对赌条款”的做法，使得补偿或者估值调整的策略更加灵活丰富？其改革路径的突破仍有待继续进一步的商讨。

六

域外经验

—— 世界的眼光

01 2019 年全球及重要区域公司治理趋势展望[①]

导 言： 每年年末，美国拉塞尔·雷诺兹公司（Russell Reynolds Associates）会就上市公司董事在未来一年可能面临的趋势和挑战，采访机构投资者、积极股东、养老基金经理、代理咨询顾问和其他公司治理的专业人士。2018 年年末的报告显示，机构投资者（包括活跃的基金经理和指数基金巨头）对上市公司董事会的预期在过去几年里提高了，预计这一趋势将在 2019 年继续下去，对董事会质量、有效性和对股东问责的需求将继续在全球所有市场加速。为了更好地理解相关趋势，本文在编译基础上进行了简要点评以全面理解 2019 年全球公司治理发展趋势。

全球趋势概览

1. 董事会质量和组成是公司治理的核心

由于投资者看不到董事会面纱背后的情况，他们只能依靠各种治理标准作为董事会质量的代表参数，包括：董事会是否真正独立？其组成是否经过深思熟虑并接受定期审查？以及董事会的能力是否与该公司的前瞻性战略保持一致并抱有支持态度等。董事们面临着越来越多的考察，关于董事会如何掌握行业知识、培养资本配置能力和积累转型经验等。董事会需要保持更高的谨慎，因为他们要更多地考虑个人任期、董事过度兼职和性别失衡等问题。

性别多样性仍然是许多国家和投资者关注的一个重点领域。公司可能会面临更

---

① 原文链接：https：//corpgov. law. harvard. edu/2018/12/30/2019 - global - regional - trends - in - corporate - governance/。

大的压力，要求披露它们对董事会能力、董事会换届计划的优先次序，以及它们如何建立一条多元化的董事候选人队伍。世界上最大的主权财富基金——挪威银行投资管理公司（Norges Bank Investment Management）在他们投资的 9000 家公司的董事会中，为至少两名具有相关行业经验的独立董事制定了新的任职标准。

简评：报告的总体关注落脚在美国，是“董事会中心主义”的大本营，始终把董事会放在所有讨论的中心位置。

2. 更注重对企业文化的监督

人力资本和无形资产，包括组织文化和声誉，是企业价值的重要组成部分，它们直接影响公司是否能吸引和留住顶尖人才。当一家公司试图体现的价值观与它所展示的行为之间存在不一致时，就会存在企业文化风险。投资者热衷于了解董事会在这个问题上是如何与管理层打交道的，以及他们如何理解企业文化。一些薪酬委员会的职权范围包括文化和更广泛的人力资本问题。

简评：企业文化风险一词十分新颖，公司治理除了构建一整套决策和制衡机制，是否关注过一家企业在创造价值过程中的企业文化因素？核心价值观、愿景、使命？对于成功的企业可是缺一不可的。

3. 投资者限制股东至上主义，强调长期价值

在许多国家，公司的目标和作用正在发生演变，包括满足更广泛的利益相关方的需要。全球投资者越来越多地讨论社会价值、长期主义以及环境、社会和治理（ESG）的改变，这些改变正在将企业从纯粹的股东至上模式中转移出来。尽管贝莱德（BlackRock）首席执行官拉里·芬克（Larry Fink）在 2018 年就社会目标的重要性和实现长期增长战略等主题致函他投资的公司，引发了美国市场的广泛讨论。机构投资者正更加积极地关注长期目标，并与集团合作，以提高对长期、可持续结果的重视。

简评：公司难道不就是为了股东的利益吗？竟然还会有这样的趋势？很多人可能会对此感到困惑，可是大家是否有想过，随着公司影响的利益相关者日益复杂，其功能和目标早已不再单一，只强调股东利益会造就更多的长春长生。

4. ESG 仍然是全球的一个关键问题，并在一些国家的治理问题中处于最重要的地位

基金经理和资产所有者正在将 ESG（环境、社会与治理）纳入投资决策，其中有些是在已披露的可持续或 ESG 报告框架下进行的。投资者的首要任务是将可持续性与长期价值创造联系起来，平衡 ESG 的风险和机遇。ESG 监督、改进披露、相对于同行的公司业绩以及了解这些问题如何被纳入公司战略将成为关注的重点。气候变化和可持续性是许多投资者关注的核心问题，在许多国家处于环境治理的前沿。

一些投资者将技术中断和网络安全视为 ESG 问题，而另一些投资者则继续将其归类为一种主要的商业风险。无论哪种方式，投资者都想了解董事会是如何对技术中断和网络风险提供做出充分准备的。

简评：中国市场作为一个新兴市场，过去 40 年保持了高速增长，相对于其他国家而言可以说是“遍地黄金”，但却是在牺牲了环境保护和可持续发展的粗放式发展基础上的，为什么境外市场投资者更关注 ESG？当经济发展到一定程度，拼的就不再是资源消耗和粗放投入，更多的是精细化的管理和可持续的长期发展，这就是 ESG 被视为关键的原因。此外，再次提醒大家关注公司的网络安全和应急处置机制，你们的公司都有预案了吗？

5. 积极股东继续影响董事会

积极股东正在使用各种策略来实现他们的目标。董事会面临的问题不再是积极股东是否会参与，而是他们会在何时以及为什么参与公司治理。将积极股东定性为敌对对手的论调正在减弱，因为一些积极股东对管理层的态度正变得更有建设性。机构投资者对积极股东的观点越来越开放，并且正在部署积极股东的策略，以实现预期的变革。积极股东继续密切关注个别董事的表现和履职的失误。我们看到更多的董事会成为“他们自己的积极分子”，或者委托独立评估来先发制人地发现漏洞。像拉塞尔·雷诺兹这样的公司正在进行更多的董事会脆弱性分析，研究董事会组成的优势和弱点，并积极主动地确定积极股东可能攻击董事组成的地方。在以下章节中，我们将探讨这些趋势以及它们将如何影响美国、加拿大、欧盟、英国、巴西、印度和日本等国的市场。

简评：大型基金公司作为消极投资者、很多积极股东活跃的市场成了美国和其他股权相对分散公司的最新趋势。那么近年来在 A 股市场频繁出现的敌意收购和要约收购，某种程度上也在扮演着积极股东的角色，此外，中小投服某种程度上也是我们的积极股东，该如何与他们沟通也应当成为上市公司的新议题。

美国与加拿大

1. 机构投资者受托责任

在标普 500 指数的成分股公司中，已经有 88% 的公司最大股东是先锋、贝莱德或道富（State Street）这三大机构的投资者，他们总共持有标准普尔 500 指数所有股份的 18.7%。由于指数基金的创建者有持有股票的相关义务，也就是说只要一家公司被纳入相关指数（如道琼斯指数、标准普尔 500 指数、罗素 3000 指数），机构投资者需要将该公司股票视为永久资本。这些投资者认为治理不是一项合规工作，而是创造价值和减轻风险的一个关键组成部分。被动投资者更频繁地与公司接触，以确保董事会和管理层会采取必要的行动，提出正确的问题。投资者希望了解长期价值创造的故事，他们非常认真地对待这一问题，并继续投资于管理和治理监督。

简评：关于被动投资者参与治理的问题，可以参见本书“被动型投资者的兴起及其对公司治理的影响”一文。

2. 董事会质量

投资者正在推动改善董事会质量的工作，并将董事会的组成、多样性和更换过程视为关键要素。董事会问责项目 2.0（The Boardroom Accountability Project 2.0）鼓励更多公司披露“董事会矩阵”（board matrix），列出董事的技能、经验和人口学特征。这种做法正在迅速成为代理投票披露的规范。更多的机构投资者希望在董事能力方面有更丰富的披露，并希望每个董事的技能与公司战略之间有更清晰、更直接的联系。正如一位投资者所指出的那样，“我们想知道为什么挑选这批董事来领导公司，以及他们是否准备好迎接变革和破坏”。美国一些最大的机构投资者正在推动更好的董事会继任程序和董事会评估程序，以及利用外部公司评估董事会的质量、组成和有效性。机构投资者更关心的是董事会继任程序和继续使用自动更新机制（包括退休年龄和任期限制），而不是单纯地“随着时间的推移，由内部和外部审查员组成的基础评估过程”。

简评：董事会矩阵这一提法很有意思，总是在说董事会构成，如果能用直观矩阵表示，或许更能体现一个公司董事会的专业化和多样性。

3. 董事会多样性

2019 年，如果董事会中没有女性（或在某些情况下，女性不足两名），董事们应该期待更多的投资者投票反对提名委员会或其主席。投资者希望看到思想和经验的多样化，以使董事会更好地识别风险和改善公司业绩。在美国，性别多样性已经成为认知多样性的代表。在此之前，加州最近通过了一项法律，要求总部设在加州的公司实现性别多样性。一些非常大的投资者开始对多样性采取更广泛的做法，特别是因为它与族裔和种族有关。在加拿大，近 40% 的 TSX 上市公司董事会中没有女性。

简评：已经被各国监管和准则几乎讨论透彻的女性董事席位问题，在我国似乎仍没有掀起一丝涟漪。

4. ESG 环境社会治理

投资者正敦促企业考虑其更广泛的社会影响，无论是具体做什么，还是如何披露。ESG 已经从一个离散的话题转变为投资者如何评价公司的一个基本部分。他们将越来越多地关注公司如何解释他们的价值创造方法，公司对社会的影响，以及公司如何权衡各种利益相关者的利益。其他投资者将继续通过金融视角看待 ESG，甄别风险识别和度量，将 ESG 纳入战略和长期价值创造，以及高管薪酬的议案。

5. 对企业文化的监督

考虑到过去几年美国市场在企业文化和领导力方面许多引人注目的失败案例，投资者和监管机构将期待更多的信息披露，并将就董事会如何理解公司文化提出更多问题。在与机构投资者接触时，董事会应期待有关他们如何理解和评估公司文化健康程度的问题。董事会需要思考他们是否真正了解公司文化，以及他们计划如何评估公司所面临的热点和潜在的问题。

简评：为什么会提到丑闻？建议各位看一本去年大热的书《Bad Blood》，讲述了“女贾布斯”Thranos是如何把华尔街玩得团团转的，美国资本市场同样看不懂所谓的“生物技术”，如何防忽悠是一项基本技能。

6. 积极股东

股东积极主义仍然是美国公司治理话语体系中非常重要的一部分，并在加拿大逐步增长。在加拿大，股东积极主义最活跃的行业包括基本材料、能源、银行和金融机构，以及具有高增长潜力的新兴行业（如区块链）。委托投票代理战并没有减缓的迹象，但积极股东正在使用其他方法来促进变革，比如更富建设性的参与。加拿大的公司也看到，由原内部人士或公司创始人发起的投票代理权争夺有所增加。加拿大相关专家预计，这一趋势将继续下去，加强股东参与至关重要。

7. 治理准则

2018年早些时候，投资者管理集团（ISG）的公司治理原则（Corporate Governance Principles of the Investor Stewardship Group）生效，目的是为美国市场制定一致的治理标准。还出版了“公司治理常识原则”2.0版（Commonsense Principles of Corporate Governance）。美国公司将考虑主动披露他们如何遵守这些原则。

欧盟

1. 更积极的投资者

机构投资者正在扩大他们在欧洲的深度参与和所拥有的管理团队资源。在2019年，投资者将重点通过董事会对人才管理、ESG和企业文化的监督，将治理与长期价值创造联系起来。此外，一些美国的积极股东正将目光投向欧洲，并以欧洲公司为重点筹集资金。机构投资者更愿意支持积极股东，特别是当董事会监督不力导致股东总收益（Total Shareholder Return）表现不佳的话。

简评：股东总收益等于股票价格上涨+分红所得，我们实际上也是这么考察公司管理层的。

2. 董事会的多样性

尽管由于立法和监管的原因，欧盟区的公司董事会中往往有更多的女性董事。随着欧洲各地已经广泛采用了性别多样性条例，奥地利已经强制规定，上市公司董事会中至少有 30% 的女性董事。然而，由于董事会任期通常为五年，因此，在接下来的选举周期到来之前，可能无法看到更全面的影响。

简评：瑞典、奥地利等国家都对女性董事席位作了强制规定，欧盟对这一点做得是最激进的。

3. ESG

鼓励更多的投资者使用与气候相关的财务披露（Climate - related Financial Disclosures，TCFD）框架，对 ESG 风险进行一致的衡量、评估和披露。投资者可能会以某种形式将应对气候变化的能力和风险监测纳入他们的投票指引中，董事会需要证明他们正在战略性地思考气候变化所带来的机遇、风险和影响。法国一项新的立法提案可能要求公司考虑各种利益相关者、社会环境以及其行动的非财务化的结果。

4. 修订后的治理准则实施

最近的一项研究发现，除高管薪酬和董事会组成建议外，“德国公司治理准则”的遵守率很高。德国董事会应该期待更多的投资者参与，并在这些问题上施加压力，包括加强披露。明年，德国的准则可能引入包括影响董事独立性和高管薪酬的修正案。荷兰新修订的治理准则更密切地关注长期价值创造和文化在治理框架内的重要地位。丹麦的治理准则建议至少每四年批准一次薪酬政策，并禁止退休的首席执行官担任董事长或副主席的职务。

英国

1. 修改后的治理准则

最近的立法和市场活动为英国实施将会继续影响全球市场的治理改革奠定了基础。新的英国公司治理准则将从 2019 年 1 月 1 日的财务报告周期开始适用，不过许多公司已经开始提早实施了。新的准则关于董事会有效性提供了补充的指导，再次强调了董事会需要侧重于提高其有效性，而不仅仅是他们的遵守情况。与此同时，“遵守或解释”（comply or explain）的自愿原则本身正在经受考验，因为“金曼评论”（Kingman Review）重新考虑了财务报告委员会（Financial ReportingCouncil）的权力，以及它作为政府指定的监管机构和准则遵守监管者的双重角色。越来越强大的代理投票顾问也经常投票反对那些选择“解释”而不是服从遵守的公司。2019 年准则的修改包括围绕董事会的职责提供指导，以考虑主要利益相关方的观点，并将其利益纳入讨论和决策中。公司职工可以通过指定现有的非执行董事（已经加入董事会的）、劳工咨询委员会或职工董事来代表他们的利益。

简评：英国的公司治理特点就是引入不遵守即解释的原则（comply or explain），但是这一原则看来逐步被弱化了。

2. 董事会领导和组成

英国公司治理准则的其他修改包括优先考虑由非执行董事任董事长（即非执行主席）的继任计划，并将非执行主席的总任期限制在九年（包括以前担任非执行董事的任何时间）——这一建议可能会影响富时350指数（FTSE 350）的10%以上的公司。投资者可能会更关注董事会的技能组合、多样性及其行业经验。如果董事在4家以上的公司兼职，股东更可能会对这些董事的连任投反对票，需要更好地披露董事能力和承诺来稳定投资者的信心。

简评：由于我们对于独立董事是采取“标签化”策略的，因此除了打了标签的独立董事有兼职5家公司独董的限制以外，对于其他董事的兼职是没有限制的。

3. 企业文化

董事会在监督企业文化方面不断增强的角色将成为投资者在2019年的主要关注点。财务报告委员会建议，可以使用几个因素来衡量文化，如更替率和缺勤率、奖励和晋升决定、健康和安全数据以及离职面谈等。准则强调，董事会有责任建立一种健康的企业文化，促进长期可持续的业绩。此外，关于审计师改革也非常重要，鉴于公众对最近大量公司丑闻的担忧，外部审计师的作用和审计事务所市场的结构正在接受重新地审视。政府面临着改善审计和增加竞争的压力。审计师的独立性、严谨性和质量可能会受到审查，董事会可能面临更大的压力，要求更经常地更换审计师。

4. 积极股东

尽管机构投资者还是会担忧积极股东可能对公司一贯的政策产生中断，但无论是积极股东还是机构投资者都将重点放在了企业如何应对长期价值和可持续发展上，积极股东某种程度上扮演的是制衡的角色。英国公司在欧洲的积极股东活动中的占比约55%，英国公司明年可能继续成为积极股东关注的目标。

简评：除了美国以外，股权较为分散的市场就是英国，积极股东也瞄准了这些企业。

巴西

在竞争激烈的总统选举之后，巴西仍面临着一些政治不确定性，特别是新政府将推行的商业和政治议题。尽管近期的各部门高官任命普遍受到欢迎，但考虑到政府与企业事务有着千丝万缕的联系，全球投资者可能仍将对在巴西的投资持谨慎态度。

1. 治理改革和管理者责任

巴西的公司治理监管仍处于初级阶段，继续侧重于改革合规行为和实施治理改革。巴西证券交易委员会（CVM）最近发布了关于公司与董事会成员（和其他公司利益相关者）之间的赔偿协议指南，该指南旨在提醒公司注意潜在的利益冲突，并告诫董事们要密切关注这些新政策。作为2016年“公司治理守则”最初强制要求的一项内容，巴西的上市公司需要提交一份“不遵守即解释”的治理报告，并且重点关注披露报告的质量。管理者责任被放在了越来越重要的地位，其中最关注的又是董事会的作用。

简评：新兴市场对于治理都处在初级阶段，巴西引入不遵守即解释原则，并且强调披露和管理者责任，结合了英国和日本的做法。

2. 独立性的提高

目前巴西证券交易委员会正在推动在治理框架内实现更大的独立性。由于更广泛的资本来源，越来越多的独立董事被任命为董事会成员。巴西正致力于实施针对国有企业的政府代表席位提名的改革，但进度可能会因新政府的优先事项而放缓。最近，巴西众议院批准了一项立法，允许再次提名政治家进入国有企业董事会。联邦参议院将很快就该提案作出决定，但其批准可能会引发社会舆论的反弹。像巴西公司治理研究所（Brazilian Institute of Corporate Governance）这样的组织正坚定地反对这项法律变革，认为这是最近治理变革中的一项倒退。然而，新市场规则（Novo Mercado Code）和“公司治理准则”加强了独立性的定义，并利用股东大会来确认这些董事的独立性。

简评：巴西面临的政企分开问题，从规则上看存在一定的反复，政府或者说国家应该如何介入公司治理？对于各国而言都是难题。

3. 远程投票

最近为股东推出的远程投票卡（remote voting card）可能对董事会产生重大影响。被要求实施新制度的上市公司将会看到更多的灵活性，并将少数股东支持的被提名人纳入投票中。尽管巴西在保护少数股东方面已经取得了很大进步，但这仍然是一个长期挑战。

简评：可以来中国学习一下我们的网络投票系统，这早已为中小投资者参与治理提供了便利。

4. 董事会有效性

专家们预计，在巴西完善董事会机制和流程的压力将进一步加大，包括制定董事和专门委员会任命及提名政策、例行的董事会评估程序、继任规划和选任/培训方案等。CVM和B3（巴西证券交易所）将会继续推动更高的治理标准和流程。更加注重董事会和董事的评估（无论是内部领导还是外部领导），以确保董事会的有效性和适当的董事会组成。根据“公司治理准则”，公司必须对为何没有董事会评估程序进行“不遵守即解释”的披露。

简评：同为“金砖国家”，巴西在努力推进董事会评估工作，我们也应当推进该项工作。

5. 薪酬披露

近 10 年来，巴西的公司一直在使用一项法院禁令（被称为“IBEF 禁令”），以避免披露其高管的最高薪酬。现在，这种情况已经被推翻了，上市公司将开始披露其薪酬最高的高管和董事会成员的薪酬信息。公司担心，这一披露可能会在少数股东中引发反弹，并对薪酬计划投反对票。

印度

1. 监管改革

出于吸引全球投资、遏制腐败和加强公司治理的愿望，印度继续推动监管改革。2018 年春天，令很多人感到意外，印度证券交易委员会（SEBI）采纳了 Kotak 委员会提出的 81 项条款中的许多条款。这些建议的采纳使许多公司考虑并渴望达到这一新标准。Kotak 的实施引发了一波以提高公司透明度为中心的重大治理变革。这些治理改革的采纳时间并不一致，大多数公司力求在 2019 年 4 月至 2020 年 4 月达到合规水平。

简评：当中美贸易战打得火热的时候，另外一个未来可能成为第三大经济体的印度也在暗自发奋，印度治理领域的变革取得了很大的改变，是全面提升公司水平的重要前提。龙象之争，我们在治理领域不能落后。

2. 董事会的组成、领导能力和独立性

董事会将面临更多关于董事技能和经验的披露规则，这促使许多公司参与董事会构成的评估工作。董事兼职的公司数量也将受到限制：2019 年限制为 8 家；2020 年限制为 7 家。印度最大的 1000 家上市公司将需要确保在 2019 年 4 月前董事会至少有 6 名董事，接下来的 1000 家公司还有一年要遵守这一规定。除这些变化外，还有关于董事薪酬变动的新标准。此外，对市值前 500 强的上市公司还要求首席执行官或董事总经理不得兼任董事长，这将大大改变董事会的领导和控制，在许多公司这种兼职很普遍，新规将提高整体独立性。为了进一步推动董事会和董事的独立性，独立性的定义得到了加强，董事成员的关联关系将受到更严格的审查。

简评：再次提到兼职问题，确实要问一句，董事忙得过来吗？

3. 董事会多样性

自 2013 年《公司法》颁布五年来，印度继续在性别多样性方面取得进展，投资者和政府决策者不断在这方面施加压力。然而，机构投资者和投票代理顾问呼吁取得更大进展，因为在公司中有 1/4 的女性董事席位是由企业的家族成员担任的（因此这些人并不是独立的）。从 2019 年开始，前 500 名市值的上市公司的董事会将需要确保至少有一名女性独立董事；到 2020 年，前 1000 名市值的上市公司将需要遵守这一规定。

日本

1. 继续注重治理

日本政府仍然是改善公司治理的主要动力。为了使日本对全球投资者更具吸引力，政策制定者越来越注重改善董事会的问责机制。尽管出现了更积极主动的投资者参与受托管理的趋势，包括金融服务局（Financial Services Agency）在内的监管机构仍在领导着治理改革，并在 2018 年新修订并生效的“公司治理准则”中增加了几项新的“不遵守即解释”准则。这些指导方针，如最低限度的独立性要求，建立一个相对客观的首席执行官继任和解雇程序，以及废除交叉持股限制，旨在提高透明度。

简评：近年来，日本对公司治理进行了大量的改革，2016 年全面修订了治理准则和管理者守则，奠定了近几年的改革方向，但是众多的公司丑闻却实实在在地给日本的公司治理“打脸”。缺乏好的治理，令人信服的日本制造也会大打折扣。

2. 独立董事

董事独立性一直是投资者关注的问题，外部董事仅占董事会席位的 31% 左右。虽然一些评论家认为准则中有关独立性的措辞有所缓和，但投资者不太可能降低他们的期望和标准。修订后的准则现在要求至少 1/3 的董事会由外部董事组成（高于以前规定的两名董事的席位要求）。这一改变旨在鼓励董事会决策过程中的透明和问责。从明年开始，机构投资者服务公司 ISS 将对其日本的治理政策采取类似的做法，也将采用 1/3 的独立董事门槛。

简评：日本的独立董事制度从规范到实践与我国市场都十分相近，实际上在独董制度方面我们做得还要更进步一些，但总体来说还是“半斤八两”。

3. 高管薪酬

鉴于最近发生的公司丑闻，机构投资者和监管机构将继续密切关注高管薪酬结构。基于业绩的薪酬计划将是 2019 年公司的一个重点领域。越来越多的公司正在推出基于股权的新型薪酬计划，比如限制性股票。董事会多样性方面，超过 50% 的上市公司董事会中仍然没有女性，为了提高董事会的质量和业绩，投资者可能会更有力地参与性别多样性、董事会组成与程序、董事会监督职责与作用以及董事会和董事评价的进程。

简评：2018 年日本神户制钢财务造假案引发关注，高管薪酬和董事会的作用都引起了社会的高度关注。推荐大家进一步了解神户制钢造假事件。

4. ESG

在 2019 年，董事会可能会看到更多的股东对可持续性指标和战略感兴趣。投资者渴望看到更多的有关环境、可持续发展的信息披露，以帮助他们理解价值创造和与业绩目标的联系，以及对董事会监督的相关信息。

5. 积极股东

积极（格式）股东主义在日本持续高涨，我们预计这一趋势将继续下去。积极股东表示愿意要求获得董事会席位，并参与公司控制权争夺，机构投资者也越来越愿意支持积极股东的建议。

6. 治理实践

投资者还将密切关注其他几项治理实践，如预先披露代理投票材料和以数字格式交付相关材料的规定、保护少数股东的利益等。治理准则进一步强调董事会的继任规划，要求公司为首席执行官的免职和继任采取公平和透明的程序。因此，更多的公司开始引入提名委员会并进行讨论。

7. 交叉持股的问题

此外，日本监管机构还敦促各公司处理交叉持股问题（当一家上市公司在同一市场持有另一家上市公司的股票），并采取限制措施，以明确这种类型的所有权是否恰当。监管机构可能会对此类持股进行更多监管，因为此类持股倾向于使董事会免受外部压力，包括敌意收购的危险。

简评：交叉持股是日本公司股权结构的一个重要特征，但是其带来的问题同样显而易见。

02 提名委员会和公司治理——来自英国和瑞典的经验[①]

导 言： 董事会专门委员会的设立和运行是董事会有效发挥其决策及监督作用的重要保证，因此，专门委员会的构造及其职责的设定对于公司治理有着重要的影响，典型的专门委员会包括提名委员会、薪酬委员会、审计委员会等。本文编译自斯德哥尔摩经济学院 Sophie Nachemson - Ekwall 研究员及牛津大学 Colin Mayer 教授关于董事会提名委员会的研究。不同国家之间不同的公司治理结构导致其提名委员会的构成及选任等都有较大的不同，本文作者选取了瑞典和英国进行比较分析。而提名委员会几乎是我国上市公司董事会的三个必备委员会之一，本文研究对我国公司治理实践具有参考价值。

长期以来，公司治理委员会中的薪酬委员会、审计委员会等受到了较多的关注，原因可能是两者与公司的财务业绩及管理失败的矫正（the correction of managerial failure）等有着更大的相关性，欧盟已针对这两个领域进行相关立法。但与此同时，董事会的提名委员会及提名程序同样也是公司治理中一个很重要的问题，却被严重忽略了。因此本文认为，提名委员会（Nomination Committee，NC）在公司治理的讨论中应该获得更多的关注，甚至是主要的关注。

提名委员会和提名程序影响着公司董事会的组成，从而间接影响了公司的运营。而董事会作为公司目标及企业价值的管理人，其在确立公司的发展目标和监督战略实施的过程中发挥了相当重要的作用，主要手段包括制定策略、衡量绩效、设定标准和激励等。所以，挑选出恰当的董事会成员对于企业的运作有着相当重要的影响。

---

① 原文链接：https://papers.ssrn.com/sol3/papers.cfm? abstract_id = 3170397。

提名委员会对于公司的所有权、机构投资者积极参与监督以及督促管理层等事项都至关重要。机构投资者有效参与的前提条件是大量、长期持股，而提名委员会恰恰在促进机构投资者大量、长期持股上能发挥重要作用。并且，提名委员会还能够为解决不同股东之间潜在的冲突（尤其是在大股东和小股东之间）提供一个基础或平台。

本文通过对比两个国家（瑞典和英国）中提名委员会的运作情况来提醒大家对提名委员会的关注。瑞典和英国都是“股东至上主义”（shareholder primacy）的推崇者，两国的公司法都规定了董事会对股东负有信义义务，都在法律、监管和体制结构等方面赋予了股东特权；两国也都有相当比例的机构投资者和国民养老基金（national pension funds）；并且，由于这两个国家都是主要依靠交易所的自律监管而非法律法规，也使得纳斯达克斯德哥尔摩证券交易所（Nasdaq Stockholm）和伦敦证券交易所（London Stock Exchange）自诩为自己是欧洲大陆最自由和最活跃的市场经济前沿。所有的这些因素都导致这两个国家不同于欧洲大陆的其他国家，也不同于世界上那些对于股东权益的重视程度较低的国家。从这个角度来看，瑞典和英国与其他的普通法国家有许多相似之处，如美国。

尽管瑞典和英国有如此多的相似之处，但两国的提名委员会在本质上还是有较大差异，这种差异表现在：第一，两国的股东对于董事会的选任、组成所能施加的影响不同；第二，提名委员会的组成不同；第三，在年度股东大会（Annual General Meeting，AGM）上，股东投票的方式不同；第四，两国对于股东合作的态度不同。因此，在上述差异的共同作用下，英国的提名委员会成了董事会的一个内部委员会，该委员会由独立董事构成并任命董事会的继任成员；但在瑞典，提名委员会是一个独立于董事会的外部委员会，股东在选举过程中发挥了相当重要的作用。

正如本文所描述的，瑞典的公司通常有大量的控股股东，并且这些股东想要在提名过程中施加较大的影响。因此，让这些控股股东参与提名委员会同时也是鼓励他们直接参与董事的提名、选任程序，这样能够减少股东参与度不足的问题，而英国面临的恰恰是股东参与度不足的问题。但是，瑞典的这种做法同时也产生了另一个问题：即加剧了不同类型股东之间潜在的利益分歧，并且这种分歧在享有信息优势的大股东和处于信息劣势的小股东之间尤为明显。

综上，所有权和治理规范的不同导致了两个国家的提名委员会在运作上存在差异。因此，充分地了解瑞典和英国提名委员会的不同运作模式，能够更好地帮助我们理解在不同的资本主义形式下，企业所有权和公司治理各有哪些优缺点。

此外，在英国，社会压力也在不断地要求机构投资者需采取有效的公司治理［例如，2012 年的 the Kay Review，2014/17 英国股东权利指令（the EU Shareholders' Rights Directive）都提出了这种观点］，同时还希望加强机构投资者在公司治理中的作用［例如，2012 年的英国管理人守则（the UK Stewardship Code）和 2016 年的世界经济论坛上 Lipton 等都提出这种观点］。但本文则提出以下问题，机构投资者越来越多地参与到提名程序中，或者说一种外部的提名委员会对于英国而言是否真的更好？同时，瑞典应不应该限制其大股东在提名程序中的权力，从而构建一个更加独立于大股东的提名委员会？

为了回答以上问题，作者研究了瑞典的机构公司治理设置（institutional corporate governance settings），以及英国是怎样通过提名委员会向机构投资者赋权的。本文参考了学术研究、法律文件以及官方和半官方的报告，这些资料显示：企业所有权自 20 世纪 80 年代至今经历的发展变迁，以及公司法在确立独立董事的角色方面所起的作用。本文参考的最新研究还显示：瑞典的机构投资者在所投资公司中的持股比例不断增加，这表明机构投资者长期参与了提名委员会，并与控股股东和其他长期持股的机构投资者进行了合作。

但如上所言，两种制度都各有利弊。英国的内部提名委员会，虽然确保了提名程序能够独立于任何控股股东群体，从而实现所有股东之间的平等待遇，但是由于英国所有权市场的高度分散，容易产生"搭便车"的问题，即没有投资者愿意积极参与公司治理从而导致"没有所有者的公司"（ownerless corporation）的产生。瑞典的外部提名委员会虽然能够为对董事会的组成持不同意见的控股股东们提供一个讨论的平台，但它同时也不可避免地为这些参与提名委员会的控股股东们提供了特权。

因此，本文最后讨论了将瑞典和英国两种提名程序合并以实现较优结果的可能性。例如，董事会的一部分席位可以由外部委员会提名，另一部分则由内部委员会提名；或者是，在英国董事会成员所有的任命都通过内部委员会完成，但必须有外部股东的参与。在两种模式中，内部和外部提名委员会的合作都能够确保选举产生一个有凝聚力的董事会。并且，通过灵活地运用内部和外部提名委员会，能够在公司治理过程中解决"搭便车"问题、利益冲突问题的同时，促进公司财富的可持续创造，最终公司和股东也将受益。

法经述评

关于提名委员会的设立，现在主要有两种模式：一种是以日本为代表的强制设立主义，另一种则是以美国为代表的任意设立主义。但在安然事件后，纽交所 2003 年 11 月发布的上市公司守则中要求"上市公司必须设立提名委员会"。我国也属于任意设立主义，《公司法》对于董事会各专门委员会的设立并无规定，证监会、交易所等发布的规章和其他规范性文件并未强制规定公司必须设立提名委员会，但由于上市公司治理准则和交易所规范运作指引中提及了这一制度，提名委员会几乎也成了上市公司董事会的三个必备委员会之一。

我国董事会提名委员会设立的依据主要有以下几部文件：其一，证监会于 2001 年 8 月发布的《关于在上市公司建立独立董事制度的指导意见》，其第 5 条第（4）项规定“如果上市公司董事会下设薪酬、审计、提名等委员会的，独立董事应当在委员会成员中占有二分之一以上的比例”；其二，2002 年 1 月，证监会与原国家经贸委联合发布的《上市公司治理准则》第 52 条规定，“上市公司董事会可以按照股东大会的有关决议，设立战略、审计、提名、薪酬与考核等专门委员会。专门委员会成员全部由董事组成，其中审计委员会、提名委员会、薪酬与考核委员会中独立董事应占多数并担任召集人”。第 55 条规定提名委员会的职责主要包括：“（1）研究董事、经理人员的选择标准和程序并提出建议；（2）广泛搜寻合格的董事和经理人员的人选；（3）对董事候选人和经理人选进行审查并提出建议。”另外，上交所 2013 年修订的《上市公司董事选任与行为指引》第 13 条写道，“本所鼓励上市公司董事会设立提名委员会，对董事候选人的建议人选提出审议意见，向董事会提出董事候选人的推荐人选”。

我国上市公司面临的主要问题是股权结构集中，即大股东控制问题，所以，董事会成员也多是由大股东选举或委派，因此由此而产生的提名委员会能否独立地行使其职权并发挥该有的作用是存在疑问的。并且根据上述规范性文件的规定，我国董事会提名委员会仅有建议权，没有独立的决定权，因此，若大股东不支持提名委员会的建议，那么就算是上市公司有提名委员会往往也是形同虚设。

2018 年 9 月 30 日，证监会发布修订后的《上市公司治理准则》，本次修订涉及的范围较广。本次修改的一个重要部分是董事会的相关制度，但主要针对的是审计委员会，对于提名委员并未进行任何修改。

提名委员会作为董事会专门委员会的一种，给独立董事参与公司治理提供了一个平台，能够提高董事会运行的专业性和效率。但是因为我国公司法对专门委员会的设立没有任何规定，目前董事会设立提名委员会缺乏公司法的支撑，其依据仅是《指导意见》《治理准则》等部门规章和规范性文件。

03 美国小市值上市公司治理概况[①]

导 言：资本市场中大小市值公司是否存在不同的治理状况？美国资本市场拥有一个庞大的上市公司基础，其中也不乏中小市值的上市公司，本文编译自美国圣迭戈大学商学院教授 Annalisa Barrett 和美国投资者责任中心执行董事 Jon Lukomnik 的研究，该研究以美国 160 家小市值公司为样本，对他们的治理现状进行了分析。我国 A 股市场拥有近 1000 家小市值公司（以 30 亿美元市值以下计算），不同市值公司是否应该适用同样的治理要求？本文或可资参考。

随着投资者寻求更多的非传统资产类别的回报，一些人转向小市值的公众公司（在我们的研究中将其定义为市值不到 3 亿美元的公司）。这些公司大多数未被主要指数涵盖，许多公司没有分析师跟踪他们。因此，他们的治理实践没有受到像大市值公司那样同等程度的关注。

尽管小市值上市公司在我们的资本市场中占有重要地位，但仍缺乏对其董事会构成和治理实践进行的专门研究。本文提供了有关这一规模市值上市公司的治理现状的考察。如果可行，我们希望将他们与罗素 3000 指数[②]中包含的公司董事会情况进行比较。

此外，随着公司要求拥有更多元的董事会构成的呼声越来越高，一个能供董事会挑选的候选池的构建显得同样重要。较大市值公司的董事会通常希望董事候选人具有上市公司的董事会经验，更利于其担任本公司的董事。在小型市值公司的董事会

① 原文链接：https://corpgov.law.harvard.edu/2018/08/18/microcap-board-governance/。

② 罗素 3000 指数（Russell 3000 Index）：包含了美国 3000 家最大市值的公司股票，以加权平均的方法来编定的指数。

任职的董事也同样具有董事会经验，但可能以前没有经过传统的董事会候选的检索，因而没有获得大市值公司的提名和专门委员会的注意。

小市值公司研究概况

该研究随机选出了在美国上市的 160 家小市值公司，代表了市值不到 3 亿美元的所有公司中的约 10%，研究样本中 36% 的公司市值低于 5000 万美元，30% 的公司市值在 1 亿—2 亿美元之间，14% 的公司市值在 2 亿美元至 3 亿美元之间。这些公司 73% 来自纳斯达克，19% 来自 NYSEAmerican（即原来的 AMEX），8% 来自纽交所。

公司经营时间。公司经营的时间长短可以作为理解公司在企业生命周期中所在的阶段提供观察的背景。在我们的样本中，有不到 1/4（22%）的小市值公司在过去五年时间上市的，而只有 6% 的公司是在近五年刚刚设立的。这些发现与许多小市值公司是最近才获得公开资本投资的早期成长型公司的“共识”是相矛盾的。

CEO 情况。观点认为小市值公司通常是创始人领导的初创公司，但是我们的研究发现只有 1/7（14%）的小市值公司首席执行官是他们的创始人。

股权结构。尽管所研究的小市值公司可能至少有 10% 的股份由内部人拥有，但很少（4%）拥有大股东（拥有 50% 或更多股份的股东）。此外，在所研究的小市值公司中，多重投票权结构的情况并不常见，其中 93% 具有一股一票结构。

小市值公司的董事会构成

小市值公司董事会（平均 6.9 人）规模往往小于罗素 3000 指数（平均 8.9 人）的公司董事会。大多数罗素 3000 指数公司的董事会至少有 9 个成员，而不到 1/5（18%）的小市值公司董事会能达到这个规模。我们所研究的小市值董事会公司中有 1/10（10%）具有这样的非常小规模的董事会，只有 4 名或更少董事（A 股市场董事会平均人数为 9 人）。

与罗素 3000 指数公司相比，男性在小市值公司的董事会中占据主导地位。我们所研究的小市值公司中，大多数（61%）没有女性董事在董事会任职，而罗素 3000 指数董事会中只有不到 1/4（21%）的公司没有女性董事。此外，只有 12% 的小市值公司拥有一名以上的女性董事，而近一半（45%）的罗素 3000 指数公司拥有一名以上的女性董事。

与大公司的同行相比，Microcap 董事的董事会经验可能更少。目前只有 17% 的小市值董事在其他上市公司的董事会任过职，而罗素 3000 指数董事的这一比例为 35%。

小市值公司董事会实践

小市值公司往往缺乏独立的董事会领导结构。和罗素 3000 指数中的公司类似，虽然小市值公司很可能将首席执行官和董事会主席的角色相分离，但许多小市值董事会并没有由独立主席或首席董事担任董事会领导。在那些将 CEO 和董事会主席相重合的小市值公司中，大多数（70%）没有任命首席董事。事实上，许多小市值公司明确表示他们没有首席董事，并且是主动不设置这一职位。

与大公司相比，小市值公司的董事会举行的董事会会议数量往往波动较大，但总体上是在每年召开 4—7 次，和罗素 3000 指数公司的（17%）相比，在 2016 年有更多的小市值公司董事会（24%）举行了 12 次或更多次董事会会议。而如果我们考察开会次数少于 4 次的公司董事会，小市值公司董事会（5%）也比罗素 3000 指数董事会（2%）要多（A 股公司平均开会 10 次）。

小市值公司董事会上的专门委员会设置往往不像大型公司董事会那么复杂。虽然所研究的小市值公司董事会与罗素 3000 指数的董事会一样可能拥有三个关键委员会（审计、薪酬和提名/治理），但他们不太可能再拥有额外的委员会了。此外，许多小市值公司的董事会专门委员会每年只举行一次会议，有些委员会报告还公告表示 2016 年期间没有召开会议。

小市值公司的董事选举频率与大公司的选举频率相同，但他们的选举标准不同。在小市值公司和罗素 3000 指数公司中，都流行对董事进行分类选举。虽然大多数（54%）罗素 3000 指数公司采用了多数票通过的董事选举表决方式，但只有 11% 的小市值公司已经是这样做的，剩下的公司都是采取简单多数的表决规则。尽管如此，小市值公司并没有忽略持反对意见股东的投票：我们的研究中有三家小市值公司的董事未能获得 2017 年年会上多数票的支持。

小市值公司的首席执行官

尽管市场及投资人士对这一问题很少关注，但是，小市值公司的 CEO 任期与罗素 3000 指数公司的首席执行官任期并无显著差异。罗素 3000 指数公司的首席执行官平均任期为 10. 3 年，中位数为 7. 3 年，而小市值公司首席执行官的平均任期和中位数则为 10. 7 年和 7 年。

然而，CEO 薪酬仍然受到小市值公司股东会的认真审查。有三家小市值公司未能获得 2017 年年股东大会上多数票的支持。

小市值公司的董事会薪酬

与罗素 3000 指数的公司相比，小市值公司支付给董事的薪酬要低得多。考察薪酬的中位数，2016 年罗素 3000 指数公司在董事薪酬方面的总金额接近 140 万美元，而小市值公司的董事薪酬支出约为 425000 美元。同样，在董事的人均薪酬上，小市值公司的董事薪酬明显低于罗素 3000 指数公司的董事。在中位数方面，2016 年罗素 3000 指数公司董事会的平均个人董事收入接近 180000 美元，而小市值公司董事的平均收入略低于 75000 美元。

授予董事的股权奖励的性质则因公司规模而异。虽然近一半（46%）的小市值公司向其董事支付了股权奖励，但在 2016 年只有 13% 的罗素 3000 指数公司这样做。另外，罗素 3000 指数公司更有可能向其董事授予限制性股票。

虽然对公司董事持有本公司股票进行指引是大公司的常见做法，但只有不到 1/5（16%）的小市值公司在其代理投票声明中报告了董事持有股票的指引。

法经述评

从本文编译的研究看来，小市值上市公司的治理总体而言呈现出与大市值公司的明显差异，至少从董事会规模、薪酬收入、开会次数、表决制度等方面来看，都明显地呈现出“小”或者“少”的状态。有几个现象非常有趣，比如小市值的公司不代表成立时间短，小市值与新公司不能画上等号；小市值公司的创始人并非当然是公司的 CEO，创始人担任 CEO 的比例只有 14%，这也与我们通常所想不同；此外，实行多重表决权的比例也很低。

如果考察中国 A 股市场，我们在公司治理机制要求和设置方面，没有对中小市值公司进行明确的差异化要求，我们的差异安排主要是用上市板块来分，但是上市板块本身公司规模差异很大。按照 2016 年 8 月底收盘的数据看，目前沪深两市低于 50 亿美元市值的公司约有 2000 家，低于 30 亿美元市值的公司约有 1000 家。是否有可能根据不同的规模对不同的公司的治理机制进行差异化安排？这也许也是很多公司关注的问题，因为从我们整理的这一研究来看，公司治理机制在规模较小的美国中小市值公司中，明显存在差异，如果我们用同一条线同一个标准去衡量或者说要求各公司的治理安排，是否存在一些资源的浪费，或者说成本收益的不合理，某种程度上反过来影响了公司治理机制本该发挥的作用。

关于不同规模或者说不同行业的公司实行差异化的治理机制的提法，很多年前已经出现，这实际上也是各个市场在竞争过程中会考虑的问题，大公司资源丰厚（在中国体现为国企大多数是各大公司治理排行榜表现好的公司），可以投入更多的人力、财力进行制度和内控建设，但是中小市值公司有没有必要也完全按照一套标准执行？是否有各自的治理和关注重点？这些都有待更进一步的研究。

04 2017 年美国特拉华州公司法年度回顾[①]

导 言： 2017 年，特拉华州法院发布了许多重要的公司法裁决，涉及对董事会、股东和高管至关重要的一系列问题，作为美国最主要的公司实践和公司法判例产出地，特拉华州法院对于公司法的重要判决和阐释是我们推进今后公司法制度与实践发展的重要参考。在此我们编译了美国威尔逊律师事务所（WSGR）关于 2017 年特拉华州公司法的年度回顾。

新的并购诉讼原则

关于并购诉讼，本文着重探讨 2017 年度的四个主题，以凸显其突出的特点。

首先，特拉华州的几项决定涉及了收购非上市公司中的交易，主要是在"交割后"（post - closing）关于欺诈的主张。这些决定强调了，在交易文件起草过程中，关于"反信赖"条款和欺诈例外情况的重要性，以及在交易协议中如何分配当事人各方的风险，尤其是关于出售方有无（如果有，是哪一主体）对其在买方尽职调查过程中向买方做出的陈述负有责任的问题。

其次，进一步阐释了在不涉及控股股东利益冲突的并购交易中适用的"Corwin 原则"。也就是特拉华州法院针对并购交易中"交割后诉讼"确立的所谓"Corwin 洗净原则"（Corwin cleansing doctrine）得以完整确立。总结而言，无论是一步并购，还是适用 251（h）的两步并购，如果交易得到掌握充分信息的、没有利害冲突的股东中的多数，以未遭胁迫的表决方式批准，那么，即便决策交易的董事会存在利益

---

① 原文链接：https：//corpgov. law. harvard. edu/2018/02/12/2017 - delaware - corporate - law - year - in - review/。

冲突——多数董事对交易具有利害关系，法院仍将以最宽松的“商业判断”标准审查目标公司董事会是否尽到忠慎义务，而且，这种宽松的标准不能被原告举证推翻。

再次，关于指控控股股东冲突的诉讼继续作为特拉华州法院的重要关注点。例如，在质疑出售 Martha Stewart Living Omnimedia 公司的诉讼中，衡平法院驳回了一项指控，即 Martha Stewart 作为控股股东，通过她对收购后的职位安排，在出售中获得了一项不正当的特殊利益。法院认为，即使 Martha Stewart 确实得到了某些好处，公司也遵循了所谓的“MFW”框架——适当地利用董事会的独立委员会和少数股东投票来清洗控制股东冲突。在另一项裁决中，法院驳回了一项指控，即一家风险投资公司拥有由创始人和风险基金组成的控制集团，该集团在交易中遇到冲突。关于“MFW”框架，主要是指在判断并购交易的决策时要遵循的六项要素：

（1）该项交易需要得到特别委员会和多数中小股东的同意；

（2）特别委员会必须是独立的；

（3）特别委员会可以自由地选择自己的顾问，并且可以自由地否决任何决议；

（4）特别委员会在探讨公平价格时须承担勤勉义务；

（5）中小股东在投票前应该获得充分的信息；

（6）中小股东的投票是完全自主的。

最后，特拉华州法院继续就 Williams Companies 和 Energy Transfer Equity（ETE）之间的数十亿美元交易作出裁决，尤其是关于如何处理兼并协议中的税收问题、“最佳努力”要求以及是否有权获得终止费等。与前文提到的关于非上市公司交易的案例一样，这些决定突出了认真起草兼并协议的重要性，并注意到双方风险分配的重要性。

关于交易价格评估的诉讼

2017 年，在涉及交易价格评估的诉讼中有一系列重大的判决，这些案件中的股东们希望通过法院裁决，来确定他们本应在交易中获得的“公允价值”。特拉华州法院对此类发出强烈的信号，他们认为交易价格在大多情况下可能是最接近“公允价值”的，但同时也认为交易价格并不是“唯一决定”的，法院将根据评估章程的要求，考虑“所有相关因素”，以确定公允价值。特拉华州最高法院的两项裁决——一项关于戴尔的私人交易以及另一项关于第三方买家收购 DFC Global 的决定，他们得出结论认为，交易价格是判断公允价值的“最佳证据”。尽管如此，来自衡平法院的相关案件和其他值得注意的裁决表明，交易价格评估类案件的结果往往是事实导向的，会根据具体情况发生不同的判断。

多重股权结构问题

许多公司继续采用多重股权结构或者修订他们的资本结构，主要是在原来的双重股权结构基础上，增加一类无投票权股或者是极低比重的投票权（non－voting or very low－vote stock）的股票。其中，SNAP 在 IPO 中发行了零投票权的股票，Facebook 和 IAC/InterActive 也分别宣布他们将在原有的双重股权结构基础上，新增一类零投票权。但是，在衡平法院受理了关于这两家公司的受信义务的诉讼之后，两家公司都选择不进行此类计划。

然而，在涉及另一家公司的诉讼中，衡平法院面对同样资本结构的修订时，却作出了完全不同的决定。法院认为在这一诉讼中，应当采用更严格的“彻底公平”原则来进行审查这类的资本结构调整，而不是采用较低的，如遵守业务判断规则等的标准。法院认为，尽管资本结构调整对所有股东都同样给予了相同数额的新股，但这一项动议显然涉及了控股股东的独特利益，因此法院认定，存在着控股股东冲突。但与此同时，法院又进一步地推断认为，该公司已适当地使用了“MFW”框架，采取了董事会独立委员会和股东的公平投票，其目的是恢复判例法下商业判决规则的适用。法院最终驳回了相关诉请，允许公司对股权结构的调整。

多重股权结构问题

特拉华州法院关于公司与积极股东之间的裁决也是一大主题。回顾 2017 年实践和诉讼，有两个主要特征：第一，积极股东往往诉诸法院寻求救济，不管是针对寻求索赔还是出于技术目的，大多数时候是积极股东诉公司，也有其他股东对公司处理积极股东的方式提出异议；第二，这些问题往往不仅涉及法律问题，通常还在法庭外，利用金融媒体进行“公关媒体”战。

面对股东积极主义有两个方面的关键问题要提醒公司，一方面，公司应及时关注自身的章程和流程体系，以防止积极股东或其他股东能够钻制度的空子，尤其是涉及股东会召集、股东通过书面同意采取行动或董事任免的决议等。另一方面，我们经常看到公司在董事会中遇到信息共享的问题（实际上是保密问题），董事会中的一些董事与积极股东或者是其代理人都可能有千丝万缕的联系，怎么处理好与这一类人的信息共享问题，也值得关注。

董事会和管理报酬

2017 年年末，特拉华州最高法院发布了一项裁决，使股东更容易从忠慎勤勉的角度调整董事会和管理层在薪酬方面的决议。

这一案例提供的主要原则是，即使董事可以自行确定其薪酬，特拉华州判例法仍然认为其在这方面的自由裁量权本质上是一种“自我交易”，应当接受“彻底公平”原则的考察，而不仅仅是商业判断规则。这一原则的确立，规定了公司可以寻求股东批准董事薪酬，从而清洗掉可能存在的有关董事信义义务方面的挑战。

在法院的这一原则下，公司可能会在考虑董事薪酬的决议时，寻求更具体的股东批准方式，在特定的股东结构之下尤其是要权衡可能带来的诉讼风险。公司还可能要考虑董事会在审查和批准管理层薪酬时的方式。

关于公司“会计账簿和记录”的正当请求

依据特拉华州《通用公司法》第220条的规定，股东可以查询公司的特定信息（包括“会计账簿和记录”），2017年特拉华州法院发布了几项决定，涉及了关于股东“会计账簿和记录”的调查需求和公司的反馈。

2017年12月，衡平法院裁定某公司不能以受“Corwin”规则保护为理由，拒绝其他股东要求对“会计账簿和记录”进行调查的请求，这些股东调查的目的是确认在并购过程中是否存在不当行为和管理不善。

进入2018年后，法院还讨论了一种更常用的“正当目的”，也就是通过查询会计账簿来估算自己的股票价格情况。但在其中一起案例中，法院驳回了原告（一位股东及前首席执行官）查询“会计账簿和记录”的请求，原告诉请的查询目的是对他所持股的一家私人控股公司股份进行估价，法院认为原告理由不成立。因为，根据被告公司的主张，原告查询相关信息的真正目的是希望在另一宗其和公司的雇佣纠纷中使用这些信息，并对此进行个人报复。

法经述评

美国特拉华州法院不断在确立关于并购诉讼的审查原则，从最常用的商业判断规则，到最严格的“彻底公平”原则，在不同的案件中有不同的使用，而在最近又确立了“Corwin原则”和“MFW框架”，尽管有些眼花缭乱目不暇接，但无论适用哪种原则，其本质都是遵循忠慎义务，厘清交易过程中的利益冲突问题。

我们一直关注的双重股权结构问题，在特拉华州法院也有不同的判断，但我认为美国总体而言是在接受双重股权的基础上，细致地考察设置同股不同权的时间和类型显得特别关键，文中的案例都是在已有双重股权基础上进一步增加零投票权的情况，应该说公司的其他股东和法院对此都是十分慎重的。这也提醒我们，对于同股不同权的设定时间需要极为慎重，并且应当基于公平性的考虑，得到中小股东的同意和充分理解。

股东积极主义在美国早已不是什么新鲜事，但是根据特拉华州的判例和积极股东的做法来看，公司股东“积极的”防范积极股东也是一项重要的工作，因为积极股东通常除了利用法律，还会利用媒体公关，甚至会通过关联的董事进行内部渗透。

在我国的公司法解释四中增加了有关股东知情权保护的相关内容，从特拉华州的判例来看，股东查询公司“会计账簿和记录”也不是一项非常自由的权利，同样需要遵循忠慎义务，可见在美国公司法中，时刻都面临着关于利益冲突的判断问题，也就是时刻关注着控股股东和中小股东之间的利益冲突。

05 库存股制度国际经验及相关建议

2018年10月26日，全国人民代表大会常务委员会做出关于修改《中华人民共和国公司法》的决定，正式引入了有关建立库存股制度，明确公司因特定情形回购本公司股份，可以以库存方式持有。本文在介绍境外库存股制度经验基础上，进一步提出有关完善这一制度的建议。

库存股的概念

公司可通过两种方式留存股票，一是在发行时留存部分股票不进入流通环节，二是股票在发行并流通后，公司通过回购等方式持有。库存股属于公司通过第二种方式留存的股票，即已发行并流通在外，由公司通过回购等方式取得且尚未注销，并由该公司自己持有待作他用的股票。

1. 基本特征

（1）非公司自身资产

库存股无法于公司终止时变现为清算资产，因此并不代表财产权利。相反，库存股性质上与公司发行但未流通的股票类似，实际上减少了股东对公司的权益，在会计处理上为股东权益项下的减项。

（2）股东权益“休止”

鉴于公司不能成为自己的股东，因此即便库存股属于股票，股息红利分配权、清算资产分配权、投票权等股东权利实际上却无法适用。一般认为，从公司持有库存股起，库存股所表征的股东权利即“休止”，一旦库存股被转让于第三方，“休止”的股东权利随即恢复，受让人享有与公司其他股东相同的股东权利。

大部分境外成熟市场在法律中明确了库存股股东权利的“休止”，如德国股份公司法和英国公司法。

（3）直接影响股价

库存股的增加导致该公司在市场上流通股票数量减少，增加了每股权益，回购行为同时代表市场买方的增加，因此公司持有库存股可导致股价上涨；对应地，向第三方转让其持有的库存股，流通的股票数量增多，摊薄了每股权益，转让行为同时代表市场卖方的增加，因此公司转让库存股可导致股价下跌。

（4）临时性存续

不同于一般股票可永久存续，设立库存股制度的国家大多不允许公司无限期持有自己的股份。当库存股存在的临时性需求（减少公司注册资本、奖励公司员工或企业并购重组等）被满足后，其一般被要求及时转让或注销，以满足公司资本充实原则的要求。

例如，德国规定根据不同的用途，库存股应在最长不超过五年的时间内完成转让或注销；我国台湾地区则规定，库存股的存续期间最长限于三年，超过三年未处理的库存股视为未发行股份处理。

2. 利弊分析

库存股制度是成熟资本市场中一种常见的资本运作方式和公司运营行为。若严格规范，其不失为一项公司、股东和市场三方受益的途径；若监管不力，则可能增加市场操纵和内幕交易的风险，违反股东平等原则，损害公司债权人利益，最终影响市场的稳定运行。

（1）正面意义

有利于提高公司治理水平。一是丰富了公司资产管理的手段。非经营性现金较多时，公司可适时适当回购股票，减轻股息红利分配压力的同时为公司的资产管理提供更大的灵活性。二是凝聚了股东共识。库存股的增加实际上可减少公司股东的数量，简化股东结构，更高效地凝聚共识。三是保护了公司所有权。公司持有库存股，减少了流通股数量，从而减少了通过市场购买而掌控公司形成恶意收购的可能。四是便利了员工股权激励。库存股可作为员工股权激励的股票来源，从而捆绑员工和公司的利益以提高员工忠诚度。

有利于促进价值投资行为。当公司股票被市场严重低估时，或当公司认为投资自身股票回报高于投资其他项目时，公司以市价买入股票并持有，日后再以较高价格出售，提高了公司的盈利水平，从而提高了公司的长线投资价值。

有利于减小市场波动幅度。公司通过库存股的购买和转让，可直接影响股价涨跌，减缓股价下跌和上涨的速度，避免非经济因素对股价产生的重大影响，减少其股份被严重低估或高估的可能，最终减小整个证券市场的波动幅度。

表 1　针对不同危机相关地区的回购安排

危机事件	国家或地区	处理方式
1997 年 亚洲金融危机	马来西亚、 新加坡、 中国台湾	马来西亚于 1997 年 9 月后开始允许上市公司回购自身股份；新加坡于 1998 年开始允许公司回购自身股份。 我国台湾地区在放开回购自身股份限制的同时，在 2000 年通过修正案，在“台湾证券交易法”第 28 条中明确规定库存股可以“为维护公司信用即股东权益所必要而买回”
2001 年“9・11” 恐怖袭击事件	美国	美国证券交易委员会（SEC）曾将库存股制度作为一种临时调控手段，适时放开对回购库存股的严格限制条款。9 月 12 日至 28 日短短 17 天内，美国共有 329 家公司宣布回购公司股份（即“爱国式股份回购”，Patriotic stock repurchases），而 9 月 12 日之前宣布回购股份的公司总数也不过 565 家

（2）负面意义

危害公司资本充足。“资本确定、资本维持、资本不变”的资本三原则是保证公司独立、完整，确保法定资本制得以实现的前提。库存股的存在可能导致资本不当流失，直接降低公司对债权人的支付能力，影响公司信用。因此，若无正当理由，公司长期持有库存股与公司根本利益不相符。

形成内幕交易和市场操纵。回购自身股份的行为一般由公司高级管理人员决策并实施。作为公司的最大知情者，公司高级管理人员与市场普通投资者信息不对称，易诱使其假借库存股进出股市，炒作股票谋取私利，形成内幕交易。进一步，人为炒作可改变市场的供求关系，使证券交易摒弃市场供需平衡所形成的价格机能而创造人为的价格，造成市场操纵。

损害股东合法权益。公司回购并持有库存股，有表决权的股份数量减少，故公司经营者可间接操纵股份数量以巩固其地位。股权的相对集中，可对中小投资者形成“挤出”效应，降低其在公司日常运营和重大决策中的影响力，从而损害其合法权益。

境内现行做法

1. 法律框架

我国境内的法律法规中并未出现过“库存股”或相关的概念，但在具体法律条文中明确了回购和持有本公司已发行股票事宜，相关制度经历了从“原则禁止，例外允许”（1994 年之前），到“一律禁止”（1994 年至 2005 年），再到“原则禁止，例外允许”（2005 年），直到 2018 年 10 月的法律修改，才正式记入了库存股制度。

表 2 我国针对库存股制度的法律变迁

时间段	库存股制度情况	法律条款	主要内容
1994 年之前	"原则禁止，例外允许"	《国家体改委股份有限公司规范意见》（体改生〔1992〕31 号，已废止）第 32 条	库存股可在主管部门的批准下例外存在。
1994—2005 年	"一律禁止"	《公司法》（1993 年版）第 149 条	仅允许减资和合并两项作为股份回购的例外允许事由，并要求短时间内注销，实际上禁止了库存股的存在。
2005—2018 年	"原则禁止，例外允许"	《公司法》（2005 年版）第 142 条	允许公司回购股票的事由增加至四项，包括了减资、合并、用于员工激励以及异议股东股票回购，并明确了公司持有自己的股票最长可至 1 年。
2018 年	"特定情形允许"	《公司法》（2018 年修订）第 142 条	将股份用于员工持股计划或者股权激励；将股份用于转换上市公司发行的可转换为股票的公司债券；上市公司为维护公司价值及股东权益所必需。 上述三种情形可以对回购股份在三年内进行转让或注销。

2. *存在问题*

（1）法律基础单薄

现行《公司法》允许公司回购并持有自身股票，但《证券法》等尚未有相应规定。库存股在境内证券市场的性质、股票的权利、持有公司的责任和义务等皆不明确，缺乏坚实的法律基础。

（2）取得事由狭窄

现行《公司法》虽在旧法的基础上增加了两项取得事由，但同境外成熟市场相比仍显狭窄，如可考虑增加出于抵制恶意收购和稳定股价等目的，回购并持有库存股的情况，进一步扩大市场自主调节的积极作用。

（3）规范尚显粗糙

一是财源和持有缺乏限制，若动用任意资本回购，可能影响债权人合法权益；若随意持有自身股份，可能影响其他股东的合法权益，而现行法律仅对用于职工激励回购的财源和持股进行限制。二是特殊情况缺乏考虑，如境外成熟市场多立法明确公司通过第三方取得自己的股票也属于库存股，并大多禁止母公司和子公司交叉持股的行为，而上述相关问题在境内的法律中尚未提及。

境外成熟市场做法

本文选取了美、英、德、日，以及中国香港和中国台湾地区，针对取得事由、回购处理以及监管做法对库存股制度进行比较研究。

依据各国和地区立法对库存股制度管理的宽严不同，从取得事由的角度大致可以归纳为三种立法模式，即“原则允许，例外禁止”、“原则禁止，例外允许”和“一律禁止”。

表 3　各国和地区对库存股制度的法律规定与理念

国别和地区	主要法律	库存股制度
美国	《美国示范公司法》《特拉华州公司法》《纽约州公司法》等法律	“原则允许，例外禁止”
英国	《英国公司法》（2006 年版）	
日本	《日本公司法》（2005 年版）、《日本商法》（2011 年版）	
德国	《德国股份公司法》（2010 年版）	“原则禁止，例外允许”
中国台湾	“台湾公司法”（2006 年版）、“台湾证券交易法”（2002 年版）	
中国香港	《香港公司条例》（2012 年版）	“一律禁止”

（1）取得事由

在允许库存股取得事由的问题上，多数国家或地区经历了逐步放开的过程。总体来看，相较列举仅限特别情况购回的“原则禁止、例外允许”立法国家，“原则允许，例外禁止”立法国家授予公司回购股份的一般权利，取得限制更为宽松。

表 4　各国和地区对库存股取得方式的法律规定

库存股制度立法模式	国别和地区	相关规定
“原则允许，例外禁止”	· 美国	· 对取得事由未加限制，仅通过案例确立“不当目的条款”，要求公司取得自己股份是基于合法正当的商业目的和“善意”
	· 英国	·《英国公司法》（2006 年版）第 690 条明确公司在依法合规且符合自己章程要求的基础上即可回购和持有库存股
	· 日本	·《日本商法》完全取消取得事由的限制，明确只要经股东大会决议，不拘泥于任何事由皆可买回

续 表

库存股制度立法模式	国别和地区	相关规定
“原则禁止，例外允许”	·德国	·《德国股份公司法》（2010 年版）第 71 条列举了允许合法持有库存股的 7 种例外情形：1. 回购确有必要以避免对公司严重且迫在眉睫的损害；2. 提供给公司或关联公司的员工或前员工购买；3. 根据《转换法》（*Transformation Law*）第 305 条或第 320 条等规定用以补偿股东；4. 为了执行买入指令信贷机构进行的股份获取或非直接涉及购买；5. 因为通常继承；6. 股东大会决议为减少股本而回购股份；7. 股东大会决议由信贷或融资机构用于股票交易
	·中国台湾	·“台湾公司法”第 167 条则列举了 4 种可合法获得并持有库存股的例外情形：（1）股东清算或破产时，可按收购其股份用于清算所欠债务；（2）公司可将发行新股所融款项或盈余回收其特别股；（3）股东提交关于股东大会相关行为表示的书面反对意见，可请求公司收买其股份；（4）公司分立合并等有关事项，股东在股东大会前或中表示异议，可放弃表决权，而请求公司收买其持有股份 ·“台湾证券交易法”（2013 年 6 月修订）第 28 - 2 条补充了 3 种情况：（1）转让股份予员工；（2）作为股权转换之用；（3）为维护公司信用及股东权益所必要买回，并消除相关股份

（2）回购处理

库存股的取得方式主要是回购，对公司及证券市场的影响较为重大。

资金来源唯一。考虑到利用公司资金回购库存股，无论回购的资金来源如何，事实上都存在向股东返还出资的嫌疑，基本上各成熟市场均立法将购买库存股的财源限定为可分配盈余资金。

回购规范严格。对于采取公开市场回购方式的，美国证券交易委员会（SEC）要求公司符合发布的“10b - 18 规则”（Rule 10b - 18）。

表 5 美国 SEC“10b - 18 规则”对库存股回购处理的规定

项目	限制条件
委托交易方式	·只能委托一个经纪商实施回购
回购价格	·回购报价不得超过当天最高报价和最后报价两者中的最高价
回购价格	·各公司每个交易日回购的数量不得超过过去 4 周日均交易量的 25%

续 表

项目	限制条件
回购时间	· 回购不得在股市开盘后和收盘前的 30 分钟内进行
信息披露	· 一是在回购前披露包括经授权的回购金额、回购股份总额、回购计划的终止时间等内容；二是定期披露回购股份总量、平均每股收购价、未来将要回购的最大股份数或最高金额等内容

对于采取公开市场回购方式的，各国法律对回购的规范多参考美国“10b - 18 规则”，基于各自不同的国情和对库存股监管的需求，分别设置不同的参数并提出个性化要求。

表 6　各国和地区对库存股回购处理的规定

国家或地区	项目	限制条件
德国、英国	· 持有数量	· 公司所持有的库存股不能超过其总股本的 10%，对于公司违法购回的股票，要求必须在一年内转让。即使公司按照法律合法的库存股，但在持有期间超过了 10% 的总股本，超过部分也应在回购的三年内转让
日本	· 回购价格和回购时间	· 公司不得以高出前一交易日收盘价的价格收购本公司股份，在每个交易日收盘前 30 分钟内及每个财政年度结束前 1 周内不得进行回购
中国台湾	· 回购股份和资金数量	· 公司买回股份之数量比例，不得超过该公司已发行股份总数的 10%，收买股份之总金额，不得逾保留盈余加发行股份溢价及已实现之资本公积之金

（3）监管做法

鉴于库存股的增减对市场的影响直接且迅速，各国对库存股的违法行为监管较为严格，明确了董事会以及相关负责人的连带责任，部分在处以罚金的基础上上升到了刑事责任。

表 7　各国和地区对库存股监管的法律规定

国家与地区	法律	处罚条款
美国	· 《特拉华州公司法》	· 董事会违反规定回购自己股份时，应就买回金额全部负连带赔偿责任
英国	·《英国公司法》（2006 年版）	· 若一个公司的库存股行为违法违规，该公司以及该公司相关负责人都会受到处罚，包括起诉和罚金

续 表

国家与地区	法律	处罚条款
德国	·《德国股份公司法》	·对库存股违法行为会受到最高处5万欧元罚款
日本	·《日本商法》	·违法买回自己股份的公司董事处以5年以下有期徒刑，或处以200万日元以下罚金的刑事责任。民事上，董事也应负因违法所产生的损害赔偿责任，对买回自己股份后未依法定程序处理的，处以100万日元以下的行政罚款

完善我国库存股制度的建议

从境外经验来看，库存股在优化公司资产结构、提高公司经营能力、稳定公司股价等方面都发挥了积极功能，我国有必要进一步完善库存股制度。相关行为应当在明确的法律框架下，以公司自主决策、管理和处置为主，同时加强事中监测和事后监管。

1. 细化库存股制度

鉴于库存股对公司资本和股价直接产生影响，库存股的管理需严格且细致：细化取得程序，在试点初期严格限制证券和资金的取得和来源，防止杠杆资金作为资金来源，避免形成流动性螺旋。要求通过股东大会明确具体事宜，包括买卖策略、持有额度、管理逻辑以及处理方式等，并报备监管部门；量化持有限制，细化库存股占公司总股本的具体比例，并对持有期限予以规范，量化库存股持有的最长时限；强化信息披露，要求库存股取得和持有方案信息公开，建立库存股定期和不定期的信息披露制度，以及时、可靠、相关为基础进行充分披露。

2. 加大监控和处罚力度

一是借助专户稽查监控。以中国结算的库存股专用证券账户为抓手，在日常统计监测工作中增加维度和参数，紧密监控和分析库存股的回购、持有和转让行为。宏观上以市场分析为主，严密监测和分析取得、持有以及转让库存股的行为对现货乃至期货市场的影响，及时调整相应政策，微观上以稽查监控为主，紧密关注各发行人库存股合法合规情况，对通过库存股获取和转让，对内幕交易、市场操纵等违法违规的行为及时发现并处理。

二是建立违规行为处理程序。监管机构牵头，联合交易所、证券登记结算机构、投保基金，建立对违法回购、持有和处置库存股的行为处理方案和流程。

三是严厉处罚违法违规行为。对于库存股行为的违法违规行为，公司负有责任的董事等高级管理人员应承担损害赔偿连带责任，提高处罚金额，触犯刑法的，应承担刑事责任。

四是将相关人员纳入诚信体系。通过逐步建立全国统一诚信信息管理平台，将库存股的回购和持有等市场行为的参与者纳入体系，充分发挥“一处失信，处处受限”的诚信约束作用。

五是加强投资者教育。提高投资者对库存股的认识和理解，以及对非法证券活动的辨别能力，增强保护自身权益的意识，主动抵制、举报违法违规行为。

06 德国上市公司治理准则采纳情况研究①

导 言： 2018 年 6 月，证监会发布了有关我国最新版本的公司治理准则的征求意见稿，本文编译自 Christian Strenger（HHL Leipzig Graduate School of Management）、Marc Steffen Rapp（Philipps – Universität Marburg）、Michael Wolff（University of Göttingen）等教授关于德国主要上市公司对德国公司治理准则的遵守原则以及实证分析，从另一个侧面了解治理机制的采纳和接受方式及方法，对于不同规模的企业是否有自主选择适用不同治理机制的空间呢？本文的解释或许有利于研究相关议题。

概述

这一研究的主要目的是分析 2017 年德国最大上市公司遵守“德国公司治理准则”（以下简称“准则”）的情况。“准则”于 2002 年 2 月出台，并为德国公司治理的环境确立了三类条款：

第一类是法律规定，是公司必须遵守适用的条款。

第二类是推荐的必备条款（shall 条款）。这一类条款并不是法律强制要求遵守的，但是适用“不遵守即解释”的原则（在案文中用“shall”一词标明）。不遵守这些建议的公司必须在其符合性声明中说明理由。

第三类是建议类的“应当”条款（should）。公司不采纳这些建议不需要（但还是鼓励）作出专门的解释（在案文中用“应当/可以”等字标明）。“准则”主要针

① 原文链接：https：//corpgov. law. harvard. edu/2018/09/18/study – of – the – german – corporate – governance – code – compliance/。

对上市公司，并以《德国股份公司法》第161条作为法律依据。因此，上市公司董事会必须宣布其符合准则的相关建议，不遵守规定的情况必须加以解释。我们的分析是基于这些公告的信息完成的。因此，对“准则”的遵守情况是以公司的治理制度是否符合“准则”的“应当”建议的执行情况来衡量的。

在前言之后，“准则”有六章的内容包含了“应当”建议：(1) 股东大会；(2) 董事会与监事会的合作；(3) 董事会；(4) 监事会；(5) 透明度；以及 (6) 年度财务报表的报告和审计。该准则目前的版本从2017年2月7日开始实施，包含86条建议。

研究方法：样本与分析

该研究对德国主要股票市场指数DAX (30) 和MDAX (50) 中的80家公司，对其所公告的遵守“准则”的情况进行了评估，以分析其遵守程度。最后有四家公司因为不是德国本土的公司而被排除在研究之外，因此最终样本包括了76家上市公司。这些公司的符合性声明都是从这些公司的网站上收集的。该研究包括了“准则”的61项条文 (2017年2月7日修订)，分析了各章及各条文的总体接受程度和遵守程度。在此基础上，计算公司遵守情况与所有61项条文对应的比率。如果一家公司偏离一项必备条款，则其合规率为98.4%，拒绝两项必备条款的合规率为96.7%。研究过程中，创建了四个综合指数来捕捉观察到的公司的治理质量：(A) “透明度”，(B) “激励制度”，(C) “监测和控制” 和 (D) “多样性”。通过汇总41个精心挑选的准则元素，这些指标反映了不同的治理属性，并作为公司治理实施实践的广泛衡量标准。“透明度”指标包括了15项条文，“激励制度”指标包含7个治理元素，“监测和控制”指标则由13个元素组成，“多样性”指标包括了6种元素的指数。①

以往在公司治理研究中表明，公司的规模 (市值) 和所有权集中度往往决定着其对准则的遵守情况。因此，结合这两个特征，这一研究最终考察了企业合规行为的差异性。这项研究的结果描绘了一幅最新且深入的准则接受和遵从行为的图谱，并对德国最大上市公司的遵守情况有着不同的独特观察。

基本结论

1. 总体遵守情况

研究分析显示出一个积极的情况：总体上96.6%的接受率反映了公司对“准

---

① 译者注：原研究报告经查阅并无对这四个指标的详细介绍。

则”较高的接受水平。与前一年相比，接受率略有增加。根据该研究，DAX 公司和 MDAX 公司在遵守“准则”的比率方面存在一定差异：与 DAX 公司对必备条款的平均接受率（97.7%）相比，MDAX 公司的接受率为 95.9%。虽然许多公司接受“准则”的所有必备条款，但仍有 7% 的研究对象不遵守 10% 或 10% 以上的必备条款。分析还表明，大约 1/3 的 DAX 公司完全遵守“准则”的所有必备条款，但只有 22% 的 MDAX 中的小型公司完全接受“准则”的必备条款。研究显示，有些公司的遵守率低于 90%；对于 MDAX 公司，最低遵守率为 85.3%。

关于“准则”中的建议条款，公司可以不加解释地进行忽略。不过，“准则”的第 3.10 项鼓励公司自愿就“准则”中的 7 项建议条款作出回应。我们的研究发现，只有 7% 的公司遵循了这一建议。

过去几年出现了一种对不遵守“准则”的特别解释：所谓的“预防性不遵守”。公司公告其由于某些原因偏离了“准则”的具体建议，但随后会补充公告表示这些理由可能并不充分。这种“预防性不遵守”声明与“准则”建议的比例保持在 8% 的合理水平上。这种令人怀疑的合规方式主要影响到第四章（董事会），即董事会的薪酬结构，以及第五章（监事会），即监事会及其审计委员会的报酬和组成。

2. 各章节和条文层面的遵守情况

本研究进一步分析了公司在各章节层面的遵守率情况：第二章（股东与股东会），第三章（董事会与监事会的合作），第六章（透明度）和第七章（年度财务报表的报告和审计）显示了较高的遵从率，而不遵守的情况则集中在第四章（董事会）和第五章（监事会）。更进一步考察，有些重要条款的遵守率低于 90%，包括了：3.8（董事高管责任保险）、4.2.3（管理层薪酬结构）、4.2.5（在准则提供的示范表格中披露董事会的薪酬）、5.3.2（审计委员会）、5.3.3（提名委员会）、5.4.1（监事会的组成）、5.4.6（监事会的薪酬）。条款 4.2.3（管理层的薪酬结构）接受率是最低的，仅为 58%。关于确定管理层薪酬最高限额的建议是造成这一条款接受率低的原因。接受率第二低的条款，是第 5.4.1 条（监事会的组成），只有 61% 的接受率。关于规定监事会组成的具体标准的建议不被公司所接受。

3. 合规率：公司规模和所有权集中度

这项研究还考察了不同的公司特征如何解释“准则”的遵守率。首先，根据公司的市值将其分为三类。对于每个类别，确定所有条款的平均遵守率。分析表明，大型公司的遵守率较高。

其次，按照所有权集中度（股份自由流动情况）来考察，结果表明股权自由浮动率较高的公司有较高的遵守率。这两种影响总体而言可以相互独立地看待。

4. 治理指数

治理指数由四个维度的指标构成，分别是：（A）“透明度”；（B）“激励制度”；

(C)“监测和控制”和(D)“多样性”，是由41个精心挑选的“准则”的元素组成的集合，这些元素反映了不同的治理属性，并可作为公司治理实现实践的广泛衡量标准。

研究显示，平均而言，所有指标均达到了较高标准。然而，它们达到的标准也低于总体的遵守率。指数之间的高度异质性也值得注意：就指数而言“激励制度”有些公司只达到了50%以上。

与前一年的研究相比，有几家公司更愿意遵守“准则”建议的“多样性”指标，目前最低水平为67%（前一年为50%）。至于“透明度”指标，则最低保持在了67%，而“监测和控制”指标仍保持在77%。

DAX公司和MDAX公司的特点是存在明显差异的：对于3/4的DAX公司来说，“监测和控制”以及“透明度”指标均达到了最高评分。对于MDAX公司，只有一半的公司达到最大值。

结语

本研究系统全面地考察了德国现行第14版“准则”的遵守情况。“准则”采纳了“不遵守即解释”的原则，要求公司需在落实具体建议和解释它们为何不遵守这些建议之中择一进行。我们的分析表明，公司对“准则”的遵守率仍然很高。只有少数公司拒绝接受“准则”的重要部分。

然而，与往年一样，“预防性”和“高度预防性”偏差的比例仍然很高。特别是第四章、第五章有关董事会、监事会的建议。特别是管理层薪酬的结构、薪酬组成部分的披露、监事会的组成以及监事会的薪酬。

公司对准则条款的遵从性决定因素的影响评估显示，具有股权集中度较低的大公司表现出更高的遵守率。与前一年相比，更多的DAX和MDAX公司在“激励制度”这一指标上的合规得分最高。关于指标“多样性”，在大多数情况下，DAX和MDAX公司拒绝相关建议。总之，我们观察到，“准则”的遵守率稳定在一个较高的水平。今后遵守率的提高应在很大程度上取决于是否符合有关管理层薪酬的建议。

法经述评

此文是一篇技术性较强的关于治理准则遵守的研究，并没有谈论具体的制度规则本身，而主要谈论的是对“准则”的遵守情况。我国最新版本的《上市公司治理准则》于2018年9月30日发布。按照准则第2条第2款规定“上市公司应当贯彻本准则所阐述的精神，改善公司治理。上市公司章程及与治理相关的文件，应当符合本准则的要求。鼓励上市公司根据自身特点，探索和丰富公司治理实践，提升公司治理水平”。对于公司治理准则的遵守，对我国的准则而言是应当符合，同时鼓励创新，但是并没有采用德国式的“不遵守即解释”的采纳模式。若希望改善我国公司治理目前这种“底线思维”，可以在今后考虑逐步增加治理的可选择性，让上市公司能够从不同层面、从治理机构或者决策机制上进一步地“量体裁衣”。

公司治理机制本身是公司有关各方利益主体的决策均衡机制，治理准则通常是低于《公司法》《证券法》等强制性法律的规范指引，让上市公司在总体的原则之下进行选择适用。例如，德国的治理准则就将相关规范分为了法律条款、必备条款和建议条款三类，让各上市公司从中进行选择适用。这在一方面体现了法律强制性、合规性的要求，另一方面也体现了对公司治理更高要求的选择性条款的适用。在德国治理准则的遵守要求下，如果不遵守必备条款，则要加以说明，实际上总体上满足了对准则的要求，同时也允许不同规模不同类型的公司进行变通适用。

德国的公司治理机制是典型的“董事会+监事会”双层结构，监事会是居于董事会层面之上的机构，因此监事会在某种程度上成了德国公司治理机制中的很核心的机构，监事会的组成也就成了各上市公司最谨慎和关注的问题，也使得这一条文成了最不受采纳的条文。

我国虽然在建立公司治理机构之初参考设计了监事会制度，但是却完全没有赋予与之类似的权力，使得监事会制度处于较为尴尬的地位。同时为了保持监督，我们又设置了独立董事制度，最终两者在公司治理当中的作用一直受到质疑。从本文研究的话题可以看出，各国对于公司治理机制的选择适用除了基础制度的差异以外，对于治理机制的采纳原则或者要求也是密不可分的。

07 SEC 的执法重点：个人投资者保护等五项[①]

导 言： 证券执法是一国资本市场健康发展的基石，而美国资本市场的有序健康发展一直被归功于美国证券交易委员会（SEC）的有效执法行动。SEC 主席 Jay Clayton 自 2017 年 5 月上任以来所采取的行动表明了 SEC 的优先事项，包括鼓励首次公开发行（IPOs）和打击网络安全方面的滥用行为。这些和其他优先事项将对 2018 年 SEC 的监管和执法议程产生重大影响。本文即对特朗普时代 SEC 执法重点内容的编译。

初步步骤

Clayton 主席的一个关键重点是填补 SEC 的高层领导职位。他为 SEC 的每一个主要部门（公司财务、投资管理、贸易和市场）挑选了新的董事，就执法部门而言，还挑选了一位新的联合董事。Clayton 主席在给这些人命名时，提到了他们的共同特点，包括他们是具有长期行业经验的资深专业人士，这也是该团体有能力实现其重新评估 SEC 规则和做法目标的原因。此外，随着 2017 年 12 月参议院确认特朗普提名了专员——前国会助手 Hester Peirce（共和党）和纽约大学法学院 Robert Jackson Jr. 教授（民主党）——SEC 自 2015 年年末以来首次与所有五名专员合作。

我们已经看到这些新领导人对 SEC 优先事项的影响。例如，在执法部门，联合董事表示已转向了“破窗”战略，即可根据仅表明轻微违规行为的事实进行执法行

---

① 原文链接：https：//corpgov. law. harvard. edu/2018/02/25/sec - enforcement - priorities - in - the - trump - era/。

动。新任命的联合董事 Steven Peikin 在 2017 年 10 月的一次证券会议上就这一变化发表评论说："可能我们必须有选择性地提出一些案例，以传达更广泛的信息，而不是覆盖整个领域。"① 也有人猜测，SEC 可能不再坚持以承认不法行为作为解决问题的条件，SEC 最近在某些案件中的做法就是如此。在此前的领导下，SEC 坚持认为"承认不法行为"非常重要。

在公司财务部门，工作人员发布了新的指导意见，大大简化了进行首次公开募股的公司的保密提交程序，有效地取消了要求这些公司在初步登记报表草稿中提供某些中期财务报表的要求。

这一指引得到了市场的好评，反映了 Clayton 主席的明确目标——鼓励 IPO，减轻资本形成的监管负担，而不管该公司是否具备成为新兴成长型公司的资格。公司财务部门人员还就新的薪酬比率披露要求和审查不采取行动排除股东提案的请求提供了受人欢迎的指导，这有可能对历史上滥用这一程序产生重大影响。

预期的监管变化

除了 SEC 员工的行动之外，Clayton 主席还精简了 SEC 的规则制定议程，以使他相信 SEC 能够在短期内合理完成的工作具有透明度。目前仍不清楚的是，什么才是推动新议程的关键。多数人预计，SEC 将在新领导层的领导下立即采取措施，废除根据《多德－弗兰克法案》通过的许多规则。但迄今为止，这种情况尚未发生。

事实上，在很多人猜测 SEC 将从 2018 年起废除或推迟要求公司披露 CEO 与员工工资中位数比率的规定之后，SEC 已经允许该规则生效。SEC 还批准了上市公司会计监督委员会新的审计报告模式，该模式与 SEC 文件中的已审计财务报表一起提交。新模式规定了大量极具争议性的新披露内容，包括审计师在公司的任期以及他或她在审计中关注的关键事项。

除了一些技术规则修正案之外，SEC 在新领导层下考虑的规则制定方面的唯一实质性问题，是对某些规则和形式中的披露事项向现代化和简化转变的建议。建议修订的项目包括管理层讨论和分析公司财务报表所需涵盖的年数，以及哪些重要合同必须作为附件向 SEC 提交。

如果 SEC 最终采纳这些规则，将会受到欢迎，但它们不会对公司披露要求产生重大影响。SEC 的近期监管议程可能会被这些修正案所主导。Clayton 主席 2017 年 7 月在纽约经济俱乐部（Economic Club of New York）指出，"渐进的监管变化可能单

---

① 见 Agencies Indicate Efficient, Targeted Enforcement Priorities That Rely on Self－Disclosure。

独看起来并不重要，但总体而言，它们可能会对市场产生巨大影响”。

与此同时，许多市场参与者在 2017 年年初曾希望国会废除《多德 – 弗兰克法案》的大部分内容，但这种希望已经破灭。尽管众议院在 2017 年 7 月通过了《金融选择法》（*Financial Choice Act*）——这将极大地改变金融危机以来一直存在的监管框架，包括一些 SEC 报告和披露要求——但参议院尚未采取任何协调一致的措施。众议院的法案不太可能全部获得通过，但某些条款和其他要求修改 SEC 规则的请求可能会成为法律，并对 SEC 规则和做法产生重大影响。

执法的优先事项

许多人还预计，由于领导层换届，SEC 执法行动的数量将立即大幅下降。执法行动的实际下降幅度较预期更小。根据 SEC 执法部门的年度报告，2017 年（包括奥巴马政府的最后三个月和特朗普政府的前九个月），SEC 提起了 754 次执法行动，向投资者返还了约 10 亿美元，并获得了约 38 亿美元的罚没款。除去作为 SEC“市政继续披露合作计划”（一项自愿性自我报告计划，于 2016 年结束）的一部分而提起的诉讼，2017 年提起的执法诉讼数量仅下降了 3.8%。

Clayton 主席最近在纽约经济俱乐部发表讲话时指出，他“完全打算继续部署大量资源，以根除市场上的欺诈和不正当做法，特别是在大众投资者最容易受到影响的地区”。至于更先进的市场参与者，他承诺“证监会会继续运用其执法及审查权力，以支持市场诚信”，尽管证监会已不再采取“破窗”执法策略。此外，Clayton 主席和 SEC 工作人员已公开声明，表示他们打算继续关注比特币相关发行的近期增长。

SEC 执法部门领导最近确定了五项核心原则，他们表示，这些原则将指导 SEC 的执法优先事项。它们的重点是：

（1）大众投资者；

（2）个人责任；

（3）跟上技术变革的步伐；

（4）实施最有效的促进执法目标的制裁；

（5）不断评估 SEC 资源的分配情况。

目前尚不清楚这些原则将如何影响 2018 年 SEC 执法人员关注事项的数量和类型。可以肯定的是，SEC 的执法律师打算专注于网络安全问题和对散户投资者的威胁，如披露不充分的费用、引导客户选择收费较高的共同基金股票类别的投资专业人士，以及诸如大量的频繁交易和过度交易等滥用行为。工作人员已经宣布成立两个工作队，打击这些地区的虐待行为。SEC 认为，与网络相关的问题越来越频繁、越来越重要，散户投资者是市场上最脆弱的参与者之一。

尽管不确定性依然存在，但预计在 2018 年，SEC 将采取措施精简其规则制定议程，即使人们认为废除《多德－弗兰克法案》或通过金融选择法案的可能性越来越大。鉴于执法人员的工作重点是 SEC 执法部门最近阐明的五项核心原则，执法行动的数量预计将会减少。

08 非处罚性监管措施：SEC意见信的多维考察

导 言： 本文主要分析了美国证券交易委员会（SEC）的一个重要非处罚性监管措施——意见信（Comment Letter），这一监管措施自2002年萨班斯法案后被SEC广泛采用，用以监管上市公司的信批文件、定期财务报告，以便能更好地抑制财务造假问题。大量的实证研究表明，SEC意见信对上市公司的财务质量起到非常重要的作用，取得了非常好的监管效果。但目前国内学术界和实务界对于SEC意见信的研究较少。① 本文结合相关研究文献，介绍SEC意见信这一监管措施的基本情况及对公司、市场以及监管机构的影响等，可作为下一步对监管部门非处罚性监管措施的参考。

SEC意见信的基本情况

20世纪初美国发生安然、世通等公司丑闻，2002年“萨班斯－奥克斯利法案”颁布，其中第408条授权SEC对上市公司的财务报告每三年至少进行审查一次（现在这一时限可能更短），以保护投资者。为了保证上市公司向投资者提供的信息真实有用，符合证券法等法律法规，SEC通过审核上市公司提交的文件（如季报、年报、证券注册申请等，10Q、10K、S1等文件），对其信息披露的恰当性、完整性以及合规性予以评估，并通过意见信将发现的问题向公司进行反馈。意见信中的意见涵盖基本信息错漏，重要事项披露不完善，违背会计准则等多个方面（详见表1）。意见

① 据不完全统计，仅有2015年的一篇文献对此有过专门讨论，参见张然等：《SEC意见信与财务造假——基于中概股危机的实证分析》，载《会计研究》2015年第7期。

信发出后，公司依据问题的具体情况向 SEC 予以回应，通常 SEC 与公司间会经过多轮交流，直到 SEC 提出的问题被全部回应，审核过程才宣告结束。在全部审核过程完成以后的 20 天（2012 年前为 45 天），SEC 会将意见信及回复公开披露在其网站上（2004 年 8 月以后正式全部公开），供投资者查看。SEC 希望通过意见信，帮助公司及时发现财务披露上的不足，提高信息披露质量，同时为投资者评估企业价值，制定合理的投资决策提供参考。

SEC 意见信存在的重要意义

从监管的成本收益角度看，SEC 意见信进行的审查消耗了大量的监管资源，每年用于进行此类审查业务的费用占 SEC 整体开支的 15% 左右，此外公司和会计师事务所在编写和答复这些意见信方面花费了大量资源，以 2012 年为例，SEC 进行了 4380 次审查，约 48% 的上市公司接受了审查，并就年度报告发表了 3566 封意见信，这些行动几乎占用了 SEC 公司财务部门（Division of Corporate Finance）全年 1.35 亿美元的预算开支和人力资源。根据 LLSV 等人的研究分析认为，证券法律的公共执行（Public Enforcement）没有什么价值，提出了 SEC 的相关审查程序是否有益的问题。然而，随着 2004 年 SEC 开始将其意见信内容公开，引起很多研究关注，结论证明了 SEC 意见信的执法行动是有效的。

实证研究表明，SEC 的意见信至少从两个方面影响了信息披露质量和监管：

首先，如果意见信能够导致实质性的财务报告和信息披露的变化，它可以从整体上改善公司的信息环境。过往的研究表明，自愿披露水平的增加减少了信息不对称，增加了股票流动性，并降低了公司的资本成本，鉴于发行人和审计师的激励问题，以及萨班斯法案对 SEC 执法权力的加强，意见信可以大大提升公司会计和信息披露质量。然而，美国的强制性会计和披露标准范围广泛，上市公司必须遵守审计要求，以确保遵守这些标准，因此意见信对信息环境的增量影响可能并没有预想的那么明显。

其次，意见信可能会改变投资者对公司盈利质量的看法。虽然加强会计或披露可以改善公司的盈利质量或对其盈利质量的看法，但由于报告变化或意见信的公开披露，市场仍可能认为公司财务报告的可信度较低。因此，SEC 对财务报告的审查是否改变了市场对被审查公司报告质量的评估，仍然是一个需要实证检验的问题。

Rick Johnston 等人的文章从证券交易委员会的网站收集 2004—2006 年的所有意见信，分析了与年度和季度报告（10K 和 10Q）有关的评论，样本数包含了来自 2256 家公司的 6057 封意见信。这些研究样本中有 17%（约 402 例）修正了一个或多个财务申报文件。这些修正中大约有 40% 涉及文字编辑或法律上的技术性问题，如内部控制报告的措辞、审计报告的日期遗漏或办公室地点遗漏等。而其余的修正则涉及重大事项，例如，半数以上的案例对财务报表或脚注进行了修正。该研究发现进行文件修正的公司，大多存在有异常的股票回报，但仅限于进行了实质修正的那些公司。

SEC 意见信可以揭示财务造假？——关于中概股的丑闻实证

企业的财务造假受公司内部控制和公司治理水平的影响。公司治理水平越低，财务造假可能性就越大。从公司角度来看，SEC 意见信中指出的问题本质上是公司信息披露的不合规，表明公司在内部控制和财务披露等方面存在缺陷，以往文献也证实了这一点。张然等人的研究发现，当公司的内部控制更弱，公司治理水平更低时，公司更易收到意见信。

因此，收到 SEC 意见信的公司相较于其他公司在财务披露和内部控制方面存在的问题更大，更可能在未来出现财务造假行为。而从 SEC 角度来看，SEC 实施意见信制度的目的之一是提高上市公司财务信息的披露质量，为投资者的理性决策提供有益信息。SEC 的文件审核人员通常由行业专家、有经验的审计师和律师组成。这些审核人员不仅具备专业的财务及法律知识，也通常有较为丰富的行业从业经验，具备识别问题的相关能力，能够及时发现公司提交文件中存在的问题，并通过意见信的形式向公司和社会公众传递信息。研究发现：是否收到 SEC 意见信对于企业财务造假具有显著的预测作用。相较于没有收到 SEC 意见信的企业，收到意见信的企业更有可能成为问题公司。进一步地，SEC 意见信提到的问题越多，问题的解决难度就越大，企业就越有可能成为问题公司。根据该文的研究结论，对于深刻理解财务信息披露监管，提高信息质量有着重要意义。对投资者来说，能够帮助投资者理解如何解读 SEC 意见信，识别财务造假。虽然 SEC 意见信自 2005 年起就已公开披露，但却一直未引起投资者的关注，意见信及公司回应中可能包含的公司重要信息也一直被投资者所忽略。

对于沪深交易所问询函与 SEC 意见信的几点思考

我们对 SEC 意见信这一监管方式进行考察后，发现其与沪深交易所的问询函非常相似。两者都不是具有处罚效果的监管行为，但是其对市场带来的影响却是巨大的，比如在宝万之争中，深交所发出的若干问询函兼具专业性和穿透力，对厘清整个事件起到极为关键的作用。对于这两个类似的监管行为，有几点进一步的思考供各位参考：

第一，非处罚性监管措施对市场的影响是显著的。在对两类处罚产生的信息含量相关研究中，① 文章指出监管机构对上市公司出具问询函意见正成为中国资本市场

① 陈运森等：《非处罚性监管具有信息含量吗？——基于问询函的证据》，载《金融研究》2018 年第 4 期。

重要的监管手段，但这种非处罚性监管对于证券市场是否具有信息含量？市场是否认可其监管作用？该研究发现，市场对问询函收函公开的反应显著为负，对回函公告的反应显著为正，财务报告问询函有信息含量且市场认可财务报告问询函的监管作用，而且上市公司特征以及财务报告问询函特征会进一步影响市场的反应强度，研究结论意味着问询函在信息披露监管方面发挥了作用，对证券市场监管的模式创新具有重要的政策启示。这一点与前述我们关注的 SEC 意见信对上市公司信息披露以及财务造假产生的影响是一致的。

第二，反映出了中美两国证券监管主体的不同分工。如果对比问询函和意见信针对的事项和发出的频率来看，两者几乎都能涵盖上市公司大多数的日常披露和定期报告。问询函在年报问询的频率甚至和意见信完全一样，每家公司在三年内应当接受一次问询。但是从两者做出的主体来看，在美国是监管机构，在中国则是证券交易所，这也说明了美国证券监管当中主要是由证监会来进行信息披露监管，而在 A 股市场则是由交易所来承担日常的信批监管。如果按照相关研究结论，问询函和意见信都对市场产生较强的相关关系，而且是在尚未做出正式调查或者是实质认定的情况下就产生市场影响，那么对于问询函的使用就是一种非常有效的监管措施，也是我国证券交易所承担一线监管的重要佐证。如果再进一步思考，证券交易所如果大量承担或者履行着这一类的监管行为，比如从沪深交易所竞争的角度来看，更多的应该会实现“朝上的竞争”而不是“朝底的竞争”，因为这些问询函的发出最终是起到质疑造假或者澄清事实的作用，是有利于提升上市公司治理和财务水准的。

第三，相关非处罚性监管的公开与否对市场影响效果显著不同。近期的一项研究分析了关于美国 SEC 对其意见信公开前后，对监管机构的影响分析①。该文认为监管机构越来越多地依靠政策来传播他们的非处罚性监管行为，并声称披露这些监管措施，可以通过加强第三方监督来提高执法效果（例如，引起做空机构的研究报告）。过去的研究认为披露监管机构非处罚性监管措施有两个理由：其一，对类似意见信的披露可以让市场参与者自愿调整或者修正过去的错误，以回应投资者；其二，监管措施的公开传播可能会影响监管机构的声誉，从而增加“监管机构自身的纪律性”，当意见信公开受到公众监督后，SEC 可能会更加努力地保护自己的声誉。但是过去的研究也有不同观点认为，这种公开可能会使得同行业公司从其他公司收到的意见信中推断出 SEC 的监督重点，从而削弱了意见信的影响，还可能会使企业以不太可能成为意见信关注焦点的方式违反金融监管。

该文通过对 1998—2013 年 SEC 发布的意见信的实证研究表明，SEC 监管措施的

---

① Duro 等人。The Effect of Enforcement Transparency：Evidence from SEC Comment - Letter Reviews（April 26，2018）.

效果可以通过公开披露监管机构发出意见信这一措施进行提高。此外，他们的调查结果表明，披露监管措施可以通过加强市场自身的纪律来提高公共执法的效果，从而为私人和公共执法之间的互补互动提供证据；此外，披露监管措施活动可能有助于资源受限的监管机构提高其监督效力，这一发现在（SEC）监管机构削减预算的趋势下显得尤其及时。SEC对于意见信发出后对公司的影响以及投资者影响的情况与我国交易所问询函发出的情况是非常相似的，欧洲证券和市场管理局（ESMA）在2017年对财务信息执行指引的回顾中引用了这项研究，以鼓励执法活动与市场之间的沟通。从这一研究的结论来看，我们在监管执法过程中，大量的监管措施过去都没有公开，其监管效果或许也打了一定折扣，但这其中还有一个问题就是问询函的两面性，这些非处罚性措施对公司股价波动方面产生的影响应该尽量降低（前述的实证研究已经证明了相关关系），因为很多问询和意见往往是未作最终调查和最终定论的，但是由于发出机关具有一定的权威性和声誉，其对公司的影响是难以估量的。

表1　SEC意见信的主要类别①

类别	主要涉及内容	占全部意见信的比例
会计问题（主要是针对财务报告和披露中的会计项目分析）	例如，会计引言、会计变更、会计政策明晰、审计事项、财务报告的格式、内部控制等14项	20.6%
涉及会计、财务报告、信息披露的相关问题（包括了SEC关注的财务会计报告、对于特定交易的信息披露的关注）	例如，并购、资本支出、员工期权、公允估值、优先股、存货、收入确认、税收等30项	45.3%
商业运营问题（涉及公司运营、财务、投资的相关问题）	例如，竞争环境、对手收入、分红情况、流动性、知识产权、重大合同、管理层讨论、风险因素分析、研发等18项	16.3%
涉及信息披露程度和表达内容的分析（这一主题主要涉及对于已经披露的信息的附加内容的进一步询问）	例如，信息披露的不完整、不准确、不一致，信息披露格式的阅读困难、对透露问题的进一步清晰化追问、保密要求、对已披露信息的附加数据分析等20项	17.8%

① 摘自：Johnston，Rick and Petacchi，Reining，Regulatory Oversight of Financial Reporting：Securities and Exchange Commission Comment Letters。

09 股票融资交易：美国经验，中国问题

导 言： 股票融资交易是证券市场上较为多发的交易模式，对其进行规制的监管路径仍在演进中。本文整理了刘燕老师对此问题的相关研究，对于研究股票融资交易及其监管或可资参考。

股票融资监管两则：美国经验①

2015 年股灾以来，股票融资监管，尤其是场外融资的监管开始备受社会各界的关注，近两年来大量的股灾期间爆仓的投资者提起的诉讼也在不断提醒监管者这一监管空白。恰逢其时，刘燕老师在 2017 年所发表关于股票融资监管的文章，尤其较为系统地介绍了美国的监管经验。

国内对于股票融资监管的分类主要是场内和场外的二分法。公认的场内融资即为两融交易。典型的场外融资即为以互联网金融为代表的贷款股票交易，二者之间则是以伞形信托为代表借助于结构化资管产品来实现杠杆交易的交易方式。②

1. 日常监管要求

刘燕老师首先指出美国股票融资交易监管的目的主要有三：防止贷款吸收，即防止杠杆交易的投机活动吸收大量资金进入而引发对于实体经济的抽血效应；实现投资者保护，防止风险承受能力不足的投资者因为不理性而在杠杆交易中严重亏损；

---

① 刘燕、陈陌阡：《美国股票融资交易监管：规则与实践的演进》，载《财经法学》2017 年第 2 期；刘燕、陈陌阡：《当杠杆收购遭遇股票融资监管：美国实践的启示》，载《证券法苑》2017 年第 2 期。

② 国内的监管介绍可参见刘燕：《场外配资纠纷处理的司法进路与突破——兼评深圳中院的〈裁判指引〉》，载《法学》2016 年第 4 期。

防止杠杆交易的顺周期性造成市场的过度波动。

在监管权限划分方面，美国国会在《1934 证券交易法》中将监管权限授予美联储，美联储则先后制定了 T 规则、U 规则、G 规则（后废除，归入 U 规则）以及 X 规则，这些规则的执行贯彻则由在美国的双峰监管模式下相应的监管主体对自己管辖内的金融机构进行规制。这四项规则的覆盖范围先后为券商、银行、非银行出借人以及境外出借人。

该四项规则中，尽管技术细节有所区别，但是均对杠杆比例进行了限制（融入资金与自有资金的比例均不得超过 1∶1），并施加一定的披露义务。

值得注意的是，美联储的前述规定均只对杠杆交易中的初始保证金进行了规定，但是并未对维持保证金进行要求，所以交易所以及金融业监管局则做了维持保证金水平的相关规定，如 FINRA 就要求保证金市场现值占证券市值的 25% 以上。

2. 杠杆收购监管要求

在第二篇文章中，刘燕老师梳理了股票融资监管对于杠杆收购的影响。根据刘老师的文章，美国对于是否应该将股票融资适用于杠杆收购有一定的争议。因为部分学者认为，无论是从杠杆收购本身的目的看（不是为了投机，所以低位斩仓的可能性不大），还是从其所受的监管看（对于公司控制人股票出售的限制），抑或是从杠杆收购经常采用的“壳公司 + 垃圾债券”的模式看（本身与股票融资模式差别较大），杠杆收购中的股票融资并不会产生一般情况下强制平仓导致的市场波动。

但是美联储依旧选用了技术性的解释，其认为 U 规则中已经将股票作为保证金的间接担保纳入监管范畴，而如果为杠杆收购提供融资便利而搭建的壳公司的主要资产是买入的股票，那么其本身与股票融资中用证券进行担保的模式别无二致，所以其适用于 U 规则。当然，如果有证据证明，该融资主体还有其他资产用以担保，或者收购是友好收购（也就不存在收购失败进而导致股票必须清仓的风险），就不适用于 U 规则。

有关银行提供并购贷款争议最大的问题是 T 规则与 U 规则的适用。正如前文所述，T 规则的主要监管对象是券商，其提供的所有贷款均受到杠杆率要求的规制，而 U 规则则监管银行等金融机构，并不要求必须符合杠杆率要求（如果银行对贷款方做了详尽的财务调查进而并未要求贷款方提供股票担保，此类情况下也就不存在强制平仓的风险）。所以，在银行提供收购贷款且有券商介入的情况下，是否要适用 T 规则就成了一个棘手的问题。美联储起初要求所有由券商“安排”的股票都必须符合 T 规则，但“安排”的定义过于灵活与宽泛，且银行贷款多为非担保贷款，后来美联储通过修改 T 规则，规定无须判断是否为券商“安排”，也即豁免了这种情形下 T 规则的适用。

而有关垃圾债券的争议较大的是债券发行融资是否适用于 U 规则。美联储认为，如果属于私募发行则适用于 U 规则，反之不适用。但事实上，在现实中如何界定公开发行也是一个难题。

法经述评

以上研究中对于美国经验的介绍给我们留下两点深刻印象：

第一，统一监管。事实上，美国并没有所谓场外融资、场内融资的划分，而监管的发展也是逐渐推进，最后实现全覆盖的。这为中国的金融监管提了一个醒：为什么在 2015 年股灾后，股票融资的监管依旧是抱残守缺，试图打压场外融资，而不是将其变为“场内”。毕竟，杠杆是金融的天性，是难以禁绝的。

第二，监管配合。美联储作为股票融资的最终监管者，其会要求各监管主体（FINRA、交易所）向其报告股票融资的具体数据，以掌控现实情况，进而调整杠杆率的要求。但是中国目前采取的“我不看我不看”似的监管，事实上对于很多股票融资并未纳入监管范畴，无从了解市场全貌，进而导致无法确定相对合理的杠杆率限制。

最后，我们想问：看看中国的上市公司股票质押，为何与美国的股票融资这么像呢？

10 英国公司治理准则拟修订动向

导 言： 2017 年 12 月，英国财务报告委员会（Financial Reporting Council，FRC）对英国公司治理准则提出了修订建议。本次修订旨在通过加强公司的报告机制来实现长期公司增长，旨在巩固英国作为透明、高效国际商业环境的声誉。许多拟议修订如果颁布，将有助于更好地协调英国和美国公司治理法律和法规。本文就其中的重要部分进行介绍。

修订主旨

本次修订重点强调了公司文化和更广泛的利益相关者（包括普通劳动者，workforce）利益的必要性，这些利益相关者的利益将被董事会评估为保持公司长期可持续性的关键驱动因素。例如，FRC 会提出的原则 c 规定“为保证公司向股东和利益相关方负责，董事会应确保并鼓励各方的参与（即股东以外的利益相关方）”。此外，本次提议规定：“董事会应通过以下方式收集普通劳动者的意见：（1）由工作人员任命的董事收集；（2）组建正式的劳动者咨询委员会收集；（3）指定具体的非执行董事收集。”在其关于修订准则的报告中，FRC 表示，它有意地采用了“普通劳动者”一词，以鼓励“公司考虑其行动如何影响到所有的人，而不仅仅是那些有正式就业合同职员”。

修订后的准则将维护现行法典中的许多原则和规定，以加强股东参与度以及与股东投票有关的透明度。如要求董事会应当保持对股东意见的理解；要求董事会主席确保股东意见向董事会和管理层的传达，并与主要股东讨论；要求董事会年度报告应包含他们为了理解股东意见而采取的步骤；董事会应通过一般性会议与股东沟通并鼓励他们参与。

现行法规于2014年对股东投票的相关规定进行了修订，要求董事会在某项决议遇到较大反对表决时，与股东进行接触。为了提高透明度与确定性，此次修订中FRC进一步建议："当某决议获得了超过20%的反对票时，公司应该解释，它打算如何与股东沟通以了解反对背后的原因。"

此外，FRC提议增加一项新的临时措施，即要求在表决后6个月内，与投票相关的最新情况必须在下一年度报告提供最后摘要之前公布。以上修订旨在确保公司充分了解股东投票反对某项决议的理由，并与股东进行对话以进一步讨论这些事宜。

这方面，本次修订与美国现行公司治理规则有所偏离。美国法一般会规定，管理层和董事要在某些财务困境的情况下，对公司、股东以及债权人承担忠慎义务。然而，美国的管理层和董事在履职时并不对公司雇员承担法定义务。尽管一些大型机构股东最近一直主张公司及其董事们考虑到更广泛的"公司选民"，即不仅仅是股东，有时也需考虑债权人。

"吹哨人"条款

FRC建议修订现行的准则，扩大"吹哨人"范围，从而使职员更为关注财务报告或者其他方面的不恰当行为。FRC还将修订后的"吹哨人规则"规定为董事会层面的责任，而不是仅由审计委员会承担责任（虽然董事会可将此职能委托给委员会，后者将负责向董事会报告）。

然而，即便真的对"吹哨人"制度进行一定的扩张，仍无法做到美国同等水平。2002年，美国国会颁布了"萨班斯-奥克斯利法案"，其中要求（1）公众公司有效地制定适用于其首席执行官和高级财务管理人员的书面道德准则，以制止不当行为和提升道德操守，并促成违反规定的内部报告程序以及对此类侵权行为追责的制度规定；（2）建立审计程序，以收取、保留和处理关于会计、内部会计控制和审计事项的投诉。纽交所和纳斯达克都要求上市公司遵守高于萨班斯法案要求的合规标准，包括建立适用于所有董事、官员和雇员的公司行为准则、公开道德准则。

萨班斯法案和多德-弗兰克法案也制定了反报复条款，其规定了在工作场所发生与举报行为相关的报复时，向举报者提供的保护。多德-弗兰克法案实施了一项赏金计划，举报人提供的信息如果帮助SEC追回了100万美元以上的罚款，其将获得10%至30%的奖励。自该计划于2017年9月实施以来，该方案已向46名举报人发放了约一亿六千万美元，举报人办公室每年收到3000多条信息。然而值得注意的是，2018年2月21日，美国最高法院根据反报复条款的本意发布了一项决定，缩小了"吹哨人"的定义。现在，要受到这些规定的保护，雇员首先必须将这些信息提交给证券交易委员会，而不是先向管理层报告。

董事会独立性

FRC 提出了几项加强公司董事会独立性的措施。现行准则载有董事会在确定非执行董事和主席是否独立时应予以考虑的标准。修订后的准则改变了重点，其规定当非执行董事（包括主席）不符合既定标准时，应予以初步认定不符合独立性要求，这些标准包括他们和公司以前或现在有某种关联关系。

准则另一项更为显著的变化是第 15 条，其中明确地规定了董事会服务的时限，即当董事会任职 9 年以上时，就不再被视为独立。FRC 的报告指出，这项修订与准则加强继任规划以及提高董事会更新率的修订精神相一致。该项规定还指出在计算公司主席的任职时间时，应将其之前担任非执行董事职务的时间计算在内。

虽然美国的规则和条例没有规定董事会服务的具体时限，但修订后的“准则”中关于确定董事是否独立的标准大部分和纽交所与纳斯达克的独立性要求相一致。为了确定准则中的独立性要求，董事目前或过去三年内将不得担任该公司的高管或雇员，或者是高管和雇员的直系亲属。

董事也不得和公司有实质性关系，如直接或作为公司的合伙人、股东或者高管，以及存在干扰其在履行独董职责时的独立判断的关系。这种关系可以包括商业、工业、银行、咨询、法律、会计、慈善和家庭关系。例如，如果董事或直系亲属目前或在过去三年内担任公司外聘审计员的合伙人或雇员，则董事被认定为不具有独立性。

虽然不是纽交所或纳斯达克独立性要求的一部分，但特拉华州法院在评估董事独立性的时候会考虑其服务于董事会的时间。这些裁决没有明确的判断规则，但是会考虑董事服役的时间长度。

职责划分：董事会组成

FRC 此次的修订同样要求主席和首席执行官不得是同一人。它还规定主席、首席执行官、高级独立董事（senior independent director）、董事会、专门委员会及管理人员的职责应明确，并经董事会同意后公开。年报应列出董事会及其委员会的开会次数，以及董事的出席情况。

修订后的准则规定，首席执行官负责提出和执行战略，反映了此次修订对将战略与公司文化和价值观挂钩的重要性的强调。此次修订还要求首席执行官应确保董事会能收到必要的信息。

这些修订使得董事会的构成与现有准则要求的基本一致，但修订后的准则规定主席在任何时候都独立，所以对于董事会构成的要求从“除主席以外的董事中，至少有一半应该是有独立性的，以保证董事会的独立”变为了“包含主席在内的非执行董事应占董事会成员的一半”。

美国的最近趋势是将CEO和董事会主席分开。据2017年斯宾塞斯图尔特美国董事会指数，2017年度首次出现超过一半（51%）的标普500董事会拥有独立的主席和首席执行官。理论上，这两个角色的分离有可能提高股东回报，因为二者权限、职责的有效划分可以提高公司的效率。

然而，实践中的研究表明，主席的独立性并不是公司治理或者绩效的有效衡量指标，这种分离可能会引起重复领导、损害决策效率等一系列不良反应。

薪酬

修订后的准则加强了委员会在决定薪酬方面的独立判断和自由裁量的权力。例如，新准则第37条要求董事在一定情况下可以推翻管理层所决定的薪酬水平。FRC对此举例称：“薪酬水平不足以反映公司在这段时间内的业绩表现。”

此次修订后，薪酬委员会扩大既有的职权范围，负责监督公司薪酬和更广泛的劳动力政策，包括对劳动力参与的情况作出解释以及高管薪酬水平是否与公司的整体薪酬水平相一致。新准则还要求薪酬委员会主席在履职前至少应在薪酬委员会任职12个月。FRC曾声称将就薪酬委员会的作用及其新职责发布指导意见。其同样指出，职权的加强可能会导致薪酬委员会工作量的增加。

FRC以上要求与美国法院在审查公司薪酬委员会的决定时给予的尊重高度一致。一般来说，只要委员会在薪酬决定方面履行了忠实义务且对事实知情，美国法院是不愿意对委员会的决策进行二次裁决的。

在Re Walt Disney Co. Derivative Litigation中，股东们即针对迪士尼董事们的薪酬决定提请了诉讼，特拉华州最高法院在判决驳回诉请的裁定中指出，虽然薪酬委员会未能遵循“最佳做法”，但其并未违背其对股东的信托义务，因为记录表明委员会充分了解了所有合理可用的信息。

法经述评

英国公司治理的改革实际上自2016年就开始，开始是以绿皮书的方式进行了一系列的咨询和反馈，到了2017年年末FRC正式提出了相关的修改建议。

此次修改建议特别强调了公司雇员、普通劳动者的保护，也就是利益相关者的保护。从几个角度来思考这个问题，一是国际大投资机构越来越关心ESG（环境、社会、治理）的问题，利益相关者是核心；二是这一模式在日本、德国一直都非常推崇，尤其是日本，由于大多数公司“终身雇佣制”的原因，雇员地位很高；三是我国其实早就有职工董事和职工监事的制度，但是在现实中的作用如何存在疑问，如前一段时间舆论热议的长园集团案，管理层就采用设置两名职工董事的方式实现了反收购的措施。

董事独立性与董事会组成方面，某种程度上是在向美国靠拢，其中提到了一个词“高级独立董事”，英国方面要求“上市公司必须设立一名高级独立董事。当公司股东无法与董事长、CEO 和财务管理人员通过正常渠道沟通时，股东可以向高级独立董事反映问题。高级独立董事要领导独立董事定期会议，对董事长的工作进行评价，董事长要予以回避”。这个概念类似先前本公众号“公司治理新范式”研究的时候，提到的常务独董的概念，主要用来缓解实控人、董事长、总经理重合的治理问题。

最后一点是关于“吹哨人”制度，实际上各国都在尝试推行“吹哨人”制度，但是似乎只有美国执行得最彻底并取得了很多有成效的案例。实际上举报制度的核心就是保密制度和奖励制度，两项缺一不可，否则所有的安排都会流于形式。

11 场外配资：怎样定性，如何监管和域外经验

导 言：2016年股灾中，场外配资饰演了重要的角色，因此也有媒体称之为“杠杆上的牛市”，股灾后一年的今天，彼时被平仓甚至爆仓的配资客开始走上法庭，试图通过司法途径挽回损失，但是对于配资合同究竟如何认定，监管又该采取何种态度，却始终没有定论。本文选择三篇文章：崔埼老师的《场外配资纠纷诉讼问题分析》（高杉legal公众号，2017年3月30日）以及刘燕老师的《场外配资纠纷处理的司法进路与突破——兼评深圳中院的〈裁判指引〉》（载《法学》2016年第4期）和《论美国场外配资监管的规则构建与实践》（载《证券市场导报》2017年第9期），试图对这个问题进行一定梳理。

配资合同：如何定性？

对于场外配资合同定性问题，崔老师通过梳理以往的裁判案例，指出主要有三类：

1. 民间借贷纠纷。有些法院从借贷行为本身出发，认为配资合同的固定收益特征，其本质不过是借钱炒股，所以应该认定为民间借贷。但崔老师指出，配资首先事实上接触的并非资金，而是存有一定数额资金量的账户使用权，而且该账户的实际控制是掌握在出借方手中的（出借方可以随时要求配资方添加保证金并享有平仓的权利），同时，一些合同还涉及三方关系——配资方、出借方和金融机构之间的关系。最后，作者指出，因为场外配资资金来源的背后往往有较为复杂的产品设计，所以简单地将其认定为借贷纠纷有“复杂问题简单化”之嫌。

2. 委托理财纠纷。正是基于上述反对观点，有些研究者认为配资事实上是一种

委托代理关系，配资方受出借方委托为其投资理财。但一方面配资合同中配资的出借方不承担风险，这与委托理财的本质相违背；另一方面如何将配资合同归类于委托理财合同，将再次面对“保底条款如何认定”这一实践中的固有难题（最高人民法院和各地高级人民法院的意见均不一致）。

3. 非典型无名合同。这一观点是深圳中院《关于审理场外股票融资合同纠纷案件的裁判指引》（以下简称《裁判指引》）所采用的，作者认为基于配资合同兼具借贷较为合适。《裁判指引》中引入了“让与担保”的概念，认为配资合同兼具了“让与担保关系”与“股票借贷关系”。

随后，崔老师梳理了配资合同无效的法律依据，主要为“违反实名制论”与“非法经营论”，前者以《证券法》（2014）第 80 条与《证券公司监督管理条例》第 28 条为依据，认为配资合同中证券公司将以自己的名义开立的账户交由配资客进行操作违反了该条规定，但是一来前述两条法律所限制的对象分别是法人主体与证券公司，《证券登记结算管理办法》作为部门规章无法直接适用《合同法》第 52 条第（5）项；二来即便是援引前述证券法规定，是否适用于《合同法》第 52 条仍有争议且并无完善的罚则；后者则根据《证券法》（2014）第 121 条与第 142 条，认为融资融券业务属于行政许可类的业务，配资业务作为风险更高的融资业务理应在许可后方可进行，但是将配资业务纳入融资融券业务的范围明显有扩大解释之嫌，同样有解释方面的障碍，实践中监管部门的态度也并不一致。

深圳《裁判指引》：怎样理解？

在这种背景下，深圳中院的《裁判指引》所采取的裁判路径就显得智慧很多。其采用了商事与民事分开的思路，首先综合援引《合同法》第 52 条第（4）项、第（5）项认定在效力上配资合同属于无效合同，但是从维护商业预期稳定的角度出发，在进行损失认定以及补偿方面则分情形进行了规定，这被刘燕老师归纳为“融资者风险自负为主，配资公司过错归责为辅，市场风险合理分担”。

这一思路具体就是：在合同已经明确授予出借方有权在一定条件进行平仓的情况下，配资客要风险自负，但是对于配资公司主观过错未及时平仓造成的配资客损失，则应该由配资公司承担；但是对于非市场原因造成的损失中，《裁判指引》对于非穿仓损失（也即没有伤及出借方的资金）遵循了“融资方风险自负”的思路，损失由融资方自己承担，但是对于穿仓损失，风险则由配资公司承担，刘燕老师认为这是遵循了我国金融监管方面对于机构过失责任要求更严的一贯传统。

更进一步，刘燕老师对于《裁判指引》中将配资认定为“让与担保”思路提出了不同意见，他认为尽管“让与担保”在形态上与配资颇为类似，但是一来中国民法体系并未正式接纳“让与担保”这一概念，二来《裁判指引》所采用的商事、民事二分的思路足以解决问题并不需要引入这一概念。与其这样，不如直接承认证券公司强制平仓权利的合法性，毕竟该构造类似于《物权法》中对于质押权的定义。

美国 U 规则：如何借鉴？

刘燕老师在其三部曲中系统地介绍美国对于股票融资监管的经验，此处介绍的是第三篇：《论美国场外配资监管的规则构建与实践》，特别针对场外配资介绍了 U 规则。

诚如在《论美国场外配资监管的规则构建与实践》中介绍的，美国的股票融资监管分工是 T 规则负责场内股票融资（也即券商融资），U 规则与 G 规则（后来被纳入 U 规则）负责场外股票融资的监管。

在监管限定方面，刘老师从“场外出借人”、“贷款与提供融资”、“以购买或持有保证金股票为借款目的”和“以保证金股票直接或者间接作为担保”四个角度解释了美国对于场外融资的监管范围的界定。从“场外出借人”来看，U 规则主要是通过对于借款规模的限定来划定监管范围：单季度提供股票融资超过 20000 美元的或者季度内未偿还余额超过 500000 美元；从“贷款与提供融资”来看，除了一般意义上的贷款行为，对于“安排贷款”以及联营模式中风险收益不配比的情况，也会被认定为是监管范围；从“以购买或持有保证金股票为借款目的”来看，该类业务的目的考察会进行到底，也即追踪资金的最终去向，也是“实质重于形式”的一个体现；“以保证金股票直接或间接作为担保”则更是“实质重于形式”的体现，只要合同的相关规定能够实现担保功能就会被认定为“间接担保”，美联储列举了三类：（1）借款人将保证金托管于贷款银行；（2）借款人同意在未偿还前不做任何质押或其他财产负担；（3）借款人将股票存至第三方，而第三方同意持有该股票直至贷款被偿还。值得注意的是，如果能够证明银行在发放贷款的时候有效考察了融资方的财务情况，则不会被认定为间接担保的范畴。

在监管内容方面，场外配资监管主要是限制杠杆率、加强信息披露。限制杠杆率方面，美联储会定期调整杠杆倍数，同时会将同一出借人提供的借款合并起来进行考察；而加强信息披露方面，要求银行做到善意出借人的义务，即对于任何会影响借款行为的信息，都必须核查该信息的真实性，同时要求出借人披露一季度内该结构的整体借款信息。同时，U 规则对于小规模借款人、特定的金融机构以及股权激励进行了豁免。

在法律责任方面，对于违反 U 规则的行为，行政处罚、刑事处罚以及民事赔偿均有据可依。

整体而言，美国的场外配资监管所遵循的“实质重于形式”原则值得我们学习，而其对于股票融资监管的全方面监管更是应该为我们所借鉴。

七

法经闻道

—— 那些你不知道的法经故事

THE LOGIC OF CAPITAL GOVERNANCE

01 论一个杀人犯对法国金融市场的影响

1932年的一天，纽约联储的金库大门缓缓打开，进来的几位联储高管表情严肃地打开了位于金库中的存储柜。柜门后是几块闪闪发光的金锭，他们将其取出，放入另一个抽屉里面，并标上标记：法国。远在大西洋彼岸的法国人长吁一口气，心中的一块大石头终于落地：再也不用担心美元贬值了，手中有金，心中不慌。

这看似滑稽的一幕，却是真实发生在历史上的一幕，其背景是法国人担心美国放弃金本位制，不再按照固定价格兑换黄金，这种担忧深深地困扰着法国上下，最终，法国人如愿以偿地将其在美联储的美元资产兑换成了黄金。

法国人对于黄金看似偏执的爱好由来已久，更是有着法国人惨痛的记忆：这就不得不从一个杀人犯说起了。

约翰·劳：不想当金融家的赌神不是好杀人犯

这个杀人犯叫作约翰·劳，苏格兰人，曾经在伦敦的赌场上战无不胜，也因自己的英俊潇洒和一掷千金俘获了无数女士的芳心。可就跟所有的故事一样，看似坦途的人生总要突然地戛然而止：就像那个时候所有的欧洲男士一样，他也因为桃色事件卷入了一场决斗并夺走了一个人的生命。

面对法律的惩处，他选择了逃走，并开始了自己在欧洲大陆的游历生涯。随后的四年中，他逐渐通过自己对于欧洲各国经济生活的观察，形成了一套自己的货币理念：他宣称货币的用处就是交换媒介，所以没有必要拘泥于货币的形式，只要能够通过货币获得其他商品的使用价值即可，而国家要繁荣，就要发行货币，局限于商品本位制的货币发行体系远不能满足显示经济生活对于货币的需求，也自然就会导致经济的不景气，解决之道也很简单——建立以土地价值为储备的“土地银行”并发行纸币。聪明的你已经发现了，这显然就是现代银行体系的前身。

但这种超前的货币理念无疑不被那个时代的人们所接受，在他重返故乡并四处兜售自己的理念而无果甚至被斥为恶棍后，他再次开始了自己在欧洲大陆的游历。

劳体系：解法国皇室于危难

一次私奔使得他通过自己的妻子得以结识欧洲的上层人士，其中就包括了太阳王路易十四的弟弟、路易十五的叔叔、法国当时的摄政王奥尔良大公。这位太阳王路易十四，就是曾经说出“朕即国家”的法国著名专制君王，由于其在位期间挥霍无度，导致其儿子——年幼的路易十五登基时，法国早就财力透支，皇室的地位也摇摇欲坠。插一句，路易十五也不是省油的灯，那句耳熟能详的“我死后哪怕洪水滔天”就是他的名言（或者他的情妇）。

对于一个摄政王来说，面对着高达财政收入10倍有余的国家债务，首先考虑的就是：钱！怎么搞钱！

奥尔良大公首先采取的是古今中外屡试不爽的两招：硬币缩水，查抄巨贪。可这对于太阳王留下的“历史遗产”来讲无疑是杯水车薪，这时候的他，碰到了约翰·劳，这个谜一样的男人。

劳向奥尔良公爵和盘托出自己关于土地银行的设想，并极力推销自己关于纸币的畅想。这种在奥尔良公爵看来近乎空手套白狼的手段，让他极度兴奋，当即一拍即合决定推行劳的设想。在法国皇室的批准下，劳设立了名为劳氏公司的银行，并宣布今后法国的所有税收都要以劳氏公司发行的银行券（就是纸币）进行缴纳，此时，约翰·劳关于纸币的伟大畅想开始付诸实践。

债转股：劳体系的建立

开始的日子很美好，太阳很大，鸟儿的声音很美，约翰·劳给奥尔良大公演示了自己将如何一步步通过“债转股”的方式来解决太阳王留下的烂摊子：

第一步：约翰·劳通过发行劳氏公司的股票收购了20亿美元国家债务中的一小部分，并宣称劳氏公司发行的银行券可以“见票即付”并永不贬值。

第二步：在市场接受劳氏公司发行的银行券作为硬通货后，劳劝说奥尔良公爵将密西西比河以及路易斯安那州这两块殖民地的独家贸易权给他，并据此设立了一家新的公司“密西西比公司”。

第三步：通过密西西比公司股权的发行，让人们用手中的国家债券认购这家公司的股票，进而一举解决问题。

这三部曲事实上构建了现代银行体系的基础：银行家通过一定的储备作为支撑，向公众发行相应体量的纸币，并将公众的财富投向实业以形成良性循环，这也被称为劳体系。故事很美好，理论上也行得通。但是奥尔良大公看到第一步顺利实施后，顿时不淡定了：原来这帮愚蠢的人类居然也可以接受纸币，那还等什么！大量发行啊！让他们用硬币换纸币！换密西西比公司的股票！大公一激动，随即发行了16倍于第一步的银行券。

与此同时，第二步计划也在进行中。劳的初衷很好，通过债转股的方式收购债券，同时以密西西比公司的营业所得来支撑银行券的价值：其曾经公开宣称，银行券的发行应该有足够的储备来支撑，否则银行家就应该被处死。但就和所有历史上的资产泡沫一样，货币滥发的后果就是泡沫的吹大，加之密西西比公司（后来更名为印度公司）包揽了一系列法国殖民地贸易的垄断权，人们越发激动，印度公司的股票价格飙升，资产收益率居然高达 200%！劳也成了人们追捧的英雄，其甚至要住在广场的中央：因为看到他就看到了希望，就看到了密西西比公司的光辉未来！

密西西比泡沫：劳体系的崩溃

这时候的法国金融市场事实上已经成了典型的击鼓传花，只要鼓声不停，花就会一直传递下去，而且花团锦簇、烈火烹油。直到有一天一位官二代由于费尽心机也没能买到印度公司的股票，搞了个行为艺术：他拉了两马车的银行券到劳氏公司的门口，要求银行对其“见票即付”。尽管后来官二代被奥尔良大公一顿怒斥，并归还了 2/3 以上的硬币，但是人们开始动摇了：银行能够对所有人都见票即付吗？

于是，有人开始偷偷地抛售手头的股票并将其换成硬币，股价开始下跌，纸币的价值也受到影响。奥尔良大公先是限制兑换，后又禁止硬币外流，最后干脆禁止了硬币的流通，强行规定国家货币为银行券。但是人们对于银行券的信心也随之崩塌，密西西比计划开始受到质疑，印度公司的股价一夜之间跌到谷底，无数人的财富随之灰飞烟灭。

余波：法国人对金融创新的恐惧

故事的最后，我们的劳显然成了众矢之的，他悄然地离开了法国，并于 85 岁客死威尼斯。法国大革命后，革命党人面对财政紧张试图再次建立起纸币体系，却最终导致了恶性通货膨胀，这使得法国人民幼小的心灵再次遭到了重创。

密西西比泡沫给法国人留下了挥之不去的阴影，纸币在这片土地上几乎成了恶魔的代名词，很长一段时间内，法国人依然习惯于将金银等贵金属藏在自家的枕头下和花园里。这些惨痛的经验使得法国社会对于金融创新有种本能的抵制，法国民众对于金融创新都抱以敌意。举例而言，法国公司得到有限责任保护的路途极为坎坷，此类公司的设立必须经由政府的特许，而政府长时间内都只允许保险和运输行业的几家公司可以采取有限责任的形式，更不用妄谈金融市场的发展，更有研究显示，很长一段时间内法国公司融资的主要方式居然是留存收益。

于是就出现了本文开头的一幕，法国看到大洋彼岸黄金又回到自己怀抱时的弹冠相庆，只是不知道劳在天堂看到这一幕的时候，究竟作何感想。

02 Spotify 直接上市背后的"故事"[①]

导 言：2018 年 4 月 3 日，Spotify 通过直接上市在美国纽约证券交易所上市。作为全球首个在纽交所直接上市的互联网科技公司，Spotify 的上市之路一直备受关注，再加上 CDR 规则出台及各国交易所修改上市规则，更是引起了各界的热议。本文编译自 Marc D. Jaffe 、Greg Rodgers（Spotify 上市法律顾问 Latham & Watkins 律所的律师）和 Horacio Gutierrez（Spotify 的法务总监）所共同撰写的文章，希望能对其直接上市的相关制度和背景有更全面的了解。

如果将 Spotify 的直接上市比喻成一首歌，那么这首歌一定会居于 2018 年"今日热门歌曲"榜单的榜首，因为自 Spotify 宣布其将采用"直接上市"这一极具突破和创新的结构上市起，已经吸引了许多金融媒体和市场参与者的关注。

Latham 是 Spotify 本次直接上市的法律顾问，在后文的案例分析中，Latham 的律师 Marc D. Jaffe 和 Greg Rodgers，以及 Spotify 的法律总监 Horacio Gutierrez 将为大家分享一些关于该交易幕后的故事，包括 Spotify 为什么选择直接上市、如何操作直接上市，以及在上市过程中遇到的障碍等。

什么是直接上市？ 为什么选择直接上市？

直接上市（Direct Public Offering，DPO）是指一个公司的流通股无须首次或二次承销发行即可在证券交易所挂牌，该公司现有的股东（如员工或早期的投资者等）可以自由地在证券交易所出售其所持有的股份。因为少了承销发行这一环节，因此

① 原文链接：https：//corpgov. law. harvard. edu/2018/07/05/spotify - case - study - structuring - and - executing - a - direct - listing/。

在直接上市中无须承销商的参与。这也就意味着传统 IPO 的几个典型特点如股份锁定（lock - up agreements）、价格稳定机制（price stabilization activities）等在直接上市中都看不到。

2017 年 5 月，Spotify 首次和 Latham 接洽表达其想要成为公众公司的意愿，同时它还希望能够实现一些与美国传统 IPO 流程不太相同的目标，尤其是以下这几点：

（1）为现有的股东持有的股票提供更大的流动性（变现机会），但是不用融资，也无须受标准股份锁定协议的约束；

（2）让所有的买方和卖方都能自由地买卖公司的股票，进而使得 Spotify 的现有股东能够在公司上市后以市场价迅速卖出其所持股票；

（3）以最大的透明度开展上市相关工作，并实行市场驱动的价格发现机制。

Spotify 之前已经从私募市场中获得充足的资金支持，因此它对融资并无迫切的需求。所以考虑到 Spotify 股东的庞大及多样化，Spotify 又是一个全国规模的知名品牌，有一个相对容易理解的商业模式和较为透明的企业文化，因此 Spotify 才认为通过直接上市的流程能够达成其上述目标。

Spotify 的直接上市目标

以下将分别讨论 Spotify 的上述目标：

第一，为股东持有的股票提供流动性。

闭锁（私人）公司的股东面临的一个最大局限是：他们不能自由地在证券交易所出售所持有的股份。IPO 可以解决这个问题，但需以股份锁定协议（以及其他的东西）为代价。这些股份锁定协议通常是 IPO 项目中承销商要求的，限制现有股东和发行人在上市后 180 天内对 IPO 以外的股票进行额外销售，目的是避免潜在的发行后的股票供应而导致市场波动。在摈弃了承销发行环节之后，Spotify 在上市时无须签订股份锁定协议也能够达成其想要为股东提供流动性的目的，并且，Spotify 的股东们也能够迅速在纽交所自由地出售他们所持的股票。

第二，平等对待所有的买方和卖方。

Spotify 想要为所有买卖其股票的投资者提供自由买卖股票的机会。传统的 IPO 仅允许有限的投资者参与，包括：公司以及愿意在 IPO 中转售其所持股份的某些现有股东；投行的承销团；在 IPO 中以招股说明书首页载明的价格获得股票初始分配的投资者。机构投资者在初始分配中通常占据优势地位，但在 Spotify 的直接上市中，没有固定数量的股票被出售给公众投资者，也没有根据公开发售价格提供分配，相反，任何一个潜在的买者都可以向其选择的经销商、以其认为合适的任何价格下单。并且，这些订单的价格都将成为纽交所定价的一部分。这种公开、允许几乎所有的现有股票持有者可以出售股票、允许几乎所有的投资者购买其股票等特点，都成为

Spotify 的股票进行公开交易的强大市场驱动力。

因为几乎所有的现有股东都有机会参与 Spotify 第一天的交易，因此选择卖出的股东也能够以市场价格，而不是传统 IPO 流程中所要求的初始价格（即传统上所理解的发行价格）将其股票售出。并且，对这些股东而言，上市第一天即能以市场价出售其股票对于他们而言极其有益。2017 年，美国 IPO 企业交易首日的平均收益率（学术上也称为抑价率 underpricing）为 11.8%，与 2016 年的 11.4% 相比稍有上升，但是低于长期平均值 13%。

截至 2018 年 3 月 28 日，2018 年 IPO 的首日平均收益率为 13.2%。2018 年 4 月 3 日，纽交所在 Spotify 公开交易当日公布的市场初始参考价格为每股 132 美元，但 Spotify 的开盘价为每股 165.9 美元，比纽交所给出的参考价高出 25.7%。Spotify 首日的收盘价为每股 149.01 美元，比开盘价低了 10.2%，但依旧比纽交所给出的参考价高 12.9%。

第三，以最大透明度开展上市相关工作，并实现市场驱动的价格发现。

Spotify 想要通过提高透明度来实行市场驱动的价格发现机制。为了实现这个目的，Spotify 在上市前向公众提供了传统公众公司式的指引：2018 年 3 月 26 日，在其股票公开交易前的一周，Spotify 发布了一份指引，该指引涉及的范围与已经上市的公司一样，包括对其第一季度和 2018 年全年的财务预期。

并且，通过“投资者开放日”（Investor Day），Spotify 使得其投资者宣传的过程也变得更透明。一般的 IPO 路演针对的主要是机构投资者，不同于此，Spotify 举办的“投资者开放日”由整个领导团队主持，并且全程直播，全世界的投资者都能够观看。于是，随着透明度的提高，再加上没有股份锁定协议，Spotify 认为由市场驱动的供需双方的力量会使得其股票的价格达到自然均衡。Spotify 在纽交所上市后的估值即市场力量驱动的结果：纽交所提供一个平台将买方和卖方联系在了一起。

Spotify 的直接上市之路

由于 Spotify 设计出来的直接上市流程不同于传统承销型的上市流程，因此 Spotify 需要与美国证监会、纽交所及其财务、法律顾问紧密合作，才能够在《证券法》、《证券交易法》、《纽交所上市规则》及投资者的期待下顺利实现其直接上市的目标。Spotify 的直接上市之路有许多不同于传统 IPO 的特点，但最具代表性的包括以下几点：

1. 注册声明（registration statement）

Spotify 是外国私人发行人，因此需要向 SEC 提交表格 Form F－1 的注册声明。但因为 Spotify 没有对外出售任何股票，并且也没有任何现有股东进行协议转让（Coordinated sales），因此其注册声明的表格采用的是转售注册声明（resale registration statement)。这也就是说只要注册声明是有效的，并且招股说明书是最新的，那么现有股东就被允许转售其股份。尽管转售注册声明中大部分的信息都和 IPO 注册声明所要求的信息是重合的（两者使用的是同一张申请表格 Form F－1），但还是有许多重要的不同点，包括：（1）在注册声明上登记的股份；（2）在招股说明书首页记载的“善意预估”（bona fide estimate）的价格区间；（3）招股说明书中的分配方案，说明如何根据注册声明出售股票。

2. 股份注册：144 规则下的转售

在一个 IPO 项目中，注册声明表上记载了将要被公司或任何股东出售的股票，并且通常来说除此之外的所有其他股票在 180 天内都会被禁售，但 Spotify 想要保证其现有股东在第一个交易日就能够出售其股票。因此，为了达成此目的，Spotify 有两个选择：要么选择登记其所有股东的股份，要么保证其所有的股东能够豁免注册（如 144 规则）而出售股份。于是，Spotify 注册登记了那些被其关联公司和非关联公司未持有超过一年的股份，以及其他不满足 144 规则中销售条件的股份。Spotify 也注册了员工持有的股份，目的是满足监管的要求，因为在直接上市中员工转售股票可能会违反《证券法》关于豁免的规定。因为根据 144 规则，所有非关联公司的股东持有股份超过一年的，无须注册声明都可以立即出售其股份。

Spotify 想要在注册声明生效后的 90 天内保持其注册声明是有效的。这一期间是为了确保能够适用 144 规则下的“转售安全港规则”，根据该规则，发行人必须满足《证券交易法》关于至少 90 天报告期的要求，并且按时提交所有要求的报告。在 144 规则下，关联公司或非关联公司持有股份至少 6 个月后才可以出售，但同时必须满足该规则的其他要求。因此，在满足这些报告的要求之前，根据 144 规则，无论是关联公司还是非关联公司持股不超过一年的都无法出售其股票。

3. 价格区间

传统的 IPO 中，预披露的招股说明书中会披露股票预期售价的区间范围。这个范围是 SEC 发布的 S－K 规则第 502（B）（3）条所要求的，通常由发行人、任何想要出售股票的股东，以及承销商根据 IPO 的预期交易价格来确定。

但是因为 Spotify 不发新股，且其管理层不干预初始定价，因此在预披露的招股说明书中无法披露此项。但矛盾的是，没有合适的招股说明书，Spotify 又无法进行投资者宣传。因此，解决的办法在于怎样解读 S－K 规则第 501（b）（3）条下规定的“价格”的确定方法。预披露招股说明书中表明，Spotify 的开盘价是根据纽交所从证券经纪商处获得的买方和卖方的订单价格来确定的。纽交所指定的做市商和 Spotify 的财务顾问经协商后，根据纽交所的规则，将使用这些订单价格来决定股票的开盘价。并且，为了保持其上市流程的透明，Spotify 在其预披露招股说明书和最终的招股说明书中都披露了近期私人交易中，其股票每股的最高售价和最低售价。

4. 分销方案

因为直接上市中没有承销环节，因此注册声明中也不包括承销的部分。但是，注册声明中多了一个分销方案（分销方案是转售注册声明的一个必要组成部分）。为了模拟上市公司的股票交易过程，分销方案被限制只能由经纪商在公开交易所或已注册的可替代进行交易的场所中进行。但是又考虑到 Spotify 既没有承销商，也没有现有股东自行组织的出售，因此，分销的方法也比一般的转售注册声明要更少。但是，总的来说，这个披露实现了 Spotify 的目标：为股东提供流动性，但同时避免了有专门组织的销售流程（可能会被视为承销）。

分销方案同时也详细描述了纽交所指定的做市商角色，包括必须和 Spotify 的财务顾问就股票的开盘价进行商议。分销方案也明确了做市商在进行股票交易，以及保障 Spotify 的股票有序交易两方面的活动无须和 Spotify 进行协商。

5. 财务顾问的角色

因为没有承销团，因此 Spotify 找了高盛、摩根士丹利和 Allen & Company LLC 作为其财务顾问。财务顾问在该案中的角色较明确，包括：帮助 Spotify 确定上市的目标、协助其进行注册声明、协助其进行公开讲演，以及其他的公开宣传活动等。摩根士丹利同时还被指派为 Spotify 的财务顾问代表，根据纽交所直接上市规则的要求，代表 Spotify 与纽交所指定的做市商进行协商。

在整个上市过程中，财务顾问没有参与到任何簿记中去，也没有参加投资者会议，没有进行询价（例外是根据纽交所的规则，摩根士丹利需要和纽交所指定的做市商进行商议），也没有像在传统 IPO 中那样为客户进行价格支持或价格稳定（price stabilization）。

6. 投资者宣传

传统 IPO 中，承销商通常会和拟上市公司的代表（一般是 CEO 或 CFO）进行一两周的路演，和机构投资者（潜在的买方）进行一系列小组会议，或与大的机构投资者进行一对一的会议，散户投资者则可以通过互联网观看免费的路演录播视频。以上这些会议都是为了帮助承销商更好地了解投资者对拟上市公司的兴趣，进而预估对拟上市公司股票的需求量。但是，Spotify 为了提高透明度，加上它不需要 book-building，因此，它没有采用传统 IPO 路演的方式，而是举行了大规模的投资者日。

尽管有所不同，但在 SEC 的规则之下，Spotify 的投资者日依旧还是被定义为路演。因为 Spotify 提交了保密性审查（confidential review）的注册申请，因此 SEC 要求其须在路演（或者说投资者日）举行 15 日前公开提交注册申请。公开提交的注册申请中须包括符合《证券法》第 10（b）节要求的预招股说明书（red herring prospectus）。预招股说明书中最关键的一点是在封面有一个股价的“善意预估”区间，这也就是说 Spotify 需要向投资者说明其定价的方法，并披露其最近私人交易中每股的最高价格和最低价格。最后，与对传统 IPO 的要求一样，投资者日使用的材料必须和注册声明中填写的信息保持一致。

Spotify 于 2018 年 2 月 28 日公开提交了注册申请，并于 3 月 15 日举行了投资者日。投资者日持续了两小时，时长为传统 IPO 中小组会议的两倍。投资者日进行报告的不仅仅是 CEO 和 CFO，还包括 Spotify 整个领导班子，并且将投资者日的内容进行网上直播，所有感兴趣的人都可以观看。但是因为其财务顾问没有参加投资者会议，因此 Spotify 的投资者宣传工作由其内部管理团队负责。

7. 有效期和上市前期（Post – Effectiveness and Pre – Listing Period）

SEC 的审查和评估流程基本上和传统的 IPO 流程保持一致，但是由于直接上市的特点，SEC 1/3 的工作人员的反馈涉及直接上市的结构与风险、确定开盘价的流程以及财务顾问和指定做市商的角色等问题。在针对 Form F – 1 的意见信中，SEC 工作人员关注的重点在于强调 Spotify 是一种新的上市方式，因此其交易量和股价可能比采用传统 IPO 的企业更具波动性。2018 年 3 月 23 日，在 Spotify 提交注册三个月后，SEC 宣布其注册声明有效。

在 IPO 的流程中，SEC 声明注册有效（effectiveness）就意味着路演的结束，也就是拟上市公司的股票已准备好定价并在定价后一日开始进行交易。但是 Spotify 走了一条不一样的路，它决定将其首次交易放在定价后的一周，即 2018 年 4 月 3 日。原因是：第一，Spotify 希望根据《证券交易法》的规定，向市场按标准的公众公司式的指引进行披露（包括其第一季度和 2018 年全年度的财务预期），然后使得投资者在上市和交易前能够适应和消化这些信息，从而实现其透明性的目标。第二，为了满足现有股东对流动性（变现）的需求，以及实现所有买家和卖家的平等交易，Spotify 想要确保现有股东在首个交易日前有足够的时间通过存托信托公司（Depository Trust Company，DTC）将他们持有的股票存入经纪账户。这样一来，现有的股东从敲钟开始的那一刻就可以进行交易了。但是，这种存托的工作绝大部分都只能在注册声明生效后进行。

8. 纽交所的政策制定

通常来说，纽交所希望 IPO 公司都能够做一个有效的承销承诺（underwriting commitment），通过转移到另一个市场或分立，在任何一个场合，公司都必须表明它们已经满足了特定的公众浮动门槛（public float thresholds）。但基于个案分析，纽交所有能力让先前没有在 SEC 注册的私人公司上市，如果这些公司基于以下两者能够证明其公众持股的总市值达到 1 亿美元：（1）一个独立第三方的估值；（2）发行人未经注册的证券在国家证券交易所，或注册的经纪交易商，或私募市场中有最近交易的价格和记录。对于第二条，Spotify 尽管有私人转售股票的记录，却不满足纽交所的要求。

因此，为了允许修改规则以满足 Spotify 一类的公司直接上市，纽交所于 2017 年 3 月与 SEC 开始了正式的披露流程。这一流程于 2018 年 2 月完成，当时 SEC 批准纽交所出台的一项新规则，为发行人的私募市场提供了例外：（1）独立第三方估值其公众持有股票的总市值至少为 2.5 亿美元；（2）在确定开盘价时聘请纽交所指定的做市商为其财务顾问。Spotify 的股票不涉及在私募市场的交易，并且其公众持有股票的总市值高于 2.5 亿美元，因此其能够利用纽交所的新规则实现直接上市。

9. M 规则

Spotify 直接上市所具有的特点使得 SEC 的工作人员进行了多轮的问询，问询的问题包括：现有股东根据 Form F－1 登记声明，进行其股份转售是否会构成“发行”（offering）？如果答案是肯定的话，根据证券交易法下的 M 规则，当这种“发行”与公司所进行的投资关系、宣传的活动一起来看，就势必会构成“分销”（distribution）。

M 规则实际上包含了一系列的预防性条款，旨在通过防止在证券发行中具有经济上利害关系的人的操纵行为，从而维持证券发行程序的完整性。在传统的 IPO 中，M 规则的适用是预设性的，并且其要求也易于理解和执行，包括定价前和定价后的“限制期间”（restricted period）的界定。但在直接上市的场合下，因为没有承销商来确定发行价，并且分配并出售给公众的股份也没有确定的数量，因此导致如果适用 M 规则，将不知道怎么确定“限制期间”下的起始日期。

为了解决以上这些问题，同时让 Spotify 的直接上市不受限于 M 规则下关于“分销”（distribution）的规定，Spotify 想要 SEC 出具一份“无异议函”（no－action letter），并且它也成功了。根据“无异议函”，SEC 在以下两个的限制期限内，将不会对 Spotify、Spotify 的财务顾问或注册股东进行执法：第一，在指定的做市商确定了 Spotify 股票的开盘价之前的 5 个工作日；第二，开始在纽交所的二级市场进行交易。

在获得此“无异议函”后，Spotify 向股东和市场清晰地表明了公司在直接上市过程中的哪些交流活动是被允许的，并表明正常的交易活动也将在上市日恢复（也就是首次交易之后）。

10. 上市

2018 年 4 月 3 日，Spotify 在纽交所公开交易。纽交所预销售公布出来的首次征询价格为 132 美元/股，这和在招股说明书首页披露的 2018 年 1 月 1 日至 2018 年 3 月 14 日所进行的私人交易的每股最高售价（132.5 美元/股）保持一致。鉴于承销商在向投资者出售股票时缺乏初始的“公开价格”，因此指定的做市商需要较长的时间才能将买卖订单价达至开盘交易价的均衡点。Spotify 当天的交易持续开放至美国东部时间 12：30。股票的开盘价为 165.9 美元/股，首个交易日的交易量为 30526500 股，其中 178112840 股是已发行在外的，最终以 149.01 美元/股收盘。此外，Spotify 首个交易日股票交易的波动性相较于过去 10 年间上市的大型科技企业而言也较低，股票交易的波动率仅为 12.3%。但总体上来说，成功上市就已经实现了 Spotify 上市的目的。

回顾：Spotify 所选择的上市之路

尽管 Spotify 的成功证明了直接上市是一条可以实现的路径，但这并不意味所有的公司都适合这条路。Spotify 能够成功的部分原因是：

第一，其资金充裕，并不需要立马融资；

第二，其股东基础庞大且多样，能够为 Spotify 开盘首日的交易提供足够的供给流动性（supply – side liquidity）；

第三，其品牌的知名度和其容易理解的商业模式；

第四，其创始人、董事会、高级管理层都选择不采用市场估值及首次发行定价的方式来对其股票进行定价。

这也从侧面表明，不具备以上这些特质的公司可能都不适合直接上市。

但是，即使是那些寻求传统 IPO 途径的公司也可以从 Spotify 的直接上市中学习到许多经验，例如：没有股份锁定的 IPO 或者是股份锁定期较短的 IPO 可以进入市场吗？有没有公司愿意舍弃传统路演中小范围小组会议的方式，转而采用类似于 Spotify 的投资者日？尽管变革传统的 IPO 流程并非迫在眉睫，但重要的一点是，直接上市流程的特点正在慢慢渗透到传统 IPO 的流程中。

03 股权何以战争

导 言：“何以”一词，作两个解释，一是“为什么”，二是古意，何以即“以何”，用什么的意思。苏龙飞老师的《股权战争》一书，描述了在过去的十多年时间里，公司控制权争夺战中，为什么股权的持有者会发生战争，这些股权的持有者又是用什么来进行战争的。在 A 股迎来一轮新的控制权争夺战的时候，该书仍深具参考价值。

先来解题：股权，战争。股权，围绕股权展开的控制权争夺是全书所有案例的共同话题，初读《股权战争》，会让人联想到《激荡三十年》，吴晓波老师的激荡系列是这类商业题材的启蒙作品，激荡和大败局谈到的也是中国企业和企业家的兴衰，但更多是 20 世纪 80 年代改革开放初期的案例，涉及更多的是企业股份制改造、市场经济运行初期的不规范、国资流失或者是企业家个人“原罪”的问题，这一阶段的问题还不能严格称之为公司治理问题，有一多半是企业法律问题。但《股权战争》一书，更多是 2000 年以后，随着纳斯达克、风险投资、创投、互联网、对赌等概念不断引入中国以后所发生的冲突，是在公司法和公司治理的理念和框架下所进行的博弈，诉求的表达方式是守规则的：股东大会投票、董事会提案、董事提名；争议解决的方式是仲裁或诉讼，虽然仍不免夹杂着大量的江湖气息：舆论造势、罢工、经销商同盟、相互举报、相互揭短，但最终结局少有因为股权之争而落得锒铛入狱的下场。

至于战争，战争是你死我活的，的确，书中所有案例，就是殊死的搏杀，涉及利益之大，失败一方可能不至于倾家荡产，但对自己的创业企业视为至宝的创始人而言，失去控制权又何尝不是切肤之痛呢？

创始人与投资人治理冲突的新主角

传统的公司治理重点关注代理问题，有人认为公司治理需要解决股东和董事会、董事会和管理层之间的双层代理问题，也有人认为公司治理要解决的是大股东和小股东、股东和债权人之间的代理问题。传统思路上来说，股东是公司的主人，股东委派董事进行公司的决策，董事会聘请 CEO 以及其他的一干高管进行公司的具体经营管理，解决好这层层的代理关系，就可以忠实地服务于公司的股东，实现股东利益最大化。但这描述的更多的是以美国为代表的股权分散的情况，但是股权集中却是中国甚至整个东亚地区公司的主要特征，应该说《股权战争》一书仍然是在股权集中这一背景上展开的，只是视角更多转移到了公司在走近资本市场、进入资本市场过程中，与 PE/VC 投资人之间的角力，是书中第一篇资本局的主题。这一过程走得好则助推企业实现 IPO 多赢，这是幸福的故事，比如书中提到的阿里还有中国动向；不幸的故事则似乎更能引起关注和共鸣，如何慎重地考虑对赌协议，在引入战略投资者之初如何考虑股权结构，面对不断稀释股权和资金引进需求的矛盾选择，每一步短期的妥协或许都酝酿着巨大的风险。这一系列故事不仅引人一连串的遐思：阿里巴巴如果一开始就少卖一些股权给雅虎，雷士照明吴某江的控股权如果能更多一点，永乐电器的对赌协议如果能更慎重一点等。当然历史不能重来，但是反过来想另一个问题，从 PE/VC 的角度看，他们投资企业失败的概率远远大于成功的概率，他们在投资企业之初设计的条款是为了保障自身利益，有时候看起来就显得特别苛刻。

《股权战争》书中详细介绍了人和商业的 6 个 PE 股东设计的一系列精妙的条款：首先是对赌条款，在业绩、上市回报等方面的安排，在业绩方面主要是经营指标，包括净利润、收入规模、用户数、资源量、合同额、增长率等指标，指标越多，越能保障投资人，但是也要注意两个方面的问题，第一是企业家对赌失败，不同的补救措施应当是并行的关系，而不应当是串行的方式，在补偿方案中择一个最佳的即可；第二是对赌不可无底线，如果因为对赌导致企业家失去了控制权，对于企业发展可能是一件坏事。其次是防稀释条款，主要是投资人对于企业后续融资的调整权利，特别是如果后续融资的价格比本轮投资人低，那就会启动反稀释条款按照新的价格重新计算股份数量，发生的股权差额由创始人股东无偿转让。除了上述两个条款，如果再加上一条“5 年内如果公司未能实现上市，公司（创始人）按照 20% 年回报率强制回购投资人股份”那就是天衣无缝了，至于能否实施，正如书中提到的，那就是另一个问题了。

契约精神 VS 舆论暴政　不能被道德绑架

尽管股权博弈大都是在法治背景下展开的，同时涉及大量的外资机构和创投，但是“契约精神”一词一再被提及，而对抗它的则是来自“道德”的噪声，笔者甚至想将这些声音称为舆论的暴政。最典型的案例是娃哈哈与达能的案例，书中将其称为“非正义的胜利”，笔者觉得已经非常客气了，娃哈哈的宗某后，曾一度成为中国首富，而娃哈哈品牌也是中国第一饮料品牌，但是他在与达能这场战役中所表现出来对契约精神的不顾，可以说达到了极致，对于公司治理甚至对公司法的不遵守，在某种程度上对中国企业与外资企业的合作做出了极坏的榜样（的确气愤），而在这个过程中，司法机关、相关行政机构处置问题的不公正结果也令人寒心，但就是这样的一系列不正义的行为，最后居然还是“胜利”了，只能哀叹这就是“国情”。

为什么我们会如此愤怒？因为我们所看到的是达能作为娃哈哈的控股股东，被玩弄于股掌之间的过程，更令人无法忍受的是，宗某后及其家人在对娃哈哈公司一系列的“资本运作”“利益输送”过程中侵害的主体包括国家的利益（杭州上杭区政府）、外资的利益（达能集团）、娃哈哈其他股东的利益，这一系列的行为，可以比照 LLSV 等人的文章中研究的“TUNNELLING”（隧道行为），也就是公司的内部人通过各种方式掏空公司的行为。然而即便如此违反契约违反法律，却一而再地站上了道德的制高点，达能在舆论面前无语，进而寻求法律诉讼，把焦点集中在了“娃哈哈商标”问题上，一个显而易见的逻辑是作为公司管理方的娃哈哈集团私自“阻止”商标的转让过程，从而单方面地阻碍了达能利益的实现，这一切也许都是在“有关部门”的“协助”下完成的。实际上在整个纠纷过程中达能尝试过妥协（有点人为刀俎我为鱼肉的意味），但是自信的首富最终在舆论和诉讼两场战役中“完胜”对手，这样的胜利付出了怎样的代价？怎样的“示范”效应？好吧，这也许就不是“原罪”了，因为他是首富？

不知道，但我只知道在这一个案例中，公司治理失语了、公司法失语了、公平公正的诉讼失语了，至于舆论，叫嚣的声音一直没有停，但公理早在喧嚣中被淹没。除娃哈哈达能案外，马云单方面撕毁 VIE 协议，也是借着道德掩护下的违反契约精神的行为，最终这样的行为往往还会被认为是“果敢”和“决断”，我们只想说：道德的口袋真能装，要不要再借你几个环保袋？

利益相关者 VS 股东最大化　不容忽视的场外因素

OECD 的公司治理准则在 2004 年就明确将利益相关者作为公司治理需要关注的重要方面，利益相关者是一个很宽泛的概念，可以理解为除了股东、公司以及高管以外的其他利益主体，通常来说包括债权人、员工、顾客、供货商等一系列的与生产经营相关的群体，从现代企业社会责任的角度看，利益相关者可能还包括了企业生产经营所在的社区，如何处理好社区关系可能是企业面对的重要因素，更确切地讲，就是这些群体在正式的公司治理安排中并没有实际权利，但是他们的诉求表达往往能影响整个股权和控制权争夺的风向。

在《股权战争》一书中，讲述了不少依靠利益相关者力挽狂澜的案例，其中雷士照明控制权争夺和国美的“陈黄之争”是两个典型的依靠利益相关者实现逆转的案例，这告诉我们：任何时候不要忘记“群众路线”。在雷士照明案例中，吴某江利用自己在经销商当中深厚的根基，而陈某都采用了感召国美全体员工的方式去赢得舆论的声音，最终都在某种程度上起到了重要的转向作用，这说明利益相关者并不是一个泛泛而谈的概念，更不应该是被排除在公司治理安排之外的一股力量。

在中国公司治理的相关表述中，股东利益至上，公司的目的是股东盈利等，几乎成为“常识”，以至于董事会被操控，公司资金被大股东掏空等情况屡见不鲜，但是在关键时刻股东面临危机的时候却想到了求助于在公司治理安排中没有明确赋权的利益相关者，可以说打赢的是人民战争，股东自己是不足以使公司运转的。尽管我们要逐渐看到利益相关者在公司治理中的作用，但这些因素难免会被认为是“盘外招”，因此，为了避免不按常理出牌、突然袭击，应当在公司治理机制中事先考虑部分利益相关者的权益，比如吸收职工董事，甚至是经销商董事，提高他们的话语权，让他们尽早了解公司的控制权转移情况，而不是盲目地煽动罢工、罢市或者是联合抗议等有可能影响公司正常经营的行为，这些行为都是有损公平和公司声誉的，不按常理出牌的行为是一种坏的榜样，吴某江可以利用经销商“威胁投资人”，那地产公司面对恶意并购的时候是否也可以联合各地的分公司，抵制新进股东？当然这可能是恶意并购股东需要付出的代价，但从公司发展和总体利益看，这些非公司治理安排范畴内的行为不值得提倡。

不忘初心埋头奋斗的人时常要回头看看“不忘初心，方得始终”，企业的初心是谁的初心？是创始人的初心？那创始人在为了企业发展不断融资、寻求借助资本力量的时候，是不是早已经忘记了自己为什么而出发呢？无论是资本局、控制战还是最后一部分的夫妻劫，《股权战争》描述的大部分案例最终走入股权或控制权的纠纷，发生了这些纠纷是不是因为创始人违背初心呢？

我们时常讨论华为，说华为不上市，因此少了很多来自资本市场的束缚，的确在很多企业谋求借助资本市场力量的同时，做出了过多的让步和妥协，这其中的原因有很多，既有本身资金的压力，也有资本市场高溢价的诱惑，成为上市公司是很多企业家奋斗的目标，然而在这条路上奋斗越久，来自创投的压力、税收压力、业绩压力、合规压力就越可能一点点压垮一家本来可以扎实前行的企业，上市不是企业的唯一目标，但是一个上市计划很可能牵动的是整个家族、管理团队、全体员工的心，坚持？搁浅？无论哪一个选择都无比艰难，于是才有了这个过程中的妥协和让步，也有了在市场环境极差、估值不甚理想情况下的“流血 IPO”，也有了夫妻、兄弟、歃血为盟创业伙伴之间的不信任甚至是不惜一切代价的争夺，可以说一切始于美好的愿景，却未必都能画上圆满的句号。

结语

当股权战争的硝烟散尽，不禁感叹公司股权和控制权的战争绝不是孤立的事件，折射出的是在这个时代背景之下企业发展、市场发展的轨迹，反映出的是在这个市场中法律是否缺位、规则是否失声、人性是否经得起考验的问题，无论如何，他们属于这个时代，而且未完待续。

04 公司法的诸神之战：董事会中心 OR 股东中心？

导 言：本文是对《公司法的逻辑》一书的简评。全书收录了 12 篇关于公司法的经典论文，涵盖了“公司以及公司法的本质”、“公司基本运行机制的经济学原理”以及“公司法发展未来”三大主题，采用经济学的分析方法，为读者献上了一顿真正的思想盛宴。难能可贵的是，该书真正从以上三个角度剖析了公司法的逻辑，系统性地呈现了“股东中心主义”和“董事会中心主义”的争论，加上黄辉老师等人优美流畅的译笔，着实是提供了一番“浸没式”的读书体验。值得提醒诸位的是，该书录入的文章事实上多出没于各大高校商法研究生课程的推荐文献中，或许在你依稀可见的记忆中与之有过偶遇，但该书这种华山论剑的收录方式，会让你读罢，真正明白什么是头脑风暴。

这本书系统性地呈现了“股东中心主义”和“董事会中心主义”的理论之争，本文也就围绕着这两个主义，从“公司是什么”、“公司法是什么”以及“公司法的理念是什么”三个方面展开，以期帮助不熟悉公司法的读者朋友了解这一世纪之争。

有效市场的迷思：契约论以及“股东中心主义”

在科斯把研究触角深入企业这一传统经济学理论中的“黑盒子”里面后，公司法领域经常对于公司的本质进行争论。而契约论，则是对于科斯观点的发扬光大，也是法经济学流派的经典理论。

在公司的本质是什么的问题上，他们认为其就是一系列的合同。管理层、员工、股东、债权人等所有人均签订了一系列的合同，最终组成了公司。公司的目的是营利，如果不能实现营利，会面临被二级市场调低价值而收购或破产被债权人清算重整的风险。

在公司法的理念是什么的问题上，他们认为应该秉持着“股东中心主义”。在诸多的合约签订方中，由于股东与公司共享了风险，在其他各方拿着固定的回报走人后，他对于剩余收益有着索取权，所以他们既希望经理人安分守己地经营以不至于蚀本，又希望经理人能够适时地尝试风险以获取超额收益。如此，股东就成了最好的监督者，公司法则授予了“有限责任”“投票权”以及“董事的信义义务”这三大法宝让他们来执行自己的利益，这就是公司法的“股东中心主义”。

在公司法的本质是什么的问题上，他们认为公司法应该是授权性质的。因为公司是一系列的签约，所以公司法的本质是一份标准合同。因为立法机构有规模经济的优势，他们知道哪些合同是有效率的，可以促进公司效率提升，而如果由股东自行试错就会产生交易成本，如此公司法才出现。所以，公司法不能“牛不喝水强按头”，而是应该成为一份授权性的法律文件：多寡随意，丰俭由人。如果有的公司偏离了正确航向，市场自然能够通过定价给予惩罚让他们“遵守本分”。这里，你可能会问，那如果没有惩罚呢？那说明公司法出了问题，因为市场不会出错。

其实，言及此，“股东中心主义”的几个问题也跃然纸上：

首先，有效市场的力量是否真的值得依赖。他们认为市场会给出正确的答案，尤其是控制权市场（也即敌意并购）是股东监督力量的有力补充，但是一来很多国家的敌意并购并不活跃，二来“有效市场假说”的名字也说明了，它只是一个“假说”，而不是真理，这种“市场不会出错，如果出错，它也会纠正错误”的论述多少会让有些人难以接受。

其次，这一理论中董事会成了面目模糊的存在。在契约论的理论框架中，很难理解董事会存在的必要性，因为股东只需要将经营权委托给经理就好了，为什么还需要董事会的出现呢？这种增加代理链条的方式不是会更大地增加代理成本吗？

再次，股东和管理层之间到底是信托关系还是委托代理关系？诚如上所述，股东和管理层之间是委托代理关系，可为什么又用了“信义义务”这一信托法概念来规制董事行为？更深层的，经济学理论将所有明示或者暗示的“默契”都归为契约的定义，是否有些过于天马行空了？因为对于所谓的“默示契约”，并没有一个法律去规制，那么如果它不能执行又该当何罪？

最后，修订章程的道德风险问题怎么解决？如果将公司法视为合同进而认为其应该是授权性的而排斥强制性条款的存在，那么对于道德风险问题怎么解决？也即在融资的时候，融资方拿出一份有利于投资人的合同（章程），但是拿到钱后再对合同进行修改，此时因为投资人已经被“锁定”，所以只能被人剥削而无能为力：所谓用人朝前，不用朝后。所以他们主张对于程序性问题、经济结构修改问题、权利分配问题以及董事诚信义务问题等应该进行强制性规定。

一主二仆的困境：社团论以及“董事会中心主义”

现实中，公司已经极大地影响我们的生活，这在中国尤为明显：一家公司的崛起，会给当地经济发展、税收增加、就业增长等方面带来各种助力，但同时，这家企业的破产抑或迁移，也会带来负面影响。正是基于此，社团论应运而生。

在公司的本质是什么的问题上，他们认为公司是一个社团。债权人，尤其是管理层、雇员以及当地社区是基于信赖对企业进行了人力资本、制度资本的方面的投资，而企业一旦“违约”，这些人的投资就会血本无归。比如，经理人为了公司发展积累了大量该行业的专业知识，但是突然有一天公司将其解雇，他就会面临失业。所以，他们认为公司不仅仅是一个契约，而是一个社团，需要这个社团里面的所有人都齐心协力，公司才能稳健发展。

在公司法的理念是什么的问题上，他们认为应该是“董事会中心主义”。事实上，主张该理论的学者提出了两个解决路径：一是采用共决制，直接让员工以及其他利益相关方进入董事会或监事会中，让他们通过参与公司治理来保护自身利益，也即“利益相关者中心主义”；二是交由独立第三方来保护这些利益相关者的权益，也即董事会，事实上由于“二战”后的公司发展证明“共决制”面临着“一仆二主”的致命问题，会使得企业运作低效，所以后者的路径更为容易接受，也就衍生出了“董事会中心主义”。

在公司法的本质是什么的问题上，他们认为公司法应该是强制性的。道理很简单，如果公司法是授权性质的，在公司中占据强势地位的投资者一定会要求章程偏向自身的利益，而一切向“钱”看的公司也自然会损害利益相关方的权益，所以必须要求董事在程序性问题、经济结构修改问题、权利分配问题以及董事诚信义务问题等方面进行强制性的规定。

但事实上，这一理论也有着几个较为致命的问题：

首先，这一理论下董事会不可避免地面临着“一仆二主”的问题。且不论董事会在进行决策时会陷入无所适从的左右彷徨，法院在对其进行纠责时也会面临问题，因为董事大可主张“我是为员工着想”以逃避惩罚。

其次，这一理论无法为管理层提供一个比较稳定的预期。如果法院在进行判决的时候，无法明确自己所遵循的到底是什么原则，或者考量的目标中到底何者为重，管理层也无法明确知晓对错，进而会导致过于保守的倾向。

再次，董事会“绝对独立”的说法真的成立吗？且不论董事会存在利己损人的可能，其本身的构成也不能全部是外部董事，因为总要让总经理进入董事会以保证董事会中有对公司业务相关熟悉的内部人。即便董事会的组成全部是外部人这一观点成立，那么现实中董事的提名或者是股东，抑或是经理人，其本身还要在公司拿薪水，这一所谓的“第三方独立机构”的设想是不是有些脱离实际？

最后，该理论提出的问题是不是公司法应该解决的问题？在契约论的框架中，利益相关者的权益保护应该交由市场力量以及保险制度解决，而汉斯曼教授更是直接回应前述问题是其他法律考虑的问题：如环境问题是由环境法解决、员工问题是由劳动法解决，公司法不是万能的神。

结语：trust the process

行文至此，不少读者可能希望看到一个明确的结论：公司是什么？公司法的理念又应该是什么？可惜的是，这一问题远没有形成定论，或者说根本就无定论。因为现实总是复杂的，而理论框架出于分析的必要，一定要对现实进行抽象，所以各国公司法都兼具着上述两大理念的特征，而给出公司法发展的“华盛顿原则”也更是难于上青天。甚至，对于美国公司法到底是“股东中心主义”还是“董事会中心主义”，各学者的看法也不一。所以，享受思想的快感就好：“trust the process”。

最后，必须承认的是，这本书的内容远不限于此。第二部分对于公司法几个基本制度的解构极为精彩，几位公司法大家以经济学的进路对公司制度进行了近乎手术式的精准解剖，第三部分关于公司法是否已经形成共识的争论中，Bebchuck、Roe 这两位大神的经济学分析叫人拍案叫绝。

05 《硅谷之谜》：关于伟大公司的成功内核

《硅谷之谜》一书是吴军博士的又一力作，副标题是“《浪潮之巅》续集”，核心内容都是讲述美国加州硅谷地区所诞生的奇迹和那些伟大的公司，《浪潮之巅》非常详尽地讲述了硅谷历史上包括仙童、英特尔、思科到最近的 Google、苹果、facebook 等公司的兴衰，另有一本《硅谷百年史》也是同类著作的经典。

而《硅谷之谜》一书则更希望找到一些成功的规律，破解为硅谷带来成功的基因。我们作为一名法律金融研究者为什么会关注此类书？除了同窗好友的力荐，更大原因来自对硅谷众多伟大公司的好奇心，创新、颠覆、叛逆、宽容，许多看似冲突的价值观最终造就了改变人类生活的产品和平台。

这些影响世界的公司实际上就是一种文化的代表，吴军博士在书中提到，他遍寻了人类文明历程，去搜寻能为各种文化背景的人民都无条件喜爱的产品，最后找到了两个颇具代表性的产品，一个是中国的青花瓷，另一个则是苹果的 iphone。的确，如今的苹果公司是全世界市值最大的公司，超过 7000 亿美元，它所拥有的现金储备高达 1000 亿英镑（2014 年 US trust 统计），这一数字是英国国库的 2 倍、德国政府的 4 倍。除了苹果，包括 Google、英特尔等公司在内的硅谷公司，都在市场上占据了最为重要的地位。

硅谷这个词早在 20 世纪 90 年代就开始为中国人熟知，随着 2000 年互联网泡沫的兴起，都知道硅谷代表的是全世界最先进的计算机和信息技术的地区。实际上，硅谷并不是一个地理上的概念，是外界对加州旧金山湾区的另一种称谓，如果按照最宽泛的概念看待，其面积也不算太大，南北不到 100 公里，东西方向只有靠近海岸线的 10—15 公里适宜居住，人口 450 万—500 万人，但是就是这个约有北京昌平区面积大小的区域，在过去的 50 多年时间里，为人类社会带来了无穷的创新活力，创造了人类信息技术的时代。《硅谷之谜》一书就是对这一地区发展的奥秘所进行的全方位的解读，相信世界各国高科技发展的规划都希望了解和发掘什么是硅谷模式的精华。

有关硅谷成功原因的五大假说

吴军博士把市面上提过的假说认为是宛若真的，这五大假说包括了：气候说、斯坦福之说、风险投资说、政府扶持说、知识产权保护说，尽管这五大因素不可能单独决定硅谷的发展，但显然都或多或少构成一定的影响。

气候说，气候说尽管最不靠谱，但却又显得十分重要，加州阳光在某些时候已经成为好心情、好环境的代名词，由此也吸引了大量的移民和创业者，地理因素或者说气候因素从来就不会成为某个地区繁荣或者落后的根本，阿西莫格鲁在他的《国家为什么会失败》一书中讲述了包括美国墨西哥、南北韩等全球若干个地域毗邻地区或者气候相似地区的发展差异，在他看来造成差异的根源是民主制度，即使同在美国加州，其他气候好的地区也没有诞生硅谷。

斯坦福之说，作者在书中详细介绍了斯坦福大学对硅谷的贡献和奇迹，他认为斯坦福大学是当今美国的第一大学，斯坦福大学孕育出了新技术和优秀人才，诞生了引领技术浪潮的新公司，有人认为“产业可以外移，人才可以流失，但斯坦福不会走，硅谷依然会繁荣”。对于斯坦福大学经常拿出来介绍的公司，年代大约有三类，第一类是20世纪80年代的太阳和思科，是计算机和通信系统方面的佼佼者，也是互联网时代早期的代表。第二类是雅虎和Google，先后代表了互联网的1.0和2.0时期。第三类是Snapchat和Instagram，代表了移动互联网时代。对这些公司稍作总结，就能够看到一个共同的特点，即它们都和互联网有关，也就是说，它们是在硅谷的第二个发展阶段（20世纪80年代之后）才涌现出来的，从某种意义上说，硅谷早期的发展和近期的发展斯坦福的影响都是有所缺失的。作者认为早期的斯坦福给予硅谷最大的帮助就是土地，如今中国很多城市也还在搞各种大学配套的科技园区，走的也就是这个路子，但是作者认为与其说是斯坦福造就了硅谷，不如说是硅谷造就了斯坦福，因为斯坦福的腾飞就是在硅谷形成之后，颇有点鸡和蛋的关系。

风险投资说，显然是大家最以为然的一个原因，也成了如今各级政府设立创业基金、引导基金的源头，但是作者认为风险投资对于创业是必需的，对于一个地区的长期繁荣也是有帮助的，但是仅仅提供资金并不能使得新公司赢得竞争，也不能保证某个地区就一定有更强大的科技创新力。回顾风险投资的历史，会发现风险投资在美国远早于硅谷的诞生，美国东部的风险投资比硅谷发展更早，规模也更大，而且风险投资的强度相比其他的投资是非常低的，进入21世纪以来，每年全美风险投资通常在300亿美元左右，相比其他的经济刺激和投入显得十分微弱。说到硅谷的风险投资，不得不提的是凯鹏华盈（KPCB）和红杉资本，正是这两家机构确定了硅谷风险投资的原则，同时也为全球风险投资树立了标杆，具体来说就是：广种薄收、双倍砸钱和技术价值投资的三条原则，广种薄收是最好理解的，而双倍砸钱则是指对于前一轮投资公司里那些表现好的，在下一轮砸更多的钱；技术价值投资则是尽可能地投资熟悉的领域和项目。而红杉资本则更看重识人，注重投人而不是投项目，但是这么成功的风险投资人在2000年互联网泡沫时期也差点翻了船。

政府扶持说，作者首先指出美国典型的“小政府、大市场”的做法，美国政府是不与企业争利的，因此政府对于新技术的支持一般停留在开发阶段，一旦产生了收入，政府的支持也就停了。与此同时，在硅谷地区的公司往往是全球化经营的公司，其对当地政府税收的贡献很小，我们奉行的一套优惠税收政策似乎很难用在硅谷的公司身上。尽管政府的科研成果和产业政策在某种程度上助推了新技术的发展，但是这一点在硅谷却站不住脚。

知识产权保护说，尊重和强调知识产权保护的确是美国的特点，但是硅谷并没有在美国做得很突出，从获得的专利绝对数量上看，硅谷地区的确可以排在美国各地区的前列，但人均数量就不算很突出了，但如果与日本和中国台湾地区来比较的话，硅谷就显得表现平平了。具体到硅谷的公司而言，美国专利最多的前十大公司里居然没有一家是硅谷的，只能说明它们并不热衷于专利申请（通常专利申请时间较长），而是把更多的精力放在了新产品的开发上，所以可以看出知识产权保护并不是硅谷长盛不衰的决定因素。

硅谷成功的奥秘

在我们习惯的话语体系中，企业成功的奥秘往往是创始人几十年如一日坚苦卓绝地奋斗，终于迎来了交易所敲钟的日子，或者是某个行业遇到了国家政策（俗话说出门遇贵人），同样在团队领导者艰苦奋斗之下取得了成功。但是硅谷的成功到底是怎样的呢？吴军博士的总结让人耳目一新。他认为硅谷的叛逆与宽容、多元文化和拒绝平庸的特性造就了改变世界的明星公司。以硅谷对待员工的叛逆为例：

比如说最常见的竞业禁止条款在硅谷的适用就使得它们对叛逆员工有了完全不同的对待，在加州，法律上也存在竞业禁止规定，但是很难实行，因为在加州还有一项规定，那就是当一个人必须使用某一项技能才能生存时，就必须允许他使用。比如，约翰是图像处理专家，他被Google雇用时签署了不做竞业的协议，而且约翰在Google一直从事图像处理方面的工作。后来雅虎公司出高薪挖约翰做同样的事情，约翰本人也愿意跳槽过去。虽然根据当初他与Google签署的不做竞业的协议，他不应该去Google的竞争对手那里从事相同或相似的工作，但是只要他能够证明除了做图像处理，他不会做其他的专业工作，那么即便官司打到法庭上，法庭也会判决允许约翰继续利用图像处理的特长养家糊口。当然，正因为知道结果肯定会是这样的，Google自然也就不会与约翰对簿公堂。

这一有趣的规定保证了“仙童八叛徒”（仙童公司，硅谷早期最著名的公司，20

世纪70年代全世界90%的半导体公司都与其有关，尤以八个离职的创始人成就最高）的出现，也造就了许多公司允许甚至是鼓励自己的员工出去创业，并成为这些公司的天使投资人，最终获得巨大回报的佳话。

多元文化和拒绝平庸是许多跨国公司的特性，但是硅谷是真正能把拒绝平庸刻进骨子里头的地方，硅谷地区的生存和发展是需要极高成本的，在过去的半个多世纪的时间里，一代代明星公司被兼并或者破产，只有强者才能立足，以英特尔公司为例，摩尔早在1965年就提出了摩尔定律，即半导体集成电路的性能每18个月翻一番，但英特尔公司后来正是依据摩尔的设想不断更新产品，直到2015年这个行业的工程师还在不断延续这一定律，这就是追求卓越拒绝平庸的例证。在硅谷，山寨行为是会被鄙视的，它们认为抄袭和仿制只是低层次的竞争，只是依靠压缩自己利润而不是提高技术来抢占市场的行为，因此也就无法在硅谷高昂的成本之下存活，也难以获得风险投资人的青睐。

硅谷的独特在吴军博士看来更重要的是企业文化和情怀，他归纳为宽容失败、工程师文化、不迷信权威、扁平式管理和世界情怀。其中最让人印象深刻的是关于扁平式管理的一段描述，扁平式管理的特征是减少层级和分权，这是很多企业都在追求的目标，但是现实中却存在太多假的扁平式管理：

1. 开大会时，会场的座位就分为了三六九等，参会级别最高的领导坐在主席台上，座位前还有个名牌；第二等级别的领导坐在第一排，有桌子有茶水；第三等级别的领导坐在前面比较好的预留位了。其他员工在后面和旁边随便坐。

2. 每个人的办公室场所完全与职级挂钩，中层以上的干部享受独立办公室，高层干部拥有豪华办公室，有些公司的CEO或者创始人甚至一个人占几层楼，而员工则挤在小隔间里，甚至有些新来的员工要在过道里临时搭个办公桌办公。

3. 公司和员工之间缺少正常沟通的渠道，原本很多信息可以由公司直接传达给全体员工，却要通过上下级关系层层下达，这样无疑在向每一个人强调人和人之间是有层级差异的。

4. 各种福利、津贴、差旅标准因为职级不同，差异巨大，客观上使得大家将注意力集中在往上爬上，而不是做事情上。此外，高级管理层还享受很多对基层员工并不公开的待遇，但是人事部门和秘书们的嘴其实又不严，这些待遇便成了公开的秘密。

5. 上级对下级具有过大的人事权，从招聘、考核评估到提升无不由上级说了算，因此下级过分看重直接领导的态度，而不是公司的利益。上级也会把下级员工看成自己的私产，并且为了提升自己在公司的地位，不断扩大自己下属的人数。同时，上级还对内部调动的下级进行打压，每次都将最差的考核评分给予那些希望流动的员工，使得这些员工因为具有了不良的业绩考核记录而难以提升。

6. 分权不够，很多事情都需要层层审批，比如，招聘一个大学刚毕业的学生，有时还需要副总裁面试，招聘一个总监，需要公司的 CEO 面试。再比如在财务上，一个有着几百亿年收入的公司，居然花费 100 万元也需要 CEO 审批。

作者同时指出了，扁平式管理的本质应当是一种契约精神，而不是隶属或者是谁拥有谁管理谁的关系，更多的像是一段婚姻的关系，员工与公司、员工与员工之间不论职级高低都是平等的，作者特别提到，扎克伯格没有固定的办公室，通常在空闲的工位上办公。可以说要做到这一点十分不易，硅谷的公司也是通过一定的制度（比如在招聘时通过独立咨询机构进行薪酬谈判）进行约束，但更重要的还是流淌在它们血液里的那种自由、创新、平等的因子。

法经述评

《硅谷之谜》一书和《浪潮之巅》一样是干货满满的著作，寥寥数语实在难以历数全书的精华，因此我尽可能把最打动自己和印象最深刻的内容在此传递给大家。与此同时，我还有几个因该书而产生的不甚成熟的联想：

第一，对待市场的不同态度决定了企业文化的同时也决定了企业的发展。中美两国企业最大的差异是什么？我觉得该书引出了一个重要的话题是市场化程度，硅谷成功的种种奥秘说到底是对市场的敬畏和尊重，一切在契约和规则下行事，只有这样才能充分尊重创新、尊重知识、尊重人才。我想华为、腾讯的成功就在某种程度上摆脱了传统的窠臼。

第二，如何构建我们的斯坦福。《硅谷之谜》一书将斯坦福大学一再地描绘成硅谷成功的重要源泉，想必所有的学子都会为之心动，连我们都忍不住登录了斯坦福法学院网站看了看。我们的清华、北大毗邻中关村，各地兴建的北大生物园、清华科技园不胜枚举，所谓的大学之大，不在大楼而在大师之类的话也早就深入人心，可是在如今浮躁的气氛之下，“全民房地产”的背景之下，又有多少创新能够在这些大学里诞生？总理说，要减轻科研人员的负担，请问又有多少科研人员真的珍视自己科研人员的身份和职责呢？独创性、创新的发明创造，都不可能是一朝一夕的，试想如果没有中国的大市场，中国的互联网巨头哪能生存得这么好呢？

第三，政府到底该怎么引导创新。吴军博士在书中一再强调，硅谷不是政府引导的产物，甚至风险投资都不是决定性因素。可想而知，创新不是靠资金、靠政策就可以引导出来的，有时候会想，当我们一直感叹中国人很难拿诺贝尔奖的时候，也可以从吴军博士提到的硅谷公司文化的角度思考一下，我们是不是能真的不迷信权威，是不是能宽容叛逆，是不是可以真的用世界的情怀去培养工程师文化。

后　记

把时针拨回到2016年的夏天，我们写下了一篇关于“我是谁”的文字：“我们无意推断这个世界浮躁，只是向往忙碌生活中的一缕茗香和一卷书墨。不敢言追求真理，只是求丰富思想。所以用笔记来定义我们的风格，用法经来划定我们的范畴。所以，有了法经笔记”，就这样开启了三年多利用业余时间不断积累和收获的日子，如今这本35万字著作的出版，是对我们关于求知求真最好的回报，相信本书的出版是我们继续分享、积累和创作最好的助推。法经笔记的顺利出版，离不开每一位关心和支持本书出版的师友的关心和帮助，在此我们再一次深深鞠躬，以表谢意。

首先，我们要郑重感谢我们的导师，中国政法大学商学院院长、资本金融研究院院长刘纪鹏教授。作为中国资本市场建设的亲历者、证券监管、公司治理领域的专家，他一向强调对于现实世界的研究、对中国国情的尊重以及理论与实践的结合。正是他在研究生期间对我们的言传身教、谆谆教导，让我们形成了如今重视实践、尊重现实的研究风格。除此之外，自我们求学至今，刘纪鹏教授的夫人刘妍女士对我们的生活学习给予了无微不至的关怀，让我们在异乡求学时感受到了家一般的温暖。

其次，我们要非常感谢中国法制出版社总编室主任、副编审赵宏女士，是赵宏女士的联系和沟通，将法经笔记的出版提上了议事日程，至今我还记得她对我们的期待是写出一本贴近实践，同时实现具有学术基础的知识分享型作品，完成一种“是什么、为什么、怎么办”的信息传递式过程，形成法经笔记独有的风格。

同时非常感谢本书的责任编辑、中国法制出版社的韩璐玮编辑对本书尽心的审校，以及对专业术语、语言文字以及出版事宜提出的宝贵建议。感谢本书的策划合作方图解金融团队，特别感谢图融的韩乐怡、袁家钰、吴筒韵和金诗佳等老师对本书出版、宣传、定位、营销所做的辛勤付出。

最后，法经笔记公众号在发展以及集结成书的过程中也得到了众多领导、师友的关心和支持，让我们在纷繁复杂的工作生活之余一步步走到今天。特别感谢中国公司治理研究院李维安教授为本书作序推荐，对本书的研究和下一步中国公司治理的发展方向提出了高屋建瓴的指导。感谢蔡奕、符胜斌、金祥慧、刘宁、刘燕、刘成伟、许业荣、张巍等专家学者的倾情推荐，他们分别代表了上市公司、高校学者、市场中介机构、投资业界的不同声音，在此再次表示对他们的感谢！感谢张橙逸、赵笏阳、林雨晨、陈铭宇、高岭等同人好友的赐稿以及“法经笔记”读者群里每一位朋友的支持与指正。

此外，必须再次隆重推出法经笔记主创团队的每一位成员，张文秀、聂晓茜、李依依和程威四位年轻的“小编”怀着一颗虔诚的心，保持“只问耕耘、不问收获”的精神，让分散在全国各地的小伙伴们，能时刻感受到集体的温暖，特别感谢程威对全书初稿的整理校对工作，愿我们继续携手前行，也期待着各位的加入。

日拱一卒，功不唐捐。这就是三年多来法经笔记团队坚守的点滴积累的信念，尽管本书仍有很多不足之处，但也为我们的“公益事业”画上了一个阶段性的句号。最后，感谢家人对我们在日常工作之余的研究“副业”的理解与支持。尽管我们秉持着对学术的尊重与热爱，但这毕竟是一件需要投入大量时间和精力的事业，感谢我们父母在家庭事务中的分担和关怀，特别是曾斌夫人王晶以及林蔚然女友王宇婷对这件看似“无聊”的“副业”的理解与赞许。

在此，我们将这部作品献给每一位关心关爱我们的亲人好友，愿我们一路同行，一路收获。

曾斌　林蔚然

2020 年 1 月于深圳

图书在版编目（CIP）数据

资本治理的逻辑／曾斌等著．—北京：中国法制出版社，2020.3

（法经笔记）

ISBN 978－7－5216－0885－4

Ⅰ.①资…　Ⅱ.①曾…　Ⅲ.①企业管理－资本经营－中国－文集②资本市场－金融监管－中国－文集　Ⅳ.①F279.23－53 ②F832.51－53

中国版本图书馆CIP数据核字（2020）第029325号

责任编辑　韩璐玮（hailuwei666@163.com）　　封面设计　蒋　怡

资本治理的逻辑

ZIBEN ZHILI DE LUOJI

著者/曾斌　林蔚然等

经销/新华书店

印刷/三河市国英印务有限公司

开本/710毫米×1000毫米　16开　　印张/22.5　字数/425千

版次/2020年3月第1版　　2020年3月第1次印刷

中国法制出版社出版

书号 ISBN 978－7－5216－0885－4　　定价：88.00元

北京西单横二条2号

邮政编码 100031　　传真：010－66031119

网址：http：//www.zgfzs.com　　**编辑部电话：010－66070084**

市场营销部电话：010－66033393　　**邮购部电话：010－66033288**

（如有印装质量问题，请与本社印务部联系调换。电话：010－66032926）